武汉大学刑法博士文丛（21）

湖南省2008年社会科学基金项目“数字化条件下著作权的刑法保护”（编号:08YBB188）最终成果

我国著作权刑法保护问题研究

Research on Copyright Protection in PRC Criminal Law

贺志军　著

中国人民公安大学出版社

·北　京·

图书在版编目（CIP）数据

我国著作权刑法保护问题研究/贺志军著．—北京：中国人民公安大学出版社，2010.11

（武汉大学刑法博士文丛；21）

ISBN 978－7－5653－0211－4

Ⅰ．①我…　Ⅱ．①贺…　Ⅲ．①著作权—刑法—研究—中国　Ⅳ．①D923.414②D924.04

中国版本图书馆 CIP 数据核字（2010）第197670号

我国著作权刑法保护问题研究

Research on Copyright Protection in PRC Criminal Law

贺志军　著

出版发行：中国人民公安大学出版社
地　　址：北京市西城区木樨地南里
邮政编码：100038
经　　销：新华书店
印　　刷：北京兴华昌盛印刷有限公司

版　　次：2011年1月第1版
印　　次：2011年1月第1次
印　　张：12.375
开　　本：880毫米×1230毫米　1/32
字　　数：333千字

书　　号：ISBN 978－7－5653－0211－4
定　　价：38.00元

网　　址：www.cppsup.com.cn　www.porclub.com.cn
电子邮箱：zbs@cppsup.com　zbs@cppsu.edu.cn

营销中心电话：（010）83903254
读者服务部电话（门市）：（010）83903257
警官读者俱乐部电话（网购、邮购）：（010）83903253
教材分社电话：（010）83903259
公安图书分社电话：（010）83905672
法律图书分社电话：（010）83905745
公安文艺分社电话：（010）83903973
杂志分社电话：（010）83903239
电子音像与数字出版分社电话：（010）83905727

总　序

依法治国、建设社会主义法治国家已成为我国的基本治国方略，而刑事法治是社会主义法治的重要组成部分。因此，以刑事法治为研究内容的刑法科学也一直受到国家和社会的重视。改革开放以来，我国的刑法学研究取得了长足的进步，研究领域日益扩展，研究层次不断提高，呈现出空前繁荣兴旺的景象。这一大好局面的取得，离不开几代刑法学人的奋斗，其中也包括刑法学博士研究生们的努力。他们风华正茂、思想活跃、勤于探索、刻苦钻研，所撰写的博士论文一般来说选题合理、资料翔实、思路开阔、论证充分、精品迭出，为刑法理论的完善与发展作出了贡献。

武汉大学刑法学科从 1987 年开始招收博士生。在将近 20 年的时间里，为社会输送了一批又一批高质量的人才，同时也使博士点本身得以不断发展与壮大。武汉大学刑法学的博士生们关注刑法基础理论的研究，重视学位论文的撰写，他们的论文大多具有真知灼见，理论水平较高。一部分论文出版之后，在社会上得到好评。进入新的世纪，由于博士生招生规模的扩大，每年毕业的博士生数量大增，优秀博士论文的数量也相应增多，以往每年出版两本毕业论文的规模已经跟不上形势的发展变化。如果优秀的博士论文因各种原因不能付梓，研究成果无法与读者见面，既不利于理论成果的社会共享，也不利于年轻学者的脱颖而出。有鉴于此，我们与中国人民公安大学出版社洽商，设立“武汉大学刑法博士文丛”，出版社慨然允诺，给予支持。这样每年出版一批优秀的刑法学博士论文，形成规模效益，可以凝聚成一股学术力量，为刑法学界增添较有分量的学术成果。

“武汉大学刑法博士文丛”由武汉大学法学院刑事法研究中心的教授组成编委会，负责编辑出版事宜，以每年答辩的刑法学博士论文为选择范围，审慎选择其中优秀的博士论文逐年编辑出版。“武汉大学刑法博士文丛”的质量，取决于入选论文的水平。它的社会评价的高低，是检验武汉大学刑法学博士点教学研究水平的试金石。希望我们的博士研究生能够潜心治学、求真务实、重视创新、锐意进取，写出高质量的博士论文，使这套文丛不断有优秀著作问世。

最后需要提出的是，多年来中国人民公安大学出版社给予了武汉大学刑法学科的大力支持，“武汉大学刑法博士文丛”的顺利出版正是这种支持的又一具体体现。借此机会，我本人并代表编委会谨向中国人民公安大学出版社表示由衷的感谢！

马克昌

2006 年夏于珞珈山

目　录

导　论

一、选题背景

1994 年签署的《与贸易有关的知识产权协定》（Agreement on Trade – Related Aspects of Intellectual Property Rights，以下简称 TRIPS 协定）规定了成员对具有商业规模的蓄意盗版案件提供刑事程序和救济的义务。随着进入知识经济阶段，打击盗版越来越成为全球颇为关注的问题。一方面，近年 WTO 成员利用刑事手段打击盗版呼声很高，著作权刑法保护在国际和国家层面都在走向强化。在国际层面，世界海关组织（WCO）、国际刑警组织（INTERPOL）和世界知识产权组织（WIPO）等自 2004 年以来已召开 5 届“全球打击假冒和盗版大会”，对治理包括盗版在内的知识产权犯罪进行国际协调与探讨。国际刑警组织设有“知识产权犯罪行动组”并建立运行“国际知识产权犯罪数据库”，八国集团（G8）建立了“对严重和有组织的知识产权犯罪合作侦查与起诉”机制，也都将打击盗版作为重要任务。“中美知识产权 WTO 争端案”（以下简称“争端案”）就涉及我国著作权刑事门槛问题，从 2007 年 4 月 10 日启动争端解决程序至 2009 年 3 月 20 日争端解决机构（DSB）通过专家组最终报告（WT/DS362/R），历时近两年。欧盟正在着手制定《关于旨在确保执行知识产权的刑事措施的指令》，已于 2007 年 4 月 25 日欧洲议会一读通过其草案，并于 2008 年 3 月 20 日在欧盟官方公报上公布其案文（以下简称欧盟《指令草案》)①。晚近许多双边经贸条约（FTA）包含不少高于 TRIPS 协定义务标准的著作权刑法保护条款。在国家层面，若干国家专门对打击包括盗版在内的知识产权犯罪进行了战略研究与实施。例如：英国自 2004 年启动“打击知识产权犯罪国家战略”并进行年度报告；美国国家知识产权法执法协调委员会也发表年度报告，并日趋强化其知识产权刑事司法追诉机制，尤其是美国《优化知识产权资源和组织法案》（Prioritizing Resources and Organization for Intellectual Property Act）于 2008 年 10 月生效，从 2009 年起至 2013 年间每年拨款 5500 万美元用于对包括著作权犯罪在内的知识产权犯罪之调查与追诉，五年达 2.75 亿美元。另一方面，数字网络技术给网络版权带来严峻挑战。从 1994 年美国大学生莱马奇亚（La Macchia）上传电脑软件和提供免费下载而被无罪释放为起点，直到十年后的 2005 年香港公民陈乃明通过 P2P 上传三部电影而被判入狱，网络著作权刑事责任从宽容趋向苛刻的走向渐为清晰。

我国著作权刑法保护面临新挑战和出现新问题。随着科学发展观和建设创新型国家任务的提出，我国正着力实施《国家知识产权战略纲要》，版权战略是其中重要组成部分，包括“核心版权产业产值占国内生产总值的比重明显提高”、“盗版等侵权行为显著减少”等多方面目标。但是，盗版侵权严重已成为阻碍我国版权产业发展的一个致命因素。② 我国著作权刑事司法实效亟待提高，如从 1998 年至 2004 年 7 年间全国各级法院共审结侵犯著作权罪案

---

① See Official Journal of the European Union C74E/527 – 533, available at http://eur-lex.europa.eu/LexUriServ/LexUriServ.do?uri=OJ:C:2008:074E:0527:0533:EN:PDF. 由于 2009 年 12 月 1 日生效的《里斯本条约》修订了《欧洲联盟条约》（TEU）和《建立欧洲共同体条约》（已转变为《欧洲联盟运行条约》，即 TFEU），作为欧盟常设执行机构的欧盟委员会（European Commission）在 2010 年 4 月 12 日《欧盟委员会向欧盟理事会和欧洲议会的通报》（COM（2010）147 final）中，将该《指令草案》增加到议案附件一中。但截至目前，该《指令草案》尚未能在欧盟理事会一读审议通过。

② 参见沈仁干：《加强版权法律保护，促进版权产业发展》，载《中国版权》2009 年第 1 期。

件111件，销售侵权复制品罪案件13件，与盗版侵权实际相差甚远。我国公众对盗版宽容度仍然较高，7次“中国国民阅读调查”显示，公众盗版购买率在1999年至2007年的9年间一直徘徊在40%～46%之间，而2008年和2009年盗版出版物购买率分别下降到25.2%和16.1%；著作权刑法保护急需社会道德等非正式制度支撑。从国际义务来看，我国承担着在立法和司法层面履行TRIPS协定著作权刑法保护义务；需要塑造世界水平和世界标准的中国版权刑法。[①] 在网络环境下，网络著作权刑法保护成为我国必须解决的新课题。截至2010年6月底，我国网民规模居世界第一，人数达4.2亿，普及率达31.8%，超过全球平均水平。打击网络盗版方兴未艾：“私服”、“外挂”及“珊瑚虫QQ”、“番茄花园”、“威海爱昵奔”等网络版权刑事案件接二连三，网络著作权保护任重道远。

在这种背景下，我国学界急需从深入制度的内在逻辑入手，找出我国著作权刑法保护所面临的主要问题，通过结合规范与实证方法及比较方法等研究，来探寻著作权刑法保护的应对策略。以此作为本书选题，切合我国加强包括著作权在内的知识产权刑事保护的时代需求。本选题可及时、全面吸收利用国内外相关理论研究与实务成果，有利于完善和提升著作权刑事保护基础理论，还可为相关决策如在著作权刑法保护问题上准确履行TRIPS协定和“因特网条约”（指《WIPO版权条约》和《WIPO表演和录音制品条约》）义务、签署双边经贸条约（FTA）等提供参考，故有很强的理论和实践意义。

二、文献综述

从境外研究来看，著作权刑法保护在欧美等发达国家历史长、

① 参见王世洲：《塑造世界水平和世界标准的中国版权刑法》，载《中外法学》2008年第3期。

创新多，其学界探讨也甚热烈。

其一，境外学者重视规范层面研究。自 1994 年 TRIPS 协定就打击盗版问题设置刑事条款（第 61 条）以来，美欧等国家不断调整版权刑事法律。美国 1998 年颁行《千年数字版权法》（简称 DMCA）更是触发版权刑法的研究，学界就其刑事条款探讨几未中断，如对其宪法根据与罪刑规范本身含义（Clark，2006）、对版权犯罪“蓄意”要件阐释（Lydia Loren，1999）、对技术措施规避行为犯罪化的反思（Jason Schultz，2000）、与合理使用的平衡（Jacqueline Lipton，2005）等众多问题，都展开了有深度的探讨。欧洲议会于 2007 年一读通过前述欧盟《指令草案》，引发欧盟各机构、成员政府及各学术机构等的热烈讨论；欧美以外其他各国也纷纷修法设置版权刑事条款。

其二，境外学界也颇重视深入探讨版权刑法的基本原理，尤其数字网络技术下盗版刑法惩治更是引发争议。如学界研究视角现已包括侵犯版权犯罪的道德分析与损害原则（Geraldine Moohr，2003）、成本收益等经济分析（Robin Andrews，2005；Geraldine Moohr，2005）、网络盗版特殊问题（Shahram Shayesteh，1999；Eric Goldman，2003）、直接和间接侵权类型（Cheng Saw，2007、2008；Salil Mehra，2004）以及版权犯罪典型判例研讨（Paul Sugden，2008）等。我国台湾地区学者晚近对著作权刑法保护问题研究颇有独特成果，如探讨著作权侵权与其刑事责任的关系（蔡蕙芳，2008）。著作权面临数字时代冲击下的刑事立法，尤其是科技保护措施与点对点传输等问题的刑法规制（萧宏宜，2008）等。

其三，境外学界为促进其版权利益在中国得到刑法有效的保护，近年开始涉足对中国知识产权包括著作权的刑法保护问题进行专题研究（Frederick Abbott，2007；Paul Torremans，2007），其主要依据是中国履行 TRIPS 协定刑事义务。此外，有关国际组织对学界关于版权刑法保护研究起了推动作用，如自 2004 年以来至今，世界知识产权组织（WIPO）等已组织了 5 次“打击假冒和盗版”

全球大会（Global Congress Combating Counterfeiting & Piracy）。

从境内研究来看，学界研究受相关立法、司法解释制定影响较大，大体可依“单行刑法——刑法典——国际刑事义务规范”划分为以下研究阶段：一是1994年著作权单行刑法颁行以前，学界就研究并建议运用刑法来保护著作权问题（王光，1989；杨玉兰，1991），但发表论文数量极少，只有几篇。二是单行刑法颁行后至1997年刑法以前，学界对崭新的著作权刑法规范展开深入系统研究，发表论文达30余篇；但相比民事法领域的繁荣景象，[①] 刑法领域显得薄弱。三是1997年刑法增设“侵犯知识产权罪”专节后至2001年年底我国加入世贸组织以前，学界重视知识产权刑法保护的综合研究[②]（著作权刑法研究往往包含于其中），专门研究著作权刑法保护论文达10余篇。四是我国加入世贸组织以来至今，适应履行TRIPS协定刑事义务需要，出台了数个知识产权刑事司法解释和经历“争端案”审理，著作权刑法保护的重要性和紧迫性日益凸显，8年间共发表论文70余篇。自2002年以来公安部等已连续主办过多次“中国知识产权刑事保护论坛”，境内还召开过多次与知识产权刑事保护有关的研讨会。

境内迄今有4篇关于著作权犯罪研究的博士论文，即郑军的《著作权犯罪研究》（1996），胡驰的《侵犯著作权罪研究》（2005），蒋廷瑶的《数字化环境下中国著作权的刑法保护》（2007）和汤显明的《侵犯著作权犯罪研究——以中国香港地区为视角》（2008）。最早的专著是学者杨玉兰的《论著作权的刑法法律保护》（1991）；近年先后有王世洲教授的《关于著作权刑法的

---

① 如研究著作权等知识产权专业学术期刊《知识产权》于1987年1月、《电子知识产权》于1991年10月、《版权公报：版权和媒体》于1995年、《中国版权》于2001年分别创办。但是，这些涉及著作权研究的刊物上，关于著作权刑法保护的论文却凤毛麟角。

② 1998年至2009年年底，国内出版的有关知识产权犯罪和刑法保护的著作共达30余部。

世界报告》(2008)，赵秉志教授的《侵犯著作权犯罪研究》(2008) 等。至2009年年底，境内期刊发表著作权犯罪和刑法保护专题论文共130余篇，还有10余篇专题硕士论文。已有研究多是对我国刑法第217条和第218条进行规范研究，司法实用性较强。近几年，逐渐将视角转向TRIPS协定刑事条款及其在全球各个国家和地区版权刑法中的落实情况（王世洲，2008），“争端案”关于刑事门槛问题也引起研究兴趣（贺小勇，2008；李晓明，2007；张乃根，2007、2008）；网络环境新问题研究受到关注（张伟君，2004），还涉及技术措施刑事规制（柯葛壮，2007）、P2P刑事责任问题（关壮，2008）等；实证调查方法初步得到运用，如有学者完成了侵犯著作权犯罪调研报告（赵秉志，2008）等，但这些新视角和新方法的研究尚不充分，亟待深化。

境内学界关于著作权刑法研究呈以下特点：第一，规范研究比较深入。这方面最突出和最主要的成就在于，以刑法和著作权法规范及相关司法解释为研究对象，从解释论的角度，对相关规定的确切含义进行阐释，体现出研究的较强司法实用性。这些研究多涉及犯罪构成论述和认定，尤其是司法疑难问题，如“复制发行”、“销售”等行为的准确阐述，“违法所得数额”及“其他严重情节”的认定与把握，侵犯著作权罪、销售侵权复制品罪与非法经营罪的区别适用，本类犯罪的特殊形态及各种特殊情形等。这种规范研究对促进统一的著作权刑事司法大有裨益，很多研究成果在一系列司法解释中得到了不同程度的体现。第二，立法论研究取得进展。针对立法中存在的一些缺陷，在比较外国立法的基础上，以国际条约义务要求、外国立法趋势以及法律规范比较、行为社会危害性等为根据提出立法完善意见。第三，基本理论逐渐受到重视。例如：从著作权犯罪与刑罚的价值取向切入，提出与社会发展相协调、平衡个人与社会利益、实现公正与谦抑原则三种价值取向（易继明，2000）；从刑事违法性理论和法益保护原则出发，提出社会发展与著作权利益保护应相平衡，网络环境下著作权刑法不应过度扩张保护（葛磊，2007），著作权刑法谦抑思想受到重视。

境内研究存在的不足主要有：第一，研究视角有待拓宽。一方面，较多拘泥于注释性规范研究，未能从刑法之外、刑法之上来拓深研究层次；另一方面，又较为忽略著作权部门法理论基础，不少现有研究仅取其法律责任条文展开刑法探讨，未处理好刑事、行政、民事责任之间的关系，缺乏与著作权法学界的互动。第二，比较研究有待深化。一方面，多局限于外国法条而忽略其刑事司法及犯罪学等层面分析，未能处理好外国著作权附属刑法与刑法典关系；另一方面，对国外学界关于著作权刑法研究成果和资料的利用不够，境内现有研究基本上局限于大陆学术圈争锋，未把握好境外著作权学术发展现状。境内刑法界对外国刑法典翻译甚繁荣，但对外国著作权法译介却滞后，这制约着刑法学者对外国最新立法动态的把握，至于外国学术动态更是如此。第三，“问题性思考”有待加强。境内有学者仅取 TRIPS 协定第 61 条字面含义，就认为我国刑法与协定不符，对刑事义务理解过于形式化。事实是，2009 年 3 月“争端案”专家组最终报告裁定，我国知识产权刑事门槛与 TRIPS 协定刑事义务并无不符，这或许应引起学界反思。我国著作权刑事司法实效成为面临巨大挑战的现实问题，数字化条件下著作权刑法保护的应对，实施国家版权战略的刑法关注等问题，都需要有深度的系统研究。

知识产权刑法保护分论性研究正向纵深发展，[①] 境内学界对著作权刑法保护的现有研究与境外相比尚存差距，与研究需求相比也远未达到“终点”，许多问题尚未真正深入展开探讨。同时，盗版问题不可能一劳永逸地得到解决，著作权刑法保护的国别利益较量

① 例如，专利权、商标权、商业秘密的刑事保护都已展开深入研究。参见于阜民：《专利权的刑事保护》，社会科学文献出版社 2005 年版；李萍：《商标权刑法保护研究》，武汉大学 2008 年博士学位论文；赵天红：《商业秘密的刑事保护研究》，中国政法大学 2006 年博士学位论文；周铭川：《侵犯商业秘密罪研究》，武汉大学 2007 年博士学位论文。

还将深化。故从趋势看，本领域的学术关注和研究正处于上升和发展阶段。

三、研究方法

刑法研究主要有两大类研究方法，一是体系性思考（Systemdenken）研究法，另一个是问题性思考（Problemdenken）研究法。

（一）问题性思考研究法

本书研究属于应用型的部门刑法学范畴，也可以说是著作权法与刑法的交叉学科研究，故在研究方法上主要突出问题性思考的方法特点。问题性思考方法在本书中展开如下：在把握我国著作权刑法制度变迁基本特点的基础上，从“价值——规范——事实”三个维度紧密结合入手，将规范研究同时上升到价值研究层面和下降到事实研究层面两个方向拓深对版权刑事规制的研究，从而抽象出四对关系：价值与规范、国际与国内、技术与法律、立法与司法，具体化为四个主要挑战：正当性挑战、国际义务挑战、技术挑战和司法挑战，并提出相应的应对策略。选取 TRIPS 协定和“因特网条约”等国际公约、WTO 的争端解决实践、各国在具体问题上的相关模式、我国知识产权战略纲要及理论与实务等多个研究视角，在具体论证过程中力求跨学科、多维视角地进行深入分析，克服注释化倾向。

（二）规范分析与实证分析结合研究方法

本书除运用刑法学界常用的规范分析方法外，还试图运用实证方法对著作权刑法保护的部分问题进行定量研究。从总体上看，我国关于著作权刑法保护的研究主要运用以思辨为主的定性研究方法。对作为规范科学的刑法学来说，以描述和解释为主的定性研究是必要和有益的，有利于探究刑法的规范文本含义和在司法实践中有效贯彻实施。其缺陷在于，它是一种主观研究范式，承认主观化世界中研究者的价值涉入，从不同的价值基点可能会得出不同结论。故注重研究方法的多样性，适度运用定量研究方法，对探究刑法的社会基础和社会效应具有积极意义，值得加强。[①] 本书除价值思辨和规范研究外，力求重实证分析，搜集到我国52个著作权刑法保护司法判决，并充分利用国内已有的实证调查及司法统计等资料，注重结合考察境外的司法实践及有关统计等资料，尽量使分析论证过程与结论建立在实证基础之上。

（三）比较研究方法

本书尽量直接准确地收集、处理和利用第一手最新外文资料而不拘囿于国内已有译文资料，跟踪国外著作权刑法保护的研究与实务两方面的动态，克服法条局限而进行全方位的真正比较，重视外国判例、学术争鸣及实证资料利用，以求进行真正意义上的比较研究。例如：对2009年3月“争端案”专家组最终报告、2008年3月公布的欧盟《指令草案》、美国2008年10月13日生效的《优化知识产权资源和组织法案》等，都紧密跟踪研究；对TRIPS协定、美国法典第17编和第18编、境外有关立法资料和司法判例等，都力求根据第一手文本进行动态比对与借鉴。

四、研究框架

本书在借鉴境内外既有研究成果的基础上，从“问题研究”的角度着眼于“挑战与应对”方面的主要问题，试图拓深本领域的研究，为完善我国侵犯著作权犯罪的刑事立法与司法实践提供理论依据。

第一，我国著作权刑法的制度变迁考察。当代中国著作权刑法制度尚只有16年历史，从制度变迁路径来看，应属于政府主导下的强制性变迁。在分析制度变迁特点基础上，从把握履行国际公约义务和实施国家知识产权战略两个基本面入手，本书试图从“国家战略需求 + 国际义务要求”的合力与“正式制度 + 非正式制度”

---

① 参见赵秉志、袁彬：《刑事法治建设与刑法学研究的新发展》，载《中国法学》2008年第1期。

的耦合这两对范畴中，揭示和归纳出著作权刑法内在的制度逻辑。由此，从“价值——规范——事实”三个维度与制度逻辑结合的角度，发现著作权刑法保护所面临的四个主要挑战（即问题），以便在后续章节逐一展开研究。

第二，我国著作权刑法保护的正当性考察。著作权刑法规范的设立与变革体现着法价值追求，目的在于保护法益。对此，可运用应刑罚性和刑罚必要性的概念来检视刑事立法在理论和实证上追问其正当性；动用刑罚威慑各种不法使用作品行为需使其正当性得以确证，防止著作权“过度犯罪化”。著作权刑法制度构建应考虑充分表达与版权有关的各利益集团尤其是公众的利益诉求和来自非正式制度的各种因素，并对制度的合法性进行揭示、论证和宣传。

第三，我国著作权刑法与所承担国际义务的符合性考察。结合“争端案”就相关刑事门槛问题裁定“不违背 TRIPS 协定第 61 条第 1 句下义务”，来进行学术反思与前瞻。对此，应自主准确地查明 TRIPS 协定刑事义务内涵，并以之为依据具体展开对我国著作权刑事立法的检验研究；本书即以协定中“盗版——商业规模——蓄意”等关键词及刑罚要求为线索展开这种符合性检验。

第四，数字网络技术下我国著作权刑法的发展考察。数字网络技术造就不少新问题，网络服务商间接侵权、“点对点”传输(P2P)、规避技术措施等行为的刑法规制，都是全球范围内探讨的前沿话题，但远未达成理性解决方案。故需论证命题的真伪，并展开对相关行为类型之具体种类、边界划定及法律应对等研究。分析各国（地区）的相关立法、司法与学理研究等方面的类型或国别特征（如保护的范围、程度、内容和反应及实效等差异），以期从中发现某些规律和比较利弊而借鉴有益做法。

第五，我国著作权刑法适用的实效考察。我国著作权领域违法犯罪猖獗的实际，凸显刑事司法的不力，刑事司法中也存在诸多困惑和障碍。以生效的侵犯著作权犯罪刑事司法判决为样本，在具体的实证分析基础上，归纳出若干定罪量刑模式和澄清存在的疑难问题，将有裨益于实效之提高。

本书的主要框架结构可图示如下：

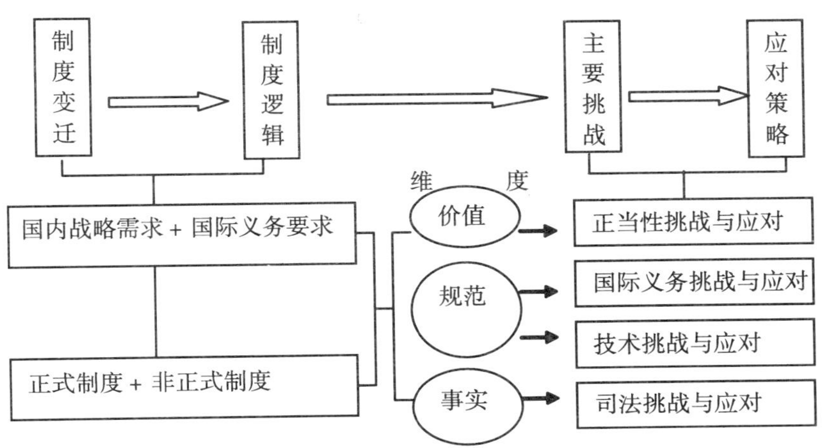

最后，还要指出本书所用几个术语的含义。在本书意义上：

“著作权”与“版权”是同义语，见《中华人民共和国著作权法》①（以下简称《著作权法》）第57条的规定。狭义的著作权指著作权人对作品的专有权利（《著作权法》第10条），广义的著作权则还要包括邻接权在内，如未特别指明一般指广义的著作权。“邻接权”即我国法律中所称“与著作权有关的权益，是指出版者对其出版的图书和期刊的版式设计享有的权利，表演者对其表演享有的权利，录音录像制作者对其制作的录音录像制品享有的权利，广播电台、电视台对其播放的广播、电视节目享有的权利。”（《著作权法实施条例》第26条）

“著作权刑法”是指立法层面的法律规范，在我国即指关于规

① 我国著作权法于1990年9月7日通过，于2001年10月27日第一次修正、2010年2月26日第二次修正。本书在指称上对现行著作权法表述为“《著作权法》”，对修改前的著作权法分别表述为“1990年著作权法”和“2001年著作权法”。

定侵犯著作权罪的刑法第 217 条和规定销售侵权复制品罪的刑法第 218 条两个规范（当然广义上说还包括关于单位侵犯知识产权犯罪的第 220 条，但该条只是将犯罪主体扩展到单位及相应刑罚，并无独立的犯罪构成规定）。“侵犯著作权罪”指我国刑法第 217 条规定之罪；“侵犯著作权犯罪”则是一个类罪的概念，包括刑法第 217 条和第 218 条两种犯罪。“著作权刑法适用”指司法机关在司法实践中对著作权刑法的实际运用，是影响著作权刑法实效的一个方面（此外还有法的遵守等），但无疑是最重要的方面，因为它只涉及实体法律的适用，故内涵小于著作权刑事司法。

第一章

我国著作权刑法保护制度变迁与主要挑战

著作权刑法保护，乃是以“刑法”为手段对“著作权”对象进行保护。在规范层面建立“著作权刑法”制度，在事实层面对其违反者进行“著作权刑法适用”活动，是其两个核心环节。因此，本章以我国著作权刑法作为制度素材，分析其制度形成的外在路径和内在逻辑，以准确判断其面临的主要问题和在后续各章中真正展开对策研究。

第一节　我国著作权刑法保护制度变迁与制度逻辑

一、我国著作权刑法保护制度变迁

新中国著作权刑法制度变迁的时间跨度甚短，从1994年著作权单行刑法颁行至今尚仅短暂的16年。期间，著作权刑法制度经历了从无到有，从初创到体系化和强化等的发展历程，大体上可依导论中所提出的“单行刑法——刑法典——国际刑事义务规范”的线索划分为相应的四个阶段，以及由发展历程可以归纳出制度变迁的路径特点。

（一）空缺阶段：1994 年著作权单行刑法颁行以前

1. 1990 年著作权法的诞生

新中国成立初期，国家曾重视对作者利益的保护问题，如 1950 年《关于改进和发展出版工作的决议》、1953 年《关于纠正任意翻印图书现象的规定》等；但都是在关于出版工作的行政性质的文件中提及作者利益，并不是作为一项民事权利予以法律保护的。① 1979 年《中美高能物理协定》签订，中国政府开始重视知识产权保护问题，也开始着手起草著作权法。1985 年 7 月，国务院批准成立了国家版权局。1986 年制定的《民法通则》第 94 条规定："公民、法人享有著作权（版权），依法有署名、发表、出版、获得报酬等权利。"该条首次确认了公民、法人享有著作权，第 118 条规定了侵犯知识产权的民事责任。随后，最高人民法院《关于贯彻执行〈中华人民共和国民法通则〉若干问题的意见（试行）》在第 133 条至第 135 条对著作权予以了细化，但著作权法却迟迟未能出台。

1990 年著作权法，"在全国人大常委会审议所有法律草案中，著作权是最复杂的一个法，调整的关系最广，审议时间最长。"② 该法经第七届全国人大常委会第十一次会议于 1989 年 12 月 24 日第一次审议，又经第十二次、十四次、十五次前后四次会议审议，才于 1990 年 9 月 7 日通过。著作权法的复杂性和难度与该法要调整的利益关系涉及面非常广泛而又专业性很强有关；其诞生的意义非常重大，标志着著作权保护走上了法制化轨道。随后，1991 年 5 月《著作权法实施条例》发布；我国于 1992 年加入《伯尔尼公约》和《世界版权公约》，颁布《实施国际著作权条约的规定》。

---

① 参见刘春田主编：《知识产权法》（第 3 版），高等教育出版社、北京大学出版社 2007 年版，第 43 页。

② 第七届全国人大常委会副委员长兼法律委员会主任王汉斌的讲话原文。转引自宋木文：《当代中国版权制度建设的历程》，载《韶关学院学报》2006 年第 7 期。

2. 1990年著作权法没有确立刑法保护制度

著作权法律制度的确立并不必然会产生著作权刑法制度。这在我国三部知识产权单行法中是比较特别的：一方面，1982年商标法和1984年专利法在首次立法时就规定了对严重侵权的追究刑事责任，而唯有1990年著作权法制定时并没有规定侵权的刑事责任。尤其是，商标刑法甚至比商标法还“先行一步”，1979年刑法就在第127条规定，假冒注册商标罪即“违反商标管理法规，工商企业假冒其他企业已经注册的商标的，对直接责任人员，处三年以下有期徒刑、拘役或者罚金”，而商标法直到1982年才出台，对此学者称之为“依刑法而产生的民事权利”①。另一方面，当年国家版权局在给国务院提交的著作权法草案里是有刑事责任条款的，全国人大在著作权法起草阶段也有人主张把刑事责任条款列入草案，只是因为意见不一，最后删除了这项内容。主要原因是考虑到当时我国公众的接受能力，从一个长期没有有效的著作权保护、无偿使用他人作品习以为常的环境，一跃而对某些侵权行为判处刑罚，恐怕难以接受。所以，主张立法留有余地，待著作权法实施一段时间后，可以在修改法律时，从实际出发，增加刑事条款。② 对此还可更进一步理解，从经济基础看，著作权的潜在价值要在市场经济环境下才会被激活，而我国当时实行有计划的商品经济体制，尚不存在刑事立法的迫切需要。从上层建筑看，考虑社会公众的支持程度，刑法保持了必要的谦抑性。

3. 本阶段侵犯著作权行为的刑事责任问题

我国1990年建立著作权法律制度后直至1994年全国人民代表大会常务委员会《关于惩治侵犯著作权的犯罪的决定》实施前存

---

① 参见郑成思：《知识产权论》，社会科学文献出版社2007年版，第207页。

② 参见刘春田主编：《知识产权法》（第3版），高等教育出版社、北京大学出版社2007年版，第137页。删除理由参见立法说明，《全国人民代表大会常务委员会公报》1990年，第343页。

在一段对著作权刑法保护的“空白”阶段。但是，是否存在刑事司法上的实际保护，学界认识有分歧：一种认为，在1994年的决定实施之前，侵犯版权的行为无论如何严重，均不会构成犯罪；[①]另一种认为，1987年最高人民法院、最高人民检察院《关于依法严惩非法出版犯罪活动的通知》和1991年最高人民法院、最高人民检察院、公安部《关于严厉打击非法出版犯罪活动的通知》，标志着我国对著作权刑法保护迈出了可喜的第一步。[②] 笔者认为，鉴于该两个通知所处理的非法出版犯罪可以包含一部分涉及侵犯图书类著作权的行为，[③] 故并非是一概“不构成犯罪”；但其以“投机倒把罪”定性也并非就等于是建立了著作权刑法保护制度，甚至不能说是著作权刑法制度的萌芽。因为著作权及有关权利根本不是它们保护的目标。妥当的说法是，通过用刑法惩治非法出版犯罪而附带惩处了一部分侵犯图书类著作权的行为而已。

存在著作权刑法“空白”阶段并非是“中国特色”；从国外来看，较早实行著作权制度的国家在早期也都没有刑事规定。比如，世界上第一部著作权法即英国1709年《安妮法》（Statute of Anne 1709）没有刑事责任的规定；直到19世纪末，也一直没有对版权犯罪的监禁刑罚；不过在此期间已出现通过简易程序（in summary proceedings）处以罚金（finacial penalty）和没收（forfeit）的规定，

---

① 参见郑成思：《知识产权论》，社会科学文献出版社2007年版，第423页。

② 参见马洪涛、李江波：《浅谈我国著作权的刑法保护》，载《出版科学》2003年第1期。

③ 1987年11月27日，最高人民法院和最高人民检察院联合发布了《关于依法严惩非法出版犯罪活动的通知》，明确规定：以牟取暴利为目的，从事非法出版物的出版、印刷、发行、销售活动，非法经营或者非法获利的数额较大，情节严重的，以刑法第117条投机倒把罪论处；数额巨大的，适用刑法第118条；情节特别严重的，适用《全国人民代表大会常务委员会关于严惩严重破坏经济的罪犯的决定》第1条第1项的规定。1991年1月30日最高人民法院、最高人民检察院和公安部联合发布《关于严厉打击非法出版犯罪活动的通知》，要求各级法院、检察院和公安机关必须严格执行通知，按投机倒把罪的罪名和数额标准对非法出版活动构成犯罪的行为追究刑事责任。

另一个就是损害赔偿救济。[①] 美国1790年版权法也没有刑事内容，民事措施成为著作权侵权的救济方式；直到1897年才由国会修正版权法第一次对侵犯版权行为规定了犯罪。[②]

（二）初创阶段：1994年著作权单行刑法颁行

1. 著作权单行刑法的制定

著作权法律制度的强化保护才产生对著作权刑法制度的需求。在1990年著作权法经过近四年的法律实践后，针对日趋严重的侵犯著作权行为，1994年7月5日第八届全国人大常委会第八次会议通过了《关于惩治侵犯著作权的犯罪的决定》（以下简称《决定》），成为新中国第一部对著作权进行刑法保护的单行刑事法律。

关于《决定》制定的理由，一方面，立法说明中可窥一斑："1990年制定著作权法以来，对于保护作者的著作权以及与著作权有关的权益，促进社会主义文化和科学事业的发展，促进社会主义物质文明和精神文明建设，发挥了重要的作用。但是一些不法分子为了牟取暴利，对图书、录音录像、计算机软件等作品、制品的盗版活动十分猖獗，不仅严重损害了作者和有关权利人的民事权益，也扰乱了社会主义文化市场和经济活动的正常秩序，影响了我国的对外经济贸易和对外文化科学的交流与合作，必须对这些严重侵犯著作权的行为给予刑事处罚。"[③] 这表明，著作权刑法保护是国内内生的要求。另一方面，如果考虑到当时"复关"、"入世"的背景，就能从外部国际力量角度洞察另一个动力来源。1994年我国

① See K. M. Garnett, *Copinger and Skone James on Copyright*, Sweet & Maxwell, 2005, p. 1103.

② See (Note) "The Criminalization of Copyright Infringement in the Digital Era", 112 *Harv. L. Rev.* 1705, 1999, p. 1706.

③ 顾昂然（原全国人大常委会法制工作委员会主任）1994年5月5日在第八届全国人民代表大会常务委员会第七次会议上所做的《〈关于惩治侵犯著作权的犯罪的决定（草案）〉的说明》。参见高铭暄、赵秉志：《中国刑法立法之演进》，法律出版社2007年版，第463页。

作为观察员在 WTO“一揽子”协议上签字，其中 TRIPS 协定第 61 条就要求对商标假冒和版权盗版提供刑事程序，我国为了加入世贸组织，需要按照协定要求完善自身著作权法律。同时，1992 年中美发生知识产权争端，中国被列入其“特别 301”重点观察国，为了平息美国的贸易报复紧张局势，中国提高了知识产权保护水平，其中著作权刑法保护制度便是极为重要的体现，这无疑具有很大的被动成分。

2. 著作权单行刑法的内容

《决定》包括序言和 6 条规定。序言指出，“为了惩治侵犯著作权和著作权有关的权益的犯罪，对刑法作如下补充规定”，明确了对著作权进行刑法保护的立法意旨；也明确了《决定》的单行刑法性质。

《决定》第 1 条和第 2 条分别规定了侵犯著作权罪和销售侵权复制品罪，第 1 条规定：“以营利为目的，有下列侵犯著作权情形之一，违法所得数额较大或者有其他严重情节的，处三年以下有期徒刑、拘役，单处或者并处罚金；违法所得数额巨大或者有其他特别严重情节的，处三年以上七年以下有期徒刑，并处罚金：（一）未经著作权人许可，复制发行其文字作品、音乐、电影、电视、录像作品、计算机软件及其他作品的；（二）出版他人享有专有出版权的图书的；（三）未经录音录像制作者许可，复制发行其制作的录音录像的；（四）制作、出售假冒他人署名的美术作品的。”第 2 条规定：“以营利为目的，销售明知是第一条规定的侵权复制品，违法所得数额较大的，处二年以下有期徒刑、拘役，单处或者并处罚金；违法所得数额巨大的，处二年以上五年以下有期徒刑，并处罚金。”第 3 条至第 6 条分别涉及单位犯罪、没收、受害人损害赔偿、实施日期。《决定》第 4 条未被刑法所沿袭，该条规定：“查获的侵权复制品、违法所得和属本单位或者本人所有的主要用于侵犯著作权犯罪的材料、工具、设备或者其他财物，一律予以没收。”它实际上与后文所研究的 TRIPS 协定第 61 条第 3 句有相似之处。

与1997年刑法第217条、第218条对比可知，《决定》第1、第2条被纳入刑法典时，侵犯著作权罪规范只字未改，销售侵权复制品罪则降低和简化了刑罚规定；故研究现行的著作权刑法制度，实际上还得回到《决定》的内容上去，而这两条又根源于1990年著作权法。1990年著作权法第45条和第46条分别规定了8种单纯民事责任侵权和7种民事、行政责任侵权；第46条第2、3、5、7项被纳入《决定》第1条，有两点改动：一是该将仅存在于前述第46条第2项中的“以营利为目的”改为支配该罪四种客观行为的共同构成要件，二是将该第2项中的“作品”改为了列举规定。所以，如果说著作权刑法的基础规范在于著作权法规范本身，那么，从某种意义上现行刑法第217条和第218条的基础规范还“挂靠”在1990年著作权法上；刑法学界的众多“诟病”就情有可原了。

3. 著作权单行刑法的适用

1995年1月16日最高人民法院颁布《关于适用〈全国人民代表大会常务委员会关于惩治侵犯著作权的犯罪的决定〉若干问题的解释》（以下简称《惩治著作权犯罪解释》），确立了定罪量刑的标准。比如，《决定》第1条所指“违法所得数额较大”，解释为：是指个人2万元以上，单位10万元以上；“有其他严重情节”是指“（一）因侵犯著作权曾经两次以上被追究行政责任或者民事责任，又侵犯著作权的；（二）个人非法经营数额在10万元以上，单位非法经营数额在50万元以上的；（三）造成其他严重后果或者具有其他严重情节的”。《决定》第2条所指“违法所得数额较大”，解释为：是指个人2万元以上，单位10万元以上。这为《决定》实施提供了具体的操作标准。

伍望生侵犯著作权案是我国迄今所见第一例根据《决定》第1条侵犯著作权罪定罪的案件，由武汉市硚口区人民法院1995年1月19日判决。被告人盗版《邓小平文选》第三卷16000册，销售金额达5.9万元并获利2万余元；起诉书指控为投机倒把罪（最高可判死刑），但判决时《决定》已经生效，最后依从旧兼从轻原则，溯及既往地被认定为侵犯著作权罪，判处有期徒刑七年并处罚金5000元（因处理时前述司法解释尚未发布故不是按照该解释标准来处理的）。李红兵侵犯著作权案①等也是适用《决定》第1条处理的典型案例。苏秋春销售侵权复制品案②是我国迄今最早的根据《决定》第2条销售侵权复制品罪处理的案件，被告人承租档位经营音像制品，却购进盗版激光唱盘共9万余张，销售6万余张而牟取非法利润2.5万元后被抓获；被判有期徒刑9个月，并处罚金人民币50000元。这些案例表明，《决定》确实在司法实践中发挥着对著作权的单行刑法保护作用。

（三）体系化阶段：1997年刑法典颁行

1. 著作权刑法从单行刑法向刑法典的体系化转变

1997年刑法分别吸收了《决定》第1条、第2条而在第217条、第218条规定侵犯著作权罪和销售侵权复制品罪，从而完成了著作权刑法从“单行刑法”向“刑法典”的“体系化”转变。内容上的主要变化是将《决定》第2条改为刑法第218条：“以营利为目的，销售明知是本法第二百一十七条规定的侵权复制品，违法所得数额巨大的，处三年以下有期徒刑或者拘役，并处或者单处罚金。”即“违法所得数额较大的”已不再入罪，“违法所得数额巨大的”刑期也降低为三年以下有期徒刑，从而使适用缓刑更为方便。

1998年12月17日《关于审理非法出版物刑事案件具体应用法律若干问题的解释》（以下简称《非法出版物解释》）在第2条和第4条重新明确了著作权犯罪的定罪量刑标准，数量标准有所提高：刑法第217条中“违法所得数额较大”指个人5万元以上、

① 参见（1996）鼓刑初字第101号。

② 参见（1995）穗中法刑初字第63号。

单位20万元以上，“有其他严重情节”中的“非法经营数额”指个人20万元以上，单位100万元以上；第218条中只包括“违法所得数额巨大”一种情形，指个人10万元以上、单位50万元以上。该解释是对包括侵犯著作权的出版物在内的所有“非法出版物”刑事案件的体系性解释，这与著作权刑法完成了“体系性”转变有关。

2. 2001年著作权法首次在部门法中规定了刑事责任的提示性条款

为准备加入世贸组织，我国按照与工作组成员的谈判、入世承诺和TRIPS协定的要求，及时对著作权法进行修改。该法修正过程中的重要特点是，草案经历了提出审议、又撤回、又提出的曲折过程：1998年12月23日国务院向第九届全国人大常委会第六次会议提请审议，后又撤回，2000年11月29日再次提交议案；第九届全国人大常委会第十九次、第二十一次、第二十四次会议上进行了三次审议并于2001年10月27日通过。这种反复、曲折情况也是不多见的，说明修改著作权法的复杂性和难度。① 但是，该法修正不全是为被动履行TRIPS协定义务，也有应对数字网络技术而作出的前瞻性规范内容。

就著作权刑法制度而言，2001年著作权法第47条首次在部门法中作出了“构成犯罪的，依法追究刑事责任”的提示性规定。此前，著作权法中一直没有任何刑事责任规定，而单行刑法或刑法典却对侵犯著作权的行为给予刑罚制裁。从侵权到犯罪显得过度突然而无部门法支撑，给人一种立法不协调的印象，在一定程度上违反了刑法的最后制裁性。② 2001年著作权法在第47条根据刑法既

① 参见宋木文：《当代中国版权制度建设的历程》，载《韶关学院学报》2006年第7期。

② 参见高艳东：《论TRIPS视野下的刑法对知识产权保护的必要性与限度性》，载《甘肃政法学院学报》2003年第5期。

有条文作了照应性规定，从而改变了这一不合理情形；但第47条不是严格意义上的“附属刑法”规范，针对8种侵权行为并无具体刑罚规定，而只能根据1997年刑法第217条和第218条来定罪处刑；凡是刑法本身没有规定的，就应属于“法律没有明确规定为犯罪的，不得定罪处刑”的情形。

（四）强化阶段：我国2001年年底加入世贸组织而承担TRIPS协定刑事义务

我国于2001年12月11日正式成为世贸组织成员，标志着全面融入经济全球化；也就承担TRIPS协定关于著作权刑法保护的义务。具体来说主要是：其一，实体刑法方面即刑法第217条、第218条（也可认为应包括关于单位侵犯知识产权犯罪的第220条）及其相关司法解释须达到TRIPS协定所规定的最低实体义务标准，包括版权盗版刑事案件范围、刑种、刑度等方面的要求；其二，刑法适用的程序方面应当符合其规定的司法程序要求，如迅速采取有效行动以防止侵权或制止进一步侵权，实施刑事程序应确保公平和公正，等等。

由于我国1997年刑法已经对侵犯著作权犯罪作出了符合TRIPS协定要求的实体规定，故这一阶段上著作权刑法保护的强化主要是通过司法解释和案件司法审理活动来实现的，尤其突出对商业规模的故意的版权盗版的刑事打击。2004年12月和2007年4月“两高”先后颁行《关于办理侵犯知识产权刑事案件具体应用法律若干问题的解释》和《关于办理侵犯知识产权刑事案件具体应用法律若干问题的解释》（二）（以下简称《知识产权刑事案件解释（一）》和《知识产权刑事案件解释（二）》），对著作权犯罪的定罪量刑标准作了新的规定，其显著特点是降低了刑事门槛和增加了定罪根据（具体内容在本书第三章会深入分析）；2008年6月25日最高人民检察院、公安部制定了《关于公安机关管辖的刑事案件追诉标准的规定（一）》（以下简称《公安立案追诉标准（一）》），对著作权犯罪案件吸收了之前司法解释的相关规定。究其原因：一是因为知识产权犯罪数量的增长，因此要加大打击的力度；二是因为外部的压力尤其是美国压力。[①] 但只要知识产权侵权现象未能减少，美方的压力并没有因中国降低刑罚门槛而减弱，很快又会提出新的要求。例如，尽管 2004 年年底出台了解释（一），但美国 2005 年特别 301 报告仍把中国重新列入“优先观察名单”；即使 2007 年司法解释（二）再次降低了追究盗版行为的刑事责任门槛，美国仍向 WTO 提起中国“打击盗版不力”的指控。权威人士坦言：“应该承认，对知识产权的保护，的确在很大程度上是发达国家压力和推动下进行的。”[②] 强化对著作权刑法保护，是加入世贸组织后承担 TRIPS 协定刑事义务的要求，从而从适用国内刑法规范扩展到了履行国际刑事义务规范的阶段。

（五）我国著作权刑法保护制度变迁路径

1. 著作权刑法保护制度变迁类型

美国经济学家道格拉斯·诺思将“制度”（institution）定义为：“一个社会的游戏规则，更规范地说，它们是为决定人们的相互关系而人为设定的一些制约。制度构成于人们在政治、社会或经济方面发生交换的激励结构，制度变迁决定了社会演进的方式，因此，它是历史变迁的关键。”[③] 诺斯还提出路径依赖（path dependency）的说法，即一种现存的制度具有一种类似于物理学上的惯性，一旦采用了一种制度进入了某种特定的路径，则这种制度就可能会情不自禁地产生一种惯性，对之前人们的选择产生一种依赖。林毅夫将制度变迁纳入“需求——供给”模型，将一群（个）人在响应由制度不均衡引致的获利机会时所进行的自发性变迁称为诱致性变迁（induced change），而将由政府法令引起的变迁称为强制

① 参见卢建平：《知识产权犯罪门槛的下降及其意义》，载《政治与法律》2008 年第 7 期。

② 蒋志培：《中国保护知识产权是真诚的》，载《财经》2007 年第 11 期。

③ ［美］道格拉斯·诺思：《制度、制度变迁与经济绩效》，刘守英译，生活·读书·新知三联书店 1994 年版，第 3 页。

性变迁（forced change）。根据制度经济学理论，制度变迁存在实施成本（包括社会整体的和个体私人成本），潜在的外部收益并不能直接导致制度变迁，该种成本与收益比就成为促进或推迟制度变迁的关键因素。

从全球各国及不同历史的阶段来看，上述两种类型在著作权刑法保护的制度变迁上都有其存在。诱致性变迁是内生型变迁，其优点是能很好地嵌入既定社会结构和得到稳定的实施，但缺点是变迁过程缓慢，难以灵活地满足主体的特定需求。强制性变迁则属于外生型变迁，其优缺点大致与前者相反，即可能缺乏社会支撑，但变迁速度快，利于实现某种政策目标。在过去，著作权制度的变迁主要是受技术变革（如印刷术、电子模拟技术及当今的数字网络技术）的推动而发生的，变迁的周期较长。如果以利益集团理论为工具来分析，版权产业（行业）、版权持有人、使用人和公众等形成不同的利益集团，各自掌握着一定的话语权与实际代表权，彼此进行着情况错综复杂的利益博弈，最终达成比较平衡、稳定的结构状态。比如英美等国，从著作权法诞生到孕育出著作权刑法，经过了长期的演化过程，就属于内生型变迁。当然，在近年，由于版权产业逐渐获得强势话语权，著作权刑法已呈现出政府强制推行的因素。

2. 我国类型：政府主导下的强制性变迁

改革开放以来，著作权法领域的立法完善（1990 年、2001 年著作权法及有关的行政法规等）主要是由政府引发的强制性制度变迁，而非群众性的自发性变迁；著作权刑法（《关于惩治侵犯著作权的犯罪的决定》、1997 年刑法）也不例外。

新中国成立后直到著作权写入民法通则和著作权法中以前，无论正式制度还是非正式制度层面，在作者的作品创作与传播上都是一种“无著作权”制度；除非“著作权”这一新的制度安排带给个人的净收益超过制度变迁的费用，否则它就不会发生变迁。虽然理论上说著作权制度长远地有益于作品这一社会总财富的增加，但这种财富增加对于个体而言却具有抽象性和模糊性。社会个体因著作权制度的建立而支付确定的利益成本（即对作品的使用由免费而转为购买），其中著作权刑法制度引入刑罚措施而将支付成本大大提高，这样使长期的、整体的利益与当前的、个体的利益就可能发生错位。因此，按前述需求——供给模型，诱致性变迁将无从发生。

出于发展经济的功利追求，在面临外部国际压力的背景下，我国由政府主导在本土着手“建构”（construct）了一个从外来引入的“著作权刑法”制度。实证研究表明，中美知识产权贸易争端以及中国加入 WTO 对中国知识产权制度变迁产生重大影响，并加快其变迁步伐。[①] 就刑法保护而言，“我国建立打击知识产权犯罪刑事政策在一定意义上是国际公约推动的结果”[②]。WTO 是推动我国著作权刑法制度变迁的显著力量。我国著作权刑法制度迄今尚只有 15 年的历史，如果仅从技术和社会发展所诱致角度来看，尚不足以使著作权刑法制度发生规模巨大的变迁。然而，从事实来看，著作权刑法规范在 1994 年初创以来，公众从“窃书不算偷”的观念中接受“窃书就是偷”的洗礼尚不足 4 年时间，心理上根本无法完成“侵犯著作权就是犯罪”这种适应，该制度的确立便成为脱离公众认同的一个“犯罪化”的制度建构，也是一个“刑事优先”的建构过程。

我国政府也知道这种强制性变迁路径的弊端，并保持了理性的姿态。《关于惩治侵犯著作权的犯罪的决定》颁行不到 3 年，在 1997 年就已经过修改，将“违法所得数量较大”的销售侵权复制品行为“除罪化”。从 1995 年到 1998 年，相关司法解释也将侵犯

---

① 参见代中强等：《内生知识产权保护与知识产权法律制度变迁：来自中国的经验》，载《世界经济研究》2009 年第 2 期。

② 刘华：《论我国经济犯罪的刑事政策》，载顾肖荣主编：《经济刑法》（第 1 辑），上海人民出版社 2003 年版，第 6 页。

著作权犯罪的定罪数量标准作了较大幅度提高。自1997年制度形成以来，我国著作权刑法在立法层面就没有再行变迁。相反，相关司法解释（如2004年、2007年先后作出了侵犯著作权犯罪的定罪标准的解释）在加入世贸组织、缓和中美知识产权贸易争端压力、应对猖狂的盗版等问题上，通过在既定制度内来对著作权刑法的内容进行弹性解释，使之适应社会变化的需要。从某种意义上说，这正是回避从立法层面进行强制性变迁的一种权宜办法。可见，我国著作权刑法的确立与演变主要是政府引发的强制性制度变迁，其中来自国际和外国的利益相关者作用不小。

当然，著作权刑法的政府主导型强制性变迁并不是我国大陆的特有现象。俄罗斯为加入世贸组织而修改其著作权刑法规定；新加坡、澳大利亚、马来西亚等国，在与美国签订自由贸易协议（FTA）后，都为履行协议义务而纷纷修改本国版权法。以我国台湾地区为例：其"著作权法"被频繁修改，充分体现了发展知识经济的内在动力与化解美国等发达国家频繁施加的外在压力的双重需要，呈现出混合型法制现代化模式的基本特点。① 强制性变迁也不是当代中国特有现象。从近代版权史来看，清朝于1910年颁布我国历史上第一部著作权法《大清著作权律》。它专门规定了"罚例"。② 其第40条规定："凡假冒他人之著作，科以四十元以上四百元以下之罚金，知情代为出售者，法与假冒同"。从这一历史源头看，旧中国著作权刑法制度的形成特点就是，完全是在外国列强的压力下被动引入的结果，是被动移植而非主动创新，是"逼我所有"而非"为我所有"。著作权法律制度体现刑事优先思想。该制度对后来的北洋军阀政府、民国政府都产生了影响，现在我国台湾地区不少著作权罪

---

① 参见刘科：《20世纪90年代以来中国台湾地区侵犯著作权犯罪刑事立法修改研究》，载《中国刑事法杂志》2008年第6期。

② 参见周林、李明山主编：《中国版权史研究文献》，中国方正出版社1999年版，第93页。

名就是来源于该“罚例”规定，在新中国成立时即被废除。

二、我国著作权刑法保护制度逻辑

制度的逻辑是制度形成的客观规律，是利益结构中各要素影响力的平衡和各种社会控制机制结合的结果。我国进入21世纪以来，包括著作权刑法在内的知识产权立法已摆脱被动移植的局面，从“调整性适应”进入“主动性安排”的阶段，正在揭开新的历史篇章。① 分析和解决我国著作权刑法保护中存在的“问题”，应当以其内在的制度逻辑为根本出发点，具体可从“制度形成——制度运作”两个角度展开。

（一）制度形成逻辑的核心：“国内战略需求＋国际义务要求”的合力

1. 著作权刑法制度形成的二维推动力

从现今来看，一个国家使用刑法保护著作权，虽然需要关注并满足国际条约的要求，但主要是由国内的社会、经济和文化发展战略决定的。② 故履行国际公约义务和实施国家版权战略是进行我国著作权刑法制度的论证与建构时，应当予以把握的两个基本方面。从国内和国际两个维度看，著作权刑法保护制度建立与发展存在着二维推动力：国内的经济发展需求是内在推力，国际条约义务是外在拉力，二者以国家利益为支点而形成合力，使著作权刑法得以变迁和形成。

第一，实施国家著作权战略。当代知识产权这一私权本质虽未改变，但知识产权的公权化趋向日益明显。③ 其表现之一是以国家

---

① 参见吴汉东：《中国知识产权法制建设的评论与反思》，载《中国法学》2009年第1期。

② 参见王世洲主编：《关于著作权刑法的世界报告》，中国人民公安大学出版社2008年版，第26页。

③ 参见冯晓青、刘淑华：《试论知识产权的私权属性其公权化趋向》，载《中国法学》2004年第1期。

化运作为根本前提的知识产权“国家战略化”在各国盛行，国家介入因素在逐渐增强已成不争的事实。知识产权经济在我国已初露端倪，我国于2008年颁布了《国家知识产权战略纲要》[①]（以下简称《纲要》），国家版权战略是其重要组成部分。《纲要》的主线是促进国家自主创新，为创新型国家的建设提供有利支撑，对国家未来知识产权事业发展作出谋划。《纲要》一共160多条，体现了“积极创造，有效运用，依法保护，科学管理”的指导思想，提出了两段战略目标、五个战略重点、七项专项任务和九项战略措施。[②]

《纲要》提出近五年的著作权目标是：核心版权产业产值占国内生产总值的比重明显提升；传统知识和民间文艺等得到有效保护与合理利用；知识产权保护状况明显改善；盗版、假冒等侵权行为显著减少，维权成本明显下降，滥用知识产权现象得到有效遏制；全社会特别是市场主体的知识产权意识普遍提高，知识产权文化氛围初步形成。

《纲要》提出了版权专项任务，包括六项内容：一是扶持新闻出版、广播影视、文学艺术、文化娱乐、广告设计、工艺美术、计算机软件、信息网络等版权相关产业发展，支持具有鲜明民族特色、时代特点作品的创作，扶持难以参与市场竞争的优秀文化作品的创作。二是完善制度，促进版权市场化。进一步完善版权质押、作品登记和转让合同备案等制度，拓展版权利用方式，降低版权交易成本和风险。充分发挥版权集体管理组织、行业协会、代理机构等中介组织在版权市场化中的作用。三是依法处置盗版行为，加大盗版行为处罚力度。重点打击大规模制售、传播盗版产品的行为，遏制盗版现象。四是有效应对互联网等新技术发展对版权保护的挑

---

① 参见《国务院关于印发国家知识产权战略纲要的通知》（国发〔2008〕18号），2008年6月5日发布。

② 参见田力普：《〈国家知识产权战略纲要〉的实施与推进——在中国知识产权研究会第五次全国代表大会暨学术报告会上的讲话》，载《知识产权》2008年第4期。

战。妥善处理保护版权与保障信息传播的关系，既要依法保护版权，又要促进信息传播。五是建立健全传统知识保护制度。六是加强民间文艺保护，促进民间文艺发展。

第二，履行国际条约义务。我国加入了一系列著作权国际公约，主要包括10余个全球性国际公约；同时，在双边和多边交往中还不断达成了一系列著作权领域或包含著作权内容的条约。全球性著作权公约分别由WIPO、联合国教科文组织、世界贸易组织管理三个国际组织管理，其地位极为重要。1994年包括刑事条款的TRIPS协定以及1996年缔结的WIPO“因特网条约”，直接推动了1998年以来迄今已有10年的各国著作权法的修法运动，使之后著作权刑事保护的世界场景更加走向“强化”和“国际化”。本来具有严格地域性的著作权取得了域外的效力，而且为了使这种域外的效力能执行（enforce），在外国还应依所在国法律获得刑事保护，而所在国依国际条约有提供刑事保护的义务。我国迄今已加入了其中8个全球性公约；尚有《保护表演者、录音制品制作者和广播组织的国际公约》（即《罗马公约》）未加入，但TRIPS协定第9条已经包括了其实体条款。我国在建立知识产权法律保护体系的短短十几年中，便实现了对知识产权的民法、行政法、刑法保护，这是我国积极加入一系列保护知识产权的国际公约，努力实现与公约接轨的结果。① 目前，我国以著作权法为核心的“一法四条例”及八个国际公约组成的版权法律体系，既是从中国国情出发，又兼顾了与国际规则相衔接。

2. 国家利益需要：我国著作权刑法制度形成的决定原因

我国为什么要参与缔结或加入著作权领域的国际公约？这是学者较少涉及的论题。本书认为，学界“国际因素是直接推动力量”的论点本身并无错误，但在基础上需要更深入一步，即只有国内因素才是真正的最终决定力量。著作权刑法的制度变迁是国际公约的

---

① 参见苏彩霞：《中国刑法国际化研究》，北京大学出版社2006年版，第82页。

驱动与国家利益追求的结果。

从犯罪化的正当性根据看，“决定何种行为被视为犯罪的，是特定社会的价值和文化”①。然而，在我国著作权刑法制度变迁过程中，却缺乏对我国社会的经济、文化等的实证考量，比如当年的作品量、软件产值、占 GDP 多少比例，盗版所带来的损失等等，都不曾被作为论证其正当性的依据。我国加入这些公约从而承担著作权保护义务，在某种程度上，是政府出于功利主义的需要，以著作权刑法制度换取外来的投资与技术（以市场换技术）。但在本质上，它却是国家利益使然，即改革开放以来我国需要实现“以经济建设为中心”的国家根本任务，开始走上融入经济全球化的现实发展道路。当然，积极参与著作权刑法国际规则的解释与制定也是必要的，如有学者指出，对于我国来说 TRIPS 协定几乎是完全外生性给定的，这可能是由于我国迟到的缔约导致结果上被动的原因之一。②

以市场经济制度建立为线索，可以将我国融入经济全球化的进程大致划分为三个阶段：③ 第一阶段即 1978 年我国决定改革开放，标志着融入全球化的开始；第二阶段即 1992 年我国决定建立社会主义市场经济制度，标志着融入全球化的加速；第三阶段即 2001 年加入 WTO，标志着我国已经全面融入全球化进程之中。这种进程大体上与前面所述的我国著作权刑法制度变迁的阶段相关联但不相同。三个阶段上我国加入现有的著作权全球性国际公约和相应的国内立法情况见表 1－1。应当说，惩治侵犯著作权犯罪的刑事法律与司法解释对实现我国政府所追求的“融入经济全球化”目标是不可或缺的。著作权刑法制度变迁与我国融入经济全球化进程是相一致的，这正是国内利益追求结果的体现。

---

① See Janathan Herring，*Criminal Law*，法律出版社（影印）2002 年版，第 4 页。

② 参见沈国兵：《TRIPS 协定下中国知识产权保护的核心难题及基准》，载《财经研究》2008 年第 10 期。

③ 参见莫洪宪、贺志军：《多维视角下我国知识产权的刑事保护研究》，中国人民公安大学出版社 2009 年版，第 2 页。

表1-1　我国在著作权领域加入的全球性国际公约和国内立法、司法解释情况

	公约名称与加入时间	国内立法	司法解释
第一阶段	成立世界知识产权组织公约（1980年加入）	著作权法（1990年） 著作权法实施条例（1991年）； 计算机软件保护条例（1991年）	关于依法严惩非法出版犯罪活动的通知（1987年）； 关于严厉打击非法出版犯罪活动的通知（1991年）
第二阶段	保护文学艺术作品的伯尔尼公约（1992年加入）； 世界版权公约（1992年加入）； 保护录音制品制作者防止未经许可复制其录音制品公约（1993年加入）	实施国际著作权条约的规定（1992年）； 关于惩治侵犯著作权的犯罪的决定（1994年）； 知识产权海关保护条例（1995年）； 刑法（1997年修订）	关于适用《全国人民代表大会常务委员会关于惩治侵犯著作权的犯罪的决定》若干问题的解释（1995年）； 关于审理非法出版物刑事案件具体应用法律若干问题的解释（1998年）； 关于审理涉及计算机网络著作权纠纷案件适用法律若干问题的解释（2000年）
第三阶段	与贸易有关的知识产权协定（2001年加入）； 世界知识产权组织（WIPO）版权条约（2007年加入）； 世界知识产权组织（WIPO）表演和录音制品条约（2007年加入）	著作权法（2001年修订）； 著作权法实施条例（2002年修订）； 计算机软件保护条例（2001年修订）； 知识产权海关保护条例（2003年修订）； 著作权集体管理条例（2004年）； 信息网络传播权保护条例（2006年）； 著作权法（2010年修订）	关于审理著作权民事纠纷案件适用法律若干问题的解释（2002年） 关于审理涉及计算机网络著作权纠纷案件适用法律若干问题的解释（2003年和2006年修正两次） 关于办理侵犯知识产权刑事案件具体应用法律若干问题的解释（2004年）； 关于办理侵犯著作权刑事案件中涉及录音录像制品有关问题的批复(2005年)； 关于办理侵犯知识产权刑事案件具体应用法律若干问题的解释（二）（2007年）； 关于公安机关管辖的刑事案件立案追诉标准的规定（一）（2008年）

（二）制度运作逻辑的核心："正式制度＋非正式制度"的耦合

著作权刑法属于由国家提供的一种正式制度。由于刑法的创制与适用一般不涉及行政机关的执法，故著作权刑法制度便主要是包括著作权刑事立法和刑事司法过程构成的有机整体。相反，社会公众对著作权制度所形成的意识和道德等，都属于非正式制度范畴。它们对正式制度的正常运转有某种推动或阻碍作用，在著作权刑法这一正式制度的变迁中，也发挥着重要作用。

社会学者指出，任何一种制度总是要嵌入特定的社会结构和社会文化之中去，再好的制度创新如果不能成功地嵌入那个社会的社会结构中去的话，或者说，这种制度的创新在现存的社会结构中长期产生和具有强烈的排异反应，那么这种制度的创新与变迁最终不可能带来效益，最终也不可能造成这个社会的发展和稳定。① 官方可能通过意识形态的培养推行了正式制度，而民间也有可能通过非正式制度影响了包括法律在内的正式制度。以英国为例，其版权法的产生是其近代社会结构更替的产物，反映的是英国资本主义社会结构中的三个子系统的功能耦合，它原是随着个体权利意识的增强、作者群地位的独立以及经济发展水平的提高等引起的社会结构的变动而逐渐完善的。②

我国著作权刑法这一正式制度与非正式制度耦合度不够。由于政府主导的强制性变迁路径，导致缺乏来自社会内部的非正式制度的支撑，由之，我们可以发现为什么中国著作权保护在立法上取得重要成就（强制性制度变迁范畴）的前提下，守法上（诱致性制度变迁范畴）却存在着重大的问题，③ 也即立法日趋完善而司法/

---

① 参见李汉林：《中国单位社会》，上海人民出版社2004年版，第110页。

② 参见金海军：《16～18世纪英国知识产权的历史与功能：一种社会结构整体观》，载刘春田：《中国知识产权评论》（第一卷），商务印书馆2002年版。

③ 刘春田教授所作序言。参见李雨峰：《枪口下的法律：中国版权史研究》，专利文献出版社2006年版，序言第5～6页。

守法的实效不佳。正如勒内·达维德指出，立法者的工作，虽为国家的发展所必需，但不可能在短时间内改变人们千百年来形成的、同宗教信仰相连的习惯和看法。[①] 著作权立法与守法背离的原因，在于没有遵守著作权法的非正式制度基础。因为意识形态、价值观、伦理规范、道德、习惯等这些非正式制度影响着强制性制度变迁的效用，正式制度的变迁必须有非正式制度的密切配合。

著作权保护作为一种舶来品，最早在清末时期，中国人是"在西方国家的枪口下开始学习法律"的，并不具备保护个人权利的条件，因而产生了一种立法与守法的两难悖反。列强制造了一个版权保护的话语实践，然而他们却忽略给这种话语实践提供一种制度性保证，只是一味地把他们的价值观念强加给中国，而对赖以保护他们的知识产权的中国法律制度毫无兴趣。[②] 就守法而言，列强对中国的支配关系已经发生了流变，它的控制力减弱了。改革开放以来，我国所加入的著作权国际公约所确立的保护制度对于我国著作权保护执法机制来说也是完全外生的，难免"水土不服"。而数千年的中国文化传统和道德习惯在著作权保护问题上起着消极作用，"窃书不算偷"的心理仍有一定市场；传统的"公"与"私"的观念影响着人们对著作权性质的认识，等等。正是这些非正式制度因素的存在，才会有1990年著作权法成为"审议时间最长的法律"和2001年著作权法曲折反复现象的出现。但是，在著作权刑法制度构建与变迁过程中，立法、司法以及学术领域有一种倾向，置我国既有的非正式制度现状于不顾，却想方设法提高著作权保护水平，以适应以西方发达国家为主导的国际社会对我国要求和缓和贸易紧张局势。由于这种心理的作用，造成目前一定程度上立法与

---

① 参见［法］勒内·达维德：《世界主要法律体系》，漆竹生译，上海译文出版社1984年版，第467页。

② See William P. Alford, *To Steal a Book Is an Elegant Offence*: *Intellectual Property Law in Chinese Civilization.* ,Stanford University Press, 1995.

司法、理论和实践相脱节，法律规定运作起来劳而无功。[①] 所以说，由于缺少内生力量的要求和缺乏非正式制度各种因素的支撑，著作权刑法制度呈现强名义保护而弱实际保护的特点。非正式制度的缺失使我国著作权乃至整个知识产权执法难收实效。只有公众认同的社会规范与政府法令所框定的法律规范能尽量相一致，才会有利于促进“积极守法”和“法的内化”。

综上所述，我国著作权刑法的制度逻辑决定着其路径选择。过去我国采取“被动回应型立法政策”，但在已经满足国际条约最低义务要求的基础上，主要应由国内的社会、经济和文化发展战略来决定保护力度。随着国家知识产权战略的实施、知识经济和国内版权产业的发展，在著作权保护上社会内生力量的要求逐渐加大，由过去的矛盾态度逐渐转化为主动要求保护著作权。著作权刑法保护也从“被动回应型”向“主动保护型”转变。于是，著作权刑法的制度变迁应当充分挖掘诱致性变迁的各种因素，比如充分考虑使各利益集团尤其是公众的利益诉求得到充分表达，还应考虑来自非正式制度的各种因素。对制度的合法性应进行充分揭示、论证和宣传，以使著作权刑法制度不仅仅单纯建立在政府法令的“国家力量”的基础上，从而能在实施中获得实效。单纯的强制性变迁难以获得实效，单纯的诱致性变迁因进展缓慢而难以适应著作权刑法制度的构建需要。故从长远利益来看，比较可行的是结合两者之长，以诱致性制度因素为基础、以政策法令为保障来推动著作权刑法的制度变迁。

第二节　我国著作权刑法保护主要挑战

遵循“问题性思考”的研究进路，本书拟对当前我国著作权刑法保护中所面临的主要问题进行深度探讨。然而，哪些属于

---

① 参见曲三强：《知识产权法原理》，中国检察出版社 2002 年版，第 62 页。

“面临的主要问题”，则难免会见仁见智。按照前面所归纳的“国内战略需求＋国际义务要求”、“正式制度＋非正式制度”之逻辑要求，本书就著作权刑法保护抽象出四对关系，即价值与规范、国际与国内、技术与法律、立法与司法之间的关系，提炼出面临的四种主要挑战（换个角度看，也就是存在的四个主要问题），即正当性挑战、国际义务挑战、技术挑战和司法挑战。本节仅提出各个问题“是什么”，相应地再在后续各章中探讨其应对策略。

一、正当性挑战：我国著作权刑法保护的正当性问题

（一）当代著作权刑法保护的正当性面临挑战

讨论著作权的刑法保护，首先得回到原点：著作权保护有何正当性？提出这个问题有以下根据：

第一，在当代，国内外不断涌现出各种反著作权的思潮与实践，诸如“知识产权怀疑论”、“反知识产权论”、“知识产权僵化论”和影响越来越大的自由软件运动等，在某种意义上都是对著作权保护制度根基的撼动，自然也造成对著作权刑法保护正当性的强烈冲击。有学者甚至称包括著作权在内的知识产权为“第二次圈地运动”（the second Enclosure Movement）。

第二，科技经济发展对著作权保护正当性提出新挑战：科技经济一体化与私权范围扩张，带来利益平衡机制失灵，需要限制私权扩张保障公权实现；科技经济全球化与数字鸿沟加剧，带来人权保障机制困境，需要缩小数字鸿沟促进知识共享。[①] 当著作权法日益被演绎成全球知识产品垄断工具的时候，也使得重新审视和反思它的立法原则成为必须（a must）。

第三，现有著作权保护制度包括 TRIPS 协定，其合法性也不断受到反思。著作权保护与发展权的实现之间未能保持适当平衡，

---

① 参见胡朝阳：《知识产权的正当性分析：法理和人权法的视角》，人民出版社 2007 年版，第 124～151 页。

而发展中国家首要价值目标应是发展权的实现，TRIPS 协定严格刑事保护对社会公众关于利用作品、制品等带来深刻影响，作为“必要之恶”的最严格保护措施——刑事程序，其公正合理性也因此不可避免地受到质疑。

（二）我国著作权刑法保护欠缺社会道德支撑

从制度运行逻辑来看，正式制度的运行需要非正式制度的支撑。我国著作权保护领域中频繁发生的盗版现象，证明其正当性没有得到社会公众的普遍认可。① 公众对使用盗版软件等侵犯著作权的行为表现出极大的宽容，盗版购买率甚高，以致媒体称“全民皆盗”。多项涉及我国著作权道德现状的实证调查都表明了这一点。

第一，中国国民阅读调查。“全国国民阅读调查”是由中国出版科学研究所主持的大规模抽样调查，从 1999 年开始，每两年一次，迄今已进行了七次。调查内容包括有国民对版权、对盗版出版物的认知情况等。关于盗版购买率和版权认知率的历次调查所得数据如图 1－1 所示。从图中可见，民众盗版购买率近年有大幅下降趋势，从 2005 年的 45. 5% 下降到 2009 年的 16. 1%；民众对于版权概念的认知度有大幅度提高，从 2005 年的 60. 6% 上升到 2009 年的 74. 6%。调查还表明，购买的盗版产品种类中，首先是音像制品，其次是盗版图书；价格便宜（占八成左右）、购买方便是其重要原因。

① 参见徐煊:《知识产权的正当性——论知识产权法中的对价与衡平》，载《中国社会科学》2003 年第 4 期。

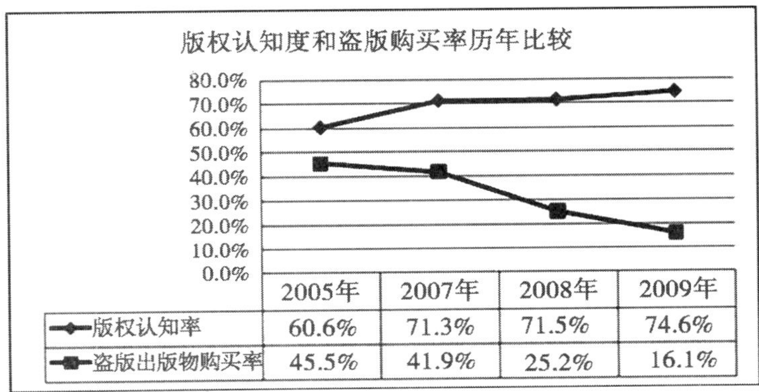

图 1 – 1

资料来源：根据全国国民阅读调查数据①整理所得。

第二，国家知识产权局等对社会公众知识产权认知程度的调查。2002 年，国家知识产权局、中国知识产权报报社、中国人民大学知识产权中心共同主持“社会公众知识产权认知程度调查”。2006 年，华中师范大学又在国家知识产权局的支持下依托人民网进行了网上问卷调查。② 两次调查数据的比较如表 1 – 2 所示。表中可见，两次调查体现出一种出人意料的趋势，即知识产权认知程度与盗版购买行为群体数量竟然呈正相关。尽管知识产权认知程度提高了，但盗版购买率并未相应下降反而上升。2006 年的调查表明，真正由于意识到而拒绝盗版的比例非常小，总体为（33.21% × 11.56% =）4%左右；而经济成本与性价比因素当之无愧地是该类侵权最主要的原因。

---

① 中国出版网：《聚焦全国国民阅读调查》，载 http://www.chuban.cc/ztjj/yddc/。

② 参见刘华等：《我国公民知识产权意识调查报告》，载吴汉东：《中国知识产权蓝皮书》，北京大学出版社 2007 年版，第 411 ~ 431 页。

表 1－2　“社会公众知识产权认知程度调查”情况

年份	知识产权认知度	购买盗版率
2002	83%	81%
2006	93%	88%

资料来源：刘华等：《我国公民知识产权意识调查报告》（2007 年）。

第三，北京大学对公众知识产权认知状况的调查。北京大学赵国玲教授等组织了对公众知识产权认知状况的调查，共分两个步骤进行，即实地问卷调查和网上问卷调查。① 部分数据见图 1－2。该调查发现，受访者单纯购买的（52.40%）或（与假名牌商品）交叉购买（37.50%）盗版产品的达 89.9%；购买原因中首要的是价格低廉（77.60%）；收入越高、文化越高的人群（人们一般认为这一人群的知识产权意识要强），购买侵权产品的趋向越明显，这与人们的一般观念似乎相反。从而得出结论，公众行为不是受是非观念的支配，而是受利益驱动，因此提出权利人应降低产品成本，采取技术保护，同时国家加强执法力度以提高侵权产品的违法成本等对策。

① 参见赵国玲等：《公众知识产权意识对知识产权被害控制意义之评估》，载《电子知识产权》2007 年第 2 期。

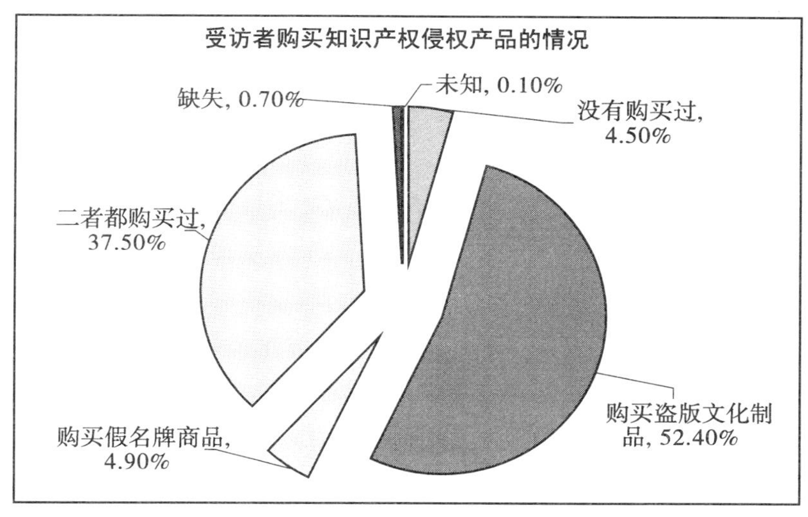

图 1－2

资料来源：赵国玲等：《公众知识产权意识对知识产权被害控制意义之评估》（2007 年）。

以上调查或统计数据虽存在口径不一及缺乏连续性等问题，但总体上对反映我国公民著作权道德现状而言，具有一定可信度，即目前我国著作权道德水平整体较低。2009 年 4 月，公布了受国家知识产权局委托、由知识产权新闻宣传中心与清华大学媒介调查实验室共同完成的首次“中国公众知识产权文化素养”调查结果，我国公众总体的知识产权文化素养指数为 42.1，绝对值属于中等偏低，但不同地区间并不均衡。① 我国著作权刑法保护的社会道德支撑问题，正是基于上述现状而提出的。在目前较低水平的社会道德基础上，建立甚或加强著作权刑法制度，都面临着会失却其道德

① 参见《“中国公众知识产权文化素养”调查结果揭晓》，载 http://www.sipo.gov.cn/sipo2008/yw/2009/200904/ t20090422_455682.html。

正当性的悖论。我国著作权刑法保护可能存在某种正当性危机，也就是哈贝马斯所说的合法性（legitimacy）危机。为什么我国著作权刑法制度会欠缺非正式的社会规范的支持？二者之间的鸿沟从何而来？该如何获得其正当性？这些问题的答案都需要从理论上予以探寻。

二、国际义务挑战：我国著作权刑法与TRIPS协定的符合性问题

（一）TRIPS协定关于著作权刑法保护的国际义务

TRIPS协定是《建立世界贸易组织协定》“附件1C”。它是建立在现有重要知识产权条约基础之上的协定，对知识产权国际保护从规则与体制两个方面都进行了创新，与WIPO体制相比更为有效。[①] 其关键特征之一是赋予成员以充分而有效实施（adequately and effectively enforce）知识产权的义务。其实施规定区别于以往国际条约之处在于，WTO争端解决机制赋予其强制力量。[②]

在有关知识产权保护国际公约中，TRIPS协定第一个引入“刑事程序”规定。[③] 该协定第三部分“知识产权的实施”第五节“刑事程序”（criminal procedures）第61条，确立了成员对知识产权刑事保护义务，规定成员应规定至少将适用于具有商业规模的蓄意假冒商标或盗版案件的刑事程序和处罚。由此，著作权刑法保护成为所有成员的条约义务。该协定关于著作权刑法保护的义务，为实施著作权提供了最具威慑力的刑事程序和救济，这是此前著作权国际公约都不曾有过的。

TRIPS协定之所以规定刑事义务，是因为保护知识产权是世界

---

① 参见薛荣久：《世界贸易组织概论》，高等教育出版社2006年版，第258页。

② See IIPA(International Intellectual Property Alliance):*Paper on Copyright Enforcement under the TRIPS Agreement*, October 2004, p.1.

③ 参见曹建明、贺小勇：《世界贸易组织基本法律制度讲话》，中国青年出版社2000年版，第80页。

贸易规则不可缺少的重要组成部分，是国际贸易得以正常运转的基础和支柱。货物贸易、服务贸易都离不开知识产权，并形成彼此紧密联系的 WTO 三大支柱。由于刑法是其他一切部门法的制裁力量，因而在知识产权保护中也受到青睐。学者 Peter Drahos 评论道："知识产权的突出特征之一就是与刑法的关联在增加。"[①] 由此观之，TRIPS 协定第 61 条之刑事条款的诞生并不是偶然的，从其动因来看，它正是全球化对知识产权法刑事化的体现。

（二）TRIPS 协定对我国著作权刑法检验问题的提出

1. 学界已有的"接轨"研究

学界早已开始从 TRIPS 协定视角对我国著作权刑法进行"接轨"研究。关于立法层面上我国刑法与该协定刑事义务的关系问题，存在两种相反观点：第一种是"不一致论"。有学者认为，在著作权刑法保护上，我国刑法与该协定规定在犯罪主观要件、客观要件、法定刑、对侵权复制品的处理等方面存在较大差别：我国要求"以营利为目的"和"违法所得数额较大或者有其他严重情节"等情节，与该协定"蓄意"、"商业规模"并不一致。刑法第 218 条对销售侵权复制品罪的处罚远不及刑法第 214 条"同等严重性"之罪，刑法典没有规定对侵权商品或者侵权复制品的处理。[②] 也有论者将差距归纳为：保护客体不全面、主观要件要求过严、定罪标准不妥、起刑点过高、刑罚结构体系不完善等方面，[③] 并提出相应完善建议。诸如扩展刑法对著作权的保护范围，取消犯罪主观要件

---

① See Peter Drahos, "States and Intellectual Property: the Past, the Present and the Future", in David Saunders and Brad Sherman (eds): *From Berne to Geneva: Recent Developments in International Copyright and Neighbouring Rights*, Brisbane, 1997, p. 52.

② 参见赵秉志：《关于完善我国侵犯著作权犯罪立法的几点建言——TRIPS 协议与我国侵犯著作权犯罪立法之比较》，载《深圳大学学报》（人文社会科学版）2006 年第 5 期。

③ 参见刘科：《改革开放三十年中国知识产权刑法保护的学术研究》，载《知识产权》2008 年第 6 期。

中的“营利目的”，侧重于对被害人的实质补偿，修改罚金刑、增强其可操作性，确立对侵犯著作权犯罪以自诉为主、公诉为辅的犯罪追诉模式和充分保护著作权人的权益以及社会公共利益等方面。第二种是“一致论”，即认为我国现行法律对知识产权刑事保护达到了 TRIPS 协定的水平和标准。[①]

2. “争端案”裁决带来的反思

2007 年 4 月 10 日，美国就我国知识产权保护问题启动 WTO 争端解决程序，其指控之一便是，认为我国刑法对于侵犯知识产权犯罪的规定不符合 TRIPS 协定第 41. 1 条和第 61 条的要求，涉及对若干假冒商标和盗版侵权行为提起刑事诉讼及实施刑事处罚要求达到的门槛，刑事诉讼和刑事处罚对擅自复制或擅自发行著作权作品的处理等。[②] 该案成为在 WTO 首次提出的关于 TRIPS 协定第 61 条即知识产权刑事保护的争端。之后，2007 年 9 月 25 日，WTO 成立专家组，并于 12 月 13 日由总干事任命 3 人专家组。历经一年多的审理，于 2009 年 1 月 26 日发布专家组最终报告，全称为《“中国——影响知识产权保护与实施的措施”专家组报告》（WT/DS362/R）。2009 年 3 月 20 日，WTO 争端解决机构（DSB）会议审议通过该案专家组报告，由于未在规定期间上诉，该报告已成为本案最终裁决（下文如未特别指明，“专家组报告”就是指该报告）。

专家组报告对美国诉称的涉及我国著作权法和海关措施违背义务的主张“部分予以支持”；同时裁决：美国没有证实中国“刑事门槛”不符合 TRIPS 协定第 61 条第 1 句下的义务。由此，对根据 TRIPS 协定第 41. 1 条和 TRIPS 协定第 61 条第 2 句所提出的与刑事

---

① 参见杨珊：《我国知识产权犯罪立法和执法与 TRIPS 标准》，载《理论与改革》2008 年第 3 期。

② See WT/DS362/1, pp. 1 – 2.

门槛相关的主张，适用司法经济原则即不进一步审查。① 专家组报告正文分八个部分，共 135 页。其中，从第 82 页至第 133 页是对刑事门槛（criminal thresholds）问题的认定，占正文 38.5% 的篇幅。专家组报告关于刑事门槛裁决使美国通过 TRIPS 协定框架来拔高知识产权刑事保护的意图落空，也证明我国认真履行了 TRIPS 协定义务和入世承诺，对我国履行该协定著作权刑法保护的义务，具有重要意义。

从专家组报告来看，“一致论”得到了 WTO 争端解决机构（DSB）的支持。这一裁决结果值得境内刑法学界的反思：为何境内学界指出“违背义务”，而该案专家组却认为“未违背义务”，是否学界的研究存在偏差？我国该如何准确履行 TRIPS 协定刑事义务？我国著作权刑法制度主要是在国际公约驱动下而建立的。1994 年 TRIPS 协定缔结并于 1995 年生效以来，著作权领域的世界场景出现的一个重大变化便是，TRIPS 协定刑事义务的履行成为极为重要的多边贸易议题。“争端案”关于 TRIPS 协定义务（包括著作权刑法保护义务）的分歧与审理、裁决，表面上是条约的解释问题，实质上是国家利益的激烈较量。与美国向 WTO 提出指控几乎同一时间即 2007 年 4 月 25 日，欧洲议会一读通过了欧盟委员会提出的《关于旨在确保执行知识产权的刑事措施的指令》（草案）。在后 TRIPS 协定时代，著作权刑事条款频频出现在双边自由贸易协议中。这些都无不反复表明：著作权刑法保护日趋强化，需要准确把握我国承担的相应国际义务，并以此为依据全面检视我国著作权刑法；同时为可能缔结的双边条约所包含的著作权刑法保护条款做好准备。

---

① See WT/DS362/R, paras 7.681 –7.682.

三、技术挑战：我国著作权刑法在数字网络技术下的完善问题

（一）我国数字网络技术下著作权保护的社会基础

1. 数字网络技术发展概况

数字技术或称数字化技术是以二进制（0 和 1）编码形式，通过计算机等数字终端表达、存储、处理，并通过计算机、光缆、通信卫星等设备传递各种信息（如文字、数值、图形、图像、声音等）的技术。其过程大体是：先将非数字代码方式的作品做数字格式的处理，如将纸质载体上传统形式的文字、数值、图形、图像等构成的作品进行数字化转换，以数字代码方式将这些图文声像等信息编辑加工后存储在磁、光、电等介质上，再通过计算机或者具有类似功能的设备对它们进行组织、加工、存储或采用数字传输技术加以传送，并可在需要时将这些数字化了的信息再还原成文本、数值、图形、图像和声音等原来信息形式。

网络通信技术比数字化技术要晚。因特网又称国际计算机互联网，它的前身是美国国防计算机互联网（ARPA），现已发展为一个全球性的计算机互联网络。从信息资源角度看，因特网是一个集各个部门、各个领域的各种信息资源为一体的供网上用户共享的多媒体资源网。数字化技术与网络通信技术结合，作品和其他信息则可以通过有线方式（如光纤或比较传统的导线）或无线方式（地面传送或卫星传送）等现代通信技术迅速、广泛地传播，从而其使用和影响越来越强大。即使万维网也渐成“传统的”网络了，新的 P2P、Web2.0 技术等精彩纷呈。

P2P（peer - to - peer，点对点）技术的特征在于“点对点”或“去中心化”。在某种程度上，它是对传统万维网（www）结构方式的颠覆：传统网络传播采用客户端/服务器（Client/Server）结构而呈“服务器中心化”景观，以网络服务器为信息交换中枢，用户获取或发布信息都要以该服务器开启为前提；P2P 结构中则不存在中心节点或中心服务器，每一个节点（Peer）大都同时具有信

息消费者、信息提供者和信息通信三方面的功能，同一个 P2P 网络中用户电脑在下载一个文件的同时，也充当这个文件的服务器，并且为其他下载这个文件的用户提供下载服务，即同时充当客户端和服务器（Client/Server）。理论上，P2P 软件不需要有服务器，但目前大都还有服务器支持，只是没有直接提供传输内容的服务器。P2P 软件在境外经历了几代发展：Napster 为代表的第一代 P2P，利用中央服务器建立一个大型的集中化索引，在美国版权法承认帮助侵权（contributory infringement）和代位侵权（vacarious infringement）面前遭致覆败；Grokster、Kazaa 等为代表的第二代 P2P，其营运模式脱离了中央服务器的特性，在诉讼中反败为胜；Bit Torrent（BT）为代表的第三代 P2P 正在蓬勃发展，与版权出现新的交锋。

数字网络技术给作品利用带来以下特点：其一，就复制储存而言，它可精确和迅速地制作被存储信息的复制品，这种复制品的第 n 代仍同原件一样精确。其二，就传输而言，其传播效果比传统广播（Broadcast）更为广泛：一是时间上，“交互式传输”（Transmission on demand）打破传统广播固定时段的限制，用户可自由选定接收时间；二是地域上，其可超越传统广播的地域限制，用户可选定任何能联上网络的地点接收网络传输（Webcast）的内容。其三，就内容修改而言，可以借助于相应的计算机程序来修改和处理信息内容，使它变得更加完美或者面目全非。其四，就暂时复制而言，数字网络技术下计算机设备的正常运行会自动将网页的内容复制到计算机内存中，供用户在脱机时也可浏览，这种复制几乎是利用作品的前提。

2. 我国互联网发展状况

其一，我国网民规模庞大且发展迅速。中国互联网络信息中心（CNNIC）从 1998 年起就于每年 1 月和 7 月推出《中国互联网络发展状况统计报告》，迄今已发布 26 个统计报告。其第 26 次报告[①]的最新调查数据显示，截至 2010 年 6 月底，中国网民规模达到 4.2 亿人，突破了 4 亿关口；互联网普及率攀升至 31.8%。农村网民规模达到 11508 万人，占整体网民的 27.4%，不可忽视的是，农村网民规模达到 11508 万人，占整体网民的 27.4%；内陆省份发展快。数据见图 1－3。

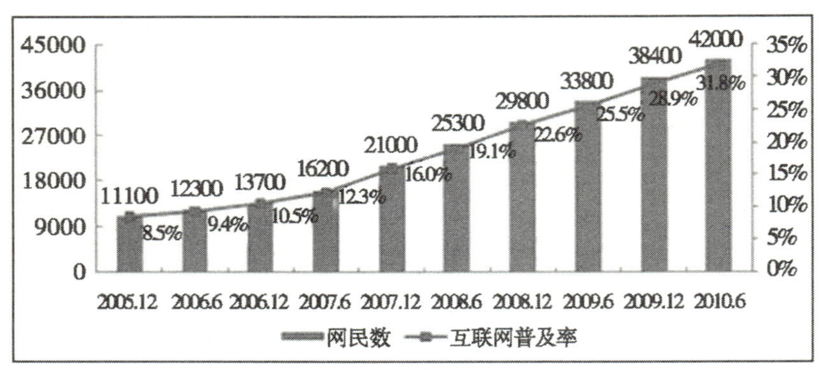

图 1－3　中国网民规模与互联网普及率

资料来源：《第 26 次中国互联网络发展状况统计报告》。

其二，我国网民的网络应用具有多元化。目前，使用率超过 50% 的网络应用中，包括网络音乐、网络游戏和网络视频三大娱乐类网络应用与搜索引擎、即时通信和电子邮件三大互联网基础应用，表明娱乐和基础应用仍旧是中国网民最重要的互联网活动；网络新闻、博客应用和社交网站等网络应用，反映社交类网络应用呈兴起之势；商务化程度迅速提高。具体见表 1－3。

① 参见《第 26 次中国互联网络发展状况统计报告》，载 http://www.cnnic.cn/uploadfiles/doc/ 2009/1/ 13/92209.doc。

表 1－3　我国网民主要网络应用使用行为

类型	应用	2009 年 12 月		2010 年 6 月	
		使用率	排名	使用率	排名
网络娱乐	网络音乐	83.5%	1	82.5%	1
信息获取	网络新闻	80.1%	2	78.5%	2
信息获取	搜索引擎	73.3%	3	76.3%	3
交流沟通	即时通信	70.9%	4	72.4%	4
网络娱乐	网络游戏	68.9%	5	70.5%	5
网络娱乐	网络视频	62.6%	6	63.2%	6
交流沟通	电子邮件	56.8%	8	56.5%	7
交流沟通	博客应用	57.7%	7	55.1%	8
交流沟通	社交网站	45.8%	9	50.1%	9
网络娱乐	网络文学	42.3%	10	44.8%	10
商务交易	网络购物	28.1%	12	33.8%	11
交流沟通	论坛/BBS	30.5%	11	31.5%	12
商务交易	网上支付	24.5%	13	30.5%	13
商务交易	网上银行	24.5%	14	29.1%	14
商务交易	网络炒股	14.8%	15	15.0%	15
商务交易	旅行预订	7.9%	16	8.6%	16

资料来源：根据《第 26 次中国互联网络发展状况统计报告》整理。

3. 互联网对我国社会生活的影响及其引发的著作权侵权问题

从以上我国互联网发展状况看，数字网络技术已经渗入我国社会生活的各个方面。“中国国民阅读调查”显示，国民图书阅读率连续下降；国民网上阅读率却持续上升：1999 年为 3.7%，2003 年为 18.3%，2005 年为 27.8%，2007 年达 44.9%，网络媒体成为国民依赖度排名第二的媒体，低年龄、高学历人群是数字化阅读的主力军。针对这一现实，甚至有人发出“纸质媒体还有明天吗”的疑问。① 数字版权产业研究在我国已引起重视，如《2008 中国数字版权保护研究报告》就是此类报告的开端。②

近年来，我国互联网产业发展迅猛，版权市场正日益被新兴的网络所占据；对于利用人而言，人们容易将网络“自由”（free），误为一切“免费”（free）；③ 相反，在互联网上由网络服务商到终端用户都从不同程度上和范围内提出权利要求④，由此，网络环境下的侵权问题也凸显出来。网络侵权方式呈现多样化特征⑤，一些网站未经授权大量非法复制、上传和传播他人作品，网上侵权现象严重。2005 年以来，全国版权部门会同公安、信息产业等部门连续 4 年开展网络版权专项治理，其间共处理案件 2140 件，关闭非法网站 810 个，移送刑事司法 65 起。⑥ 可见，网络环境下的著作权保护包括刑法保护已成为亟待解决的法律基础设施问题。

（二）数字网络技术下著作权刑法完善问题的提出

著作权法的发展史同时也是一部科学技术的镜像史。1996 年 WIPO 主持缔结了《WIPO 版权条约》（WCT）和《WIPO 表演和录音制品条约》（WPPT）两条约，这是在国际著作权规则层面对数字技术所作出的最早回应，被合称为“因特网条约”。两条约的突出特点是，就作品、表演、录音制品规定了向公众传播的权利（其中包含通过信息网络的向公众提供权）、技术措施保护和权利管理信息保护等内容。条约中虽无明确的刑法保护义务规定，但刑法保护

① 参见匡文波：《纸质媒体还有明天吗?》，载《现代传播》2008 年第 4 期。

② 参见郝振省主编：《2008 中国数字版权保护研究报告》，中国书籍出版社 2008 年版。

③ 参见章忠信：《网络著作权之保护》，载著作权笔记公益网 www.copyrightnote.org/paper/pa0032.doc。

④ 参见周林主编：《知识产权研究》（第 18 卷），知识产权出版社 2007 年版，第 23 页。

⑤ 参见高卢麟：《互联网与知识产权保护》，载《互联网天地》2004 年第 2 期。

⑥ 参见阎晓宏：《提高公众认识和加强执法是两个重点》，载《中国版权》2009 年第 1 期。

是网络著作权法律保护的应有之义。国际上纷纷修法应对网络环境下侵犯著作权的犯罪。近十余年间国际互联网上侵犯版权事件层出不穷：从1994年美国大学生莱马奇亚（La Macchia）上传电脑软件和提供免费下载而被“无罪释放”为起点，催生了美国《反电子盗窃法》（NET法案）和《千年数字版权法》（DMCA），一直到十年后的2005年香港公民陈乃明通过P2P上传三部电影而“罪名成立”被判入狱。二者可能具有典型的标本意义：就目的而言，陈乃明与莱马奇亚一样，并没有从中获取任何经济利益；就造成损害而言，数以千计的电脑软件与三部电影相比，莱马奇亚给版权人带来的经济损失无疑远远大于陈乃明；二者的刑法评价却迥异。这反映了国际社会对网络侵犯著作权刑事责任的态度转变：从宽容趋向苛刻。

思考著作权刑法的技术应对问题时，应以我国互联网发展的社会现状为基础。我国不仅因已加入这两个条约而承担义务，而且还要实现国家著作权战略目标，都需要在著作权刑法领域对新技术的变化作出及时、有效的回应。随着数字网络技术在我国的普遍使用和著作权法已进行必要完善，1997年刑法中的侵犯著作权规范主要是针对传统环境下的犯罪而制定的，如何针对网络环境下的侵犯著作权犯罪特点，来适度扩张著作权刑法保护的范围，是极为现实的任务。在国家知识产权战略和技术应对意义上，从立法论角度来看，宜通过衔接而完成对“数字网络”环境的适应性调整，故需要深入研究。

四、司法挑战：我国著作权刑法适用的实效问题

从法的运行角度来看，由于刑法不涉及行政机关，故著作权刑法保护大体上包括著作权刑法的制定和适用两个方面，也就是刑事立法和刑事司法。司法是国家司法机关依据法定职权和法定程序具体应用法律处理案件的专门活动，是法的实施的重要方式之一。本书以“著作权刑法保护”为主题，仅限定于实体刑法，故此处刑事司法指采“刑法适用”的含义，即著作权刑法被实际运用的状

态，着重分析其适用的实效问题。

（一）我国著作权刑法适用实效较低

1. 侵犯著作权犯罪刑事案件审结情况

我国侵犯著作权犯罪的案件审结情况与整个侵犯知识产权犯罪状况相关，后者在 2005 年以前一直在 100 ~ 400 件/年之间徘徊。根据已有资料，我国以“侵犯知识产权罪”这一类罪名中的个罪审结的刑事案件数量（1992—2009）见图 1 - 4。可见，1997 年刑法实施尤其是 2001 年加入世贸组织以来，我国知识产权刑事案件审理进展明显，每年侵犯知识产权罪的发案数、立案数（受理数）和审结数都呈上升趋势。应注意，图中仅描述了“侵犯知识产权罪案件”的审结数，不是“涉及知识产权侵权的刑事案件”的审结数，后者还包括涉及侵犯知识产权犯罪但又以生产、销售伪劣商品罪或非法经营罪等其他罪名判处的案件。

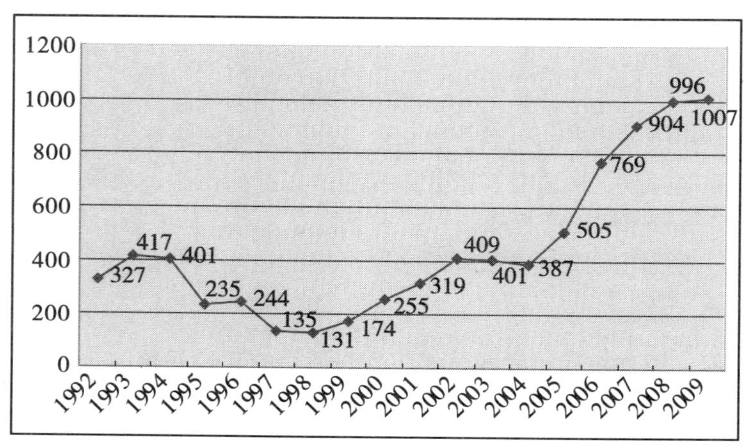

图 1 - 4　我国“侵犯知识产权罪”刑事案件审结数量（1992—2009）（单位：件）

资料来源：根据历年《中国知识产权年鉴》、《中国知识产权保护状况白皮书》等数据整理所得。

如果仅从侵犯著作权犯罪来统计，根据本书对有关数据资料的整理，我国法院所审结的案件数量见图 1－5。需要说明的是，自 2005 年开始，《中国知识产权年鉴》中的司法统计不再单独介绍侵犯著作权犯罪的数据，故图中数据截至 2004 年，这使我们对侵犯著作权犯罪的实证研究具有困难。

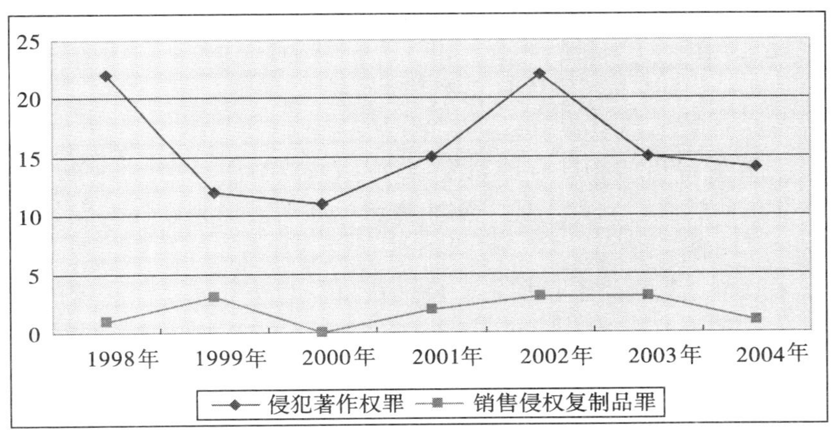

图 1－5 我国侵犯著作权罪与销售侵权复制品罪审结数量（单位：件）

资料来源：笔者根据有关数据整理所得。

2．我国侵犯著作权犯罪审结情况特点

第一，案件审理数绝对值极小。1998 年至 2004 年 7 年间全国各级法院共审结侵犯著作权罪案 111 件，销售侵权复制品罪案 13 件；但之后的数字似乎有所上升。从历年《中国知识产权年鉴》统计数字看，自 1994 年《关于惩治侵犯著作权的犯罪的决定》（以下简称《惩治著作权犯罪决定》）实施以来至今，全国法院审结的侵犯著作权犯罪案件大约仅 300 来件。这显然与我国著作权领域的违法犯罪实际情况相差甚远。第二，案件审理数相对值低。我国法院以侵犯知识产权罪审结的案件90%以上是侵犯商标类犯罪,[①] 侵犯著作权犯罪所占总体比例极低。这反映出我国在不同犯罪领域刑事司法水平的不均衡，在商标领域刑事司法水平较高，故今后宜在著作权犯罪刑事司法上予以加强。应当说，这种著作权刑事司法的低效性与我国当前盗版猖獗的现实是难以相称的。原因可能是多方面的，但罪名适用混乱和刑罚必定性低是两个较突出的问题。

（二）著作权刑法适用实效问题的提出

1. TRIPS协定关于刑法保护实效的要求

早在1996年，联合国贸发会议（UNCTAD）一项关于TRIPS协定的研究表明，为实施TRIPS协定标准而形成制度性基础设施的成本可能是极大的。[②] 因为TRIPS协定不仅有实体规定，还包含执法规则，其成员不仅面临着由立法机关起草和通过新法律的任务，而且还需要对有关民事、刑事和行政程序的国内法进行修改及重新界定警察和海关当局的职能。虽然TRIPS协定第61条并未明确区分刑事立法义务与司法义务，但刑事司法义务是应有之义。解读TRIPS协定尤其是第61条和第4条第1、5款，可将著作权刑事司法义务标准归纳为：成员应确保通过已有的国内司法体系，对“具有商业规模的蓄意版权盗版案件”予以充分而有效的刑事程序审判和刑罚制裁；刑事司法救济水平须“充分而有效”。当然，是否达到“充分而有效”，需要进行判断；侵权的减少、盗版率的降低，不是通过单一适用刑罚就能决定的；刑法万能论并不科学。

著作权刑事司法义务在TRIPS协定中的地位日趋重要。因为成员对于协定刑事立法义务，大都会在加入时就基本得到履行，之

---

① 参见最高人民法院：《知识产权刑法保护有关问题调研报告》，载正义网 http://review.jcrb.com/zyw/n464/c a330518.html。

② See Carlos Correa, *Intellectual Property Rights, the WTO and Developing Countries, the TRIPS Agreement and Policy Options*, Zed Books Ltd. 2007, p. 208.

后相对稳定且容易运用协定来进行规范检验；相反，TRIPS 协定刑事司法义务的履行却是一个持续而长期的动态过程，需要不断监督其履行情况。随着加入世贸组织时间的推移，刑事程序的实际运用在 WTO 框架内日益受到强调。例如，"争端案"中作为第三方的欧盟认为，TRIPS 协定第 61 条第 1 句用的是"to be applied"，成员义务不仅要对所列情形进行"犯罪化"（to criminalize）规定，而且还要"控诉"（to prosecute）这些活动；① 又如，美国国际知识产权联盟（IIPA）在其 2007 年向美国贸易代表办公室（USTR）的报告中，就请求向中国政府提出必须加大对侵犯美国作品版权的刑事指控等要求。② 本书"著作权刑法与 TRIPS 协定符合性"部分仅探讨在规范层面上 TRIPS 协定立法义务在我国的应对问题，司法义务挑战的应对则置于"著作权刑法适用的实效"部分。

2.《国家知识产权战略纲要》要求

《纲要》对"著作权"刑法保护实效并无明确规定，但对"知识产权"刑法保护实效却有明确的总体要求，即"加大行政执法机关向刑事司法机关移送知识产权刑事案件和刑事司法机关受理知识产权刑事案件的力度"。具体要求可归纳为以下五个方面：一是发挥司法保护知识产权的主导作用；二是修订惩处侵犯知识产权行为的法律法规，加大司法惩处力度，有效遏制侵权行为；三是研究设置统一受理知识产权民事、行政和刑事案件的专门知识产权法庭，探索建立知识产权上诉法院，进一步健全知识产权审判机构，充实知识产权司法队伍，提高审判和执行能力；四是针对反复侵权、群体性侵权以及大规模假冒、盗版等行为，有计划、有重点地开展知识产权保护专项行动；五是加大海关执法力度，打击跨境侵

---

① See European Communities' third party written submission, para. 10 – 11; European Communities' response to Third Party Question No. 10.

② 参见朱榄叶：《从中国在 TRIPS 协定下的义务看美国对中国的申诉》，载《法学》2007 年第 8 期。

犯知识产权违法犯罪行为。

因此，提高著作权刑法适用实效成为值得关注的问题。过去，国外对我国著作权刑法保护水平即刑事执法存在不少批评：有学者认为，侵权状况保持在难以接受的高水平，虽然取得一些进步，但总体上执法仍不充分（inadequate）；还有学者认为，我国政府曾采取的战略是，通过立法来缓和国外的压力但在实际执行中并不严格（strategy of legislatively appeasing foreign pressures but being lax in the actual enforcement）。[①] 如今，我国已处在建设创新型国家和实施国家版权战略的崭新阶段，盗版猖獗日渐制约着我国版权产业的发展。著作权刑法是知识产权保护制度中不可或缺的组成部分，绝不是中国为了加入世贸组织而施行的权益之计，我国著作权刑法不是为了履行所谓的 TRIPS 协定刑事义务而存在的。就著作权刑法适用而言，也就不应再认为著作权刑事司法只是被动应付国际压力的权宜之策。但如何切合国情，实现“有令必行”以提高著作权刑法适用的实效，亟待展开深入研究。

综上所述，从上述四个问题联系起来看，它们遵从着特定的逻辑关系：“价值——规范——事实”。在价值层面，主要是建立著作权刑法保护的正当性基础；在规范层面，又按照“国际——国内”的逻辑，主要是准确履行 TRIPS 协定刑事义务和妥善应对数字网络技术的变化；在事实层面，主要是提高著作权刑法适用的实效。这便是当前我国著作权刑法保护所面临的主要问题和挑战，在此基础上后续各章将分析其应对策略。

---

① See Robert L. Ostergard, *The Development Dilemma, the Political Economy of Intellectual Property Rights in the International System*, LFB Scholarly Publishing LLC, 2003, p. 133.

第二章

我国著作权刑法保护的正当性

著作权刑法保护这种“制度”及其运作，无疑体现着主体的“价值”追求。本章关于其正当性问题的探讨就是在价值层面对该制度规范的研究。从制度逻辑探讨其正当性应至少从三个方面展开：其一是目的正当性，即刑法保护著作权所追求的目的是正当的；其二是手段正当性，即为什么用刑法手段来保护是正当的；其三是除了著作权刑法这一正式制度的正当性以外，还应从非正式制度（本书主要选取“道德”）中寻求社会支撑，获得非正式制度层面的正当性。

第一节　著作权刑法保护的目的正当性

一、著作权保护正当性的法理之维

从汉语词源来看，“版权”一词在中日甲午战争之前就已在日本译定，“著作权”一词入法则是我国台湾地区成为日本殖民地后、第二次世界大战结束前的事，它们很快就传入了华语中；而涵盖范围更广的“知识产权”，在我国台湾地区却称为“智慧财产权”、日本称为“知的财产权”，则是第二次世界大战后的新词。[①]可见，在我国大陆，著作权概念是舶来品，是一种西学东渐和法律移植的外来文化；而且立法历史极短，尚需要有一个生根、开花、结果的过程；故在著作权法哲学上，不可避免地必须向西方国家寻求可借鉴的理论。

（一）著作权保护的理论源流与功利主义学说的勃兴

1. 著作权正当性理论概说

在利益层面上，保护著作权就是保护权利人对其作品的垄断利益。为什么要授权这种垄断？这可适用知识产权正当性的相关理论来解答。当代西方主要有功利论（Utilitarianism）、劳动论（Labor Theory）、人格论（Personality Theory）和社会规划论（Social Planning Theory）[②] 等主导理论。我国知识产权法学界对此有较深入的研究，本文拟不赘述。如果对这些理论进行概括，可简单归纳为两大类学说的对立，即自然权利学说与功利主义学说之间的对立。自然权利学说认为，劳动者对于其智力劳动果实享有自然权利，根据这种自然权利，劳动者有权收获自己播种生成的智力成果。功利主义学说认为，知识产权是人类的一种激励机制的制度设计，由国家以法律的形式赋予智力成果财产权利，从而鼓励创造、增进社会智力财富和推动社会整体进步。有学者提出，从自然法角度来看，作者通过其创作劳动而拥有其作品这一劳动成果，这是其获得著作权的内在依据。在实证法上，著作权却依赖于国家法律明确规定这一外在依据，所以，创作行为和法律规定分别是著作权的事实根据（origin）和法律根据（source），即复合的法律事实构成。[③]

---

① 参见王敏东：《知识产权的法律用语史——从“版权”、“著作权”到“知识产权”》，载《语文建设通讯》（港）2007 年第 9 期。

② See William Fisher, “Theories of Intellectual Property”，参见［美］斯蒂芬·R. 芒泽编：《财产的法律和政治理论新作集》，中国政法大学出版社 2003 年影印版，第 168 ~ 199 页。

③ 参见吴汉东：《知识产权多维度解读》，北京大学出版社 2008 年版。

2. 功利主义学说在著作权保护领域的勃兴

自然权利观点在著作权领域曾得到一定的认可，如许多其他国家将著作权作为个人的基本权利写入本国宪法。1948 年联合国大会通过《世界人权宣言》第 27 条规定，人人享有文化的权利和著作权；1966 年《经济、社会和文化权利国际公约》第 15 条也规定了同样内容。著作权作为一项基本人权获得普遍承认，由此也必然要求对它进行适当和有效的保护。但是，真正在著作权保护上大行其道的，却是功利主义学说。

法律经济学者兰德斯（William Landes）和波斯纳（Richard Posner）运用功利主义论证了著作权的正当性，认为：大多数知识产品的显著特征在于它们易于复制且某个人对它们的使用并不妨碍他人对其的使用，这便造成了一种风险，即知识产品的创造者将无法回收其“表达成本”，因为复制者们降低了这些知识产品的价格。在意识到该风险之后，创造者就不会去首先从事具有社会价值的知识产品的创造；为此，通过把制作其作品复制本的排他性权利在一定期限内分配给创造者，就能避免这一在经济上无效的产出；所以作者应当享有著作权。① 在经济学看来，由于知识外部性的存在，往往会出现创新供给不足的矛盾，而著作权也许就是使这个矛盾“内在化”的一个有力工具。② 授予著作权人排他性权利，使其可以对抗“搭便车”行为，能刺激其创作作品的积极性从而极大地促进社会文明的发展。可以说，版权制度是一种在精神文化生活领域的市场有效配置资源的制度方式。

其实，早在实行著作权制度初期，版权保护的“手段——目的二分论”在理论上就颇为流行，实际是功利主义的体现。例如，

① 参见［美］威廉·M. 兰德斯、理查德·A. 波斯纳：《知识产权法的经济结构》，金海军译，北京大学出版社 2005 年版，第 374 页。

② 参见贾丽虹：《外部性理论研究：中国环境规制与知识产权保护制度的分析》，人民出版社 2008 年版，第 251 页。

1841年英国众议院就有观点认为，作者应当获得报酬是好的（good），给予其一种独占（monopoly），即版权的酬劳方式是人们最少反对的（least exceptionable）；然而独占是一种恶（an evil），但为了获得“好”（the good），我们必须服从这种“恶”（the evil），只是这种“恶”不得超过为保障“好”所必要的期限。[①]“二分论”很早就在制度上有诸多典型体现。英国1709年《安妮法》的名称就是如此，全称为“于法定期间授予已印书籍之稿本作者或购买人稿本所有权以励治学之法”（an Act for the encouragement of learning, by vesting the copies of printed books in the authors or purchasers of such copies, during the times therein mentioned）。名称中“for”后面是目的即鼓励治学，“by”后面是手段即授予权利。美国1787年联邦宪法第1条第8节授权国会“确保作者和发明者在有限的时间内享有对其各自的书面作品和发明的专有权，以此推动科学和实用艺术的进步”,[②] 其文本中也采用“to promote…by…”结构。美国版权立法的目的是公共福利，鼓励作者创作作品以培育学习和文化的增长，给予作者的排他性权利是被视为达到该目的的一种手段。[③]

在当今知识经济取决于强大的知识产权，各国更充分地认识到著作权与邻接权在保护和推进创新中起着重要作用，有助于为公众利益使创意产业获得发展和成功，著作权制度越来越被用为“手段”。当然，著作权保护功利主义理论也面临一些挑战：一是著作权是否是达到目的的唯一手段受到质疑，私人资助（private patron-

---

① See T. Macaulay, in *Hansard*, House of Commons, Vol. 56, February 5, 1841, pp. 346 - 348.

② See USA Federal Constitution, Art 1, Section 8. 原文是："The Congress shall have the power…to promote the progress of science and useful arts, by securing for limited time to authors and inventors the exclusive right to their respective writings and discoveries. "

③ See Gillian Davies, *Copyright and the Public Interest* (2nd ed.), London: Sweet & Maxwell, 2002, p. 124.

age）或国家资助（State patronage）也可成为版权替代措施。二是单纯依赖版权制度在精神文化生活领域进行市场有效配置资源，可能存在潜在弊端，需要界定其必要限度。功利主义没有认真对待不同个人之间的区别：在功利理论看来，只要某种制度（如版权规则）如果导致"好"（the good）的最大化，就使其获得正当性；但它却未考虑所导致的这种"好"所带来的益处是如何分配的，或者在实现这种最大化产出的过程中，个人权益是否受到侵犯。[①]各国应在制度规范中对此有充分的考虑和安排。三是数字网络技术带来新问题。传统环境下由于受到作品固有传播途径和传播方式限制，公众如果不能获得著作主要并不是由于著作权的限制，而是著作的传播成本本身就比较高。在网络时代的今天，著作权法益所产生的公共利益和私人利益之间的矛盾便凸显出来：加强对著作权私权保护，著作权人能获得更丰厚的经济利益，同时会产生知识垄断和妨碍社会公众不受限制地享用著作所包含的精神成果。网络属于公有领域、作品的开放性等观念在社会公众中极为流行，著作权保护正当性便受到一定质疑。

（二）我国著作权保护的功利主义进路

正如学者 Henry Weare 所指出，中国引进知识产权法根本动机是来自对外开放政策的驱使，中国需要对外贸易，吸引外资以及从西方获得迫切需要的技术和设备。[②]换言之，我国从最初开始提出保护知识产权，其动机和目的就在知识产权保护之外，这样就不可能不带有强烈功利色彩。反过来看，自然权利学说在我国也没有根基：我国知识产权法并不是孕育在一个像传统欧洲那样富有自然法

---

① Fiona Macmillan(eds), *New Directions in Copyright Law*, Volume 1, Edward Elgar Publishing Limited, 2005, pp. 24－30.

② See Henry J. H. Weare, lovell White Durrant, "Intellectual Property: China's Unrewarded Efforts"? *China Law and Practice*, 1996, Vol. 1, Hongkong at 38. 转引自曲三强：《"窃书就是偷"——论中国传统文化与知识产权》，知识产权出版社 2006 年版，前言第 4 页。

传统的社会环境中；立法保护智力成果，不是出于对所谓自然权学说的尊重，而是出于激励机制的功利主义学说的影响；不是确认已经存在的权利，而是基于公共利益和促进科技发展的考虑创设权利。[①] 从“人的基本生存状态——需要——利益——权利”链条来看，版权并非自然权利，乃利益考虑与设计、利益斗争与妥协的安排，本质上是人与人的利益关系。[②]

根据知识财产权工具主义理论，各个国家应当自由选择知识财产权所服务的目的或目标，顺理成章的是他们必须具有设计知识财产权的主权。[③] 我国1990年和2001年著作权法各自第1条措辞完全相同，都规定“为保护文学、艺术和科学作品作者的著作权，以及与著作权有关的权益，鼓励有益于社会主义精神文明、物质文明建设的作品的创作和传播，促进社会主义文化和科学事业的发展与繁荣”而制定该法，这是立法目的。法条背后的逻辑是：保护著作权（有关权）——鼓励创作与传播——有益于社会主义精神文明、物质文明建设和促进文化科学事业发展。法律体系中如果缺少版权法，就不可能给其他知识产权与信息产权以完整的、稳定的保护，在当代一个发展中国家缺少版权法不仅不可能促进其科技信息的流通与应用，而且会阻碍其传统文化的发展。[④] 那么，著作权在该逻辑链条中是如何实际发挥“手段”作用的呢？

一般来说，能鼓励创作的措施和手段无非是物质的和精神的两种，而市场经济条件下真正能成为鼓励某些行为之动力的显然还是

---

① 参见崔国斌：《知识产权法官造法批判》，载《中国法学》2006年第1期。

② 参见李学勇：《经济全球化背景下的中国知识产权保护》，人民法院出版社2005年版，第183页。

③ 参见彼得·德霍斯：《每个国家都有权选择知识财产权所服务的目的或目标——〈知识产权法哲学〉中文本序》，载周林主编：《知识产权研究》（第18卷），知识产权出版社2007年版，第7页。

④ 参见沈仁干主编：《郑成思版权文集》（第一卷），中国人民公安大学出版社2008年版，书内彩页“郑成思手稿”。

物质手段。一个国家为作品的创作与传播活动设计并实现的物质利益的多少及相应的回报方式成为决定其鼓励创作与传播之政策目标实现程度的最关键要素。而这种回报方式有可能包括几种:[①] 一是由国家财政出钱，收购全部有价值的作品并成立有效的传播机构，将之向公众充分传播，或者由国家出高薪雇用有水平的创作者与传播者专门从事作品的创作与传播；但这种做法已经被证明是不可行的。二是通过私权机制设计，由作品的创作者与传播者通过市场运作获得回报。绝大多数国家都已选择通过私权机制鼓励作品的创作与设计的传播，这就是著作权保护的运行机制。

由此，著作权保护的功利主义进路是为我们所熟知的论证路线，在世界各国获得了普遍的推行，我国也是如此。作为个人权利的著作权，同时也是公益的手段。著作权仅处于更重要目的之手段的地位，这就是我国遵循的著作权保护的正当性理论依据。

二、著作权保护正当性的经济之维

（一）著作权保护制度存在与发展的经济基础

1. 经济因素在著作权制度的形成与发展中的作用

马克思指出:“无论是政治的立法或市民的立法，都只是表明和记载经济关系的要求而已。”　“现实关系中，尽管其他的条件——政治的和思想的——对于经济条件有很大的影响，但经济条件归根到底还是具有决定意义的，它构成一条贯穿于全部发展过程并唯一能使我们理解这个发展进程的红线。”[②] 经济因素在著作权的诞生中扮演决定作用。从著作财产权的演化轨迹考察，早期经历的是印刷资本的稀缺而不是作品的稀缺，付出“创造”的作者根本不能作为著作财产利益的分配主体，而是和工匠一样获取职业报

---

① 参见唐广良:《数字技术对著作权保护的影响》，载沈仁干主编:《数字技术与著作权：观念、规范与实例》，法律出版社2004年版，第10页。

② 参见《马克思恩格斯选集》（第4卷），人民出版社1972年版，第506页。

酬，出版商长期垄断并在接下来很长的时间内控制利益的分配。由此，著作权概念诞生伊始就是出版商的图书出版专有权，而非后来著作权法意义上的作者的权利；由此，著作权乃印刷出版业之子。随着1709年《安妮法》的颁布，逐渐形成出版产业化，出版领域的商业利益从最早的“对出版商‘冒险’的回报”发展到“正常的商业风险”，在数量上逐渐出现了支付出版商本人投资和风险对价以外的盈余，从而为作者财产权利的形成创造了前提。在出版业商业化程度提高之后，出版商为谋取更长久的利益才假作者之名，确立著作财产权。作者著作财产权出现在出版商权利之后，这绝非出自出版商的强势，而是历史的必然。①

传统观点认为，版权法区别于工业产权法的重要标志是它对精神权利的维护，因为作品很少有实用性、技术性因素，其性质与追求效率的技术不同。但随着技术和社会的发展，版权保护制度得以产生的基础就在于对其中经济权利的保护，正是对经济权利保护的需求直接导致了版权法的诞生。技术革新导致因版权所能带来的经济利益变得空前巨大，成为不可忽视的重要财富，比如计算机软件作品具有极强的实用性，使著作权人的经济权利已经明显超越了精神权利在版权领域的地位。这使得有些人提出，版权已经主要演变成一种财产权利。

2. 版权和版权产业的经济重要性演变

当今，著作权法成为各国政府的重大关注点，这与版权产业的兴起和对国民经济的重大价值是分不开的。版权产业的形成又受到著作权法国际化和技术发展的影响。一方面，从现代著作权法国际化的形成进程来看，著作权获得“与贸易有关的知识产权”的性质是通过TRIPS协定而牢固确立的。由此，国际著作权法也从WIPO手中被WTO所接管（take-over），联合国教科文组织（UNESCO）也成为只是次重要的因素而已。另一方面，从技术发

① 参见马宁：《商业利益与著作财产权》，载《电子知识产权》2008年第9期。

展来看，电脑技术尤其是数字网络技术的出现，标志着计算机推动下的版权产业形成的新时代到来。

版权产业（copyright industries）概念在2003年WIPO发布《版权产业对经济的贡献调研指南》中有较权威的界定。该指南对各国版权产业在国民经济中的发展情况的研究产生重大影响；将版权产业分为“核心”（core）、“部分”（partial）、“边缘”（non－dedicated support）、“关联”（interdependent）版权产业四类：[①]“核心版权产业”，是指那些主要目的是生产或发行版权产品的产业，包括图书出版、唱片、音乐、报纸和期刊、电影、广播和电视播放以及计算机软件（包括商业性软件和娱乐软件）；“部分版权产业”，是指那些有部分产品为版权产品的产业，包括从纺织品到家具，再到建筑物；“边缘版权产业”包括将版权产品发行给商家和消费者的产业，如为发行版权产品的运输服务，以及批发商和零售商，也包括长途电讯；“关联版权产业”，是指那些生产、制造和销售其功能主要是为了促进有版权作品的创造、生产或使用的设备的产业。该指南规定的主要指标有：国内生产总值的净产值（value added），版权产业的就业规模，来自对外销售的收入和出口的收入，平均薪酬和对经济增长的贡献率。

正是由于版权产业的兴起，使与个人著作权（individual copyright）相联系的企业著作权（entrepreneurial copyright），对西方经济变得越来越重要。同时，伴随着数字化的文化产品对非法使用的易受侵害性，导致比以往年代更大的实施问题，促使西方世界“更新”国际著作权法律框架。TRIPS协定和WIPO“因特网条约”要求世界上其他地区加入在西方世界已经确立的著作权法融合进程（the established convergence of copyright law of the Western World），

---

① See WIPO. 2003 *Guide on Surveying the Economic Contribution of the Copyright－Based Industries*, available at http://www. wipo. int/edocs/mdocs/copyright/en/sccr_10/sccr_10_4. pdf.

这种融合主要是用来为西方世界的版权产业的既得利益（the vested interests）服务的。① 在版权经济重要性的演变过程中，“公众利益（public interest）也似乎已从促进学习转移到促进产业了”（from promoting learning to promoting industry）。②

3. 具体例证：美国版权产业报告

自20世纪后期以来，美国政府越来越意识到版权经济和文化的重要性。1983年，参议院司法委员会专利、版权和商标分委员会主席要求美国版权局就版权产业的经济范围和对美国经济的影响准备“两份报告”（biennial reports）。美国版权局1984年公布了第一份报告，后来由于预算削减而没有继续。1984年即成立了“国际知识产权联盟”（IIPA），从1990年起便由IIPA开始定期发布《美国经济中的版权产业》（Copyright Industries in the U. S. Economy）报告，截至2009年6月已经发布了12个报告。

这些版权产业报告鲜明地体现了版权产业对美国国民经济的重大贡献与意义，其中2001年首次突破GDP5%的份额。表2-1是2003—2007年美国版权产业增值、GDP份额和就业人数的统计。在实际增长率和对整个经济发展的贡献方面，美国版权产业多年持续超过美国经济的其他部分。由此，版权在美国国家政策讨论中成为越来越重要的议题，在国外获得包括版权在内的知识产权的保护，成为美国政府与他国双边关系中努力的一个重要目标。③ 实践也表明，版权问题在美国外交与贸易政策中起到突出作用。

---

① See F. Willem Grosheide, “Globalisation, Convergence and Divergence in International Copyright Law: A Question of Expediency or of Right?” in Fiona Macmillan (eds): *New Directions in Copyright Law*, Volume 2, Edward Elgar Publishing Limited, 2006, pp. 57-59.

② See Lisa Maruca, “The Plagiarism Panic: Digital Policing in the New Intellectual Property Regime”, in Fiona Macmillan (eds): *New Directions in Copyright Law*, Volume 2, Edward Elgar Publishing Limited, 2006, p. 260.

③ See Gillian Davies, *Copyright and the Public Interest* (2nd ed.), London: Sweet & Maxwell, 2002, p. 127.

表 2－1　2003—2007 年美国版权产业对国民经济的贡献

		2003	2004	2005	2006	2007
增值（亿美元）	核心版权产业	7000.5	7576.5	7904.8	8372.8	8891.3
	全部版权产业	12119.0	13059.5	13687.3	14540.7	15251.1
GDP 份额（%）	核心版权产业	6.39	6.48	6.36	6.35	6.44
	全部版权产业	11.06	11.18	11.02	11.04	11.05
就业人数（万人）	核心版权产业	535.66	538.61	544.69	551.12	557.79
	全部版权产业	1120.57	1128.45	1143.64	1157.89	1171.06
就业人数占比（%）	核心版权产业	4.12	4.10	4.07	4.05	4.05
	全部版权产业	8.62	8.59	8.55	8.51	8.51

资料来源：Stephen E. Siwek，Copyright Industries in the U. S. Economy：The 2003—2007 Report. ①

此外，受 IIPA 报告的影响，世界主要国家和地区都展开了版权产业的评估和统计工作，并对本国相关政策的制定和实施起到了很好的指导作用，不仅促进了本国版权产业的发展，更促进了本国经济的发展。

（二）国家战略需求：我国版权产业发展

著作权保护制度的存在是由经济基础决定的，二者是毛与皮的关系。就我国而言，著作权作为一种制度文明，是随着近代社会的开放传入国内的。其中，清末资本主义生产方式的逐渐发生和贸易活动的发展，为其发生提供了基本的经济条件。② 1990 年著作权法律制度的建立，正是出于国家经济建设任务的需要，这又与前面述及的功利主义理论相呼应了。长期以来，我国政府企业对专利权、

① 这是 Stephen E. Siwek 为国际知识产权联盟（IIPA）所准备的《美国经济中的版权产业报告：2003—2007 年》，2009 年 7 月 20 日发布，载国际知识产权联盟网 http://www.iipa.com/copyright_us_economy.html。

② 参见刘春田：《案说著作权法》，知识产权出版社 2008 年版，前言“著作权制度在中国”。

商标权在市场竞争中发挥的作用有非常深刻的认识，但对著作权产业的作用普遍缺乏认识。所以，版权产业对我国 GDP 贡献小，尚有很大的发展空间。① 和许多发展中国家一样，我国版权产业对促进本国社会经济发展的重要性已经开始被人们所认识，现在已经提升为国家的战略需要。

我国迄今尚未能建立版权产业报告制度，但版权产业对我国经济的作用与贡献还是能做些分析的。有学者根据关于文化和软件产业等多项分散的统计数据，对我国 2004 年至 2005 年核心版权产业从增值、就业与出口三个方面进行了“报告”，具体见表 2－2、表 2－3和表 2－4。②

表 2－2　2004—2005 年我国核心版权产业统计（单位：亿元、%）

版权产业分类	2004 年	2005 年	增长率	占 GDP 份额
出版业	975.72	1028.8	5.44	0.56
广播电视业	410.22	462.36	12.71	0.25
音像业	116.7	79.2	－32.13	
电影业	36	48	33.33	0.08
演出业	10.7	7.7	－28.04	
广告业	1264.56	1416.35	12.00	0.77
软件业	2780	3900	40.29	2.12
总计	5593.9	6942.41	24.11	3.78

表 2－3　2005 年核心版权产业就业人数（单位：万人、%）

新闻出版业	广播、电影、电视、音像业	文化艺术业	软件产业	四者合计	占就业总人数比例
23.4	40.2	37.9	70	171.5	0.23

① 参见国家保护知识产权工作组：《知识产权案例选编——面向领导干部》，人民出版社 2008 年版，第 59 页。

② 参见叶新、姚宇聪：《对 2005 年我国版权产业的经济统计分析》，载《出版发行研究》2007 年第 9 期。

表 2－4　2004—2005 年三个核心版权产业的出口额（单位：百万美元、%）

年份	2004	2005	增长
出版业	25.46	32.87	29.1
电影和音像业	39.76	130	227
软件业	2800	3590	28.2
合计	2865.22	3752.87	30.98

资料来源：叶新、姚宇聪：《对 2005 年我国版权产业的经济统计分析》(2007 年)。

由于以上统计分析所据资料分散不一，甚至存在一些冲突；而除核心版权产业外，其他版权产业的数据难以从相关产业中提取，故全部版权产业对国民经济的贡献率情况尚难准确认定。但从核心版权产业的规模和对国民经济贡献率来看，2005 年我国核心版权产业占 GDP 比例为 3.78%，而同年美国核心版权产业占 GDP 比例为 6.56%，其 2007 年为 6.44%。而核心版权产业似乎对我国就业人数和出口额贡献显得微不足道，不过其居高不下的增长率也令人看到了希望。目前，国家版权局与 WIPO 合作，开展版权产业对国民经济贡献率的调查，调查的初步结果显示，2006 年我国核心版权产业的产值占当年 GDP 的 3.2%。[①]

我国版权贸易情况的统计则比较完备。图 2－1 是 2002 年至 2007 年全国版权贸易总体情况。分析可知，我国存在巨大的版权贸易逆差。这正是我国可以努力改善的地方，学界呼吁“应让版权贸易成为新经济增长点”。[②] 版权产业的评估与统计是版权贸易的基础：它为版权贸易提供一个统一口径和交易平台，也为版权保

① 参见柳斌杰：《版权创造财富》。这是他在 2008 年 11 月 8 日在国际北京版权论坛上发表的讲演中所透露的。

② 参见武齐：《让版权贸易成为新经济增长点——我国版权贸易现状分析与对策建议》，载《中国出版》2007 年第 6 期。

护寻求理论基础和法律依据;[①] 创造良好的法治环境是促进版权贸易发展的重要条件。[②] 在我国正在实施《纲要》所提出的版权战略背景下，建立版权产业报告制度是我国的现实任务。

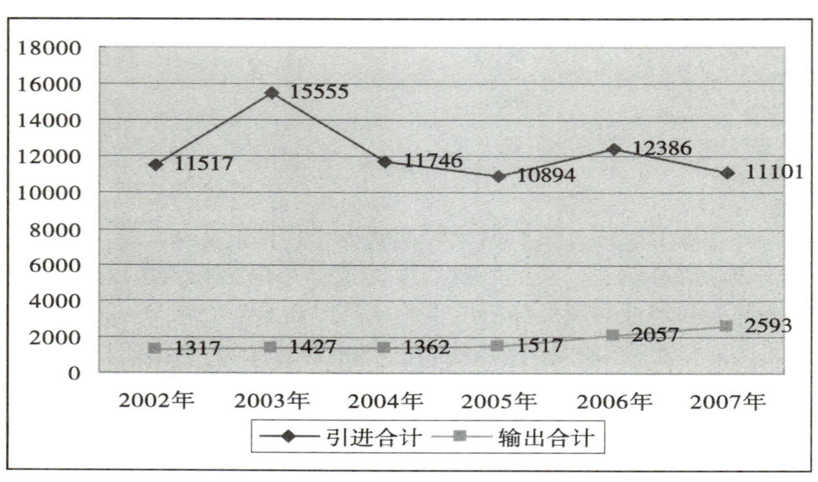

图 2－1　2002—2007 年全国版权贸易总体情况（单位：种）

资料来源：根据国家版权局资料整理所得。

由此，版权产业发展成为国家战略需求，这是我国著作权保护经济上的正当性。

三、著作权成为我国刑法法益

著作权保护在法理和经济意义上具有目的正当性，经由刑法“法益保护”理论的醇化，使著作权成为刑法保护对象。

---

① 参见向志强：《尽快构建我国版权产业评估与统计体系》，载中国出版网http://www.chinapublish.com.cn/jt/cbfxyj/hqmy/200802/t20080226_33346.html。

② 参见姚德权、赵洁：《中国版权贸易研究综述》，载《国际贸易》2007 年第1 期。

（一）法益保护原则在著作权刑法中的运用

1. 刑事违法性根据的理论概说

纳入犯罪圈的行为必须具有刑事违法性，那么根据什么来判断某一行为具有违法性呢？对此主要有三种理论：第一种是结果无价值论，它以法益侵害说为核心，认为行为的刑事违法性本质上在于侵害或者威胁法益这一结果，从而违反了刑法所意图保护的价值；第二种是行为无价值论，以规范违反说为核心，认为行为的刑事违法性本质在于违反了法秩序的观念和社会伦理规范；第三种是“二元论”，它折中了结果无价值论与行为无价值论，认为只有违反社会伦理规范或者偏离社会相当性，并侵害或威胁法益的行为才构成违法，而不应该将所有侵犯法益的行为都作为刑事违法。我国学界近年对违法性根据理论探讨甚热烈。①

单纯的行为无价值论具有强烈的伦理刑法色彩，迄今已被大多数学者所放弃。结果无价值论和“二元论”成为现代刑法理论中最有影响的理论，它们在认为“刑法的目的在于保护法益”这一点上是共通的。② 现在学界关于违法性根据探讨中的行为无价值论实质上是“二元论”，其主要缺陷可归纳为：③ 强调犯罪的规范违反性，与保护法益的刑法目的相冲突；突出刑法的行为规制机能，偏离了罪刑法定主义的实质；普遍承认主观的违法要素，导致认定犯罪的整体性；注重主观的正当化要素，不仅未能限制刑罚适用，反而扩大了处罚范围；采取规则功利主义，导致对国民行为的过度干预，

---

① 参见周光权：《违法性判断的基准与行为无价值论》，载《中国社会科学》2008 年第 4 期；黎宏：《结果无价值论的展开》，载《法学研究》2008 年第 5 期；张明楷：《行为无价值论的疑问——兼与周光权教授商榷》，载《中国社会科学》2009 年第 1 期。

② 参见［日］曾根威彦：《刑法学基础》，黎宏译，法律出版社 2005 年版，第 2 ~ 6 页。

③ 参见张明楷：《行为无价值论的疑问——兼与周光权教授商榷》，载《中国社会科学》2009 年第 1 期。

也不利于保护法益。同时，结果无价值和行为无价值本是异质的存在，“二元论”却将二者统合于违法或不法的概念之中，故存在方法论的瑕疵。相比较而言，结果无价值论应当得到提倡。它认为犯罪的本质是侵害法益，刑法的目的和任务是保护法益。[①] 它能够克服行为无价值论的缺陷，采取自由主义原则能防止刑法对国民行为的过度干预，又能将非行为的违反刑法目的的事态作为禁止的对象，可以在实现报应正义的同时，实现特殊预防与一般预防。如果一种行为具有刑事违法性而可以构成犯罪，则必须是侵害了法益，这种法益侵害是维持社会正常秩序或社会主流意识所不能容忍的。

2. 侵犯著作权行为的违法性根据：结果无价值

侵犯著作权行为入罪的根据是其违法性，而违法性的实质（或根据）是对法益的侵害及其危险。如果没有造成对法益的侵害或危险，即使行为违背社会伦理秩序或缺乏社会相当性，也不应受到刑事处罚，这正是结果无价值论的体现。故对于侵犯著作权的行为是否应纳入刑法的调整范围，也应该从刑法法益角度来考虑。

就侵犯著作权行为而言，何种法益、遭到何种程度侵犯以致法反应方式从民事转为刑罚？对此可运用应刑罚性和刑罚必要性的概念来检视刑事立法在理论和实证面上追问其正当性；动用刑罚威慑各种不法使用作品行为需使其正当性得以确证。在我国刑法理论的语境下，侵犯著作权行为对著作权法益造成损害，其社会危害性达到应受刑罚处罚的程度时，将著作权纳入刑法保护范围就获得正当性。法益保护原则是对保护著作权使用刑法的必要条件。就内在理论基础而言，财产法视野下著作权的权利脆弱性和易受侵犯性以及经济学视野下侵犯著作权行为的低风险性和高收益性，决定了著作权对刑法保护的强烈需求，使其符合法益保护原则的基本要求。但法益保护原则并非是使用刑罚（刑法要保护性）的充分条件，对此，有学者指出，如果法益的基本概念是利益，作为刑事立法的限

---

① 参见张明楷：《法益初论》，中国政法大学出版社 2000 年版，第 341 页。

制，其严谨意义应当是：不应有欠缺保护利益合理性的刑事立法。[①] 下面从规范和事实两个角度对侵犯著作权行为的法益侵害程度进行解读。

（二）我国著作权刑法中法益的规范解读

著作权刑法规范的设立与变革体现着法价值追求，目的在于保护法益。我国著作权刑法规范主要是刑法第 217 条和第 218 条。由于我国刑法理论中的犯罪客体概念大体与法益的实质相当，故该两个条文所保护的法益也就是我们所说的保护客体或犯罪客体。学界对此有过反复探讨，通说认为其犯罪客体是复杂客体，即既包括著作权人对其作品享有的著作权和与著作权有关的权益，又包括国家对著作权的管理制度。

考察世界各国有关刑事立法可知，在理论上各国主要是基于两个原因将严重侵犯著作权的行为纳入刑事惩罚范畴：一是保护私人财产权；二是保护社会公共利益。在私法益与公法益之间的权衡问题上，学者中一种流行的看法是，认为我国立法更偏重于对社会公共利益的保护。比如，侵犯著作权罪被规定在刑法典而非著作权法之类的特别法中；知识产权犯罪专节被纳入破坏社会主义市场经济秩序罪一章而非侵犯财产罪一章；在认定构成犯罪的数量标准上，以违法所得而非以复制、销售版权作品的数量以及其实际损失价值为准，等等。相反，一些发达国家如美国的相关立法则侧重于对私人财产权的保护。也就是说，我国和外国关于著作权犯罪客体或者刑法所维护法益的侧重不同。

其实，这种看法是放大著作权私权论所得出的结果。TRIPS 协定明确宣示“知识产权为私权”。这种立场已经获得国际社会的普遍认同，在我国知识产权学界和刑法学界都得到提倡和强调。基于著作权的私权属性即把著作权当做财产权来看待，就有学者批评我国著作权刑法“公私不分”。其表现之一是 1997 年刑法仍将市场

① 参见黄荣坚：《基础刑法学》（上），台湾元照出版公司 2006 年版，第 23 页。

经济秩序看做侵犯著作权罪的主要客体，“破坏社会主义市场经济秩序罪”依旧是该种犯罪的类概念，是“对著作权的私权属性和财产权属性的认识尚不充分”①。

结合前面关于版权的经济正当性的论述，本书认为上述批评是值得商榷的。刑法服务于经济基础并最终受制于经济基础，这种双向关系就是经济与刑法的全部关系。② 从实际效果考虑，著作权的刑法保护到底保护了什么？答案似乎最明显不过了：保护了著作权，即作者对作品的法定权利，但实际并非如此简单。首先，现在著作权保护已经成为一种经济竞争的手段，其被保护的主体也已经从主要保护“发明人”（inventor）即“创作者”而演变为主要保护“投资人”（investor）了。其次，对单个著作权保护，实际上就是对以著作权为依托而发展起来的整个所谓版权产业（copyright industries）的保护，直白地说，这就是“社会经济秩序”的一部分。而现实地看，侵犯著作权确实影响着经济发展。所以，在某种意义上，私权利与公权力的折冲变换是呈螺旋式的：刑法作为公权力的极端表现，过去是在维护社会主流意识的意义上对文学艺术作品进行干预，即要么是在古代被看做“帝国控制观念传播的努力”，要么是在现代被当成意识形态理论宣传的工具；而如今，是在维护社会经济秩序和促进“知识经济”发展的意义上进行而已。区别在于，过去无论如何都是思想统治的范畴，而与个人的私权利无关，现在加入了私权利的要素并以保护个人私权利的名义来扶持版权产业的经济贡献了。因此，在刑法保护法益的意义上，著作权不仅是一种个人所拥有的无形财产权，严重侵犯这种权利的行为将给所有人造成严重的经济损失，同时一定的著作权又涉及社会公共利益，如损害消费者利益、减少相关版权产业的投资数量和减低发

① 参见曲三强：《从“窃书不算偷”到“窃书就是偷”——顾盼中国著作权刑法保护的发展历程》，载《中国版权》2008 年第 6 期。

② 储槐植：《刑事一体化与关系刑法论》，北京大学出版社 1997 年版，第 448 页。

展速度，从而减少就业机会。著作权法益不仅是一个“私法益”，而且是一个深刻体现着公法益的“私法益”。

著作权刑法保护的法益可以广于权利。学界提出知识产权法益论[①]认为：根据权利与法益是不同的法律概念，知识产权法益成为横跨刑、民、行三大领域的共同概念，这是对知识产权私权论的包容与超越。刑法保护的对象是法益，但不一定都是权利。比如，根据罗马条约第 3 条，某国对“非法固定他人表演”如果予以刑事制裁，就已经与公约相符了；而并不一定要赋予“表演者权”。[②]很明显，这里该国“表演者权”就纯粹是刑法视野中的法益，而不是民事权利。

这对我国具有现实意义。因为从立法论来说，在 2001 年著作权法在第 47 条规定了技术措施和权利管理电子信息保护内容，并设置成广义的附属刑法对象；但该法第 10 条中并未把此两项内容作为著作权的权能，这是否是它们成为著作权刑法保护对象的法律障碍呢？只要明确著作权刑法保护的法益可以大于权利，问题就迎刃而解了。

（三）我国著作权刑法中法益的实证解读

所谓的法益，自然必须与社会损害联结，侵害法益就是制造社会损害。与规范违反相比较而言，社会损害建立在具体可掌握的利益与外观可确定的损害前提上，故具有强烈的实证色彩。“盗版危

---

① 参见李海昕：《知识产权法益论——包容与超越》，载《电子知识产权》2009 年第 2 期。

② 参见郑成思：《WTO 知识产权协议逐条讲解》，中国方正出版社 2001 年版，第 25～26 页。

害评估”为著作权刑法法益的实证解读提供了基础。[①]

1. IIPA 在中国大陆地区的盗版损失评估

国际知识产权联盟（IIPA）每年都对五类产品进行知识产权盗版影响的全球性评估：音乐/录音制品（Records & Music）；电影/动画（Motion Pictures）；商业软件（Business software）；娱乐软件（Entertainment software）；书籍（Books）。IIPA 于2001 年至2009 年9 年间逐年评估的在我国大陆地区盗版所遭受损失的数据见图 2 –2。

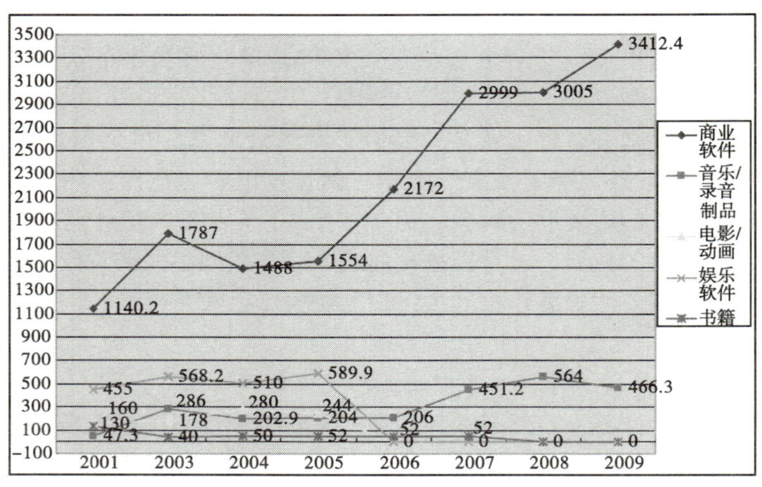

图 2 –2　国际知识产权联盟（IIPA）对中国大陆地区盗版影响评估（单位：百万美元）

资料来源：笔者根据国际知识产权联盟（IIPA）历年数据整理所得。取值为零表示当年的损失额未统计（not available）。

① 经合组织 2008 年的一份报告指出，假冒和盗版产品的国际贸易在 2005 年已达到 2000 亿美元；该组织在 2009 年年底公布的一份更新报告指出，在 2000 年至 2007 年间，假冒和盗版产品的国际贸易在稳定地增长，至 2007 年已达到 2500 亿美元，在整个贸易中所占比例也从 2000 年的 1.85% 上升到 2007 年的 1.95%，并且这些数据都不包括单纯国内所生产与消费的假冒盗版产品，也不包括无形的数字盗版产品。详情可访问经合组织网 www.oecd.org/sti/counterfeiting。

国际录音制品产业联盟（IFPI）报告道："音乐盗版对国际音乐产业形成了比历史上以往任何时候都大的威胁。"① 还有些组织如商业软件联盟（BSA）也对其所属领域部门的盗版损失与趋势进行评估。虽然这些评估是外国行业组织的自利行为，其统计的标准、口径也存在一些问题，这些国内外学者都曾提出过质疑；但总体上还是能反映盗版所造成的损失呈加剧的趋势。图中在我国大陆地区的盗版危害数据，正反映着著作权法益损害的严重性：其受害人主要是 IIPA 麾下的成员，但外国人的著作权依法也是我国保护的对象，同时也能间接反映国内权利人的著作权受损同样严重，只是缺乏实证数据而已。

2. 盗版对我国国民经济发展的危害

我国也逐渐重视侵犯著作权的社会危害性评估工作。走在前列的是软件盗版评估，如我国发布了多个年度的《中国软件产业社会环境调研报告》，最近的是2009 年的报告。报告数据表明，软件盗版已经成为目前制约我国软件行业发展的一个重要因素，我国软件盗版率远远超过美国和其他工业国家。刑法学界在探讨盗版对经济的危害时经常引用以下调查数据："我国的综合盗版率每增加 10 个百分点，软件销售额将减少 39.7 亿元人民币，经济活动总量将减少 67.76 亿元人民币，而销售额和经济活动总量的减少将直接或间接损失 13170 个就业机会。"② 国家数据公司的一份报告指出，如果我国软件盗版率下降 10 个百分点，整个信息产业的收入 2009 年就是 2005 年的 3 倍；意味着我国经济产值会因此增加 870 亿美元，本地软件产业的产值超过 670 亿美元，政府增加 65 亿美元的

① International Federation of Phonographic Industries (IFPI), Music Piracy Report (June 2001). http://www.ifpi.org.

② 林北方：《反盗版 ·集体无意识》，载《南方周末》2000 年 10 月 9 日，第 27 版。

税收。[1] 可以毫不夸张地说，盗版侵权严重是阻碍我国版权产业发展的一个致命因素。

正如盗伐林木不仅侵害了财产权，还侵害了生态法益一样，著作权法益的损害不仅是使权利人的私法益受损（如盗版遭受的损失），而且还使国民经济的公法益受损（如涉及就业、产业竞争力、国家税收等），从结果无价值的意义上，著作权法益损害就使刑法法益具有了应有的正当性。

第二节　著作权刑法保护的手段正当性

一、著作权刑法在制裁体系中的特征与地位

（一）刑法保护著作权之手段特质

1. 刑罚手段是最严厉的制裁手段

对于刑法，只能通过刑罚为联系点而进行定义。[2] 刑法便是以刑罚为法律后果的部门法。刑罚是所有法律制裁措施中最严厉的制裁手段，这种严厉性可从内容与形式两方面得到说明。从内容看，刑罚剥夺公民的人身自由、财产、参与政治事务的权利，甚至公民的生命权等最基本的权利；从形式看，刑罚动用了包括立法、司法、行政（公安和监狱）和武装部队等和平时期全部的强制性力量来保证其实现。刑罚与民事、行政制裁有着明显的区别：第一，刑罚具有强烈的道德谴责性，体现出国家对危害行为的最严厉谴责，甚至这种谴责性对社会道德也会有很大的影响作用；而现代社会的民事、行政制裁本身并不涉及社会基本道德。第二，刑罚因其

---

① 参见沈仁干：《加强版权法律保护，促进版权产业发展》，载《中国版权》2009 年第 1 期。

② 参见李海东：《刑法原理入门（犯罪论基础）》，法律出版社 1998 年版，第 1 页。李海东教授还指出，在实行双轨制的刑法制度中，刑法的定义基点除刑罚外，还应包括保安处分（同书第 2 页）。

最强严厉性而具有行政和民事制裁所不具备的威慑效果，通过威慑达到特殊预防和一般预防目的。第三，刑罚的性质是保护性的，正如贝卡利亚所言，“如果刑罚超过了保护集体和公共利益这一需要，它本质上就是不公正的”；而民事制裁则是补偿性的，行政和民事制裁手段并不能代替刑罚手段。第四，与民事、行政手段相比，刑罚有最后手段的特征。

2. 著作权刑法是最昂贵的保护手段

国家使用著作权刑法手段需进行成本效益分析。刑罚是“必要之恶”，国家作为刑罚资源的垄断者，存在“资源稀缺性”的约束，故需要考虑成本与效益的比例问题。刑法在著作权犯罪问题上的价值抉择，实质上就是刑罚资源如何配置。刑罚资源的投入可以降低著作权犯罪率，防止著作权损害，对公众产生教育效果等，从而增加社会收益。但是，使犯罪的直接成本和间接成本及刑事审判制度的运行成本最小化，必然存在一个“威慑的最优效应点”①。著作权侵权案件越来越具有隐蔽性、便捷性和复杂性，此类案件的特点决定了对其侦查取证的成本很高，用于侦查、拘捕、起诉、审判及执行刑罚成本是传统的财产犯罪等所不能相比的。尽管随着资源越来越多地转向刑罚，犯罪数量会不断地降低，但用于制止犯罪的资源的机会成本却随之增加；一旦超过了“威慑的最优效应点”，也即当削减一定犯罪率的边际收益小于边际成本时，再投入刑罚资源，将得不偿失。

这涉及我们转变刑罚观念的问题。“在犯罪的存在是一种客观的存在并且犯罪的产生的个体原因与社会成因还具有其‘合理性’的情形下，即当犯罪还不可能被我们消灭的语境中，我们所做的，就只能是正视犯罪的存在并尽可能动用可以动用的资源将其控制在

① 参见［美］罗伯特·考特、托马斯·尤伦：《法和经济学》，上海三联书店1990年版，第739、755页。

社会所能承受的范围内。"[①] 刑罚资源的有效投入就应进行经济分析。从本来意义上说，打击著作权领域的违法犯罪，既缺乏强烈的公众意识支持，又面临着来自社会的很大盗版需求。国家在制定法律时，也要在保护著作权人权益和促进文学、艺术和科学作品传播的公众利益之间进行权衡，既要反映时代的需要、对外开放中别国的要求，又要促进本国的经济发展和文化繁荣。因此，打击侵犯著作权犯罪的法律，自始就存在并将长期存在着它的"不彻底性"。在执法领域有一种越来越将侵权行为犯罪化的明显趋势，国外有学者将原因解释为：一是犯罪化将制止侵权的成本和责任由民事原告转移到了政府；二是刑罚具有民事责任措施所不具有的威胁效果。但是，这种对犯罪化的日趋关注提出了重要的公共政策问题。[②]

使用著作权刑法手段可能制造出新的社会成本。由于著作权执法责任转移到刑事执法当局，可能涉及重大的风险。[③] 首先，刑罚的威胁对研究人员追求创新的意愿和对表达自由可能具有阻碍或寒蝉效应（deterrent or chilling effect）；其次，寻求强化对其著作权进行控制的产业集团趋向于对"平衡机制"持怀疑态度和试图通过包括适用刑事责任在内的方式来限制这些平衡机制。可见，著作权刑法手段所支付的不仅仅是刑罚过程中可用金钱衡量的成本。就非金钱的成本而言，还包括：减少公众对版权材料的接触（从而影响版权法"利益平衡"的宗旨）；对刑法本身的效力可能带来不利影响（如认同度降低）。因此，当使用著作权刑法手段所支付的成

---

① 蔡道通：《刑事法治的基本立场》，北京大学出版社2008年版，第164页。

② See Frederick M. Abbott, Thomas Cottier , Francis Gurry, *International Intellectual Property in an Integrated World Economy*, Aspen Publishers, 2007, p. 608.

③ See Frederick M. Abbott, Thomas Cottier , Francis Gurry, *International Intellectual Property in an Integrated World Economy*, Aspen Publishers, 2007, p. 661.

本超过其带来的收益时，就应认为是“过度犯罪化”了。[①] 在使用著作权刑法手段过程中，基于成本与收益分析，实现在提供接触知识的途径（affording access to knowledge）和给予创新者公平报偿（providing fair compensation）二者之间具有社会合适性的平衡（socially appropriate balance），就成为立法者应当面对的困难政策问题。

（二）著作权刑法的体系地位

1. 著作权刑法的“补充法”地位

学界提出制裁法“三分论”:[②] 侵权行为法、行政处罚法和刑法都属于制裁法的范畴，它们共同形成法的制裁体系。法律制裁是国家强制措施，表现为国家权力对非法行为的反应，目的在于防止犯罪和其他违法行为，消除其所造成的后果。在法律发展初期，具有法律制裁一体化的特点，因而民事制裁、行政制裁和刑罚制裁是合为一体的，且更多地以刑罚制裁的形式表现出来。这正如英国学者梅因所指出：越在古代，刑法越发达，权利的保护主要依靠刑法；而越往近代，民事法则越发达，权利的实现更应仰仗民事法。[③] 随着社会进化与法律发达，诸法逐渐分立，法律制裁也开始分化，表现出轻重的一定层次性。由于违法行为是互相联系的，因而在法律制裁上也应当予以一体化考虑，而这一重任主要应由刑法担当。

在三种法律制裁所构成的制裁体系中，刑法处于后盾法、补充法和保障法的地位。基于刑事政策一体化考虑，三者共同构筑防范犯罪的法律堤坝。在这一堤坝中，刑法是最后一道防线；只有在侵权行为法和行政处罚法不足以抗制犯罪的情况下，才动用刑法加以

---

① See Geraldine Szott Moohr, “Overcriminalization: The Politics Of Crime Defining Overcriminalization Through Cost - Benefit Analysis: The Example Of Criminal Copyright Laws”, 54 *Am. U. L. Rev.* 783 ,February, 2005.

② 参见陈兴良:《刑法的价值构造》（第2版），中国人民大学出版社2006年版，第312~313页。

③ 参见［英］梅因:《古代法》，商务印书馆1984年版，第207页。

抗制。对此，卢梭早就指出："刑法在根本上与其说是一种特别法，还不如说是其他一切法律的制裁力量。"① 德国学者也说："虽然民法和公法同样也规定了使用强制，但对刑法而言，刑罚威慑和实施强制处于中心地位……如果其他措施无效，刑法可在最后阶段对法秩序中要求和禁止的可强制性提供保障。"② 著作权刑法的手段特质决定了其在制裁体系中处于"补充法"地位。

2. 著作权刑法体系地位的规范解读

我国《著作权法》第 48 条鲜明地体现了这三种法律制裁的综合运用。该条对所列 8 种侵权行为规定都"应当"根据情况，承担"民事责任"（包括停止侵害、消除影响、赔礼道歉、赔偿损失等）；对"同时损害公共利益的"，"可以"由著作权行政管理部门给予行政处罚（包括责令停止侵权行为，没收违法所得，没收、销毁侵权复制品，并可处以罚款，其中"情节严重的"，还可以没收主要用于制作侵权复制品的材料、工具、设备等）；对"构成犯罪的，依法追究刑事责任"。这种法律制裁综合运用的例子在《计算机软件保护条例》、《信息网络传播权保护条例》等中也得到类似的体现。

TRIPS 协定也要求在知识产权（包括著作权）保护上综合采用三种法律制裁，具体表现在协定第三章"知识产权的实施"第二节"民事和行政程序及救济"和第五节"刑事程序"中。第二节共规定了 8 个条文，其中从第 42 条至第 48 条，共 7 个条文规定了民事程序，第 49 条规定"如由于行政程序对案件是非曲直的裁决而导致责令进行任何民事救济，则此类程序应符合与本节所列原则实质相当的原则"，肯定了民事救济除向司法机关进行民事诉讼外，也可在行政程序中予以进行。刑事程序仅 1 个条文即第 61 条。

① ［法］卢梭：《社会契约论》，商务印书馆 1962 年版，第 63 页。

② ［德］汉斯·海因里希·耶赛克、托马斯·魏根特：《德国刑法教科书》，徐久生译，中国法制出版社 2001 年版，序言。

从广义上说，协定第三章第三节“临时措施”主要与民事（诉讼）程序相关，也可与行政程序相关；第四节“与边境措施相关的特殊要求”则主要属于海关行政程序。总体而言，除对边境措施规定了较多的条文外，民事救济措施的条文最多。有论者认为，TRIPS 协定倾向成员对国内知识产权刑事程序和刑罚门槛从高规定，在实施民事、行政程序强保护和刑法弱保护。[①] 换言之，各成员应将著作权侵权案件尽量划入民事程序和行政程序的适用范围，而不是划入刑事程序的适用范围。

从国内和国际著作权制度中对法律制裁的规定来看，完整的著作权保护体系必定是民事、行政和刑事救济措施层层递进的法律保护体系。其中，刑事救济具有自己独立的地位，它以严厉的制裁性保证其后盾法的优势，在打击盗版等行为过程中发挥着不可替代的作用。

二、著作权刑法的正当运用

由于手段之特质与“补充法”的地位，著作权刑法的使用就不应逾越其正当边界，否则就失却其正当性。

（一）著作权刑法保护的谦抑原则及其贯彻

谦抑原则是指刑法不应将所有的违法行为都作为其对象，而应将不得已才使用刑罚的场合作为其对象的原则；[②] 其基本内容包括刑法的补充性、片断性和宽容性。在我国现实生活中出现新的具体案件，往往关注处罚，而缺乏对它处罚合理性的考虑，表明对刑法谦抑性观念的淡薄。[③] 故著作权刑法保护谦抑原则有其特殊必要：因其属于经济刑法范畴，而经济本身的特点决定了法律干预的有限

---

① 参见陈儒丹：《WTO 规则与中国知识产权刑事立法——以美国诉中国知识产权执法措施案为背景》，载《北方法学》2008 年第 4 期。

② 参见［日］大谷实：《刑法总论》，黎宏译，法律出版社 2003 年版，第 4 页。

③ 参见马克昌：《我国刑法也应以谦抑为原则》，载《云南大学学报（法学版）》2008 年第 5 期。

性；同时我国处于转型经济阶段更决定了刑法干预不是最佳途径，故刑法介入经济须持谨慎的态度，要重视民事、行政保护以从源头上减少著作权侵权的发生。

就刑事立法而言，涉及刑法对社会经济生活干预的适度性。著作权私权属性决定了刑法保护的适度性，高执法成本要求刑法保护具有适度性，移植外国法也需要考虑中国国情。故创设规范时，侵犯著作权行为的损害和悖德性、利益衡量、成本利益分析等，都应是入罪化的基本考虑方面。在数字网络技术条件下，面对各国日益重视、频频强化著作权刑法保护的趋势，更应重视刑法谦抑性，防止著作权保护上“过度犯罪化”。

就刑事司法而言，在著作权侵权发生后，首先要考虑的是，民事、行政等手段能否解决，不采用刑罚手段能否取得更好的效果。由于刑罚往往首先涉及人身自由，在经济活动中一方当事人被捕，往往会割断、毁灭业已存在的各种经济和生产关系，损失难以弥补。① 在侵权行为或手段尚存在疑问时，则必须从有利于被告人的谦抑原则来考虑，不得轻易动用刑法。

就 1997 年刑法对著作权侵权的犯罪化规定与谦抑原则的关系而言：一方面，该法在第 218 条提高了对销售侵权复制品罪的认定标准（“违法所得数额较大的”不再处以刑罚），减轻了刑罚；通过司法解释在“数额较大”、“数额巨大”的认定标准上，也有所提升。这些修改在一定程度上正是刑法谦抑性、刑罚趋于宽和的一种表现。另一方面，该法虽对侵犯著作权犯罪作了集中统一规定，但当时有效的 1990 年著作权法中并无刑事责任条款的规定，这在一定程度上违反了刑法的最后制裁性，使刑法成为确认某种行为合理或不合理的先头兵。

---

① 参见崔立红：《著作权犯罪与谦抑原则的适用——以〈关于办理侵犯知识产权刑事案件具体应用法律若干问题的解释（二）〉为视角》，载《知识产权》2007 年第 5 期。

谦抑原则的贯彻，要求著作权保护必须以民法为基础、以行政法为辅助、以刑法为保障。有论者认为，“以刑事制裁为保障”是指由于知识产权（包括著作权）是一种实际上只可能由少数人享有的个人权利，不宜直接用刑法保护。只有三种情形例外：一是以直接危害社会公众利益的方式侵犯知识产权的行为；二是以社会成员普遍感到威胁的方式侵犯知识产权的行为；三是以极端蔑视国家权威的方式侵犯知识产权的行为（主要是指两种：一种是以之为主要生产、经营方式，另一种是经多次行政处罚后仍继续侵犯的）①。本书认为，这种观点有其合理性，但其以著作权是“少数人享有的个人权利”而不是以侵犯“基本人权”的犯罪作为立论的根据则值得商榷。它忽视了这种少数人的权利对整个版权产业的增值、就业、出口等的巨大影响，从而可转变为“基本秩序”类犯罪。

（二）使用条件：侵犯著作权行为的犯罪化作业过程

1．著作权侵权犯罪化作业过滤机制

对著作权侵权通过刑法来进行正当保护，必须遵循“道德→第一次法→第二次法”三个阶段递进收缩式的犯罪化作业过滤原理。换言之，刑事立法在决定将特定类型的著作权侵权行为犯罪化时，应渐次考虑道德规范体系、民商法、行政法等第一次规范体系，以及刑事法作为第二次规范体系对该行为调整的必要性、可能性与有效性。② 在与著作权部门法的关系上，刑法具有“第二次法”的性质，这决定了只有当一般部门法不能充分保护著作权法益时，才需要由刑法予以保护。

我国著作权民事、行政救济尚存在欠缺，值得大力完善，因为这是犯罪作业化机制的“过滤网”和实现著作权刑法谦抑的条件。在有的国外学者眼中，我国对侵犯著作权行为的刑事诉讼是规则

① 参见陈忠林、陈可倩：《关于知识产权刑法保护的几个问题》，载《中国刑事法杂志》2007 年第 3 期。

② 参见梁根林：《刑事法网：扩张与限缩》，法律出版社 2005 年版，第 34 页。

(the norm)，而民事诉讼是次重要的；知识产权民事诉讼仍相对不很发达，尽管情形正在改善。[①] 完善的著作权民事诉讼无疑会减少刑事救济的需求。例如在澳大利亚，民事诉讼是知识产权争端最常见的形式，而刑事起诉则每年仅仅几十件而已。[②] 从我国著作权行政保护来看，行政救济措施还不足以抑制侵权行为，如“损害公共利益”这一职权行使条件模糊，没收成本低廉的侵权产品、罚款都难以遏制侵权，加上广泛存在的地方保护主义，使著作权行政保护的实际效果令人质疑。

2. 著作权刑法的使用条件：民事制裁和行政制裁功能失常

“第一次法不能充分保护”是“第二次法”的使用条件。比如，当侵犯著作权的被告在民事诉讼中宣告破产以逃避责任或者因难以证明损害赔偿而无威慑效果的情况下，刑事救济特别重要。[③] 又如，在侵犯著作权领域，刑事制裁常可确保惩罚与遏制（punish and deter）最严重的违法，如多次犯罪或大规模犯罪、有组织犯罪、群体犯罪、其行为同时威胁公众健康与安全的犯罪等。此类犯罪可能不涉及有体物损失，不需要与权利人有联系，权利人可能直到侦查、起诉阶段才知道自己已受害。[④]

学界主张加大著作权刑法介入的论据便是：著作权违法犯罪愈演愈烈、屡禁不绝，已经表明民法、行政法保护的不足，从而有刑

---

① See D. Clarke, “Private Enforcement of Intellectual Property Rights in China”, in *Intellectual Property Rights in China: Evolving Business and Legal Frameworks*, Vol. 10, No. 2, National Bureau of Research Analysis, Seattle, 1999.

② See G. Urbas, “Parallel Importing and CD Piracy”, in Intellectual Property & Competition Review (IPCR) Committee, *Review of Intellectual Property Legislation under the Competition Principles Agreement*, available at http://ipcr.gov.au/ipcr.

③ See European Communities: *TRIPS Agreement: Enforcement of Intellectual Property Rights*, Luxembourg: Office for Official Publication of the European Communities, 2000, p. 28.

④ See U. S. Dep't of Justice, Prosecuting Intellectual Property Crimes 17 (3d ed. 2006), available at http:// www. usdoj. gov /criminal/cybercrime/ipmanual/ipma2006. - pdf. , pp. 5 - 7.

法介入调整的需要。本书认为，这种观点尚不充分，因为认定“第一次法”“不能”充分保护，不能仅看实然情况，还必须考虑该实然情况的原因：是“第一次法”“本身”不具有调整保护的功能，还是由于“第一次法”“以外”的原因；如果是后一方面的原因，就不能认定第一次法的无效性。就我国当今普遍泛滥于社会各阶层的“非营利性”的复制盗版光盘的行为来说，就与我国刚刚迈向市场经济和融入经济全球化背景下的特定物质经济文化条件有很大关系。对此类行为之惩治不力，与其说是没有更多、更大范围地动用刑罚，毋宁说是国家对此一般违法行为的行政打击就很不力、民事救济不很到位所致。刑法不是万能的，尤其是未满足刑法作为“第二次法”的使用条件（即“第一次法不能充分保护”）时，简单地采用扩大刑事犯罪范围，动辄动用刑罚既违反谦抑原则和犯罪化作业原理，又收不到应有实效。

实务中也存在某种著作权案件的“以刑逼民”现象，大体上是著作权人倾向于以刑事诉讼而非民事诉讼来解决著作权侵害案件，并因潜在刑罚威慑而逼迫侵权人接受民事赔偿的和解要求的现象。我国台湾地区有学者认为，常理上著作权人最在乎的不是侵害者是否被送进监牢或留下前科纪录，而是自己的经济损失能否获得补偿；刑事案件盛行反映出民事诉讼程序不利于著作权人主张权利，但问题应由民事诉讼程序法制来解决；而不应在著作权法中任由著作权人可以“以刑逼民”，让侵害人负担过重之刑责。[①]“以刑逼民”其实是，民事诉讼成本和获得赔偿面临的困难促使版权人将实施版权的成本转嫁给国家刑事诉讼系统并最终转移到纳税人头上。[②] 这实质上是与著作权刑法的使用条件相悖的。

---

① 参见章忠信：《著作权侵害行为之刑事政策检讨》，载台湾《万国法律》2002年10月刊。

② See Geraldine Szott Moohr, Overcriminalization, “The Politics Of Crime Defining Overcriminalization Through Cost - Benefit Analysis: The Example Of Criminal Copyright Laws”, 54 *Am. U. L. Rev.* 783, February, 2005.

三、我国著作权保护中“违法——犯罪”二元主义模式

除在理论上探讨著作权刑法的手段正当性外，还应从切合“国内需求”的基点来考察其在我国运用的特殊性：我国“违法——犯罪”二元主义模式决定了在著作权刑法保护范围上不能盲目跟从采取一元主义模式的外国做法。

（一）我国著作权保护实行“违法——犯罪”二元主义模式

目前，不少学者认为，外国尤其是发达国家对著作权的刑法保护范围比我国广泛，并由此而提出扩大著作权刑法保护范围及加大刑罚力度以打击和遏制侵犯著作权行为的主张。本书认为，我国与外国在著作权刑法保护模式上存在重大分野，故这种观点忽略了模式差异，因而在方法上具有“以偏赅全”的瑕疵。

第一，从违法犯罪的设置看。外国（包括主要英美法系国家和大陆法系国家）不进行违法与犯罪的划分，实行“犯罪”一元主义，大多数国家还对犯罪进一步划分为重罪、轻罪（及违警罪），对轻罪的处罚一般是罚金（款）刑。我国实行“违法——犯罪”二元主义模式，将侵犯行为分为两类：一类是“一般违法”行为，由非刑法方面的法律、行政法规和规定进行行政处罚（包括治安行政处罚）；另一类是严重的违法行为即犯罪行为，由刑法规定刑事处罚。

第二，从犯罪认定的过程看。外国刑法中对刑事不法行为的犯罪化过程实际包括“立法定性描述”和“司法定量裁量”两个前后相继、必不可少的阶段。此种“二阶段”犯罪化模式下的刑事法网相对比较严密、刑事责任相对更为严格；但又赋予司法者可以根据所谓的实质违法性、可罚的违法性或社会相当性标准，自由裁量是否追究行为的刑事责任。我国刑法则采取“立法定性 + 定量”

的“一阶段”模式。①

第三，从法律渊源看。在我国，犯罪与刑罚只由刑法（包括修正案和相关决定）来规定，1997 年刑法颁布以来，其他法律都未规定完整的罪刑规范，行政法规依法不能规定犯罪与刑罚事项，而在国外则不然，其大量法律法规都规定有犯罪与刑罚的条款。

第四，从法律效果的比较看。我国的行政法律不但可以规定针对人身的处罚（行政拘留），就是罚款的绝对最高额也大大高于许多国家处罚轻罪的财产刑。因此，国外绝大多数国家对轻罪的处罚，实际上都只是相当于我国的行政处罚。故这些外国的经验在我国没有必要借鉴，因为外国的轻罪或违警罪大体上就相当于我国的一般违法行为。

可见，我国与外国有着各自不同的特点：在我国，侵犯著作权“犯罪”是极其严重的违法，大体上就相当于外国刑法中的“重罪”，具有强烈的否定评价色彩，对罪犯也不可避免地具有“标签”效应。对侵犯著作权一般违法行为，在外国可能属于“轻罪”，而我国也并非不处理，只是按行政违法来处理。差异除了名称上分别为“轻罪”（国外）或“行政违法”（我国）以外，主要是处理程序及性质上的不同。如果将著作权刑法保护放到一元主义的框架下来考察，必然会得出国外著作权的刑法保护范围比我国大的结论。这无疑是没有看到我国与外国在著作权违法犯罪模式上的差异所致。

（二）我国著作权保护应维持“违法——犯罪”二元主义模式

有学者提出，从长远看，我国应改变行政主导的法制观念，建立类似于西方国家的轻罪法庭，将违法所得数额不大、犯罪情节不

---

① 参见梁根林：《合理地组织对犯罪的反应》，北京大学出版社 2008 年版，第 134～135页。

太严重的著作权等知识产权侵权案件提交法院审判。[①] 本书认为，这种主张忽略了我国二元主义模式的价值及与我国国情的符合性，也忽略了模式变化的代价，因而有所不妥。

第一，“违法——犯罪”二元主义模式的合理性。关于刑法保护上的二元主义和一元主义分野原因，有学者分析道，个中成因复杂：既有法律传统的不同，也有法学理论体系的区别；既有立法制度的相异，也有社会制度的分歧；既是多种价值观使然，也是社会文明发展不同选择的结果。[②] 其实，我国“违法——犯罪”二元主义和“立法定性＋定量”模式具有重大价值，如可以减少犯罪数、降低犯罪率，使相当比例的公民免留犯罪污名劣迹，使刑事司法力量集中打击事关国家稳固、社会发展、公民生命与财产安全的犯罪活动。[③] 表面上看，这种模式刑事法网不如外国严密，但完全符合刑法补充性、谦抑性、最后手段性和刑法经济原则的要求，符合刑法不完整性的客观现实和理性认识。虽说利弊兼有，却是利大于弊的明智选择。

第二，我国行政处罚与刑事处罚“双轨制”，使著作权保护不比其他国家逊色，二者的结合在制度上即可达到与一元主义相同的功效。一方面，我国著作权法律制度中对侵犯著作权“一般违法”的行政责任规定已有较大完善，在一定程度上使刑法介入并无必要。例如，2001 年著作权法已加大对侵犯著作权“一般违法行为”打击力度，第 47 条所列 8 种侵权行为只要“同时损害公共利益”就面临行政处罚，就赔偿数额规定合理计算标准；2002 年《著作权法实施条例》第 36 条、2001 年《计算机软件保护条例》第 24

---

① 参见乔治：《中美知识产权争端焦点及解决途径》，载香港《经济与法律》2007 年第 3 期。

② 参见青锋：《关于网络与知识产权刑事法律保护的几个基本理念》，载《中国刑事法杂志》2007 年第 3 期。

③ 参见储槐植：《论我国刑法中犯罪概念的定量因素》，载《法学研究》1988 年第 2 期。

条等规定了行政处罚具体标准，其罚款之惩罚力度已经与罚金这一刑罚的严厉程度相差无几了。就权利人和救济制度各自的成本效益而言，“双轨制”的存在也仍具有其必要性。[①] 另一方面，“双轨制”是我国在特定历史条件下的产物，是由我国目前的整体法律框架决定的。行政机关履行某些准司法功能，对司法保护是有益的补充。现行法官遴选机制的局限，也决定应充分利用现有行政执法人员。而外国却主要得益于良好的司法队伍，允许法官自由裁量和立法编织的法网严密，但司法者通过裁量，把不值得刑罚的行为予以出罪。这是我国与外国在客观制度上的差异。

第三，如果改采国外“犯罪”一元主义保护模式，将“一般违法”纳入刑法范围，其成本将不可低估。由于我国没有改变整个刑法制度中的二元主义模式，如果将现行的一般侵犯著作权行为犯罪化，实质是将相当于国外的“轻罪”拔高为“重罪”，根据罪刑均衡原则势必会使著作权刑罚结构不合理地大幅度加重，而且也不符合保护人权等原则的要求。由于受传统影响及对犯罪定性加定量的认定模式，在我国罪犯身份具有标签化效应，社会和民众抱持“坏人”身份定型化的歧视心理。相反，在西方国家，（行政）犯罪与违法界限并不这么清晰，人们并不必然地将所有犯罪等同于邪恶。故过于强调著作权刑罚的威慑效应，盲目跟进西方国家对著作权违法行为的犯罪化立法，不符合我国刑罚领域的现实国情。我国宜遵循刑法谦抑原则，合理配置侵犯著作权违法与犯罪比例，并强化经济违法行为与犯罪行为的并行打击。“刑罚犹如双刃之剑，用之不当，则国家与个人两受其害”。现行刑法按既有“违法——犯罪”二元主义模式编织了445个罪名的法网，没有特殊理由在侵犯著作权犯罪上改采另一种犯罪认定模式。

第四，值得指出的是，有的论者关于扩大著作权刑法保护范

① 参见刘峰：《我国知识产权侵权救济“双轨制”的正当性——一种经济分析法学的诠释》，载《知识产权》2008年第2期。

围，是基于 TRIPS 协定第 61 条关于应将具有商业规模的蓄意盗版案件予以刑事制裁的要求而提出的。问题是，我国的二元主义模式是否会与 TRIPS 协定规定矛盾？本书认为，TRIPS 协定也规定了“知识产权的实施”的行政程序和刑事程序，关于行政程序条文极少，只有第 2 节“民事和行政程序及救济”（第 42 ~ 49 条）中的第 49 条，其规定：“如由于行政程序对案件是非曲直的裁决而导致责令进行任何民事救济，则此类程序应符合与本节所列原则实质相当的原则。”此外，该协定第 41 条“一般义务”中第 4 款提及对行政裁定的司法审查，规定：“诉讼当事方应有机会要求司法机关对最终行政裁定进行审查……”可见，该协定对行政程序除了第 41 条关于所有实施程序的一般义务规定之外，并没有多少特殊的义务规定；该协定也没有关于行政程序与刑事程序划分的规定。相反，该协定第 41 条“一般义务”中第 5 款规定：“各方理解，本部分并不产生任何建立与一般法律实施制度不同的知识产权实施制度的义务，也不影响各成员实施一般法律的能力。本部分的任何规定在实施知识产权与实施一般法律的资源分配方面，也不产生任何义务。”由此，我国著作权刑法保护领域中坚持违法犯罪二元主义模式，符合我国刑事领域的“一般法律”制度，故不存在与 TRIPS 协定相悖的问题。

第三节　著作权刑法保护的社会道德支撑

社会公众对著作权制度所形成的道德就是本书所讲的“著作权道德”，属于非正式制度范畴。正如前文所指出的，制度运作逻辑的核心在于正式制度与非正式制度的耦合。著作权道德这一非正式制度对著作权刑法正式制度的运作，有某种推动或阻碍作用，社会道德是著作权刑法保护的必要支撑。

一、著作权刑法缺乏社会道德支撑的原因及对策

（一）著作权道德水平现状的原因分析

1．我国著作权道德问题的复杂性

当下我国存在一种近乎悖论性的现象：一方面，侵犯著作权行为非常普遍，盗版现象在社会上呈泛滥之势，著作权人积极维权，国家对此进行介入并展开了多项行动，学界关于扩大著作权的刑法保护力度的呼声不绝于耳；另一方面，公众对侵犯著作权行为习以为常，明知故犯（明知是盗版产品而照买不误），缺乏道德谴责，侵权人也并无道德羞耻感。前面介绍的我国两部著作权法立法的曲折历程，即1990年著作权法前后经过四次审议而成为“审议时间最长”的一个法律，2001年著作权法则经过“提出、撤回、再提出”审议的曲折过程，这是在商标法、专利法立法领域所不曾遇到的现象。由此，足以看出，著作权问题在我国具有极大的复杂性和高难度。

著作权与个人、与社会都有重要关系。就享有著作权的作品的广泛使用而言，它与每个人都息息相关：每个人都可能是版权作品的创作者或传播者或使用者，可以说没有一个社会人能够脱离著作权。就整个社会发展而言，它与文化有着内在的紧密联系：通过激励创作，推动人类优秀文化成果不断涌现，为社会提供了丰富的精神文化产品；也通过推动版权产业发展而促进经济增长。由于著作权制度调整广泛的利益关系，需要各方面条件的成熟方可取得良好进展，故著作权之特殊性而使其保护成为突出问题。

就我国而言，著作权道德现状有其传统原因，建立著作权制度意味着要对我国传统文化进行超越。鲁迅在《孔乙己》中借孔乙己的口道出了传统文化中对智力劳动成果的基本态度，即“窃书不算偷”。“窃书”隐含一个追求上进的正义命题，也因此为窃书的正当性找到了道德上的支撑。儒家思想的核心在于教化人心，知识传播是实现教化人心的基本方式，因此，从道义层面上看，无论

对行为人，还是社会，窃书行为均不会受到更为严厉的谴责。这种观念没有因孔乙已脱去长袍而消失，许多人仍然持一种“孔乙己似的窃书不算偷书的病态心理”,[①] 未能完成从“窃书不算偷”到“窃书就是偷”的意识转变。关于著作权的普遍模糊的社会观念，以及传统文化根深蒂固的排斥倾向，给著作权的普及和相关制度的建设与推行造成了一定的困难。儒家思想“知识共有”观念与马克思主义相遇一起，天然排斥知识产权。[②] “毕竟中国人从未采用过和美国人相同的私有财产观念，更不用说知识产权了”，中国从来没有就西方使用我们发明的火药、纸张等要求过一分一厘的费用。[③] 中国的老百姓也不觉得有出钱去买资讯产品的必要。

关于著作权保护的国民意识既然属于道德范畴，本来应当循序渐进，逐步树立和提高，但我国著作权保护的强制性制度变迁，却在知识产权法全球化的蔓延和外来经济与政治压力下，不得不紧跟国际条约确立的保护水准，在时间上并没有给国民一个心理上的缓冲期。[④] 著作权（也可扩及整个知识产权）完全是一种法律移植的产物，其逐步确立与完善乃是政府推进型法制现代化进程中主权国家不断对其加以正当化的结果。权利的正当化关系到权利规则是否能够被期望去服从它的人们当做“正当”而接受，著作权制度要在中国落地生根并开花、结果，解决好制度移植的“排异”现象才能使其（正）价值功能得到有效发挥。

---

① 参见蒋言斌：《知识产权侵权者的病态心理及其道德矫正》，载《知识产权》2000 年增刊。

② 参见曲三强：《“窃书就是偷”——论中国传统文化与知识产权》，知识产权出版社 2006 年版，第 30、95 页。

③ 参见《光华》（台北），1998 年第 6 期，第 98 页，转引自曲三强：《知识产权法原理》，中国检察出版社 2002 年版，第 59 页。

④ 参见袁真富：《知识产权法：全球化背景下的发展与适应——以多边国际条约为线索》，载《知识产权法研究》（第 2 卷），北京大学出版社 2005 年版，第 16 页。

2. 著作权道德水平不高具有全球普遍性

从境外经验来看，其他国家和地区也存在著作权道德对盗版宽容的问题，如全球多项调查表明公众对盗版有很高认同度。以美国为例：虽然其版权法将零售价值达1000美元的复制版权材料的行为规定为犯罪，但社会公众内在的规范却与之大大相悖。美国展开过多项这类调查证实了这一点。例如，2000年有调查表明，61%的音乐下载者并不在乎所下载音乐的版权状况；2003年则有70%的受访者持相同态度；到2004年2月再展开调查，问及文件共享者是否关心所下载音乐的版权地位时，58%的人回答“否”。[①] 尽管似乎有迹象表明公众的道德态度正朝着尊重著作权的方向改变，但相比体现于著作权刑法中的价值理念，目前即使在美国占主导的社会意识及行为规范也存在巨大的差距，这可能会削弱刑法的威慑效果。[②] 我国台湾地区曾发生成大MP3事件，[③] 鲜明地体现出公众著作权道德认识与著作权刑法制度的分裂：台南地区“检察署”检察官因接获检举成大学生非法下载MP3音乐，前往成大学生宿舍搜索，查扣14部下载有著作权音乐之个人计算机，引起轩然大波并造成学生们之恐慌。许多学生认为，从网络下载MP3音乐并无不法，遂群起声援被查扣之学生，一时之间下载MP3的问题就成为社会上备受瞩目之议题。可见，在盗版犯罪上公众缺少否定的道德评价成为犯罪预防的道德障碍。如何消除盗版上制度与道德之间的悖论，本身将是全球范围内一个非常复杂的问题。

---

① See Lee Rainie & Mary Madden, “Pew Internet Project and Comscore Media Metrix Data Memo: The State of Music Downloading and File – Sharing Online”, 11 (2004), available at http:// www. pewinternet. org/pdfs/PIP_Filesharing_ April_04. pdf.

② See Geraldine Szott Moohr,“Overcriminalization: The Politics Of Crime Defining Overcriminalization Through Cost – Benefit Analysis: The Example Of Criminal Copyright Laws”, 54 *Am. U. L. Rev.* 783, February, 2005.

③ 参见谢铭洋：《成大MP3事件相关著作权法问题探讨》，载 http://www. cedi. cepd. gov. tw/document _ info. php? fPath = 15 _15 _35 _98&documents _ id = 74&CediID = afe9d82d5363684ca519fd19d1631866。

（二）著作权道德与著作权刑法差距的弥合对策

著作权道德与著作权刑法要求之间的差距如何弥合呢？学界有三种不同的主张：第一种是通过重视宣传教育进行著作权道德培育的主张。例如有学者认为，目前应致力于与版权相关的知识产权道德的培育。① 第二种是法律养成道德的主张。有的学者认为，法律对社会道德具有一定的养成功能，通过对购买侵权产品者给予法律规制而依靠法律在一个道德缺乏的社会培养一种尊重他人智力成果的道德，是国家不得已而采取的最后手段。② 第三种是对现有的高水平法律保护持批评态度。在有的学者看来，造成目前立法与司法、理论和实践相脱节趋势的，是为适应以西方发达国家为主导的国际社会的要求而想方设法提高我国著作权保护水平的心理倾向。③ 按此观点，著作权刑法的保护水平应脚踏实地，不应想方设法一味地拔高标准，其制定不应脱离国情包括社会道德水平现状。

以上对策主张各有利弊。既不能过于保守，只求依靠道德宣教式的原地踏步，又不能过于激进，不能期盼立法上出现具有浓厚道德理想主义色彩的法律来解决社会问题。如果社会道德水平低下，著作权刑法不能一味迎合，国家应当加以引导并在制度运作中证成其正当性。如果想要使著作权犯罪得到控制，那么对版权音乐和电影的盗版就有必要更广泛地被视为不道德的行为（morally wrong），也不被认为值得赞许。④ 至于弥补差距的较为合理办法，借用哈贝马斯的话来说，应通过“社会交往行动”实现所谓“规范结构的

---

① 参见莫洪宪、贺志军：《论知识产权犯罪控制中的道德要素》，载《犯罪研究》2007 年第 5 期。

② 参见赵国玲等：《计算机软件著作权犯罪的刑法规制》，载《中外法学》2001 年第 2 期。

③ 参见曲三强：《知识产权法原理》，中国检察出版社 2002 年版，第 62 页。

④ See Susan W. Brenner, “Complicit Publication: When Should the Dissemination of Ideas and Data Be Criminalized”, (2003) 13 *Alb. L. J. Sci. & Tech.* 273 at p. 353. See also Thomas H. Koenig, “Book Review: Superhighway Robbery: Preventing E – Commerce Crime”, (2004) 19 *Can. J. L. & Soc'y* 184, p. 185.

发展”，才能真正确保著作权保护在公众参与下达成某种具有实质正当性的“共识性规范”，进而“使现有的生产力使用或新的生产力的产生，以及社会复合性的提高有了可能”，从而实现全球信息正义的价值目标。[①] 下面拟从著作权刑事立法寻找道德依据和通过运用利益平衡机制来证成著作权保护的道德正当性两方面进一步展开分析。

二、著作权刑事立法的道德依据

（一）道德规范是刑法正当性评判依据之一

法应当保护的社会规范基本价值就是社会道德规范；同时，刑法所运用的刑罚制裁也具有否定的道德评价功能。在这一意义上，刑法与道德结下不解之缘：刑法维系社会的主流道德，道德支撑刑法的规范与运作体系。有论者提出，理解刑法存在于其中的社会有两个维度：一个是道德维度，这是自下而上的秩序自发形成模式；另一个是权力维度，这是自上而下的秩序自觉建构模式，社会是这二者相互作用的结果。[②] 以“道德——权力”模式为分析工具，道德原则在刑法制度中有其自身的制约机制。日本学者大谷实认为，将某种行为作为犯罪进行处罚，除了要求该行为必须对法益具有侵害或危险以外，为了实现维持社会秩序的目的，犯罪和刑罚必须同时立足于国民健康的道义观。[③] 有学者指出，作为一种犯罪定义过程，刑事立法要关注被定义对象所具有的犯罪性，其中主观上的恶意和客观上的悖德性便构成了犯罪内含的道德内容：主观上的恶意，乃针对普遍公认的基本道德情感的否定性行为指向，核心内容是其反道德性、反伦理性、悖德性、非人性；悖德性即反伦理性是

---

① 参见胡朝阳：《知识产权的正当性分析：法理和人权法的视角》，人民出版社2007年版，第265、270页。

② 参见刘远：《刑法本体论及其展开》，中国人民公安大学出版社2007年版，第1~20页。

③ 参见［日］大谷实：《刑法总论》，黎宏译，法律出版社2003年版，第6页。

指针对自然道德情感的蔑视和否定，与恶意的内涵和外延基本相似。[①] Lawrence Solum 教授说，将占优势的社会规范（prevailing social norms）视为犯罪行为，是一种“过度犯罪化”（overcriminalization）。[②] 故考察侵犯著作权行为应否予以刑法规制，其正当性评判的依据之一就是道德规范。著作权刑法规范应与普遍社会意识保持一致才会实现得以内化和普遍遵守。从发生机制看，侵犯著作权行为的频发，确有其发生上的道德原因即社会缺乏尊重他人智力成果的道德。我国控制著作权犯罪的刑法立法应融入相应的道德要素，著作权刑法的实施也需要社会道德的支撑。

（二）我国著作权刑事立法已融入相关道德内容

我国侵犯著作权犯罪属于法定犯，但相关刑事立法却融入了道德内容，自觉地寻找社会伦理道德作为立法正当性的支撑。最典型的是侵犯著作权犯罪的刑法规范在主观要件设置上体现较高程度的道德“恶性”：侵犯著作权罪和销售侵权复制品罪都要求主观上是故意，并规定为目的犯即均要求“营利目的”；销售侵权复制品罪属于销售型的间接性侵犯著作权犯罪，规定了特殊明知即明知是“侵权复制品”。这种严格的主观条件要求正是刑法道德谴责性的根据所在，因为对严格责任人的惩罚体现出刑法要求行为人具有最高的道德水准，相应地对犯罪人犯罪目的作为构成要件的规定，则体现出刑法对行为人道德标准的低要求。[③] “营利目的”要件在一

① 犯罪性是犯罪定义的客观依据，犯罪定义离不开犯罪性的客观限制。白建军教授提出观察分析犯罪性的四个方面：非善、悖逆、危险、严重。非善是从恶意与敌意的比较中把握犯罪性，悖逆是从反伦理性与反秩序性两个方面观察犯罪性，危险是从原因危险与结果危险的对比中分析犯罪性，严重是从定性与定量相结合的角度研究犯罪性。如果没有犯罪本身的非善性、悖逆性、危险性以及严重性，则犯罪定义便没有了对象。参见白建军：《关系犯罪学》，中国人民大学出版社 2005 年版，第 158 ~ 160 页。

② See Lawrence B. Solum, “The Future of Copyright”, 83 *TEX. L. REV.* 1137, 1165 (2005).

③ 参见赵国玲主编：《知识产权犯罪调查与研究》，中国检察出版社 2002 年版，第 84 页。

定程度上正反映了立法者寻求道德正当性的追求，对侵犯著作权犯罪采取限制打击的刑事政策，使打击犯罪与公众法律意识、道德观念相符。从根本上讲，我国著作权刑法本身还需要获得更多道德正当性支撑。

境外经验也表明，著作权道德影响着著作权刑事立法。以美国为例：1995 年美国政府公布关于“知识产权与国家信息基础设施”最终报告，提出了对著作权诸多调整措施（包括刑事措施），旨在提高著作权人对他人使用上传于互联网上的作品加以控制的能力，随即出现相关立法动议并获通过。但是，一个由学者、教育家和公共利益活动家组成的综合群体发起公共游说运动，反映出美国本土强大的反著作权扩张的社会道德意识，导致该法律动议在国会最终遭致失败，给美国著作权等知识产权的扩张带来深远影响。在一些发展中国家，反著作权等知识产权扩张的道德意识更为根深蒂固，也不同程度地反映在立法过程当中。

三、著作权保护的道德正当性之促进与证成

（一）促进著作权道德的新契机：实施《国家知识产权战略纲要》（以下简称《纲要》）

2008 年《纲要》的实施为促进著作权道德提供了新契机。《纲要》将“全社会特别是市场主体的知识产权意识普遍提高，知识产权文化氛围初步形成”规定为近五年的战略目标的组成部分，这必将极大地促进著作权道德水平低下现状的改观。2009 年 3 月，最高人民法院也出台了《关于贯彻实施国家知识产权战略若干问题的意见》（以下简称《意见》）。

《纲要》以国家政策形式倡导尊重著作权道德的构建。以国家政策容忍盗版的最大弊端是，这个国家将会在现代创新性竞争中被自我淘汰：目前比较强大的外来版权所有者无法获得自己的合法权益，但在其自己国家和国际强大知识产权保护下仍有可能进一步发展和进步；目前比较弱小的本地版权所有者却面临灭顶之灾，处于

被扼杀状态，被迫采取额外版权保护措施又加大产品成本而影响竞争力。而且，这个国家所有以盗版产品为基础发展起来的重大信息产品，会经常由于无法得到产品质量保护而处于非常不安全的状态。没有可靠的信息性和技术性基础环境，创新就无从谈起。[①]

《纲要》提出“依法处置盗版行为，加大盗版行为处罚力度”；《意见》也提出“切实加大对侵犯著作权犯罪行为的打击力度”。有观点认为，对发展中国家来说，在著作权方面如果采取弱保护政策，将更有利于人们获得知识、信息和企业获得发展的基础实力。此种观点其实是一种误解。国家如果采取弱保护政策，则其后果只是实际上庇护了不劳而获者即盗版者的利益，他们才是最大的赢家，而对一般消费者和民族产业并无利益可言：[②] 首先，盗版者获利似乎无须赘述。其次，一般消费者会受到损害。因为在经济全球化时代，弱保护的后果是，要么发达国家比较先进的作品就不会输入这类国家，要么即使有输入，也因考虑到盗版现象的严重而定出很高的价格。最后，民族产业会受到损害。阿根廷作家 Calixto Oyuela 早于 1889 年前后曾指出，要保护本国作品就得保护外国作品。[③] 因为生产者在可以无偿使用外国作品的情况下绝不会愿意有偿的采用一个本地作者的作品。

（二）著作权保护的道德正当性之证成：利益平衡机制

著作权实质是一种独占，以社会公众的学习自由权、教育权、信息自由权等基本人权的暂时和局部的让渡为成本。“这个成本发生在发达国家与发展中国家之间时，需要以发展中国家牺牲本国人民基本人权为代价；即使在发达国家内部，该成本发生在少数垄断

---

① 参见王世洲主编：《关于著作权刑法的世界报告》，中国人民公安大学出版社 2008 年版，第 28 页。

② 参见卢海君：《后 TRIPS 时代中国知识产权战略选择研究》，载吴汉东主编：《知识产权年刊》2006 年卷，第 360 页。

③ 参见［西］德利娅·利普希克：《著作权与邻接权》，联合国教科文组织译，中国对外翻译出版公司 2000 年版，第 457 页。

集团和大部分社会公众之间时，也需要以社会公众牺牲自己宪法上的自由权为代价。”[①] 实际上没有任何一个国家愿意赋予构思的创造者以抵制仿冒的永久权利，这种特权所潜在的政治和经济危险是巨大的；相反，限定禁止他人进行无端利用的保护，根本的问题还在于据此取得的平衡是否符合一国的经济发展和关于正义的一般理解。[②] 本书此处使用“证成”（justification）一词，实际指的是通过证明所达到的某种结果状态。只有运用利益平衡机制，充分平衡这一过程中的利益关系，著作权保护才能在道德上证成（to justify）其正当性，著作权道德才能获得普遍认同。

1．国内、国外的利益平衡

法律是平衡各种利益的制度安排，“法益衡量”也是协调国际经济立法与国际社会立法的重要原则和方法。[③] 在著作权国际规则制定中，政府和著作权行业协会等参与国际博弈；而我国在这种博弈中曾经处于缺位或失语的状态，导致游戏规则过于倾向发达国家的利益而形成不平衡。

以包含著作权国际规则的TRIPS协定为例：它是在主要发达国家及其知识产权产业之间形成的统一战线推动下达成的，也极大地反映了这些主要推动力量的利益。[④] 为把知识产权问题放进乌拉圭回合议程，美国企业界于1986年3月成立了知识产权委员会，并迅速开始跨国动员活动，与欧洲、日本同行建立了跨国的产业间一致同意，并各自向其政府提交了主张；至1986年9月GATT乌

① 参见徐煊：《知识产权的正当性——论知识产权法中的对价与衡平》，载《中国社会科学》2003年第4期。

② See W. R. Cornish, *Intellectual Property: Patent, Copyright, Trademarks and Allied Rights*(3rd), Sweet & Maxwell 1996, p. 10.

③ 参见古祖雪：《后TRIPS时代的国际知识产权制度变革与国际关系的演变——以WTO多哈回合谈判为中心》，载《中国社会科学》2007年第2期。

④ 参见王太平、熊琦：《TRIPS协议的立法动力学分析》，载《知识产权》2008年第1期。

拉圭回合谈判开始时止，美国、日本和欧洲已经就在 GATT 中包括一个知识产权保护制度联合起来。1988 年 6 月，美国、日本和欧洲的私人部门“三方集团”发布了“GATT 知识产权条款基本框架”文件，覆盖了最低保护标准、执行和争端解决规定，成为最终协议的基础。[①] 相反，我国在历经艰难谈判和磋商，于 2001 年 12 月 11 日以非市场经济国家的地位加入 WTO 时，TRIPS 协定对于我国来说几乎是完全外生给定的，这可能是我国在著作权等知识产权保护上被动的原因之一。[②]

发达国家与发展中国家在著作权保护上存在利益冲突。例如，我国政府公务过程中的办公软件，在原来 1992 年实施的软件保护条例第 22 条属于“合理使用”，但 2002 年实施的新软件保护条例删去了这一条。上海市政府为此给全市政府机关统一购买 WIN XP 和 OFFICE XP，获优惠约半价共花了 7500 万元，北京市政府约花了 5500 万元，这样 30 个省就花了约 200 个亿，人称为“软件财政”问题。[③] 于是，有学者提出“版权的异化”概念，并以微软为例，认为它居全球 1000 家之首的巨大价值，是依靠垄断地位从美国人民及全世界人民身上剥削出来的，其成本早在发达国家收回，而发展中国家的贫困是发达国家掠夺世界资源和世界市场所造成的，发达国家有义务以适合发展中国家当地购买力的价格出售其知识产品。[④] 国际著作权规则应当重视平衡发达国家与发展中国家之间的利益关系。然而，发达国家于 2008 年 7 月在美国华盛顿讨论

---

① See Susan K. Sell,“Industry Strategies for Intellectual Property and Trade: the Quest for TRIPS, and Post - TRIPS Strategies”, 10 *Cardozo J. Int'l & Comp. L.* 89 - 103.

② 参见沈国兵:《TRIPS 协定下中国知识产权保护的核心难题及基准》，载《财经研究》2008 年第 10 期。

③ 参见寿步等编:《我呼吁——中国首次立法论战》，吉林人民出版社 2002 年版，第 56 页。

④ 参见寿步等编:《我呼吁——中国首次立法论战》，吉林人民出版社 2002 年版，第 190 ~ 192 页。

制定适用于全球的反仿冒贸易协议（The Anti - Counterfeiting Trade Agreement，ACTA），却又不让发展中国家参与讨论。发展中国家缺位或失语所制定出来的著作权国际规则，无法保证国与国之间的利益平衡，就难以证成其正当性。

发展中国家如何维护自身利益？英国曾在一个著名报告中指出，对发展中国家最重要的是在保护版权与保证充分获取知识及知识产品之间取得恰当平衡，获取的成本及对合理使用或合法行为免责条款的解释对发展中国家特别重要，而版权宽展到软件和数字产品更提高了这种重要性。应当对这些问题重视，以保证发展中国家在全民教育、促进科研、提高竞争力、保护其文化表现形式及减少贫困时能够获得重要的知识产品。① 而知识产权国际规则中某些给予发展中国家的优惠待遇或例外规定，反映了发展中国家对于知识产权国际保护秩序由形式正当性趋向实质正当性的价值诉求。这种基于主权国家利益及其基本人权保障（发展权）需要的行为，使知识产权正功能得到有效发挥，而使其负功能得到必要抑制，本身就是主权国家追求其全球化时代知识产权正当性的基本职责。②

2. 业内、业外的利益平衡

一方面，我国保护著作权的行业协会力量较薄弱，但正在迅速发展之中。从国际上来看，发达国家中有强大的行业协会组织来保护本行业产品免受侵权。例如，美国版权产业的组织化程度甚高，主要体现为 IIPA：由美国出版商协会（AAP）、商业软件联盟（BSA）、娱乐软件协会（ESA）、独立电影电视联盟（IFTA）、美国电影协会（MPAA）、全国音乐出版商协会（NMPA）和美国录制业协会（RIAA）共 7 个版权产业的贸易协会组成，代表着美国

---

① 参见英国知识产权委员会：《知识产权与发展政策的整合》，国家知识产权局条法司编译，2003 年 1 月。

② 参见胡朝阳：《知识产权的正当性分析：法理和人权法的视角》，人民出版社 2007 年版，第 267 页。

1900多家生产、销售与版权保护有关的材料的公司,[①] 如微软、ADOBE、任天堂（Nintendo）、迪斯尼等。该联盟的宗旨是促进版权的国际保护，常常就全球及各国版权问题发表意见。各国著作权行业协会依靠行业自身自律机制来进行约束，具有内生的积极效力，对著作权国际规则的制定也有不同程度的影响，从而得到不同的利益表达。而我国现在的著作权保护机构有国家和地方版权局；行业协会则包括中国音像协会、中国软件联盟（CSA）、中国出版工作者协会版权保护工作委员会等，还有各地版权协会、正在成立的全国广播联盟和各种著作权集体管理机构等。我国著作权行业协会多为半官方组织，没有形成严格的行业自律约束，也不能与美国等国家保护版权的行业协会的细化和力量集中相比。

另一方面，与日渐完善的著作权行业的众多利益集团相比，代表公众诉求的利益集团却显得缺位。2001修改《计算机软件保护条例》的过程中，民众这一利益集团的代表开始登场“呼吁”，被称为“入世后中国首次立法论战”。[②] 现代网络的普及在一定程度上有利于公众集团获得某种话语权。

应当看到，代表著作权（含邻接权）人利益的这些行业协会，与广大公众存在利益上的对立。由此，《纲要》所提出的“拓宽企业、行业协会和社会公众参与立法的渠道”值得肯定。业内、业外利益的平衡程度无疑会影响着公众著作权行为的选择：只有符合社会主流关于公平正义认识的规则制定，才会取得社会公众的认同，进而将规则内化为道德理念和外化为道德行为。如此，尊重知识产权就不仅仅是一种道德规范，而更是经济活动参与者实现自身利益最大化的必要条件和理性选择。

---

① About IIPA, available at http://www.iipa.com/aboutiipa.html.

② 参见寿步等编：《我呼吁——中国首次立法论战》，吉林人民出版社2002年版，第7~10页。

3．正当权利行使与权利滥用的平衡：滥用著作权行为的规制

著作权领域权利滥用并非罕见。我国《纲要》也提出，“制定相关法律法规，合理界定知识产权的界限，防止知识产权滥用，维护公平竞争的市场秩序和公众合法权益”。

国内有文献将微软在华反盗版行为视为“放手养鱼、养贼抓贼战略”，即利用盗版打垮金山等其他软件商，在品牌市场占有率扩大到垄断程度时，又借打击盗版向盗版软件用户索赔或强行推销正版。放纵盗版（养贼）或直接从事盗版生产（做贼）完全可以与倾销一样，成为获取市场份额策略，难逃利用外部性获利嫌疑。微软操作系统事实上已成为“共享资源”，偏偏却由私人生产且被私人垄断，引发包括“全民皆盗”、许多创新活动处于尴尬境遇在内的许多问题。这需要政府的有限介入。① 从国外看，依美国谢尔曼法第2条发展而来的“瓶颈设施”（essential facility）理论，为德国及欧洲所继受，即指滥用独占地位之事业被课以协助或允许其竞争对手接受或者使用其所拥有之“瓶颈设施”义务，目的系防止独占者（monopolist）借由对稀缺资源的控制，进而使其独占力量向上游或下游垂直地延伸。② 该理论完全可用于著作权领域滥用问题上。

“垄断性高价”、“掠夺性定价”等是著作权人可能的权利滥用形式，也是发达国家企业针对我国企业采用的不正当竞争手段。③ 据保守估计，我国消费者因为微软价格歧视一年就多支出10个亿。前述调查显示，正版价格过高是便利盗版存在的重要原因，提高著作权道德主要是确保道德行为与道德认识一致，由此，改变正版与

① 参见贾丽虹：《外部性理论研究：中国环境规制与知识产权保护制度的分析》，人民出版社2008年版，第280～286页。

② 参见宋皇志：《瓶颈设施理论在智慧财产权之适用》，载台湾《月旦法学》2004年第12期。

③ 参见杨利华：《全球化环境下我国知识产权制度的完善——以维护国家经济安全为视角》，载《河北法学》2007年第5期。

盗版的利益结构是重要的一个环节，价格正是其核心。在作品价格形成过程中，同一作品在不同国家有较大定价差别现象值得研究。其一，著作权人在国际贸易背景下对作品及制品进行差别定价具有必要性和可行性。版权作品具有高生产成本、低复制成本的特点，其原始成本绝大部分是沉没成本，其高固定成本、低边际成本的成本结构会产生巨大规模经济。[①] 各国（地区）发展水平各异，其消费者对同一版权作品支付意愿不同。在经济全球化背景下，作品权利人作为垄断者，针对不同顾客收取不同价格更符合消费者支付意愿，从而增加利润。其二，差别定价的合乎经济规律性决定了知识产权适度保护不会损害本国消费者利益。其前提条件是，发展中国家对知识产权适度保护，发达国家企业就会输入知识产品并根据差别定价理论在这些不发达国家和地区实行较低价格，即实行生产成本加上少量研发成本，以这些国家和地区能承受得起的价格，来销售其产品。[②] 然而，事实上却是，微软公司在美国和中国的报价与两国人均收入很不成比例。其三，对某些外国企业就其作品在我国掠夺性定价，有学者提出了价格控制的反暴利法设想。[③] 这里强调的是，著作权保护需要反垄断法和反不正当竞争法与之配套。《反垄断法》第 55 条“但书”规定，“经营者滥用知识产权，排除、限制竞争的行为，适用本法”。对此，应当尽快制定具有可操作性的实施细则。

---

① 参见尚新颖、袁正：《信息产品的定价策略》，载《中国物价》2005 年第 1 期。

② 参见卢海君：《后 TRIPS 时代中国知识产权战略选择研究》，载吴汉东主编：《知识产权年刊》2006 年卷，第 352 ~ 353 页。

③ 参见姜军：《企业专利战略和核心竞争力的关联研究》，武汉理工大学 2005 年博士学位论文，第 84 ~ 86 页。

第三章

我国著作权刑法与 TRIPS 协定的符合性检验

正确理解 TRIPS 协定第 61 条的含义，对于我国履行国际义务和完善包括著作权在内的知识产权刑法保护具有极其重大意义，但其确切含义是什么，学界一直没有统一理解，成为学术研究亟待加强的领域。[①] 基于近年在 TRIPS 协定框架内外，著作权刑法保护制度已有较大发展，故有必要在查明 TRIPS 协定刑事条款准确含义的基础上，以该协定为依据从立法上对我国著作权刑法具体展开“符合性”（conformity）检验研究。本章在我国履行该协定刑事义务总体策略基础上，以“具有商业规模的蓄意盗版案件”之三个关键词，即“盗版——商业规模——蓄意”及有关刑罚要求为线索，深入展开这种检验。

① 参见刘科：《改革开放三十年中国知识产权刑法保护的学术研究》，载《知识产权》2008 年第 6 期。

第一节　我国履行 TRIPS 协定刑事义务概说

一、TRIPS 协定刑事条款形成特点

TRIPS 协定[①]刑事条款与刑事义务是紧密相连的概念：一方面，刑事条款仅指第 61 条，其实该条规定的不全部是刑事“义务”。对比其第 1、4 句可知，TRIPS 协定仅就“具有商业规模的蓄意假冒商标或版权盗版案件”对 WTO 成员规定了刑事保护义务，而对此外的其他种类的知识产权侵权案件，则没有规定刑事保护义务，第 4 句就不是义务而实质是授权规定。另一方面，刑事义务主要规定在第 61 条中，但协定其他条文如第 41 条、第 1 条第 1 款等条款也与刑事义务的准确履行有重要关系。[②] 例如，成员在履行著作权刑法保护义务时，对“具有商业规模的蓄意盗版案件”的界定和认定，就必须结合该协定第 61 条以外的、关于著作权的条款来认定；具体涉及协定第 9 条至第 14 条关于著作权的效力、范围和使用标准的规定。基于此，下面运用 TRIPS 协定分析我国著作权刑法时，将立足于实质意义上的刑事义务为基准。

从刑事条款形成过程看，其具有以下特点：其一，义务范围的有限性。TRIPS 协定对使用刑法禁止侵犯知识产权犯罪，从一开始就没有异议；对于侵犯知识产权犯罪的惩处应以“蓄意”且“具有商业规模”为基本条件这一点，也是没有异议的。[③] 但谈判中争

---

① 为使文字更简约，在不发生混淆的情况下，本章将“TRIPS 协定”进一步简称为“协定”。

② 参见贺志军：《TRIPS 协定刑事条款解释初探》，载 2008 全国博士生学术论坛（国际法）组委会编：《2008 全国博士生学术论坛（国际法）论文集·国际公法、国际私法分册》，第 96 ~98 页。

③ 参见王世洲：《关于 TRIPS 刑事责任的研究》，载王世洲主编：《关于著作权刑法的世界报告》，中国人民公安大学出版社 2008 年版，第 13 页。

论的主要问题是，刑事措施应当加以禁止的准确范围是什么。在谈判组主席 Lars E R Anell 1990 年 7 月 23 日的工作状况报告（MTN. GNG/NG11/W/76）的附件中，有一份在对谈判小组代表团的各种提案进行比对基础上提出的“合成案文”（Composite text of July 23 1990），其刑事条款内容具有“待定”性质（即包含若干在后续谈判中可供选择的条款），其第 1 句规定“应当”（shall）提供适用刑事程序和处罚的就有三种待定的“蓄意”（wilful）案件，即［具有商业规模的假冒商标和版权盗版案件］、［具有商业规模的商标和版权侵权案件］、［具有商业规模的本协定所规定的知识产权侵权案件］。[①]“合成案文”字面上有宽窄差别极大的三种主要方案；最终选择了最窄的方案。其二，利益的妥协性。如果说义务范围的有限性是“表”的话，利益妥协性就是“里”了。协定刑事条款形成中，主张把刑事措施适用于任何侵犯知识产权行为的意见遭到了不少谈判代表反对，其理由包括：知识产权是私权（后来协定序言第 4 段确认了这一点），由此，国家并无义务依职权对知识产权侵权行为采取行动，知识产权侵权事件原则上应由所涉私人当事人自行解决；[②] 发展中国家由于缺乏相应的执法资源而存在许多困难。其三，义务实施的灵活性。TRIPS 协定第 1 条第 1 款规定：“各成员有权在其各自的法律制度和实践中确定实施本协定规定的适当方法。”第 41.5 条还专门强调，“本部分并不产生任何建立与一般法律实施制度不同的知识产权实施制度的义务，也不影响

① 文本如下：“PARTIES shall provide for criminal procedures and penalties to be applied in cases of wilful [trademark counterfeiting and copyright piracy on a commercial scale] [infringements of trademarks and copyright on a commercial scale] [infringements on a commercial scale of intellectual property rights concerned by this agreement] ... ” See Carlos Correa: Trade Related Aspects of Intellectual Property Rights: A Commentary on the TRIPS Agreement, Oxford Univ. Press, 2007, p. 457.

② See Daniel Gervais, *The TRIPS Agreement: Drafting History and Analysis*, London Sweet & Maxwell, 1998, p. 37.

各成员实施一般法律的能力。本部分的任何规定在实施知识产权与实施一般法律的资源分配方面，也不产生任何义务。”这与强调刑事保护必须“充分而有效”的第 41.1 条形成“制约与平衡”关系。刑事条款形成特点对我国履行协定刑事义务的策略选择具有启示意义。

二、我国履行 TRIPS 协定刑事义务总体策略

（一）态度理性化

TRIPS 协定谈判和签署过程就表明了利益驱动下知识产权私人部门和知识经济强国对全球知识产权规则的控制，它们显然是追求其自身的超额利润和国家利益。这至少要求我们不能将 TRIPS 协定神圣化，而应该理性地分析它。客观地看，协定是发达国家与发展中国家的利益冲突与博弈的产物，也将成为发达国家要求发展中国家加强知识产权保护的有力工具。不过，就刑事义务而言，也不能笼统地说仅体现发达国家的利益诉求，说成更多地体现发达国家的利益则更准确；况且知识产权资源的多寡、类型等都在动态变化，如印度是发展中国家，但其计算机软件产业甚为发达。所以，协定只是为各成员组成的俱乐部提供一个游戏场，在不违背协定的“前提”下，各成员国内法律可以被塑造成合适的形态以满足成员的政治、社会、经济和其他政策目标。评价我国知识产权制度的“基本依据”是我国的国情而不是 TRIPS 协定。[①] 本章运用协定检验我国著作权刑法，实质上只是对根据国情“基本依据”来塑造我国法律的那个国际义务“前提”的检验。

（二）方式本土化

TRIPS 协定对我国知识产权刑法保护制度的整体影响，可概括为两种发展趋势，即刑法保护的国际化与本土化趋势。就国际化趋

① 参见王太平、熊琦：《TRIPS 协议的立法动力学分析》，载《知识产权》2008 年第 1 期。

势而言，我国自加入时起就负有全面而有效实施协定刑事保护要求的义务，具体影响主要是：在实体刑法上，对包括商标假冒和版权盗版刑事案件的范围、刑种、刑度等方面的规定必须达到 TRIPS 协定所规定的最低实体义务标准；在刑法适用程序上，应当符合其规定的执法程序要求如“充分而有效”等。就本土化趋势而言，协定赋予成员在符合其规定的前提下可以自主立法决定具体的实施制度，由此在体现出协定高度国际化的同时也体现出对“本土化”的尊重。刑法在各国之间的差异性要远远大于其趋同性，其趋同要以承认各国刑法制度的差异性作为其逻辑前提。[①] 本土化具体体现在：其一，可以根据国家战略制定更高标准，只要不违背协定最低义务规定；其二，可以根据国情确定实施 TRIPS 协定刑事条款的适当方法，即决定如何以国家的“公”行为——刑事立法与刑事司法行为——去履行协定刑事义务，其中我国刑事立法与司法的制度特征是极重要的国情之一。

各成员根据 TRIPS 协定第 61 条确立刑事程序保护知识产权的过程，就是 TRIPS 协定下知识产权刑法保护的国际化与本土化对立统一的调整过程。[②] 就这两种趋势的关系而言，学界关注国际化趋势胜过本土化趋势。这在加入世贸组织初期可以理解，但在加入七八年之后仍热衷于国际化而忽略本土化则有所不妥。例如，对侵犯知识产权行为犯罪圈的科学化划定与调整，无疑应结合我国国情尤其是实施 2008 年《纲要》的需要，由立法机关综合考虑来最终决定。《纲要》也得到了最高司法机关的高度重视，2009 年最高人民法院颁布了《关于贯彻实施国家知识产权战略若干问题的意见》。又如，我国刑法对侵犯知识产权罪有数额和情节的要求，涉

---

① 参见蔡道通：《后现代思潮与中国的刑事法治建设》，载陈兴良主编：《刑事法评论》（第 7 卷），中国政法大学出版社 2000 年版，第 107 页。

② 参见贺志军：《TRIPS 协议与侵犯知识产权犯罪研究》，载马长生主编：《国际公约与刑法若干问题研究》，北京大学出版社 2004 年版，第 214 页。

及整个国家的司法体系问题。这是在判断我国是否履行了 TRIPS 协定刑事条款义务时所应当顾及的法律制度的差异，我国有以其域内法律制度及实践来决定实施协定义务的恰当方式之自由。TRIPS 协定第 61 条只是规定了刑事救济的最低义务，并未规定实施该义务的具体刑事法律模式；相反，从体系解释的角度上看，序言和总则都不要求这种统一的具体法律模式。专家组报告使我国刑事法律制度的自主品格得以维护。针对美国关于刑事门槛的指控，国内曾有一种观点主张，中国也要构建轻罪体系，作为控制侵犯知识产权犯罪的新的法律机制。[①] 这似乎有削足适履之嫌，破坏我国刑法体系的自主性。刑法跟私法相比更容易表现为一种“地方性知识”，只有依靠地方性知识才能进行法律的运作。[②] 各成员实施 TRIPS 协定刑事义务必然带上国别特点，协定实施的“适当方法”具有多样性。

（三）标准最低化

1. 最低标准与更高标准

TRIPS 协定第 61 条第 1、2、3 句的义务规定只是刑事义务的“最低标准”，可见协定对著作权刑事程序的统一是有限度的，只涉及案件对象和刑种及刑度方面；协定的最低标准并非总是被明确地界定，如对侵犯版权的界定等并没有给出详细的规则。第 4 句的授权规定使成员可采取“更高标准”的刑事程序。授权的意义在于：假如一个（些）成员采取刑事程序上的更高标准，客观上会有效限制贸易，但协定明示不可作为非法贸易壁垒而受质疑。[③] 它实际上是协定第 1 条第 1 款在刑事程序上的落实；该条款提及“各成员可以，但并无义务在其法律中实施比本协定要求更广泛的保

---

① 参见李晓明：《从中美 IP/WTO 第一诉谈我国的轻罪体系建构——重在两国 IP 保护力度的分析》，载《中国法学》2007 年第 6 期。

② 参见［美］克利福德·吉尔兹：《地方性知识：事实与法律的比较透视》，载梁治平编：《法律的文化解释》，生活·读书·新知三联书店 1994 年版，第 73 页。

③ See European Communities , *TRIPS Agreement*: *Enforcement of Intellectual Property Rights*, Luxembourg: Office for Official Publication of the European Communities, 2000, p. 11.

护”，只要“不对合法贸易构成壁垒”和“不违反本协定的规定”即可。这其实与“制约与平衡”原则有关。

近年在双边条约中盛行的“TRIPS+”理论与做法就涉及刑事保护上的“更高标准”，与这一授权规定不无关系。TRIPS协定实施以来，美欧等国由于其强大的知识产权优势而迫切希望提高知识产权保护水平，加大刑法保护范围和处罚力度；但如何将其国内的“更高标准”转化为其他成员的国际义务？在TRIPS协定框架内已难以推进这一目标，通过双边协议不断“拔高”知识产权保护刑事义务标准，便成为趋势。双边条约中的这种“更高标准”又可通过最惠国待遇原则而无条件适用于其他WTO成员。如果美欧等国对发展中国家在知识产权保护上不断“各个击破”，到头来协定刑事义务的“最低标准”将形同虚设。[①]

2．我国应坚持著作权刑法保护最低标准

给定国际社会较强的知识产权保护倾向，我国需要游走在协定外生给定的发展路径的边缘，尽力选择与自身内生化的发展路径相切的交汇点。[②] 出于国家利益的考虑，在双边条约提高知识产权刑事义务标准成为趋势的背景下，我国最好的路径选择是理直气壮地坚持只承担协定规定的刑事义务标准——最低标准。刑事条款的解释也应当只能以确保成员的国内法达到协定所规定的“最低要求”为目的。对知识产权的国际刑事保护不能过于追求国际一致性，更不能把发达国家的要求当成是国际标准。

具体到著作权的刑法保护来说，我国承担的最低义务即强制性义务是，应（shall）对具有商业规模的蓄意盗版案件提供刑事程序与刑罚；同时，具体的刑罚幅度还应足以起到威慑作用。在协定

---

① 参见贺志军：《“中国WTO知识产权争端第一案”专家组报告对我国知识产权刑事保护的启示》，载《检察日报》2009年4月6日第3版。

② 参见沈国兵：《TRIPS协定下中国知识产权保护的核心难题及基准》，载《财经研究》2008年第10期。

未明确界定的领域，如“商业规模”的构成、罚金的数额或者刑期的设定等，我国仍有较大空间在本国法律制度和实践中确定实施协定规定的“适当方法”，以谋求国家利益而又不违背协定的规定。至于著作权刑法保护水平的上限，已非协定强制性义务范畴，则必须结合我国实施《纲要》的需要，通过科学论证来自主确定。本章检验研究的范围仅限于第 61 条第 1 句“义务”意义上的具有商业规模的蓄意版权盗版情形，而不包括高于“义务”的著作权刑事立法。

（四）内容前瞻化

1．我国必须增强知识产权刑事保护制度建设的自主性

从沿革上看，我国知识产权刑法保护制度的演变主要是政府引发的强制性制度变迁。例如，为缓和外部压力，曾经在某些知识产权刑事司法解释中对定罪数额标准反复修改。既然专家组报告裁决我国刑事门槛不违背 TRIPS 协定义务后，我国有必要检讨在刑事制度上的自主品格。一方面，必须重视研究和挖掘各种非正式制度中诸因素对知识产权刑事制度的支撑，使制度层面的刑事保护与社会的主流意识及公众要求取得最大的契合，从而获得其内在正当性；另一方面，应重视结合已颁行的《纲要》，主动调整知识产权刑事保护政策，做到与“时”俱进、与“世”俱进。

2．专家组报告的裁决不表明我国知识产权刑事保护制度无懈可击

美国这次败诉的原因是其“未能证实”我国刑事门槛违背 TRIPS 协定第 61 条第 1 句下的义务；而专家组职权范围也仅限于：基于对双方提交事实的客观评估，来审查所指控的措施是否不符合 TRIPS 协定相关条款。应看到，知识产权争端将是一场“长期的没有硝烟的战争”，美国肯定还会找机会卷土再来，其他成员也可能适时发难。我国对此应未雨绸缪，进一步完善刑事保护制度。我国刑法就知识产权保护的规定虽然不违背 TRIPS 协定义务，但知识产权部门法已几经修改，“因特网条约”（即 WCT 和 WPPT 两个条

约）也已于2007年对我国生效，网络环境下知识产权侵权犯罪增多，刑法明显有了一定滞后性，对其相应修改完善成为现实任务，需要进行前瞻性研究。

第二节　TRIPS 协定中“盗版”与我国侵犯著作权犯罪行为要件

一、TRIPS 协定中“盗版”的含义

（一）TRIPS 协定中“盗版”的基本规定

就著作权刑事义务而言，TRIPS 协定第 61 条第 1 句仅仅针对侵犯版权的特定类型（specific types），即“copyright piracy”，而且还进一步限定在“wilful copyright piracy on a commercial scale”（具有商业规模的蓄意盗版）上。“盗版”一词在协定中一共出现了三次，分别见于第51 条、第61 条和第69 条。除第61 条使用“copyright piracy”外，其他两条都是使用“pirated copyright goods”。对它们进行解读可得出以下初步结论。

其一，这三个条文涉及关于盗版问题的不同义务规定：第 51 条是关于海关中止放行，即要求成员对权利持有人有正当理由怀疑有可能发生盗版货物进口时，提供中止放行的海关程序和救济；第 61 条是关于刑事程序，即要求对具有商业规模的蓄意盗版案件提供刑事程序和救济；第 69 条是关于国际合作，即要求成员在其政府内设立联络点并特别就盗版货物贸易而促进海关之间信息交流和合作。它们分别涉及海关程序、刑事程序和贸易信息合作等不同环节和方面，在某种意义上，协定对盗版的打击是多维和全程的。

其二，这三个条文关于“盗版”的措辞有“copyright piracy”和“pirated copyright goods”两种，但应当对三个条文中“盗版”的内涵做相同理解。之所以有两种不同措辞，是因为在海关程序中的中止放行对象和国际信息合作中所涉贸易对象都只能是有形的

"pirated copyright goods"，而刑事程序中不是针对具体的盗版物品而是盗版行为。盗版行为与盗版货物紧密相关：盗版货物必定是盗版行为的结果，而盗版行为一般来说也会作用于盗版物品（只是在数字网络技术下就不一定会有具体的盗版物品，但正如下文所分析的那样，协定仅处理传统环境下有形盗版而并未处理网络条件下的著作权盗版问题）。

其三，这三个条文足以表明，关于版权保护问题，协定将"盗版"作为各成员优先打击的重点并设定为义务，对其他侵犯版权行为则未如此强调。从协定体系分析，"盗版"这一特定类型的版权侵权，具体应是指该协定第 51 条所附注释 14 对"pirated copyright goods"所界定意义上的"盗版"。[①] 之所以在该条附加该注释，是因为第 51 条是"pirated copyright goods"在协定中首次出现的地方。专家组报告第 7.521 段指出，注释 14 的定义在理解第 61 条术语时具有相关性（relevant）。由此，正确理解协定"注释 14"对把握"盗版"含义从而准确履行第 61 条义务甚为重要。

我国对"注释 14"的官方译本为："'盗版货物'指任何如下货物：未经权利持有人同意或未经在生产国获得权利持有人充分授权的人同意而制造的复制品，及直接或间接由一物品制成的货物，如此种复制在进口国法律项下构成对版权或相关权利的侵犯。"本书认为，此中文译本存在不准确之处：一是"及"使人容易错误理解为有前后两种情形都是盗版；二是"如此种复制在进口国法律项下构成对版权或相关权利的侵犯"修饰的情形不明确。

协定作准文本的英文版本如下："'pirated copyright goods' shall mean any goods which are copies made without the consent of the right holder or person duly authorized by the right holder in the country of production and which are made directly or indirectly from an article where the

① See Carlos Correa, *Trade Related Aspects of Intellectual Property Rights: A Commentary on the TRIPS Agreement*, Oxford Univ. Press 2007, p. 449.

making of that copy would have constituted an infringement of a copyright or a related right under the law of the country of importation."考察可知，该句结构是"any goods which…and which…"，由于使用"and"而不是"or"；根据语法，"any goods"同时受后续两个"which"修饰，即盗版货物不仅在生产国是未授权的复制品，而且这种复制在进口国是构成对著作权或邻接权的侵犯。这种理解可从 2003 年 7 月 22 日欧盟理事会条例（EC No. 1383/2003）[①] 得到印证，其第 2 条第 1 款（b）项[②]也界定了"pirated goods"："属于或包含以下复制品的货物，即未经版权或邻接权或设计权的权利持有人或在生产国获得权利持有人充分授权的人的同意，不管该版权或邻接权或设计权是否依国内法进行了登记，当制造该复制品依 2001 年 12 月 12 日理事会条例（EC No. 6/2002）或采取海关制裁的成员国法律已构成对该项权利的侵犯。"这一规定将协定中的"any goods which…and which…"结构改为"goods which…in cases where…"明确无误地表明，"pirated copyright goods"应是在生产国未授权而且在进口国构成侵犯二者同时具备。

由此，本书认为，中文译本中"及"宜改为"并且"，可译为："'盗版货物'指任何如下货物：未经权利持有人或在生产国获得其充分授权的人的同意而复制，并且该种复制直接或间接由一物品制成而在进口国法律项下构成对版权或相关权利的侵犯。"这

---

① Council Regulation(EC) No. 1383/2003 of the Council of 22 July 2003 concerning customs action against goods suspected of infringing certain IP rights and measures to be taken against goods found to have infringed such rights, OJL 196/7 - 14 of 2 August 2003.

② 原文如下："pirated goods , namely goods which are or contain copies made without the consent of the holder of a copyright or related right or design right, regardless of whether it is registered in national law, or of a person authorized by the right - holder in the country of production in cases where the making of those copies would constitute an infringement of that right under Council Regulation(EC) No 6/2002 of 12 December 2001 on Community designs or the law of the Member State in which the application for custom saction is made…"

样，协定关于“盗版”的含义可归纳为三个关键词：复制（copy，copies）、未经同意（without the consent）、侵权（infringement）。可以说，这是协定关于“盗版”构成条件的要求。

（二）“盗版”构成条件之一：行为须与“复制”相关

从学理来看，“盗版”解释大体上可分狭义和广义两大类。

狭义“盗版”，仅指与侵犯著作权中复制权有关的行为。例如，在WIPO所编的最新权威出版物中，区分了“piracy”、“bootlegging”和“infringement of copyright”三个概念：在著作权领域“piracy”即“盗版”通常被理解为：未经授权，而以任何适宜的方式复制已出版作品或者录音制品用于公开发行以及转播他人的广播电视节目。而对现场表演进行非法固定则通常称为“偷录”（bootlegging）。[①]“infringement of copyright”即侵犯版权（著作权）则指：（1）通常由未经授权的使用行为本身构成，如未经授权对作品的展览、复制、表演、播放，以其他方式向公众传播；未经授权而对复制品进行发行、出租、进口；剽窃，未经作者同意而派生使用。（2）在保护精神权利的国家，还包括精神权利的侵权。[②] 可见该书认为，“piracy”主要是指对作品的复制以用于公开发行的行为，而不包括对作品未经授权的使用行为，还指出，“piracy”中的“copy”（of a work）是指作品以物质形式来表现的复制物。[③]这表明“盗版”应当是与有形复制相关的。

广义“盗版”，是指除侵犯复制权的行为以外，还包括对著作权中其他权利的侵犯行为，实质就是大体等同于版权侵权。例如，WIPO早年也曾在关于著作权领域立法示范条款（草案）中规定，

---

① 参见世界知识产权组织（WIPO）编：《著作权与邻接权法律术语汇编》，刘波林译，北京大学出版社2007年版，第186页。

② 参见世界知识产权组织（WIPO）编：《著作权与邻接权法律术语汇编》，刘波林译，北京大学出版社2007年版，第131页。

③ 参见世界知识产权组织（WIPO）编：《著作权与邻接权法律术语汇编》，刘波林译，北京大学出版社2007年版，第57页。

供应销售、出租、出借或以其他任何方式传播盗版制品均视为“海盗行为”；盗版即偷窃，应按偷窃罪论处。[①] 美国《韦氏法律词典》对“盗版”（pirate/piracy）的解释是，“未经版权人授权而复制、发行或者使用（to copy，distribute，or use without authorization）”。

从 TRIPS 协定来看，其“盗版”采取狭义概念，这是协定对盗版的界定最显著的特征之一。第一，TRIPS 协定第 61 条在第 1 句和第 4 句分别使用到“copyright piracy”和（other cases of）“infringement of intellectual property rights”（当然包括“infringement of copyright”）两种措辞，表明协定认为“copyright piracy”与“infringement of copyright”是两个不同的概念：第 1 句中的“盗版”属于“侵犯著作权”之一部分严重情形，故在外延上远远小于“侵犯著作权”。对不构成协定意义上的“盗版”的侵犯著作权行为，成员无义务，但可以根据需要自主立法进行刑事制裁，此为第 4 句的授权规定。第二，注释 14 界定“盗版货物”，就明确须与复制相关联，如使用“copies”、“making of that copy”等措辞，这主要指复制行为。而且，协定使用“any goods”、“article”（物品）等措辞，表明这种复制一般指以物质形式复制。TRIPS 协定签署时，并未考虑数字化网络环境下的知识产权侵权问题，而是留给了之后的“因特网条约”等加以处理；各国政府直到 1994 年或 1995 年才了解数字技术，也直到这时它们才意识到数字技术对版权和邻接权将产生重要影响。[②] 如果认为，先出现的协定已将尚未出现在协定中的网络侵犯版权加以规定，在逻辑上是难以说通的。协定上下文都表明，处理的“盗版货物”是有形物，协定并未处理网络环境下的作品盗版问题。

---

① 参见［西］德利娅·利普希克：《著作权与邻接权》，联合国教科文组织译，中国对外翻译出版公司 2000 年版，第 443 页。

② 参见［德］莱因伯特等：《WIPO 因特网条约评注》，万勇、相靖译，中国人民大学出版社 2008 年版，中文版序言。

至于采狭义“盗版”含义的理由，可能与复制权是版权的核心有关。第一，著作权是以著作的使用方法去界定权利，是对著作的特定用途的控制权。[①] 对作品的使用有多种可能的方式，值得用刑法加以保护的使用方式只能是其中一部分。作品（制品）的传播都离不开复制，即使通过信息网络传播作品也必然会涉及对版权作品的复制，技术和传媒的进步只是增加了版权人对复制行为的控制难度，故与复制权有关的侵权被纳入“盗版”概念，受到协定刑事义务条款的保护。第二，与复制有关的盗版行为，也是最早为各国版权法所关注，甚至是直接推动版权法形成的原因。例如，最早的版权立法，即1709年英国《安妮法》中，就使用了“将对书籍的盗版贸易规定为非法”（outlaw pirated trade in books）的措辞。而英国1906年版权法修正案的颁布，就是为了打击和防止街头销售盗版物的现象。据介绍，当时那种以非常低的价格在街头销售盗版散页乐谱（sheet music）的现象已经日趋盛行，版权人被迫采取自力救济，就直接从街头贩卖者（street hawkers）手中抢走盗版的复制品。这样，就导致发生街头打斗，最后英国在面临国内较大反对声音的情况下，也通过了修正法案。[②]

故对我国著作权刑法进行检验时应注意协定的狭义“盗版”概念。

（三）“盗版”构成条件之二：“未经同意”

TRIPS协定中“未经同意”是复制构成“盗版”的必要条件，在我国著作权刑法中表述为“未经许可”。

TRIPS协定明确列举了两种同意主体：权利持有人（the right holder）和在生产国获得权利持有人充分授权的人（person duly au-

---

① 参见郑中人：《智慧财产权法导读》（增订三版），台湾五南图书出版公司2003年版，第79页。

② See *Copinger and Skone James on Copyright*, Sweet & Maxwell, 2005, p. 1104, footnote 11.

thorized by the right holder in the country of production)。这里被授权人成为同意主体的前提是，在生产国获得“充分授权”（due authorization）：强调“在生产国”是因为其是复制所在地。“充分授权”即其依授权协议有再许可权，这与许可类型有关：在独占许可、排他许可和普通许可三种常见的版权许可类型中，普通许可中的授权人就不能成为同意主体。著作权中的许可也许有多重，如双重许可、三重许可等，涉及作品作者、表演者、录音录像制作者等不同权利的不同主体。从某种意义上说，建立合理的著作权许可机制，既可以减少盗版等著作权侵权现象，又可防止著作权滥用现象。

有些“未经同意”情形属于盗版排除事由。例如，在各国著作权法中大致有三种：一是对作品的合理使用，这是著作权法对权利的限制制度，可以不经著作权人许可、不支付报酬而使用；二是对作品的法定许可使用，可不经著作权人许可，但应当按规定支付报酬而使用；三是对作品的强制许可使用，由著作权主管机关根据伯尔尼公约和世界版权公约关于强制许可的规定和国内法律，颁发强制许可证授权许可使用作品。由于在这些情形下，是依照法律规定而复制的，显然要排除在构成盗版中“未经同意”的范围之外。

由于协定将“未经同意”作为“盗版”构成条件之一，结合前面对注释 14 中文译本中修改的论述（将“及”宜改为“并且”等），就可以说协定已经排除了“平行进口”（parallel importation）构成盗版的可能性，因为平行进口中的复制在生产国并不是未授权的，只是在进口国构成对著作权或邻接权的侵犯而已。因此，关于平行进口犯罪化的任何争议都不是协定义务意义上的了。

（四）“盗版”构成条件之三：“构成侵权”

“未经同意”的“复制”构成“盗版”的又一必要条件是，“在进口国法律项下构成对版权或相关权利的侵犯”（to constitute an infringement of a copyright or a related right under the law of the country of importation）。这里“进口国法律”与根据 TRIPS 协定第

61 条采取刑事措施履行刑事义务的成员（通常是侵权结果发生地）法律通常是一致的。“构成侵权”仅指对著作财产权的侵犯。根据 TRIPS 协定第 9 条第 1 款，协定不适用于《伯尔尼公约》第 6 条之二授予或派生的权利即著作人身权。值得研究的是，在“侵权”的对象是否除著作权外，也包括邻接权在内的问题上，协定自身存在矛盾之处。

第一，TRIPS 协定第 61 条可理解为不包括邻接权的刑法保护。协定第 2 章中“copyright”与“related rights”是彼此独立规定的，可见其采取的是狭义的著作权概念，与邻接权是不同的两个概念，如第 9 条至第 13 条与第 14 条分别规定著作权（copyright）和邻接权（related rights）的保护。协定在第 61 条第 1 句的文本中是采用“copyright piracy”的措辞，由此可以理解为它不包括邻接权的刑法保护。这种理解还可以从欧共体的官方观点中得到印证。欧共体 2000 年一份官方报告指出：协定对知识产权侵权的其他种类没有刑事程序的强制要求，如版权作品之间的相似性处于真正不确定状态（at stake）的案件情形；而且，对其他知识产权侵权如邻接权（neighboring rights）侵权，协定也没规定刑事制裁。[①] 在这一意义上，我国刑法第 217 条第 3 项“未经录音录像制作者许可，复制发行其制作的录音录像的”便是高于协定刑事义务的规定了。

第二，TRIPS 协定“注释 14”包括对邻接权“构成侵权”情形。协定“注释 14”中“构成对版权或相关权利的侵犯”是界定“盗版”的实质性条件。其中“相关权利”指的应是协定第 14 条所规定的邻接权，故在该注释意义上，侵犯邻接权也可能构成第 61 条第 1 句“盗版”。第 14 条规定了三种邻接权，具体包括：其一，表演者权，即未经其授权，表演者有权防止固定其未曾固定的表演、复制已固定其表演的录制品、以无线广播方式播出和向大众

① See European Communities, *TRIPS Agreement: enforcement of intellectual property rights*, Luxembourg: Office for Official Publication of the European Communities, 2000, p. 29.

传播其现场表演。其二，录音制品制作者权，即录音制品制作者有权准许或禁止直接或间接复制其录音制品，准许或禁止向公众商业性出租其录音制品（如成员在1994年4月15日已实施向权利持有人公平付酬制度的，规定了例外）。其三，广播组织权，即广播组织有权禁止下列未经其授权的行为：录制、复制录制品、以无线广播方式转播以及将其电视广播向公众传播（如各成员未授予广播组织此类权利，则应给予广播的客体的版权所有权人阻止上述行为的可能性）。

TRIPS协定关于最惠国待遇等条款中均把邻接权的保护（即表演者权、录音制品制作者权与广播组织权的保护）作为例外，从而允许成员降低保护标准。例如，第4条规定的最惠国例外就“关于本协定项下未作规定的有关表演者、录音制品制作者以及广播组织的权利”。又如，协定第14条中甚至允许成员对邻接权中的有些权利不加保护（如广播组织权）。这是因为有相当一部分国家在版权法中并不保护邻接权，如美国联邦版权法把录音制品制作者权纳入作者版权之中，对于表演者权则只通过普通法（不是联邦法）给予有限保护，至于广播组织权的概念在其版权法中是找不到的，学者称之为“低于罗马公约”的邻接权保护水平。①

第三，为消除上述分歧，对第61条“copyright”宜采取广义解释。“注释14”将协定第14条“对表演者、录音制品（唱片）制作者和广播组织的保护”的内容纳入了“pirated goods”；但协定文本第61条第1句“copyright piracy”中的“copyright”则明显是不包括“related rights”的，故第61条和“注释14”之间的这一分歧是客观存在的。为使协定内部相协调，可能的理解是，第61条第1句“copyright piracy”中的“copyright”采取广义理解而成为“copyright”和“related rights”的统称。这与“copyright pira-

① 参见沈仁干主编：《郑成思版权文集》（第一卷），中国人民公安大学出版社2008年版，第499～500页。

cy”的构词可能有关；换言之，如果采“piracy of copyright and related rights”，可能更精确，既达到与注释14相同效果，也保证含义的上下文协调，但语言上却欠缺简约。故在解释论上，扩大第61条“copyright piracy”中“构成侵权”的外延至对邻接权的侵犯，具有合理性。协定之后的双边条约已注意消除此种分歧，如美国与新加坡《自由贸易协议》第16.9节第21条就规定，缔约各方对“故意的剽窃著作权或相关权利达到商业规模者，包括重大故意侵犯著作权或相关权利，不论有无商业上利益或金钱上获利的目的”，“应提供刑事制裁程序及处罚”。①

二、我国侵犯著作权犯罪行为要件与TRIPS协定的符合性

（一）TRIPS协定符合性总体比较

我国用两个条文对侵犯著作权犯罪列举规定了5种行为方式：刑法第217条“以营利为目的，有下列侵犯著作权情形之一，违法所得数额较大或者有其他严重情节的，处……（一）未经著作权人许可，复制发行其文字作品、音乐、电影、电视、录像作品、计算机软件及其他作品的；（二）出版他人享有专有出版权的图书的；（三）未经录音录像制作者许可，复制发行其制作的录音录像的；（四）制作、出售假冒他人署名的美术作品的”。第218条“以营利为目的，销售明知是本法第二百一十七条规定的侵权复制品，违法所得数额巨大的，处……”对此，可进一步简化归纳为5种：复制发行作品，出版图书，复制发行录音录像，制售假冒美术作品，销售侵权复制品。这5种行为规定从协定“盗版”三个构成条件角度，可做如下符合性分析：

第一，与“复制”相关。由于根据《著作权法》第58条规定，“出版”指作品的“复制、发行”，故前三种行为就都是“复

① 参见《美国与新加坡自由贸易协议》，载著作权笔记公益网站：http://www.copyrightnote.org/crnote/bbs.php? board = 5&act = read&id = 17。

制发行”或“复制、发行”行为，属于侵犯著作权犯罪的基本行为方式；符合协定“盗版”的含义而属于刑事义务范围内的行为。第四种与复制无关；下文将分析它实质上不是侵犯著作权的行为，应从侵犯著作权刑法中取消（此处符合性分析将不再涉及）。第五种是“销售”行为，本身不属于复制，故无直接关系，不是刑事义务范围内的行为；但可视为复制的后续或下游行为，有间接关系，纳入刑法范围也有亲缘性。

第二，“未经许可”。第一、三种行为都已经有此规定。第二种行为即出版图书未有明确要求，显得不太合理。这可能与1990年著作权法中的规定特点有关，即图书出版者在合同约定期间“享有的专有出版权受法律保护，他人不得出版该作品”（2001年著作权法也无实质性修改），出版业是受国家管制的，经营出版业务必须有相应资格。既然法律规定“他人不得出版”，专有出版权人也不得许可其他人出版。第五种是未经许可“复制”的后续行为，不存在再要求经过许可的问题。

第三，“构成侵权”。刑法第217条采取“有下列侵犯著作权情形之一”的表述，意味着“下列行为”本身就是“构成侵权”，而不存在协定“盗版”构成条件意义上单独进行阶层判断或平面耦合判断的可能。其实，第四种情形就不应认为是对著作权“侵权”。不过，对其他行为，刑法规定的特点提供了“构成侵权”理由：“以营利为目的”和“违法所得数额较大或者有其他严重情节”/“违法所得数额巨大”的结合，既排除了合理使用等正当事由，也否定了微量不计的可能，“构成侵权”判断已无必要单独判断。

简言之，我国刑法规定的侵犯著作权犯罪基本行为方式是“复制发行”（第217条第1、2、3项），大体上就是协定第61条中的“盗版”。“销售”（第218条）不属于“盗版”，但属于相关行为。制售假冒美术作品行为根本不是“盗版”。

(二)“复制发行”、“销售”的理解

1.“复制发行”、“销售”行为方式的体系混乱

从“复制”、“发行”含义在立法中的演变看，对比1990年和2001年著作权法的规定可知：

第一，著作权权利由概括走向分化。前者将著作权财产权集中规定在第10条第5项“使用权和获得报酬权”之中，仅对作品使用方式及许可权进行了词语列举而已；后者在第10条对著作财产权详细列明为12项而进行大幅度细化，复制权和发行权单独分开。

第二，复制、发行在立法上“由合至分”。前者将复制与发行连在一起，多处出现“复制发行”的措辞，如第39条、第42条、第46条；后者将复制、发行区分开来，在相关授权内容和侵权方式中，使用“复制、发行”的措辞，如第37条第5项、第41条、第47条第1、3、4项。

第三，“复制”、“发行”含义由宽至窄。前者第52条第1款规定“复制，指以印刷、复印、临摹、拓印、录音、录像、翻录、翻拍等方式将作品制作一份或者多份的行为”；后者即现行“复制”方式取消“临摹”这一列举。原因可能是临摹是否是复制在认定上有困难。其实，临摹是一种技艺性智力成果，临摹者所依据的是作为表现手段的技艺而不是自己的设计和安排，故应属于复制而非创作；只是如果临摹同时注入自己的取舍和安排，就属于临摹与创作的结合而成为演绎作品，但已不属于单纯的临摹品了。“发行”是到1991年才由《著作权法实施条例》第5条第5项补充规定，指“为满足公众的合理需求，通过出售、出租等方式向公众提供一定数量的作品复制件”。2001年著作权法取消了“出租”这一列举。其原因在于，2001年著作权法第10条第1款第7项专门规定了电影等视听作品和计算机软件的“出租权”。1997年刑法建立在1990年著作权法基础上，使用“复制发行”是源于其相同措辞；2001年著作权法已改为“复制、发行”而刑法没有进行修改。

从“复制发行”含义在司法解释中的发展来看，刑法第217

条第1、3项中的“复制发行”含义经历了发展演变过程，鲜明体现了司法解释在著作权刑法保护方面的应对能力。大体可概括为“三步曲”：

第一步：“复制发行”解释为“两种行为”，即1998年《非法出版物解释》第3条将“复制发行”明确为复制、发行或者既复制又发行的行为，换言之，两种行为择一即可。这在2007年《知识产权刑事案件解释（二）》第2条第1款、《公安立案追诉标准（一）》第26条得到强调。

第二步：“复制发行”的“网络化”。2004年《知识产权刑事案件解释（一）》第11条第3款规定，将通过信息网络传播行为视为“复制发行”，使传统环境下的刑法适应了打击数字网络环境下的“盗版”需要。这又在2005年的批复中得到强调。

第三步：“复制发行”扩展到“许诺销售”。2007年《知识产权刑事案件解释（二）》第2条第2款规定“侵权产品的持有人通过广告、征订等方式推销侵权产品的”属于“发行”。

建立在1990年著作权法基础上的1997年刑法与2001年著作权法在行为方式上存在不协调。问题在于：其一，“复制发行”究竟是复合行为还是并列行为，存在不同理解。尽管司法解释一再规定“两种行为”，但立法表述上不一致，学界还是有质疑。其二，“发行”与“销售”能否区分。著作权法上的“发行”包括“销售”，而刑法及司法解释中的“发行”与“销售”是两种不同行为，定罪量刑亦不同。著作权法上的“发行”还包括“赠与”，显然对“赠与”行为不能以犯罪论处。

立法者当初肯定认为“销售”不等于“复制发行”，彼此互不包容；但“两种行为”的司法解释使两个法条之间有了交叉。于是，有学者开始质疑把“复制发行”解释为“两种行为”的正确性，认为应是同时具备才属于该构成行为，单纯的销售适用刑法第218条，单纯的复制则“应当通过全国人民代表大会或其常委会修改刑法来增加罪名”。将刑法第217条中的“复制发行”解释为

“复制”或“发行”，虽然可以暂时解决无法给单纯的“复制”定罪的问题，却也导致单纯的“发行”也可根据刑法第217条定罪，从而引起与刑法第218条的冲突。[①] 这种体系上的混乱值得进一步反思。

2. 刑法第218条与第214条的比较

对于刑法第218条将“销售”单独规定为销售侵权复制品罪，刑法学界大致有三种观点：

第一种为“事后帮助说”，认为本罪仅指事前无通谋的事后单纯销售行为。销售侵权复制品是侵犯著作权罪的延续，立法上分别设罪，意图在于体现对不同社会危害性的犯罪的区别对待，在等量的情况下，对侵权复制品的单纯非法销售行为比非法复制发行（包括出版）的社会危害性要小。[②]

第二种为“脱离共犯说”，认为本罪不仅仅指事后帮助的销售，还跟协助组织卖淫罪等立法例相似，将共同实施刑法第217条侵犯著作权罪但分工销售的帮助犯单独成罪。故不管是事前通谋，还是仅事后帮助，都单独依刑法第218条处理。[③]

第三种为“侵犯发行权说”，认为“销售侵权复制品罪”实际上就是“侵犯发行权罪”，是将最常见、最典型和最严重的一种侵犯“发行权”的行为——“故意销售侵权复制品、违法数额巨大的”定为犯罪行为。

这种分歧源于刑法第218条“销售”与第217条“发行”的关系区分上的困惑。例如，在袁何讯侵犯著作权案[④]中，其行为是

---

① 参见王迁：《刑法第217条中的“复制发行”需要规范》，载《出版发行研究》2007年第11期。

② 参见刘星明：《论侵犯著作权犯罪的几个问题》，载《中国法学》1997年第3期。

③ 参见肖中华：《侵犯知识产权罪司法适用疑难问题》，载赵秉志主编：《刑法论丛》（第12卷），法律出版社2007年版。

④ 该案案情见本书第五章第一节。

“销售”还是“发行”成为控辩焦点，决定着定罪与量刑。事实上，“销售”和“发行”根本不能区分：刑法第 217 条中的“发行”主要是指是侵权复制品而予以发行，实际上常见的就是“明知是侵权复制品而予以销售”。前述第一、二种观点都会面临一个法律难题，即刑法第 217 条、第 218 条可同时适用；贩卖盗版违法数额巨大的，究竟是应当适用第 217 条还是第 218 条，或适用第 225 条（非法经营罪），这三种罪名都有被主张适用的意见，也各存相关判例。而第三种观点则会出现将刑法第 218 条完全虚置的结果。

立法者当初出于何种考虑将销售犯单独规定罪名？这里与刑法第 214 条进行比较是有意义的。迄今为止的境内研究，几乎都是以刑法第 214 条为参照来主张完善第 218 条，笔者不同意这类观点。销售者对商标假冒和版权盗版犯罪都起到了助纣为虐的作用，刑法予以打击无可厚非。刑法第 214 条关于销售假冒注册商标的商品罪是独立成罪的，其必要性在于：注册商标权的内容不包括对注册商标的商品的销售权，从而假冒注册商标的商品之销售者并未直接对该商标权构成侵犯，即不存在“直接侵权”。欲追究刑事责任可以有三条途径：一是按共同犯罪处理，但缺陷是如果并非事前通谋而是事后才帮人家销售，就难以共犯追究了；二是按刑法第 312 条掩饰犯罪所得及犯罪所得收益罪（原销赃罪）处理；三是单独规定犯罪。刑法采取了第三条途径，设立了第 214 条。

立法者对销售侵犯著作权的复制品行为也采取了同样的思路，但其实这是“弄巧成拙”：与商标权的内容不同，著作权的内容却包括对作品的发行权（含销售），销售者本身就构成对著作权（具体是发行权）的“直接侵权”，而不管复制品是自己复制的（即同时具备复制发行两种行为），还是他人复制的（即只有单纯发行行为）。如果系他人复制而明知地帮助销售，应当是侵犯著作权罪的实行犯而非帮助犯：因为侵犯著作权的对象并不是复制品本身，而是以复制品为载体的、其所承载的独创性表达形式——作品。即使复制品本身在法律属性上是侵权的，但其所承载的“作品”仍然是受版权保护的那个“作品”。由此，复制者侵犯的是该“作品”的“复制权”，销售者侵犯的是该“作品”的“发行权”（也可以说同时也是侵犯“复制权”的复制者的帮助犯）；“发行权”的直接侵权不以行为人自己侵犯“复制权”为前提。从这个意义上看，立法者可能是受到刑法第 214 条的影响，而未注意到商标权与著作权的权能差异，依“思维定式”增加了刑法第 218 条。发行权的主要侵犯方式也就是销售行为，发行与销售之间的包容关系，决定了刑法第 217 条和 218 条两罪不可能截然区别开来。

3．可能的解决办法

如何解决这个逻辑体系矛盾？学界有的人主张将“复制发行”修改为“复制、发行”。① 本书认为，即使这样，前述两罪重叠的弊端并未解决。可以有以下两种办法：第一种是将刑法第 217 条的“复制发行”解释为必须同时具备，第 218 条适用于单纯销售行为即销售的侵权复制品是他人复制的且不是事前通谋的共犯；对单纯复制行为可另行立法或作为第 217 条之罪的共犯。第二种是仍将刑法第 217 条“复制发行”解释为（或中间加一个顿号而修改为）两种行为的选择性构成要件，同时删除第 218 条。

第二种简单、彻底，也是本书所欲建议的对策，但从维护刑法稳定性看似乎不太现实。第一种可行性更强：司法解释重新解释“复制发行”比刑法修正更为灵活（而且问题本来主要出在解释上）。而且，这样也可不增加刑法规范，只通过刑法理论就可实现对单独复制行为的惩治：只有复制行为而通过他人发行的，当然构成共同的“复制发行”；尚未发行的，构成“复制发行”未遂，当然无违法所得，但侵权复制品数量标准是可以适用的；由于犯罪客体是著作权中的复制权和发行权两项，正如抢劫罪取财或伤人

① 参见刘志伟：《完善侵犯著作权犯罪行为方式之规定的思考》，载《中国版权》2007 年第 5 期。

（轻伤以上）二者居一就构成既遂一样，司法解释还可确立规则，即复制完成尚未发行也可考虑构成既遂。

（三）制作、出售假冒他人署名的美术作品行为

这种行为是在美术作品上"冒名"的问题，典型例子是20世纪90年代发生的"吴冠中假画案"。该案中，一家香港拍卖行拍卖出假冒"吴冠中"署名的《炮打司令部》绘画作品，法院认定为侵犯吴冠中的著作权。学界存在两种观点：第一种是冒名侵犯著作权肯定论，认为作品冒名损害被冒名者的精神权利和应取得的经济收入，在情节严重时构成侵犯著作权罪。[①] 随着2001年著作权法第47条第8项规定为"制作、出售假冒他人署名的作品"，有学者主张将刑法第217条第4项修改为"制作、出售假冒他人署名的作品"。[②] 第二种是否定论，早在1994年《惩治著作权犯罪决定》通过时就有学者认为，制作、出售假冒他人署名的美术作品不属于侵犯著作权犯罪，应概括成独立罪名即"制作、出售冒名美术作品罪"。[③] 本书认为，应采否定"冒名"构成侵犯著作权罪的观点。

第一，不符合著作权理论。无作品、无创作即无著作权，作品冒名是"无"中生"有"，背离了著作权是基于作品而依法产生的权利的原理与法律规定，应认定为侵犯姓名权和名誉权。[④]《著作权法》第10条中署名权是指"表明作者身份，在作品上署名的权利"，同时"如无相反证明，在作品上署名的公民、法人或者其他组织为作者"。与署名有关的侵权有两种：一是第47条第3项"没有参加创作，为谋取个人名利，在他人作品上署名的"，即

---

① 参见柏浪涛：《侵犯著作权罪疑难问题研究》，载《河南省政法管理干部学院学报》2007年第5期。

② 参见张志勋、黄淑彬：《TRIPS协定与我国著作权的刑法保护问题》，载《南昌大学学报（人文社科版）》2004年第6期。

③ 参见钱舫：《对侵犯著作权犯罪的思考》，载《中外法学》1995年第3期。

④ 参见刘春田主编：《知识产权法》（第3版），高等教育出版社、北京大学出版社2007年版，第67页。

“挂名”；二是第48条第8项“制作、出售假冒他人署名的作品的”，即“冒名”。由于署名者被推定为作者，故挂名者侵害了真正作者的著作权；冒名者却已行使了其“表明身份”的“署名权”，只是同时侵犯被冒名者的姓名权。被假冒者对作品无著作权可言是实，肯定论者所言的精神权利和经济收入受损害，不是著作权中的精神权利和经济收入，而是姓名权和名誉权所涵摄的精神权利及应得的精神损害赔偿。

第二，立法上不够严谨。现行立法并不遵循上述理论逻辑，作品冒名问题不是一个著作权问题，刑法和著作权法却都对其作了规定，差异在于：刑法中规定为“侵犯著作权情形之一”，而著作权法中仅规定为“侵权行为”。由于作品冒名是以作品为工具对姓名和名誉的侵权，在著作权法责任部分作出规定无可厚非，但应依侵权行为法追究责任；刑法也可作出相应规定，但不宜纳入“侵犯著作权罪”，至少司法机关在罪名概括时应注意将其从著作权犯罪领域分离出来。当然，可以考虑以后时机成熟时，将本项情形从刑法中删除。

第三，司法处理上，由于侵犯著作权罪刑事门槛较高，反倒不利于打击制售冒名美术作品行为，以致迄今未见有相关刑事判例。因此行为缺乏侮辱、诽谤目的而一般不对被冒名者构成侮辱罪、诽谤罪，该行为主要是为非法占有他人财物，直接被害人是被骗的买主，如果依诈骗罪处理，更有利于打击行骗行径和保护被害人。在立法不修改情况下，如何适用诈骗罪来处理又有分歧：有论者指出属于想象竞合犯①；也有论者指出，即便是发行或者出售行为带有欺骗性质，也是侵犯著作权犯罪行为的应有之义，不能再将该行为评价为包括诈骗罪在内的其他犯罪②。不过，法条竞合理论可以解

---

① 参见王作富主编：《刑法分则实务研究》，中国方正出版社2003年版，第841页。

② 参见黄晓亮：《论侵犯著作权罪的特殊犯罪形态》，载《昆明理工大学学报（社会科学版）》2008年第9期。

决这一问题："侵犯著作权罪"的本项情形由于有欺骗行为而与诈骗罪具有法条交叉关系，符合法条竞合概念，可按照重法条优于轻法条的原则处理。

综上所述，在我国未经许可的"复制发行"行为是协定所涉及的典型"盗版"行为，"销售"是与"复制"有关的行为，都已提供了刑事程序，符合协定关于"盗版"的要求。制作、销售假冒他人美术作品行为既不属于侵犯著作权行为，又不是协定"盗版"范围，宜予取消。

三、侵犯著作权犯罪行为的扩张趋势与我国的应对

（一）侵犯著作权犯罪行为全球扩张趋势

从全球来看，严密编织侵犯著作权犯罪法网已成为趋势。各国在著作权刑法中，为了保证著作权保护的有效性和各自的国家利益，一般都在围绕禁止"盗版"这个中心，努力列明各种可能构成版权盗版的行为模式，并对刑事保护战线作出了程度不等的重大扩展。[①] 主要沿两个方向发展：一是纵向的前置化，即提前到准备行为阶段，如有些国家规定预备或未遂的盗版行为要受到处罚；二是横向的扩展，如非直接侵权的"帮助侵权"、"引诱侵权"等被犯罪化。下面以美国版权刑法的扩张现状为例加以说明：美国法典第 17 编"版权法及相关法律"，共有 13 章，第 1 ~8、10 ~12 章为版权法（第9 章、第 13 章为法定的设计保护法律），其中第5 章为"版权侵权与救济"（Copyright Infringement and Remedies）包括 13 条；第 18 编"犯罪与刑事诉讼法"有相应刑罚规定。其扩张特点是：

第一，从版权犯罪法律规范体系看，第 17 编第 5 章中第 506 条为"刑事犯罪"（Criminal Offence），共有6 款，美国版权犯罪扩

---

① 参见王世洲主编：《关于著作权刑法的世界报告》，中国人民公安大学出版社 2008 年版，第 29 页。

张的主要是第506（a）条。第506条规定了两方面版权犯罪：其一，属于侵犯著作权的刑事犯罪规定在第506（a）条即“刑事侵权”（Criminal Infringement）；其二，不属于侵犯著作权的犯罪规定在第506（c）条至第506（e）条，分别为“欺骗性的著作权警告罪”（Fraudulent Copyright Notice）、“欺骗性地转移著作权警告罪”（Fraudulent Removal of Copyright Notice）和“错误再现罪”（False Representation），都是侵权以外的其他著作权刑事犯罪类型。其余两款都不是版权犯罪的构成规定了：第506（b）条是对犯第506（a）条之罪的“没收、销毁和赔偿”（Forfeiture，destruction and Restitution）；第506（f）条是“署名权和保护作品完整权”（Rights of Attribution and Integrity），将对著作人身权侵权的明确排除于刑事犯罪之外。

第506（a）条又包括三项：（1）一般规定（In general），（2）证据（Evidence），（3）定义（Definition）。其中具有犯罪构成意义的规定是第1项“一般规定”[①] 部分，包括（A）、（B）、（C）三目，分别规定三类著作权侵权犯罪。共同的条件是任何人“蓄意侵犯版权”（wilfully infringes a copyright），区别在于，“（A）以商业利益或私人财政收益为目的的，或（B）在180天内复制或发行，包括电子方式，一个或多个版权作品的一个或多个复制件或唱片，且总零售价值超过1千美元的，（C）通过发行准备用于商业发行的作品，通过在公众可接触的计算机网络上提供该作品，如果

① 原文为：“（1）IN GENERAL—Any person who willfully infringes a copyright shall be punished as provided under section 2319 of title 18, if the infringement was committed —（A）for purposes of commercial advantage or private financial gain;（B）by the reproduction or distribution, including by electronic means, during any 180 – day period, of 1 or more copies or phonorecords of 1 or more copyrighted works, which have a total retail value of more than $1,000; or（C）by the distribution of a work being prepared for commercial distribution, by making it available on a computer network accessible to members of the public, if such person knew or should have known that the work was intended for commercial distribution.”

行为人知道或应当知道该作品是用于商业发行的”。简言之，分别为“目的侵权”、“规模侵权”和“商业发行侵权”。第三类侵犯版权犯罪［第 506（a）（1）（C）条］是 2005 年《艺术家权利和盗窃预防法》（公法第 109－9 号）修正第 506（a）（1）条时所增加的，其中包括侵犯“向公众提供权”（right to “making available”）即我国所指的信息网络传播权；相应地在第 506（a）（3）条定义了“准备用于商业发行的作品”（work being prepared for commercial distribution）。

这三类著作权侵权犯罪都“根据第 18 编第 2319 条规定进行处罚”，即采取“罪刑分离规定”模式。该法典第 2319 条共有（a）至（f）六款，其中第（b）至（d）款分别是对第 506（a）（1）条（A）、（B）、（C）中三类犯罪的刑罚规定。第 506（a）（1）条（B）、（C）两目都明定为“复制或发行”，只有第 506（a）（1）（A）条未列明具体行为。似乎只要以法定目的“侵犯著作权”就构罪，而不局限于“复制或发行”，也无门槛数量限制；但在第 2319 条（b）款中则做了区分：复制或发行行为的处刑比其他侵权行为处刑要重（初犯最高分别为 3 年与 1 年监禁）。可见，美国版权侵权的犯罪行为主要表现为“复制”或“发行”，其含义在第 2319 条（f）款规定依第 106 条“对版权作品的专有权利”①（Exclusive rights in copyrighted works）来界定。美国版权法中的专有权利是“为或许可他人为以下行为”，共分 6 种，涉及复制、发行的是，“以复制品或录音制品形式复制版权作品”，“通过销售或其他所有权转移方式或通过出租、租赁、出借方式，向公众散布版权作品的复制品或录音制品”②。

① See 17 USC §106.

② 原文为：“(1) to reproduce the copyrighted work in copies or phonorecords… (3) to distribute copies or phonorecords of the copyrighted work to the public by sale or other transfer of ownership, or by rental, lease, or lending…”

第二，美国法典第18编关于版权犯罪有3条刑罚规范：基本的是第2319条；另还扩张增加了第2319A条、第2319B条，但境内研究却常忽视后两条，事实上这两条却是在第506（a）条之外，扩张了版权犯罪行为方式。第2319A条是1994《乌拉圭回合协议法》（公法第103－465号）扩张增加的，标题为“对现场音乐表演的非法固定及其录音制品和音乐录像的非法交易”（Unauthorized fixation of and trafficking in sound recordings and music videos of live musical performances），后在1997年《反电子盗窃法》（NET法案）修正时有增加内容；第2319B条是2005年《艺术家权利和盗窃预防法》扩张增加的，即“在电影放映设施内非法录制电影”（Unauthorized recording of Motion pictures in a Motion picture exhibition facility）。这两条实际上已从“盗版”向其他侵犯著作权行为扩展：美国已将现场表演等进行非法固定即“偷录”（bootlegging）犯罪化了。2008年《优化知识产权资源与组织法》（PRO IP法）对第506（b）条、第2319条、第2319A条、第2319B条等版权刑法规范进行了大幅度修正，主要涉及没收、销毁及增加“赔偿”与刑罚规定的修正。

第三，美国法典第17编第12章第1204条为“刑事犯罪与刑罚”，也是版权刑法扩张的表现。该章标题是“版权保护与管理系统”，是1998年《千年数字版权法》（DMCA）所扩张增设的，规定对规避技术措施和破坏权利管理信息行为的刑事责任。由于技术措施与权利管理信息不是版权本身，故其刑事规定未纳入第506（a）条之中。

由上可见，美国越来越重视版权刑法规范的创制与运用。发展到今天，有些国家则几乎将作品各种可能的使用方式都运用刑法加以保护。马来西亚1987年著作权法中，与著作权侵权犯罪有关的是第41节，似乎差不多所有可预见的滥用著作权种类（almost all conceivable forms of abuse of copyright）都被犯罪化了。[①] 这种刑事保护战线的扩展，利弊兼有：利在会提高版权保护的水平；弊在对著作权过于严密的刑法保护破坏了著作权保护本身的利益平衡原则，稍有不慎将严重破坏著作权保护中著作权人利益和公共利益之间的平衡，导致著作作为重要的知识产品无法充分发挥其推动社会进步的应有作用。[②]

（二）我国的应对

学界提出了各种构成行为扩张的观点，司法解释也有所回应。本书此处举要评析。

1．非法商业性出租行为

对此笔者持反对观点。第一，出租权不应受刑法保护。它是TRIPS协定第11条对计算机程序与电影作品、第14.4条对录音制品这三类作品所增设的。出租权是给予“作者及其合法继承人”的准许或禁止向公众商业性出租其有版权作品的“原件或复制品”的权利，其主体与协定涉及版权的第二部分第一节中主要使用“版权持有人”这一概念有所不同，可推断出协定中出租权不适用于版权贸易中的被许可人，即使他获得的是独占性许可。至于规定出租权的理由，可能是这些类型的作品在出租业中利润很高。[③] 但协定也灵活地规定了豁免授予出租权的条件，如计算机程序本身不是出租的主要标的、已实施出租录音制品公平付酬制度等。我国已

---

① See Ida Madieha bt. Abdul Ghani Azmi, “Development of law in Asia: divergence versus convergence. Copyright piracy and the prosecution of copyright offences and the adjudication of IP cases: is there a need for a special IP court in Malaysia?” in Paul Torrenmans (eds), Copyright Law: *A Handbook of Contemporary Research*, Edward Elgar Publishing Limited, 2007, pp. 407－408.

② 参见杜国强、廖梅、王明星：《侵犯知识产权罪比较研究》，中国人民公安大学出版社2005年版，第131页。

③ 参见沈仁干主编：《郑成思版权文集》（第一卷），中国人民公安大学出版社2008年版，第503页；赵维田：《世界贸易组织（WTO）的法律制度》，吉林人民出版社2000年版，第403页。

在《著作权法》第10条第1款第（七）项规定了出租权，履行了协定义务。从TRIPS协定来看，第61条仅要求对版权盗版行为刑事救济；注释14中“盗版货物”是与非法复制紧密相连的。单纯的侵犯出租权主要是指未经许可而对合法的复制品进行出租营利，这根本不属于版权的盗版范畴，以协定为参照，刑法并无必要介入。我国2001年著作权法也将非法出租“合法”作品或制品行为规定为“单纯民事侵权”（第46条第8项）。就软件而言，复制发行（含信息网络传播）、销售等侵权行为的刑事制裁已全面保护了软件著作权；2001年著作权法刚规定三类作品的出租权，就在2002年1月1日实施的《计算机软件保护条例》第24条中将其列入广义附属刑法规范，不免显得轻率。

第二，非法出租“侵权”复制品。1991年《著作权法实施条例》第5条第5项规定中将“出租”解释为“发行”方式之一，由此非法复制出租他人作品行为曾是可能构成犯罪的。2001年著作权法将著作权扩张为17项具体权能，把发行与出租区别规定，因此，侵犯著作权犯罪中“发行”也不再包括“出租”。相比之下，美国版权法中“发行”采广义概念，即“to distribute… to the public by sale or other transfer of ownership, or by rental, lease, or lending”（通过销售或其他所有权转移方式或通过出租、租赁、出借方式，向公众发行）。由此，我国立法呈现出一个“悖论”：著作权法上权能越细化、周全，著作权刑法法网反倒不如先前严密了，这也许是立法者所始料不及的。对出租侵权复制品行为是否属于销售侵权复制品行为，学理上存在肯定说①、否定说②和应然说③三种观点。从对现行法严格解释的角度看，否定说自然应得到支

① 参见马克昌：《经济犯罪新论》，武汉大学出版社1998年版，第536页。

② 参见党建军：《侵犯知识产权罪》，中国人民公安大学出版社2003年版，第129页。

③ 参见田宏杰：《论我国知识产权的刑事法律保护》，载《中国法学》2003年第3期。

持；由此学界不乏否定说与应然说统一的主张，即认为刑法应专设新罪名将非法出租侵权复制品进行犯罪化。① 笔者认为，这种建议是不妥当的。

明知是刑法第 217 条侵权复制品而出租行为的处理，可以不涉及前述出租权的刑法保护问题：因为此时的出租不仅仅是出租权意义上“有偿许可他人临时使用”三类作品的“出租”了，而且更重要的是对侵犯著作权的上游“复制”行为的帮助或延续。此时对著作权人的保护用不着依赖于出租权，而是直接依赖于复制权即可。非法出租侵权复制品有三种情形：一是非法复制并出租，二是事前通谋而分工出租，三是无通谋的事后帮助的单纯出租。第一种构成侵犯著作权罪（实行行为是“复制”）的实行犯，第二种构成其帮助犯，只有第三种单纯出租他人侵权复制品才存在刑法上的适用难题。它不构成复制的实行或帮助行为，也与销售不属同质行为，不能划入发行范畴。单纯的事后出租不应受到刑事追究，通过民事、行政救济即可，因为损害权利人的真凶是其上游的犯罪者。刑法打击的应是非法出租的上游犯罪即复制等行为，而不是出租行为这种末梢行为。此外，前面已分析销售侵权复制品罪本来就因非法“发行”可单独构成侵犯著作权罪而存在“虚置”危险甚或被删除，出租侵权复制品就无必要增设。

在此基础上，既然出租盗版作品都不应增设为犯罪，那么从刑法关于对向性行为入罪的原理看，“商业性使用”（盗版软件）就更不应增设为侵犯著作权罪的行为方式之一了。

2. 侵犯邻接权行为

我国未将邻接权全部纳入刑法保护范围。就《著作权法》关于邻接权侵权的法律责任而言，第 47 条规定有 1 种只承担民事责

---

① 参见刘科、程书兵编著：《侵犯知识产权犯罪专题整理》，中国人民公安大学出版社 2008 年版，第 51 页；刘志伟：《完善侵犯著作权犯罪行为方式之规定的思考》，载《中国版权》2007 年第 5 期。

任，即从现场直播或者公开传送其现场表演，或者录制其表演的；第48条中有4种可能承担刑事责任：一是出版他人享有专有出版权的图书的；二是复制、发行录有其表演的录音录像制品，或者通过信息网络向公众传播其表演的；三是复制、发行、通过信息网络向公众传播其制作的录音录像制品的；四是播放或者复制广播、电视的。但是，刑法除将邻接权规定为侵犯著作权罪的客体之一存在不科学性之外，还存在未涉及第48条中第2种和第4种情形的问题。

学者提出要增设侵犯播放者权罪、侵犯表演者权罪。[①] “北师大著作权犯罪调查”中，就涉及关于复制发行广播电台、电视台节目行为刑事责任问题，即“有人未经广播电台、电视台的许可而将广播电台、电视台的节目复制发行。您认为该行为的社会危害性如何，是否应被追究刑事责任”，回答中39%的受访者认为不应当追究该行为的刑事责任，61%的受访者认为该行为危害严重而应当追究其刑事责任。本书认为，我国不必扩张侵犯邻接权犯罪行为。第一，从TRIPS协定来看，邻接权保护标准是低于著作权的，如关于最惠国待遇等条款中均把邻接权作为保护例外，允许成员降低保护标准；第14条中甚至允许成员对邻接权中的有些权利不加保护（如广播组织权）。我国由于1993年加入《保护录音制品制作者防止未经许可复制其录音制品公约》，而将侵犯录音录像制作者权纳入《惩治著作权犯罪决定》的范围，即后来1997年刑法第217条第3项。这些行为在形式上有复制行为，容易错误地认定为刑法第217条第1项行为。第二，即使不规定邻接权刑法保护，一般也可以依刑法第217条第1项获得著作权刑法保护。著作权法关于“复制发行录音录像制品”许可主体问题经历了重大修改：1990年著作权法的第39条，共两款规定中都未涉及“著作权人”许可权；但在2001年著作权法的第41条第2款却增加规定“被许

① 参见张馨元：《知识产权的刑法保护若干问题研究》，吉林大学2006年博士学位论文。

可人复制、发行、通过信息网络向公众传播录音录像制品，还应当取得著作权人、表演者许可，并支付报酬”。可见，复制发行录音录像制品的许可已扩展为两重甚至三重许可了。由此，刑法第 217 条第 1 项就往往会与邻接权刑法保护规范重叠，故已无必要增设邻接权犯罪了。

3. 侵犯著作人身权行为

有学者提出增设侵犯著作者人格权罪。[①] 本书持反对观点。

第一，我国著作人身权包括发表权、署名权、修改权和保护作品完整权四项权利，侵犯著作权人身权的法律责任规定在《著作权法》第 47 条，只有民事责任而无刑事责任。刑法第 217 条第 1、2、3 项都不涉及人身权；唯第 4 项有争议，但上文已分析其不属于侵犯著作人身权。我国刑法总体上呈“重物轻人”的价值倾斜，对物质利益的保护偏重，对个人安全价值的保护偏轻[②]；从体系协调角度，以著作经济权利为主、精神权利为辅的立法取向应当得到坚持和进一步的贯彻。[③]

第二，TRIPS 协定刑事义务不包括著作人身权刑法保护。协定第 9 条第 1 款在要求成员应遵守《伯尔尼公约》（1971）第 1 条至第 21 条及其附录规定，但“对于该公约第 6 条之二授予或派生的权利，各成员在本协定项下不享有权利或义务”。《伯尔尼公约》第 6 条之二的规定是，“不受作者经济权利的影响，甚至在上述经济权利转让之后，作者仍保有要求其作品作者身份的权利，并有权反对对其作品的任何有损其声誉的歪曲、割裂或其他更改，或其他损害行为”。TRIPS 协定著作权保护范围只涉及著作财产权，第 61 条刑事义务也只限于侵犯著作财产权犯罪范围。至于个中原因，是

---

① 参见刘宪权、吴允锋：《侵犯知识产权犯罪理论与实务》，北京大学出版社 2007 年版，第 117 页。

② 参见白建军：《罪刑均衡实证研究》，法律出版社 2004 年版，第 392 页。

③ 参见袁彬：《从珊瑚虫 QQ 案谈第三方插件的性质及刑法保护》，载《国家检察官学院学报》2008 年第 4 期。

因为协定所涉及的知识产权自有其特定范围，即由国际贸易实践需要（更确切地说，是由某个或某些经济大国在对外贸易中保护本国利益的实际需要）而决定的。[①]

第三，国外也没有统一借鉴模式。例如，美国对冒名问题就不适用刑法，其 1990 年《可视艺术家权利法》（公法第 101－650 号）增加第 506（f）条，规定“本节不适用于依第 106A（a）条所规定权利”，即［可视艺术作品（work of visual art）的作者享有的］署名权和保护作品完整权（Rights of attribution and integrity）；相反，大陆法系的德国则规定了侵犯著作人身权犯罪。我国虽与大陆法系具有亲缘性，但在著作权刑法上并无任何路径依赖。

还有学者提出增设剽窃罪。[②] 剽窃和抄袭都是指将他人创作的作品冒充为自己的作品加以使用的行为，常见手法有两种[③]：一种是不加粉饰、原封不动地把别人的作品当做自己的作品，或者穿插在自己的作品中使读者误认为全部系使用者创作的行为；另一种是抄袭他人作品的结构和内容，利用他人设计的故事情节和任务，改头换面，变更词汇，然后当做自己原创作品加以使用的行为。本书认为，前一种剽窃可能构成对作品的复制，无必要增设新罪就可直接依有关刑法条款问罪；后一种剽窃针对的不是版权所保护的表达方式而可能已属于作品所体现的思想本身了，根本不能追究刑事责任。《著作权法》第 47 条对剽窃行为只规定了民事责任。在这种定性不明确的著作权侵权问题上运用刑罚手段，未免欠缺考虑。此外，剽窃的认定存在困难：我国著作权法及其实施条例均回避了对

① 参见沈仁干主编：《郑成思版权文集》（第一卷），中国人民公安大学出版社 2008 年版，第 487 页。

② 参见张馨元：《知识产权的刑法保护若干问题研究》，吉林大学 2006 年博士学位论文。

③ 参见刘春田主编：《知识产权法》（第 3 版），高等教育出版社、北京大学出版社 2007 年版，第 132 页。

剽窃的定义。从司法实践看，如“王燕卿侵犯著作权宣告无罪案”[①] 就涉及剽窃：被告所编之书中有剽窃、抄袭他人所编之书的某节内容及发表于某报的论文，一审、二审法院都宣告无罪，但对是否构成“复制发行”说理与认定截然相反，令人无所适从。

4. 空白罪状规范模式

面对著作权刑法保护的扩张趋势，学界出现要求严密侵犯著作权犯罪法网的主张。有论者提出，将刑法第217条和第218条合并为1条，即：实施著作权法所禁止行为，情节严重的，处3年以下有期徒刑或者拘役，并处或者单处罚金；情节特别严重的，处3年以上7年以下有期徒刑，并处罚金。但根据《著作权法》的规定，只承担民事责任的侵权行为，不构成犯罪。[②] 还有论者提出采“违反著作权法，侵犯他人著作权，情节严重的，处……”的规范模式。[③] 本书认为，这些主张过于激进，其实是采用空白罪状将侵犯著作权犯罪的行为方式一次性地扩张到《著作权法》第48条所有侵权类型，甚至有扩张至《著作权法》第47条民事侵权之虞。空白罪状是一种利弊共存的罪状形式，其利在于“空白”，其弊也在于“空白”。但是，这种大大高于TRIPS协定刑事义务的“盗版”要件的犯罪化扩张主张，在我国难以获得其正当性基础。即使美国这种版权刑法存在和运作逾百年的国度，在罪状描述上仍堪称“不厌其烦”，毋论我国采叙明罪状之必要了。

5. 我国司法也受到扩张趋势的影响

2004年《知识产权刑事案件解释（一）》第16条规定：“明知他人实施侵犯知识产权犯罪，而为其提供贷款、资金、账号、发票、证明、许可证件，或者提供生产、经营场所或者运输、储存、

---

① 参见（1999）玉中刑终字第26号。

② 参见周详：《完善版权刑法保护的立法构想》，载《中国版权》2003年第2期。

③ 参见侯国云、安利萍：《小议侵犯著作权罪的立法完善》，载《云南大学学报（法学版）》2007年第2期。

代理进出口等便利条件、帮助的，以侵犯知识产权犯罪的共犯论处。”就侵犯著作权而言，解释所列侵权行为实际是著作权法理论中的“间接侵权”，将其以共犯论处，无疑极大地提高了著作权刑法保护水平。尤其是，与刑法第218条对比可知，销售侵权复制品行为的社会危害性并不比提供资金、证明、生产场所等“间接侵权”小，但后者的定罪根据与数额标准却可能依刑法第217条侵犯著作权罪（共犯）的相关规定。这显得有些打击面过宽、不符合立法本意之嫌，故适用中还需结合宽严相济刑事政策来严格把握。

第三节　TRIPS协定中“商业规模”与我国著作权刑事门槛要件

一、TRIPS协定中“商业规模”的含义

TRIPS协定第61条第1句项下成员承担刑事义务的案件需满足限定条件，即具有“商业规模”（on a commercial scale），不能被认定为“商业规模”侵权就不能适用本规定。但是，该术语具体含义是什么，自始就存在易生分歧之处，直接影响到协定的执行。澳大利亚版权理事会官员 Mr. Steve Moran 早在1999年就对这个术语进行过质疑。[①]“争端案”核心在于“商业规模”理解分歧，故专家组报告高度重视该概念的厘清；欧盟《指令草案》也对此进行了定义，为发现其含义提供了契机。

（一）“争端案”审理中对“商业规模”含义的厘清

“争端案”启动伊始，美国贸易代表就称，首要的问题是门槛（threshold），因为“根据现行中国法律，最低门槛，即可能予以刑

① See Mr. Steve Moran(Australian Copyright Council),“Criminal procedures”,available at http:// www. copyright. org. au / PDF/Submissions/X9905DFAT. pdf .

事起诉的最低数量盗版为 500 份侵权物。……当警察在中国查抄一家涉嫌销售侵权物的商铺时，盗版者总是千方百计地使得被查抄的数量恰好低于该门槛。换言之，该门槛为盗版者创造了一个避风港，盗版者可毫不费力地在那里获得庇护。”① 该案专家组在向美国、中国同时提问中涉及：“商业规模”是否取决于市场、产品及市场经营者的特点（提问 16）；协定第 61 条所使用的“商业规模”与该协定其他条款规定的“商业出租”、“商业目的”等之间有无异同（提问 20）；构成假冒商标或盗版的不同行为相关的“商业规模”（提问 21）；是否允许一定的灵活性以确保“商业规模”的概念足以通过门槛的手段在国内法中得到实施（向美国提问 25）。②

1. 专家组关于“商业规模”含义的分析

专家组报告从第 7.532 段至第 7.579 段都是关于“commercial scale”分析，其中第 7.577 段是结论性裁定。从措辞上看，协定中只有第 61 条第 1、4 句两处使用了“scale”；相反，协定频繁地将“commercial”与其他 10 余个名词联合使用，比如“commercial purposes”，“public non - commercial use”和“unfair commercial use”等。从词义来看，《新编简明牛津英语词典》将“scale”定义为“相对的大小、程度、比例等，常用于大/过度/小规模等短语中”。③ 这一常用含义同时包括数量和相对性两个维度，统合于程度和比例概念之中。由此，特定“scale”是就事物或行为的

---

① Remarks by U. S. Trade Representative Susan C. Schwab Announce of Request for Consultation with China on IPR and on Certain Market Access Issues of Copyright Intensive Industries, April 9, 2007.

② 参见张乃根：《试析美国针对我国的 TRIPS 争端解决案》，载《世界贸易组织动态与研究》2007 年第 7 期；《论中美知识产权案的条约解释》，载《世界贸易组织动态与研究》2008 年第 1 期、第 2 期；张乃根：《论中美知识产权案焦点问题的“商业规模”——对美国书面及口头陈述的剖析》，载《世界贸易组织动态与研究》2008 年第 9 期。

③ “relative magnitude or extent; degree, proportion. Freq. in on a grand, lavish, small, etc. scale”. See *New Shorter Oxford English Dictionary* (1993).

“大小”（size）进行比较的结果。其修饰词是“commercial”，可采纳“从事买卖活动或者与买卖活动有关”[1] 这种解释。由此，“commercial scale”可以理解为：从事买卖活动或者与买卖活动有关（的事物）的相对大小或者程度［a relative magnitude or extent (of those) engaged in buying and selling, or a relative magnitude or extent pertaining to, or bearing on, buying and selling］；这就要与商业市场建立一种联系。

早期美国建议案曾采取过“wilful and commercial”[2] 的措辞，即成员对“蓄意和商业的”商标假冒和版权盗版案件有刑事义务。TRIPS 协定最终采取“commercial scale”，表明谈判者有如下意图，即把刑事义务的限定取决于假冒与盗版活动的大小（size）。专家组裁定认为，“具有商业规模的”假冒或盗版指的是，达到与特定市场的特定产品有关的典型或通常商业活动的大小或程度的假冒或盗版（counterfeiting or piracy “on a commercial scale” refers to counterfeiting or piracy carried on at the magnitude or extent of typical or usual commercial activity with respect to a given product in a given market)[3]。因此，“与特定市场的特定产品有关的典型或通常商业活动的大小或程度”构成了评价成员是否履行协定第 61 条项下的刑事义务的标准（benchmark)。很明显，是否具有“商业规模”取决于“典型或通常”商业活动的大小或程度是多少（还要与特定的市场和产品相联系)。根据具体情况，这种“典型或通常”商业活动可大可小，从长远看，则与营利性（profitability）相关。但是，根本不可能存在一个适用于所有市场、所有产品的“一刀切”的“商业规模”标准。

---

① “engaged in commerce; of, pertaining to, or bearing on commerce.” See *New Shorter Oxford English Dictionary* (1993).

② See Document MTN. GNG/NG11/W/14/Rev. 1.

③ See WT/DS362/R, paras 7.532 – 7.579.

2. 专家组报告关于我国刑事门槛的裁决

专家组报告从第 7.600 段到第 7.632 段都是就门槛水平（level of the thresholds）对我国刑事措施与协定符合性（conformity）的分析。[①] 其第 7.602 段指出，协定第 1 条第 1 款并未强制规定何种立法形式；专家组不可简单假定，成员必须给予其当局确定商业规模的广泛裁量权，也不可简单假定，包括数量标准在内的门槛就与协定第 61 条第 1 句中“相对性标准”（relative benchmark）不符。协定第 1 条第 1 款末句规定“各成员有权在其各自的法律制度和实践中确定实施本协定规定的适当方法”，这不是实施“更低标准”的自由，而是决定对协定义务“合适的实施方法”（appropriate method of implementation）的自由。专家组认为，成员各自法律制度和实践的差异在执法领域更为重要，只是不应减损对协定实施规定的义务。只要成员“事实上”对具有商业规模的蓄意商标假冒和版权盗版案件提供了刑事程序和救济，就履行了其义务；如果指控其实施方法未能在此类案件中提供刑事程序和救济，则该指控必须有证据予以证明。

争端解决过程中的共识是，“商业规模”标准本身是相对的，是依产品和市场而变化的；中国刑事门槛是否与协定有符合性必须参照中国市场来评价。专家组采取了“美国——版权法第 110（5）节案”[US - Section 110（5）Copyright Act] 中“狭义范围或指域”（in terms of a narrow scope or reach）和“实证或数量意义”（in an empirical or quantitative sense）的方法。专家组认为，美国基于文本指控中国门槛措施将某些商业活动排除在刑事措施之外，从表面看确实如此，但仅仅基于从措施表面，并不能区分在中国市场上哪些行为是商业规模的和哪些却不是。与在中国的相关商业标准相比，20,000 元和 50,000 元的门槛从表面看也不能表明这些数额代表什么，500 张（份）等数量及美国所称的门槛以下的 499 张

① See WT/DS362/R, paras 7.600 - 7.632.

（份）等数字或因素本身并未表明，对中国某个产品或某个市场来说构成“商业规模”。关于非法经营额门槛是否能囊括所有在中国的商业规模假冒盗版案件，美方或中方所提供的统计数字等都不足以（sufficient）使专家组形成结论。因此，在专家组看来，刑事门槛的数量标准，与某一产品在某一成员的特定市场上是否构成“商业规模”没有必然联系。根据“美国——赌博案”上诉报告确立的“初步证据规则”①，美国未能完成其举证责任。因此，裁决结论是美国没有证实中国“刑事门槛”不符合 TRIPS 协定第 61 条第 1 句下的义务。

可见，专家组报告对“商业规模”采取的是“相对标准”而非绝对标准的解释，即其认定应是“与特定市场的特定产品有关的典型或通常商业活动的大小或程度”。

3．专家组审理中第三方关于“商业规模”的陈述

从报告所引用的 10 个第三方的陈述②看，明确反对中国“刑事门槛”做法的只有 5 个：澳大利亚、加拿大、日本、韩国和墨西哥，他们大都认为，“商业规模”不能以数量为唯一标准。另外 5 个则不同程度地对我国的做法表示支持或理解：一是阿根廷认为，根据 TRIPS 协定第 1 条第 1 款，中国没有违背第 61 条的义务。二是巴西认为，“商业”与“规模”两个词都应赋予意义，即把营利目的和重大秩序二者结合起来；第 61 条就刑事程序案件范围确立了一个“双层最低标准”（a two - pronged minimum standard），即涉及营利目的和重大数量的侵权货物。三是欧盟认为，仅仅设立数量门槛不足以将职业组织性或体系合作性（professional organization or systematic cooperation）的侵权包括在内，故还应考虑侵权活动的商业组织特性或营利（profit orientation）特性等其他因素。③

① See WTO Appellate Body Report in US - Gambling, para. 140.

② See WT/DS362/R, paras 7.484 - 7.493.

③ See European Communities' third party oral statement, paras 10 and 14.

四是中国台北认为，“商业规模”是个抽象法律概念，涉及当地情况的众多因素如市场价值和价格、行为动机和目的、侵权方法和程度、造成的损害、获得的利润等，需要依个案具体分析。五是泰国认为，协定对“商业规模”并无定义，构成“内置的灵活性”（built - in flexibility）而承认成员可自主解释。可见，成员对“商业规模”理解存在重大分歧，“争端案”专家组报告对消除分歧意义重大。

（二）欧盟《指令草案》“商业规模”概念条款

欧盟作为整体是 WTO 成员，TRIPS 协定（包括其中刑事条款即第 61 条）对整个欧盟及其成员都有约束力；在某种意义上，《指令草案》是对 TRIPS 协定刑事条款在共同体层面的落实。它也使用了与协定中相同术语“commercial scale”。关于“商业规模”概念条款起草与形成过程中曾充满多种争论。此处简单考察欧洲议会议员们在草案一读前关于“商业规模”的修正建议[①]，以促进发现其准确含义。按界定方法的主、客观维度，关于“商业规模”修正建议案可归纳为三类：

第一，主观强调法。有些议员如 Fontaine、Zingaretti、Mayer 等提出的修正案都采这种方法，大体是“为获得直接或者间接的经济或者商业优势”而实施的侵权。

第二，主、客观结合法。这种方法在主观上都强调“为获得直接或者间接的经济或者商业优势”，并且强调客观方面的某一（些）特征。其内部因所强调的客观特征不同，又有众多修正建议：如 Handzlik 强调“商业活动”，故商业规模是指“以营利为目的的商业活动”（commercial activity with an intention to earn a profit），认为需要能从中推断出某种特定“目的”的某种“活动”；工业、研究和能源委员会（the Committee on Industry, Research and Energy，即 ITRE）和 Berger、McCarthy 等强调“重大直接损失”

① See JURI Tabled Amendments, http://action.ffii.org/ipred2/JURI_Tabled_Amendments, visited on 070306.

(significant direct loss); Lichtenberger 强调"大量反复侵权"; Mastenbroek 等强调的是"商业活动的规模"。

第三，主观强调或客观强调择一法。公民自由、司法和内务委员会（LIBE）提出的修正案就是采这种方法，认为只要主观上"为直接的经济或者商业优势"或客观上"造成重大直接损失"，就是具有"商业规模"。

这些修正建议案中对"商业规模"的界定都不同程度地要求"营利目的"，这一模式与德国马普研究所关于该指令的一份建议报告有关。该建议认为，只有同时满足下列要件的行为，其刑罚才是正当的:[①] 被侵犯的客体受知识产权保护；以营利为目的的商业活动；侵权的故意或恶意。应该说，马普研究所虽然未正面给"商业规模"下定义，但显然认为这 3 个构成要件并不违背 TRIPS 协定。

《指令草案》在概念条款将"商业规模"具体化为"为取得直接或者间接的经济或者商业优势而实施的对某一知识产权的侵犯行为；正常情形下，私人用户为个人和非商业的目的而实施的行为不包括在内"。[②] 很难说这里的商业规模跟营利目的存在截然不同的意义，也更多地吸收了"商业目的"的内容，比 TRIPS 协定提高了罪行明确程度。由此，启示我们对"商业规模"采"主—客观

---

① 原文是:"(1) Identity with the infringed object of protection (the infringing item emulates the characteristic elements of a protected product or distinctive sign in an unmodified fashion [construction, assembly, etc.]); (2) Commercial activity with an intention to earn a profit; (3) Intent or contingent intent (dolus eventualis) with regard to the existence of the infringed right." Available at http://www.ip.mpg.de/shared/data/pdf/directive_of_the_european_parliament_and_of_the_council_on_ criminal_measures_aimed_at_ensuring_the_enforcement_of_intellectual_property_rights.pdf.

② "'infringements on a commercial scale' means any infringement of an intellectual property right committed to obtain direct or indirect economic or commercial advantage; this would normally exclude acts carried out by private users for personal and non-commercial purposes".

解读”法：其一，从客观方面看，正如专家组报告所指出，它应是“与特定市场的特定产品有关的典型或通常商业活动的大小或程度”，其中无疑包含一定数量的界定。其二，从主观方面看，“商业规模”其实与营利目的是有联系的。从某种意义上，协定第61条将“有意”与“商业规模”连用，就可理解为知识产权刑事案件要求具有营利目的。《指令草案》也在主观方面强调“商业目的”。

本书认为，在协定意义上，“营利目的”不仅是侵犯著作权犯罪的主观要件（故意）范畴的内容，还应当被视为协定“商业规模”术语的主观方面应有含义，故也完全可以纳入“商业规模”来讨论，而不是专属于“蓄意”部分的讨论议题。

（三）“商业规模”要件在成员国内法中的实施

“商业规模”的模糊性，影响着罪行范围的确定，不符合刑法“罪刑法定主义”原则，故落实于刑罚条文时，宜作更细致之安排。[①] 之所以允许各成员方自行规定或解释“商业规模”，深层次原因就像对“公共秩序”的解释，各国刑事犯罪理念以及运用刑法保护知识产权理论均存在较大差异。[②] 在本书意义上，这种实施主要体现在数量界定和营利目的两个方面：

1.“商业规模”的数量界定

该“商业规模”的一定数量界定，应考虑这一数量界定能否满足各成员“有效实施”TRIPS协定各义务的要求，同时又可以被看做是各成员方“自行决定”的实施之适当方法。就数量界定而言，各国（地区）版权刑法中的“商业规模”的主要模式有六种[③]：

---

① 参见章忠信：《著作权侵害行为之刑事政策检讨》，载台湾《万国法律》2002年10月刊。

② 参见贺小勇：《论TRIPS协定第61条“商业规模”的解释问题——评析中美知识产权贸易争端》，载《国际贸易》2008年第7期。

③ 参见王世洲主编：《关于著作权刑法的世界报告》，中国人民公安大学出版社2008年版，第30～31页。

第一，对“商业规模”不作规定（如法国）；

第二，规定“告诉才处理”，包括完全告诉才处理（如德国）和特定情况下可以不告诉才处理（如我国台湾地区）；

第三，规定特定的数额条件或者发生条件（如美国、英国和我国香港地区）；

第四，在执行版权刑法的有关政策中规定，“商业规模”仅适用于“生产商、批发商或进口商的商业性侵权”，对零售商的执法则处于较低的优先地位（如加拿大）；

第五，笼统地规定“重大损失”、“数额较大”或者重大侵权案件，而没有给这些概念提供具体内容（如俄罗斯、韩国）；

第六，明确指出，商业规模是指“重复性的实施行为，具有以此作为一定时间内和达到一定程度的收入来源的意图”（如德国）。

仅从立法看，我国属于上述的第五种模式。但是，“立法定性，司法定量”是我国刑法的一大特色，在知识产权犯罪上司法解释一直都提供了定罪量刑的标准，专家组的审理就把司法解释确立的门槛作为我国刑事程序义务的一部分，故从另一种意义上，我国属于第三种模式。其实，美国等在“争端案”中不是认为我国的数额不确定，而是认为我国确定的数额门槛过高。如果认为非得在“刑法”中对“商业规模”进行确定性规定才是有效遏制模式的话，则并非妥当。

2.“商业规模”的“营利目的”界定

就营利目的而言，各国版权刑法关于“商业规模”的规定模式主要有：

第一种，对版权盗版犯罪规定了营利目的；

第二种，对版权盗版犯罪没有规定营利目的要求；

第三种，对版权盗版犯罪区分为有营利目的和无营利目的等类型，或者对版权盗版犯罪之外的其他版权犯罪规定营利目的的要求；

第四种，实质上的营利目的要求，即在法律条文中没有直接使用“以营利为目的”的字眼，但实际上所禁止的行为都是需要有营利目的的。例如，要求行为必须是“为了出售或者出租”，或者必须是“在商业过程中”，或以“在商业过程中以实施侵害版权的观点”、“知道或有理由相信（侵权模板）将用于在商业过程中销售、出租或使用的侵权复制件”为条件。

我国属于第一种模式，在实施协定义务的刑事立法中，将商业规模的盗版解读为以营利为目的并达到一定数量门槛的盗版行为。这是对“商业规模”典型的主、客观一体解读方法。

二、我国著作权刑事门槛的根据与数量标准

刑事门槛分为定罪门槛与（量刑）加重门槛两种。值得进行符合性检验的主要是定罪门槛，专家组报告限于职权范围仅就美国提出指控的定罪门槛进行裁决。我国刑法中侵犯著作权犯罪的定罪门槛表现为两种定罪情节：一是侵犯著作权罪中的“违法所得数额较大或者有其他严重情节的”；二是销售侵权复制品罪中的“违法所得数额巨大”。这其实涉及著作权刑事门槛质的根据和量的根据两个方面，即定罪的根据与数量标准。

（一）刑法第 217 条的定罪根据

1. 违法所得作为刑法第 217 条定罪根据之一不存在障碍

从“违法所得”概念的刑法体系分析来看，刑法总则中，仅第 64 条规定没收“违法所得”；分则中出现“违法所得”的仅 8 个条文，可归纳为四类：第一类是“违法所得数额较（巨）大”作为构成犯罪的情节条件。第 175 条“以转贷牟利为目的，套取金融机构信贷资金高利转贷他人，违法所得数额较大的”；其余为第 217 条和第 218 条。第二类是“违法所得数额巨大”作为加重情节。第 318 条、第 321 条规定“违法所得数额巨大的”为加重情节。第三类是在第 180 条和第 225 条将“违法所得”规定为倍比罚金的基准。第四类是在第 393 条单位行贿罪中，将“违法所得”归个人所有的按个人行贿处理。由此可知，将违法所得数额

作为定罪根据的只有三个条文，其中作为唯一根据的，只有第218条和第175条两个条文。

刑法第217条定罪意义上的刑事门槛根据有两个：一个是“违法所得数额较大”，另一个是“有其他严重情节”；后者在2004年《知识产权刑事案件解释（一）》中实际上被细化规定为三个，即非法经营数额较大、侵权复制品数量较大和其他严重情节的情形。有学者概括地认为，违法所得作为定罪数额标准不妥。[①]本书认为，这种观点未看到刑法第217条和第218条在定罪标准上的明显差异，因而值得商榷。刑法理论应当将重点置于刑法的解释，而不是批判刑法。[②]如果能通过合理解释，使刑法不存在漏洞，或者使漏洞得以填补，这才是学界的应有使命。刑法第217条中“违法所得数额”根据仅是作为“严重情节”之一来规定的，它与后续的“其他严重情节”一起构成了“严重情节”体系；故对“其他”的解释须作与所列举要素性质相同的解释，此为体系解释的“同类规则”要求使然。[③]在2004年《知识产权刑事案件解释（一）》扩展到规定“非法经营数额”和“侵权复制品数量”标准后，仍认为应将本罪“违法所得数额”修改为“侵权数额”的观点就有画蛇添足之嫌了。刑法第217条的定罪门槛，其实与“情节严重”没有实质性差异。

立法过程中对此也有过激烈的争论：刑法修改草案原仅规定“违法所得数额较大或巨大”的著作权侵权行为构成犯罪；反对意见认为“单纯以违法所得作为定罪处刑的根据，不科学，操作也难，甚至有可能放纵犯罪”。[④]这一意见引起了立法者的重视，结

---

① 参见陈东升：《TRIPS与我国知识产权保护的刑事立法完善》，载《政法论丛》2003年第1期。

② 参见张明楷：《刑法学研究中的十大关系论》，载《政法论坛》2006年第2期。

③ 参见张明楷：《刑法分则的解释原理》，中国人民大学出版社2004年版，第28页。

④ 参见周道鸾等主编：《刑法的修改和适用》，人民出版社1997年版，第467页。

论是，违法所得数额成为构成犯罪的一个重要标准，而不是唯一标准。这是因为，一方面，从客观上看，违法所得数额较大当然属于值得入罪的严重情节；另一方面，对违法所得数额并不大或没有而对权利人造成了极其严重的损害的情形，“其他严重情节”已足以囊括。正因为有后一方面的情况存在，法律才将违法所得作为选择性根据来规定的。

2. “其他严重情节”根据

从境外经验看，侵犯著作权犯罪严重情节是多元的。以新加坡为例，该国为履行 2005 年 1 月 1 日生效的美国—新加坡自由贸易协定义务，于 2004 年 11 月 16 日修改《1987 年版权法》，增加了第 136（3A）条，将有意侵犯版权的直接侵权者，在具备“侵权程度严重”或“为获得商业优势目的实施侵权”情形之一时，规定为犯罪。而在认定是否属于“侵权程度严重”时，法院应当考虑以下因素：侵权复制品数量；侵权复制品价值；对著作权人的重大损害之影响；其他相关因素。[①] 我国刑法第 217 条定罪门槛“严重情节”体系还包括以下根据：

第一，侵权复制品数量。这一标准在 1995 年《惩治著作权犯罪解释》中没有出现，而是在 2004 年《知识产权刑事案件解释（一）》中增加，并在 2007 年《知识产权刑事案件解释（二）》第 1 条进行了修正。很明显，它借鉴了美国版权法第 506（a）（1）（B）条的规定。

第二，非法经营数额。2004 年《知识产权刑事案件解释（一）》第 12 条规定，“非法经营数额”是指行为人在实施侵犯知识产权行为过程中，制造、储存、运输、销售侵权产品的价值。非法经营额是一个大于销售金额（amount of sales）的概念，后者仅

① Cheng Lim Saw and Susanna H. S. Leong, Defining Criminal Liability for Primary Acts of Copyright Infringement—the Singapore Experience, *Journal of Business Law*, 2008 (4), pp. 304 – 315.

指实际所得和应得的收入（如2004年解释第9条规定，第214条“销售金额”是指销售假冒注册商标的商品后所得和应得的全部违法收入），前者则是包括以定价为基础的货物“价值”本身。

第三，“其他严重情节”中的“其他根据”。这是兜底性的规定，以保持法的适应性；但其确定必须符合同类规则。最高人民法院1998年《非法出版物解释》第2条第1款第1项规定，“因侵犯著作权曾经两次以上被追究行政责任或者民事责任，两年内又实施刑法第二百一十七条所列侵犯著作权行为之一的”，属于刑法第217条“有其他严重情节”；2001年《关于经济犯罪案件追诉标准的规定》（以下简称2001年《追诉标准》）第61、63、64条作出类似规定，即对未达到追诉数额标准，但因假冒注册商标或者非法制造、销售非法制造的注册商标标识或者假冒专利，受过行政处罚两次以上，又再次实施与以前相同的侵犯知识产权行为的，也应予以追诉。该如何看待这种行政责任转化犯罪的规定呢？

这里与偷税罪的修正做个比较，是有意义的：1997年刑法第201条偷税罪基本构成行为中，除偷税数额在1万元以上并且占应纳税额10%以上的以外，还包括有“行政责任转化犯罪条款”，即虽未达到上述数额标准但因偷税受过行政处罚二次以上又偷税的，在刑法分则中这是绝无仅有的；2009年2月28日通过《刑法修正案（七）》第3条对之进行重大修改，内容之一是将受过两次以上行政处罚者由“入罪”积极条件修改为“出罪”消极条件（即“五年内因逃避缴纳税款受过刑事处罚或者被税务机关给予二次以上行政处罚”的，就不适用“出罪”机制），从而使该罪成为纯正数额犯。这体现了主观主义理论的人身危险性概念已淡出偷税罪的罪刑规范中。同样，从刑法修正趋势来看，将人身危险性评价放入对侵犯著作权乃至知识产权犯罪的入罪环节的主观主义刑法理论，正在淡出刑法领域；而将被追究民事责任也视为情节严重的因素，未免显得刑法触角伸得太长。在法律框架内，此类司法解释是否属于有权解释尚令人质疑。[①]《知识产权刑事案件解释（一）》就未再作出类似规定；唯一相关的是该解释第9条第2款第2项规定，“因销售假冒注册商标的商品受到过行政处罚或者承担过民事责任、又销售同一种假冒注册商标的商品的”，应当认定为属于刑法第214条规定的“明知”。但该规定已经不是定罪根据意义上的了，仅是主观认识要素的推定认定的基础事实。而2010年《公安立案追诉标准（二）》已废止了2001年《追诉标准》，前述行政责任转化犯罪的规定已经淡出刑法视野。

（二）刑法第218条的定罪根据

违法所得数额能否作为刑法第218条的唯一根据，是否科学？学界普遍呼声是，缺乏科学性，应予修改。例如，德国著名著作权专家迪兹就持否定态度，“这似乎意味着在非法所得数额较少的情况下，侵权者将不受刑事处罚”，“对著作权侵权的处罚并不取决于侵权数额”，“侵权人获利的数额将会影响法庭决定罚款或判刑的轻重”。[②] 否定论理由大致可归纳为：一是应然与实然冲突，即由于犯罪的本质是侵害法益而刑法的目的是保护法益，著作权刑法重心“应当”放到权利人之著作权保护上；但“实际”上销售行为违法所得数额不大或没有但可能对权利人造成极其严重的损害。二是与销售假冒注册商标的商品罪以“销售金额数额较大”为要件相比，这种差异令人费解。两罪应保持平衡，如都采“销售金额”标准，将起刑点从“数额巨大”降为“数额较大”。三是司法实践困难：违法所得根据使侵权者可通过低价和化整为零策略规避被定罪的风险[③]，或者个体经营、现金交易、不留销售单据，要查

---

① 参见张波：《人身危险性在我国知识产权犯罪定罪机制中的作用评析——以“两高”相关司法解释为视角》，载《政治与法律》2008年第2期。

② 参见《德国著名著作权专家迪兹教授在访华研讨会上就所提问题的回答》（上），载《著作权》1997年第3期。

③ 参见苏彩霞：《中国刑法国际化研究》，北京大学出版社2006年版，第219～220页。

清其违法所得几无可能；造成规范可执行性差，即未刑事侦查前难以发现“违法所得”数额之多寡，从而反过来又造成无法展开刑事调查，由此形成刑事执法启动不能的悖论。[①] 笔者认为，这些理由值得商榷。

第一，“违法所得”根据并不否定法益侵害说。该条主观上要求营利目的，客观上要求违法所得，有的学者理解为，虽然1997年刑法修改采取向客观主义倾斜的态度，[②] 但仍存在部分倾向于主观主义的规定。违法所得根据就是适例，并不完全遵循结果无价值的逻辑。本书认为，这应可理解为“是为了使构成要件所反映的对法益的侵犯性达到犯罪程度”，“而丝毫不能表明犯罪本质在于行为人获得利益”。[③] 因为单纯销售行为犯罪性尚不足以入罪：其一，从对权利人的侵害看，销售者仅仅侵犯对作品的发行权，并没有同时侵犯复制权。在侵犯著作权犯罪中，这属于派生性下游犯罪，从发生机制角度看，上游的复制发行者造成的侵害更大，二者存在“标”与“本”的关系。其二，从对著作权管理秩序的破坏看，刑法打击的重点无疑不是下游销售者，而是将锋芒指向上游的始作俑者即复制发行者（后者往往还形成地下工厂），二者不能本末倒置。其三，在国民的版权意识里，尚有不少较落后的民众把贩卖盗版与贩卖西瓜一样，当作赚取差价的谋生手段，其“主观恶性”尚不致必须施加刑罚。要求“违法所得巨大”，正好满足入罪的犯罪性要求。销售他人的侵权复制品，对行为人而言无非是成本与利润的计算权衡，获利多少与行为人主观恶性直接相关：获利多，违背规范越严重，恶性越大，反之则恰好相反。当然，获利多少与权利人的损害及消费者（公众）的损害也有一定相关性：获

① 王志广：《我国知识产权保护中刑事立法存在的主要问题》，参见 http://www.ipr426.com/productshow.asp? ArticleID = 239。

② 参见张明楷：《刑法的基本立场》，中国法制出版社2002年版，第69页。

③ 张明楷：《法益初论》，中国政法大学出版社2000年版，第341页。

利多，损害权利人大，损害消费者也大，对市场秩序损害也大；相反，获利少，可能损害权利人大，但对消费者损害和市场秩序损害相对就小些。由此可见，“违法所得”对法益保护有重要意义。

这里将刑法第 218 条与第 175 条进行对比分析甚有意义。刑法第 175 条“高利转贷”不仅是目的犯，而且在要求上是违法所得较大的单纯的数额犯；2001 年《追诉标准》中要求违法所得数额个人在 5 万元以上、单位 10 万元以上或曾受过行政处罚两次以上。有论者认为，一方面，如果主观上不以转贷牟利为目的，客观上就不可能实施套取金融机构信贷资金高利转贷他人的行为，就不可能侵犯金融秩序；另一方面，如果客观上不是“违法所得数额较大”，表明对金融秩序的侵犯性未达到犯罪所要求的程度，因为“违法所得数额较大”，要么是转贷金额大，要么是转贷利率高，这正是说明破坏金融秩序程度的关键因素。① 可见，并不是采用“违法所得”根据就是否定法益侵害说。

第二，从销售侵权复制品与销售假冒注册商标的商品两种行为看，二者存在显著差别，悖德性迥异。前者公众宽容，后者成“过街老鼠”；前者一般是损害权利人，后者除损害权利人还损害消费者。两罪定罪门槛的差异其实是来源于行为的差异，这是论者所未看到的；在立法者眼里，其应刑罚性就存在差异，保持平衡就失去了基础。

第三，关于司法实践困难问题。本书认为：其一，分析问题的前提是，必须牢记该条构成要件行为是“销售”他人复制的侵权品这一条件。单纯销售行为不是打击重点，其定罪标准也相对严格，在“违法所得”根据的修改活动中独自“岿然不动”：如 1997 年刑法在第 140 条生产销售伪劣商品罪等条文中，将原来单行刑法中的“违法所得数额”修改为“销售金额”，销售假冒注册商标的商品罪的定罪根据也从 1993 年《关于惩治假冒注册商标犯

① 参见张明楷：《法益初论》，中国政法大学出版社 2000 年版，第 342 页。

罪的补充规定》中“违法所得数额较大”改为1997年刑法中的“销售金额数额较大”。有论者认为，这实际上具体地肯定了违法性的本质是侵害与威胁法益、违法性的主要根据是结果无价值。[①]然而销售侵权复制品罪的定罪根据仍然未改，并且还减轻了处罚。其二，将违法所得作为销售侵权复制品罪的唯一根据，体现出刑法打击该罪的“不彻底性”；而刑法第218条存在打击范围偏窄与力度偏小之不足，可由刑法第217条予以一定程度的弥补，从而形成共同配合打击侵犯著作权犯罪之势。这与刑法第175条有些类似：《刑法修正案（六）》增设第175条之一，将“以欺骗手段取得银行或者其他金融机构贷款、票据承兑、信用证、保函等，给银行或者其他金融机构造成重大损失或者有其他严重情节的”规定为犯罪，无须目的又不以违法所得为根据，但需采用“欺骗手段”，从而与第175条配合以共同打击通过贷款损害金融机构的行为。

（三）数量标准规定与计算方法

我国通过4个司法解释，即：1995年《惩治著作权犯罪解释》、1998年《非法出版物解释》、2004年《知识产权刑事案件解释（一）》和2007年《知识产权刑事案件解释（二）》（本章以下分别简称1995年解释、1998年解释、2004年解释、2007年解释），对违法所得数额、非法经营数额、侵权复制品数量等刑事门槛根据进行细化，确立了数量标准，具体见图3-1。

---

① 参见张明楷：《刑法的基本立场》，中国法制出版社2002年版，第181页。

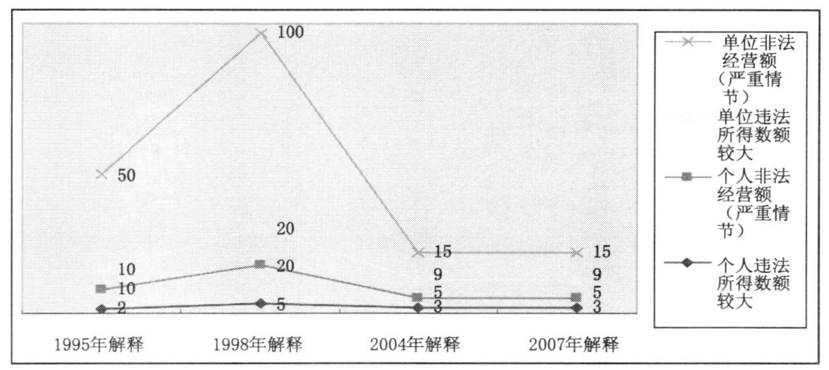

图 3－1　侵犯著作权罪“违法所得数额”与“非法经营额”（其他严重情节）标准（单位：万元）

至于就侵犯著作权罪增加的侵权复制品数量标准，2004 年解释规定：未经著作权人许可，复制发行其文字作品、音乐、电影、电视、录像作品、计算机软件及其他作品，复制品数量合计在一千张（份）以上的，属于“有其他严重情节”；合计在五千张（份）以上，属于“有其他特别严重情节”。2007 年解释第 1 条对这一侵权产品数量标准分别进一步降低为“五百张（份）以上”和“二千五百张（份）以上”。

2004 年作出司法解释时，侵犯著作权罪定罪量刑的门槛明显有降低：非法经营数额标准从 1998 年解释的 20 万元降低为 5 万元，违法所得数额由 5 万元降低为 3 万元；单位数额倍数降低到个人犯罪 3 倍；销售侵权复制品罪刑法规定的构成标准是违法所得数额巨大，故无必要调整。① 这与各国著作权刑事门槛下降趋势大体相适应。以美国为例：现行版权法第 506（a）（1）（B）条规定，

① 参见陈国庆等：《最高人民法院、最高人民检察院〈关于办理侵犯知识产权刑事案件具体应用法律若干问题的解释〉的理解与适用》，载《刑事司法指南》（2004 年第 4 集），法律出版社 2004 年版。

任何在 180 天内复制或发行 1 件或者多件有著作权的作品并且其零售价值超过 1000 美元的，便构成犯罪；之前美国 1992 年版权法规定的入罪门槛是，任何在 180 天内复制或发行 10 件或者更多有著作权的作品并且其零售价值超过 2500 美元的，才构成犯罪；而更在 1992 年版权法之前，则要求被告至少复制 100 份，才构成犯罪。可见，美国的数量标准也经过了“三级跳”的发展阶段。

就计算方法而言，“非法经营额”在 1998 年解释第 17 条第 1、3 款中分别作了规定：“经营数额”是指以非法出版物的定价数额乘以行为人经营的非法出版物数量所得的数额；“非法出版物没有定价或者以境外货币定价的，其单价数额应当按照行为人实际出售的价格认定”。2004 年解释第 12 条依次规定三种方法，“已销售的侵权产品的价值，按照实际销售的价格计算。制造、储存、运输和未销售的侵权产品的价值，按照标价或者已经查清的侵权产品的实际销售平均价格计算。侵权产品没有标价或者无法查清其实际销售价格的，按照被侵权产品的市场中间价格计算”。这与 1998 年解释在按定价还是按实际销售价计算的优先次序上不一致，无疑后“法”优先。

违法所得数额（amount of illegal gains）在 1995 年解释中明确为“获利数额”，1998 年解释第 17 条第 2 款重申了这一规定；这明显是一个小于非法经营额的概念。实践中，如何计算则争议较大，如能否直接以经营额扣除成本计算，是否还要扣除税金？违法所得与利润是什么关系？如果等同于利润，是销售利润、营业利润，还是净利润？有观点提出应参照 2001 年《最高人民法院关于审理专利纠纷案件适用法律问题的若干规定》第 20 条第 3 款规定，以销售利润来计算违法所得额，[①] 体现严厉惩治侵犯著作权犯罪的精神。违法所得数额的计算也存在是以盗版产品的实际销售价格计

---

① 参见最高人民法院：《知识产权刑法保护有关问题调研报告》，载正义网 http://review. jcrb. com/zyw/ n464/ca330518. htm。

算还是以被盗版产品的正版销售价格计算的问题。在司法实践中，一般以侵权人的销售价格作为侵权数额的基本计算方法。

新增侵权复制品标准确实是一个重要的进步。学界提出完善意见主要有两点：一是侵权复制品数量标准没有规定违法行为持续的时间，而且单纯以违法复制品发行量定罪而不同时考虑最低金额数量有失合理性。[①] 二是该标准（至少对侵犯软件著作权而言）很大程度上架空了非法经营额和违法所得两个标准，三者之间的比例严重不协调会扰乱定罪量刑，[②] 故应对之进行协调。本书认为，针对不同作品在金额、时间期限和份数等要素方面加以区分是十分必要的，不同作品类型如一般的图书、光盘、唱片等与电影、大型软件等，根本不是单纯按复制品数量就可比的。但认为三个标准比例不协调的观点是对刑事门槛的误解。其一，刑事门槛的根据本来就是选择性或择一性的，达到任何根据的门槛就应认为构成犯罪。其二，“其他严重情节”被细化后，侵权复制品数量、非法经营数额与违法所得数额这三个标准之间出现矛盾就在所难免，但不能笼统地说谁架空谁，需要结合作品类型才能具体下结论：侵权复制品500张（份）就构成犯罪，此时就盗版图书、常用软件、音像制品、光盘等而言，单张（份）售价100元或获利60元的罕见，故几乎达不到非法经营数额5万元与违法所得数额3万元的标准；如果就盗版电影、专用软件等，其单价甚至高过千元或万元，未达侵权数量标准就可能已达非法经营数额或违法所得数额标准了。

值得注意的是，2008年6月25日最高人民检察院、公安部制定了《公安立案追诉标准（一）》，就销售侵权复制品案的立案追诉标准在第27条规定了两种情形：一是“违法所得数额十万元以

① 参见许美：《知识产权刑法保护调查研究》，载《特区经济》2005年第11期；学者袁真富也提出了同样的看法，参见魏小毛：《打击知识产权刑事犯罪再出重拳》，载http://www.sipo.gov.cn/sipo/xwdt/mtjj/2007/200705/t20070531_173688.htm。

② 参见卢进：《侵犯软件著作权犯罪相关问题探讨》，载《江西公安专科学校学报》2008年第1期。

上的”；二是“违法所得数额虽未达到上述数额标准，但尚未销售的侵权复制品货值金额达到三十万元以上的”。第二种情形是该规定新增加的，采取“货值金额”标准，实质上是将销售侵权复制品这种数额犯的未遂犯在情形严重（货值金额提升为违法所得数额的 3 倍）时纳入刑事责任追究范围。它与《关于办理生产、销售伪劣商品刑事案件具体应用法律若干问题的解释》（以下简称《伪劣商品解释》）第 2 条第 2 款对生产、销售伪劣产品罪未遂犯的处理有相同旨趣。“货值金额”的含义在 2001 年《追诉标准》第 16 条第 3 款中进行了界定，即“以违法生产、销售的伪劣产品的标价计算；没有标价的，按照同类合格产品的市场中间价格计算。货值金额难以确定的，按照《扣押、追缴、没收物品估价管理办法》的规定，委托估价机构进行确定。”这应可适用于前条规定。

三、我国著作权刑事门槛要件与 TRIPS 协定的符合性

（一）我国著作权刑事门槛根据与 TRIPS 协定具有符合性

我国刑法第 217 条定罪根据不局限于“违法所得”而实质上就是“情节严重”，无疑符合协定义务要求；问题只在于第 218 条。本书认为，应当将刑法第 218 条与第 217 条联系起来作为整体考察：二者配合共同构成打击盗版的著作权刑法体系。只要各成员“事实上”对具有商业规模的蓄意盗版案件提供了刑事程序和救济，就履行了其义务；我国刑法第 217 条“事实上”足以履行该义务，故第 218 条就不应再受到检验。

有学者认为，对于销售侵权复制品行为，如果非法经营额或销售金额数额巨大，但不能达到“违法所得数额巨大”的条件，根

据加入世贸组织的承诺应作为犯罪对待。[①] 此种观点实质上是认为刑法第 218 条定罪根据不符合协定要求。本书认为其值得商榷。

第一，从协定义务看，单纯的销售者未实施与“复制”有关的行为，明显与前文所述协定“盗版”要求不符，不属于协定刑事义务的行为方式范围，故无协定义务可言。

第二，从理论看，虽然销售行为也促进了对权利人利益的损害，但权利人的利益损害被重点置入刑法第 217 条的定罪标准之中，在销售犯罪上不再是决定性的考虑因素；而刑法第 218 条只着重从对社会经济秩序的破坏角度来考虑入罪之必要。违法所得在刑法第 217 条侵犯著作权罪中是作为选择性根据，不存在盗版者因违法所得门槛根据失当所带来的上述弊端；如果销售者因之得以逃避，则不能把权利人的损失主要算到销售者头上，因为危害主要来自始作俑者的复制发行者，刑罚锋芒所指不能失当。这种解释为该立法设计提供了应有的合理性。

（二）我国著作权刑事门槛数量与 TRIPS 协定具有符合性

1. 关于我国著作权刑法应否设定门槛

关于上述数量标准规定与协定要求的符合性，最近的研究观点仍针锋相对：否定论认为，“违法所得数额较大或者有其他严重情节”等情节与协定“商业规模”要求不一致；或认为，定罪数量标准可以比传统的侵犯财产罪高几十倍（如盗窃罪数额较大是 500 元~2000 元，侵犯著作权罪违法所得数额较大是 3 万元）难说合理。[②] 肯定论认为：“争端案”中美国的指责没有道理[③]；我国刑

① 参见胡祥福、张志勋：《从 TRIPS 协议分析我国著作权的刑法保护问题》，载陈兴良等主编：《中国刑法学年会文集（第 2 卷上册·2004 年度）》，中国人民公安大学出版社 2005 年版，第 444 页。

② 参见赵国玲、王海涛主编：《知识产权犯罪中的被害人——控制被害的实证分析》，北京大学出版社 2008 年版，第 284 页。

③ 参见张乃根：《论中美知识产权案焦点问题的“商业规模”——对美国书面及口头陈述的剖析》，载《世界贸易组织动态与研究》2008 年第 9 期。

事门槛并不违反协定义务[①]；应该充分考虑各国具体情况，包括国家大小和市场规模，在此问题上不应该有全球统一数量标准，更不能按照美国的标准[②]。还有观点认为，我国应调整知识产权犯罪的起刑点，实行知识产权犯罪的刑事责任的“零门槛”。[③] 本书认为，“零门槛”论是不妥当的。

第一，我国刑事门槛与 WTO 规定要达到“商业规模”的要求，没有实质区别，也与知识产权的私权性质不相抵触。有论者提出，《中国加入世贸组织工作组报告书》中第 304 条已构成中国入世的承诺，我国应积极履行尽快调整定罪量刑的标准。[④] 本书认为，该承诺是“建议司法机关降低”，意味着司法定量，定多少，行政机关不能最后决定；况且司法解释既然已颁行，其他成员方就不应要求一降再降。

第二，我国刑法数额和情节要求涉及整个国家司法体系问题。前文已述及我国著作权刑法保护采取违法——犯罪二元主义模式，如果对构成侵犯著作权犯罪不设门槛，会对我国行政执法体制造成冲击。情节、数额要求已成为我国刑事立法的传统和模式，在制裁其他犯罪行为时也未出现太大问题。刑事保护在著作权法律保护体系中的重要地位，并不能否定其他法律自身的制裁性；现代私法日渐发达，刑法作用仅限于维持社会必要的生存条件。[⑤]

第三，与一般经济犯罪起刑点提高的趋势相反，我国知识产权

---

① 参见陈儒丹：《WTO 规则与中国知识产权刑事立法——以美国诉中国知识产权执法措施案为背景》，载《北方法学》2008 年第 4 期。

② 参见龚柏华、张伟华：《美国就“中国知识产权保护和执行特定措施”与中国 WTO 磋商案评析》，载《国际商务研究》2007 年第 4 期。

③ 参见杨辉忠：《我国知识产权刑事立法之检讨》，载《政治与法律》2008 年第 7 期。

④ 参见张志勋、黄淑彬：《TRIPS 协定与我国著作权的刑法保护问题》，载《南昌大学学报（人文社科版）》2004 年第 6 期。

⑤ 参见黄太云：《网络与知识产权犯罪的立法问题》，载《中国刑事法杂志》2007 年第 3 期。

犯罪的门槛不升反降，主要是由于外部的压力。例如，美国要求我国降低知识产权犯罪的门槛，只是为了保护美国及其厂商的知识产权利益和在全球的垄断优势地位。[①] 但是，著作权刑法的制度逻辑表明，国内战略需求与国际义务要求应同时得到考虑，而不能迎合某个贸易伙伴的无理要求。

2. 我国刑法中数额犯模式具有正当性

协定没有“门槛”、“避风港”等概念，但在“争端案”中，美方运用了这些概念。其核心指责是我国关于盗版数额和数量门槛为盗版者创造了一个避风港，使门槛以下故意的“商业规模”盗版得以规避刑事制裁；专家组报告没有支持其“避风港”的主张。按照美方的“逻辑”，任何规定某一门槛的刑事责任规定都会给犯罪嫌疑人提供所谓的“避风港”，这无异于彻底否定了刑法中的数额犯立法制度。故有必要探讨我国数额犯立法模式的正当性。

从立法特点与传统看，我国刑法对犯罪规定“定性又定量”，即犯罪一般都在定性因素之外包含着定量因素，例如一般都有数额、情节等方面要求，以此来界定罪与非罪是我国刑法的立法传统。在刑法理论上，数额犯是指以一定的经济价值量或者物品的物理量作为犯罪构成要件事实要素的犯罪。[②] 这类法定数额在刑法性质上是“作为构成要件”的，并不同于“作为升格条件”[③] 的数额加重犯中的法定数额。按法定数额的明确程度，我国刑法中数额犯大致可分为两类：一类是抽象数额犯，另一类是具体数额犯。我国侵犯著作权犯罪的刑事立法也是这样。

从刑法体系看，1997年刑法主要采取抽象数额犯立法模式，

---

① 参见卢建平：《知识产权犯罪门槛的下降及其意义》，载《政治与法律》2008年第7期。

② 参见唐世月：《数额犯论》，法律出版社2005年版；刘之雄：《数额犯若干问题新探》，载《法商研究》2005年第6期。

③ 参见张明楷：《刑法分则的解释原理》，中国人民大学出版社2004年版，第223页。

在分则350个条文445个罪名中，仅有7个数额犯条文所涉及的犯罪是由立法者在分则罪刑规范中直接规定具体数额标准的，即为具体数额犯，包括第140条、第153条、第203条、第348条、第351条、第383条和第386条；除此以外的数额犯数量众多，但立法者都仅规定“数额较大”、“数额巨大”或“数额特别巨大”等幅度性标准，其具体数额则由司法机关通过司法解释予以明确，即为抽象数额犯。尤其是2009年《刑法修正案（七）》将1997年刑法第201条偷税罪从“偷税数额占应纳税额百分之十以上”且“偷税数额在一万元以上”（比例+数额）纳入抽象数额犯轨道。因为同样的偷税数额在不同时期对社会的危害程度不同，故刑法中对偷税罪的具体数额标准不作规定，而由司法机关根据实际情况作出司法解释并适时调整。实践证明，抽象数额犯模式确实有利于根据实际情况、根据同样数额的危害行为在不同时期对社会的不同危害程度而适时调整，从而保证罪刑规范的社会适应性和维护刑法典的稳定性。由此也才使立案标准、追诉标准、定罪标准、起刑点等有了制定的必要；还使犯罪概念中的定量因素更多地从立法向司法转移，呈某种“立法定性、司法定量”的景观。

中国在“其法律制度”下实施TRIPS协定第61条第1句项下义务，规定盗版500张（份）以上、非法经营数额在5万元以上或违法所得额在3万元以上的，追究刑事责任，与其他类似罪行的刑事责任规定，并无实质区别。这也符合TRIPS协定第41条第5款的规定。换言之，中国是根据其刑法的一般制度而规定有关盗版刑事责任的。故一味降低打击侵犯著作权犯罪的刑法起刑点未必是最佳抉择。因为这关系到刑法的结构平衡和总体上的罪责刑相称。需要顾及我国刑法中犯罪概念本身包含定量因素的特点，顾及不同犯罪规定之间的协调平衡，以及我国法律在民事责任、行政责任、刑事责任上的递进性和层次性。

从境外经验看，即便是美国自己的联邦版权法第506条（a）（1）（B）中也采用了数额标准即“在任何180天的期间”“零售价值总额超过 1000 美元”的构成犯罪；如果设立数额犯就是设立了“避风港”，则岂不也违反协定义务了？俄罗斯联邦刑法典第 19 章“侵害人和公民的宪法权利和自由的犯罪”中第 146 条即“侵犯著作权和邻接权”，也有数额要求。其原来的 1996 年刑法中该条仅两款规定，后经 2003 年 4 月 8 日第 45 号联邦法律、2003 年 12 月 8 日第 162 号联邦法律、2007 年 4 月 9 日第 42 号联邦法律多次修改，现分为 3 款，条文中包含“数额巨大”和“数额特别巨大”的构成要件，并在立法中通过附注形式对“数额”标准分别明确为“超过 5 万卢布”和“超过 25 万卢布”。[①]

3. 关于计算方法的争议及评述

国外有学者对经营数额（business volume）的计算提出异议，[②]如美国就认为应按合法商品价格来计算。美国司法部在一份报告中提出，版权刑法应当反映投放前复制品（pre－release copy）的溢价（premium value），特别是在量刑阶段予以考虑。[③] 国内有观点也提出，我国的计算方法难以达到 TRIPS 协定第 61 条规定的刑事救济必须“足以起到威慑作用”且“处罚水平应与同等严重性的犯罪相一致”的要求。笔者不赞成这种观点。

第一，同一作品的盗版与正版之间价格差非常大，如果以被侵权产品的正版销售价格计算侵权数额，可能会把构成犯罪的门槛大大降低，在实质上取消刑法所要求的构成犯罪需要具备一定“严重情节”的条件，也就否定了我国违法—犯罪二元主义的立法模式。

第二，违法所得等数额的计算也牵涉到侵犯著作权犯罪和假冒

① 参见黄道秀译：《俄罗斯联邦刑法典》，北京大学出版社 2008 年版，第 70 页。

② See Paul Torremans , Hailing Shan, Johan Erauw, *Intellectual Property and TRIPS Compliance in China: Chinese and European Perspectives*, Edward Elgar Publishing Ltd. , 2007, p. 114.

③ See U. S. Department of Justice, *Progress Report of the Department of Justice's Task Force on Intellectual Property*, June 2006.

注册商标罪、假冒专利罪等“同等严重性的”犯罪之间刑事处罚标准的平衡问题。如果“以正版价格”的计算方法，则卖一块假冒劳力士手表（可能只卖100元左右）就足以定罪，因为正品劳力士手表一块就几万元。[①] 这涉及刑法打击面的大小和法律的实际可执行性问题。刑法打击的重点应当是侵权产品的制造者、集团的首要分子和其他主犯，而不应当是兜售侵权产品的街头游商和小贩。

第三，根据TRIPS协定第41条第5款规定，美国无权具体要求中国按照何种方式来计算侵权产品的价格。[②] 我国在《伪劣商品解释》中，也采同样的标准；TRIPS协定第41条第5款规定，不要求成员在执法程序上给知识产权以“特殊待遇”。

第四，正版价格计算方法具有“无法查清”情形下使用的最后性。就行政执法而言，2003年7月18日国家版权局《关于适用有关“非法经营额难以计算”规定的意见》曾指出，对无法查明非法经营额情况的，可适用《著作权法实施条例》第36条关于“非法经营额难以计算的”规定，给予该盗版图书销售者处以10万元以下罚款。就刑事司法而言，非法经营额难以查清可能意味着不能追究刑事责任；“无法查清”时，合法正版商品价格是可以用来作为计算方法，但只是作为最后的方法（as a last resort）而使用。专家组报告也并未认为此种计算方法与协定不符。

---

① 参见黄太云：《网络与知识产权犯罪的立法问题》，载《中国刑事法杂志》2007年第3期。

② 参见龚柏华、张伟华：《美国就“中国知识产权保护和执行特定措施”与中国WTO磋商案评析》，载《国际商务研究》2007年第4期。

第四节　TRIPS协定中“蓄意”与我国侵犯著作权犯罪主观要件

一、TRIPS协定“蓄意”的含义

（一）TRIPS协定中“蓄意”要求体现义务的刑事属性

TRIPS协定第61条第1句为成员设立刑事义务以打击具有“商业规模”的盗版案件时，仅仅涵盖“蓄意”（wilful，美式拼法为willful），而排除不明知或没有正当根据知道发生侵权所为的行为。[①] 使用“蓄意”这一用语似乎更多地受到了普通法系的影响，其基本含义是“自愿的”或“故意的”。换言之，它似乎是符合普通法系中罪过因素（the mens rea element）中的犯罪故意。[②] 专家组报告第7.523段指出，“wilful”是案件的一个适格条件（qualifier）；与之相对，协定第三部分第4节是“边境措施”，最低义务同样限于商标假冒和版权盗版，却没有提出这一要求。“wilful”关注侵权人的意图（intent），这体现了本条规定的刑事属性；因为相对来说，刑罚制裁程度更严重，对不具备本条所要求意图的侵权行为，成员就无“义务”使此类刑罚可获得（make…available）。

（二）TRIPS协定中“蓄意”是否排除营利目的

1．专家组报告未就营利目的进行裁决

TRIPS协定文本未明确规定任何目的，但其主观要求仅规定为“蓄意”，这是否应当排除营利目的？我国刑法第217条和第218条除数量门槛外，还要求的另一个定性因素（qualitative factor）就

---

① See Carlos Correa, *Trade Related Aspects of Intellectual Property Rights: A Commentary on the TRIPS Agreement*, Oxford Univ. Press 2007, p. 449.

② See Daniel Gervais, *The TRIPS Agreement: Drafting History and Analysis*, London Sweet & Maxwell, 1998, p. 234, Footnote 27.

是营利目的。但是，美国对“争议中的措施”（measures at issue）未就这方面提出指控，专家组裁决只能限于其职权范围（terms of reference）；故专家组报告第 7.662 段指出，其裁决不应被认为对不以营利为目的的假冒或盗版行为是否适用协定第 61 条第 1 句义务表达任何看法。

2. “蓄意”不应排除“营利目的”模式在国内刑法中的实施方法

第一，TRIPS 协定第 1 条第 1 款最后一句尊重不同的法律制度，允许每个成员在其自己的法律制度内实施 TRIPS 协定的各项规定。当然，这不是某一成员首先“是否或在什么范围”（whether or to what extent）实施 TRIPS 协定义务，而只是涉及某一个成员实施 TRIPS 协定义务的方法（method）。[1]

第二，TRIPS 协定上下文都表明，其处理的“盗版货物”是有形物，并未处理网络环境下的作品盗版问题；而只有在后者条件下，非营利目的的盗版才可能引起巨大损失。事实上，国际范围内的理论界和实务界对非营利目的的版权犯罪主张，主要都是针对网络环境下出现的非法传播等侵犯版权的行为的，鲜有认为传统环境非营利目的应犯罪化的主张。所以，问题主要便可集中到协定是否会处理非营利目的的网络盗版行为上。TRIPS 协定签署时，并未考虑数字化网络环境下的知识产权侵权问题，而是留给了之后的“因特网条约”等加以处理。各国政府直到 1994 年或 1995 年才了解数字技术，也直到这时它们才意识到数字技术对版权和邻接权将产生重要影响。[2] 如果认为，先出现的协定已将尚未出现在协定中的非营利目的的网络侵犯版权加以规定，在逻辑上是难以说通的。

第三，TRIPS 协定规定对“蓄意”是否允许成员作出营利目的

---

① Second Submission of the United States, May 27, 2008, para. 43.

② 参见［德］莱因伯特等：《WIPO 因特网条约评注》，万勇、相靖译，中国人民大学出版社 2008 年版，中文版序言。

的要求，至少是没有明确的刚性规定的。TRIPS 协定是于 1994 年 4 月签署并于 1995 年 1 月生效的；美国直到 1997 年 NET 法案和 1998 年 DMCA 法案才取消营利目的要求，直接动因是著名的 1994 年“United States v. La Macchia”案件，而与履行“协定义务”根本没有关系。

因此，TRIPS 协定第 61 条本身“不排除”成员在国内法中以“营利目的”模式的刑事措施这一“实施方法”（method of implementation），即此类模式也是实施协定义务的可能方法且不与最低义务相抵触。

（三）“蓄意商业规模”是否包含“营利目的”

“蓄意”虽不排除营利目的，但其本身也不意味着营利目的。问题是，营利目的其实与“商业规模”是有联系的，这一点在前文已有指出。一般商业规模行为都以营利为目的，而营利目的的行为也多属于商业规模行为；但也不完全相同，有的营利行为不是商业规模行为，如以营利为目的的孤立的侵权，就不是“商业规模”的行为。[①] 商业规模行为也不全以营利为目的（尤其是网络环境下是这样），正因为这样，才有学界关于 TRIPS 协定无营利目的的主张。然而，“wilful”与“commercial scale”结合即成“蓄意商业规模”，一般就已意味着以营利为目的了。

各国版权刑法关于版权犯罪主观方面的规定模式主要有[②]：第一种，绝大多数国家对版权盗版犯罪规定了没有犯罪目的要求的犯罪故意；第二种，个别国家如阿根廷对版权盗版犯罪规定了犯罪目的；第三种，有些国家对版权盗版犯罪之外的其他犯罪规定了犯罪目的的要求；第四种，英国在法律条文中没有直接使用“以营利

---

① See Carlos Correa, *Trade Related Aspects of Intellectual Property Rights: A Commentary on the TRIPS Agreement*, Oxford Univ. Press 2007, p. 449.

② 王世洲主编：《关于著作权刑法的世界报告》，中国人民公安大学出版社 2008 年版，第 30 页。

为目的”的字眼，但所禁止的行为必须是“为了出售或者出租”，或者必须是“在商业过程中”，或以“在商业过程中以实施侵害版权的观点”、“知道或有理由相信（侵权模板）将用于在商业过程中销售、出租或使用的侵权复制件”为条件。盗版犯罪主观要件是否要求“营利目的”在国内法中没有统一模式。

但是，欧盟《指令草案》提供了一个新的注解。它的主观要件未采用协定中“wilful”，而是采用“intentional”，并对“intentional infringement”进行了概念界定，表述为，“故意侵犯知识产权”指为取得商业规模的经济优势目的而对有关权利蓄意和有意识地侵犯。[①] 这其实已明确包含营利目的。欧洲议会议员们在立法过程中也曾存在争议，[②] 可归纳为两种主要观点：其一，目的不必要说（或无目的说），如 ITRE 和议员 Mastenbroek、McCarthy 等认为，只要对权利的侵犯是故意（deliberate）和明知（knowing，或 with knowledge of the relevant facts）的即可；其二，目的必要说，主要是指营利目的，如 Fontaine、Berger、Mayer、Zingaretti 都强调，对有关权利的“商业规模”侵犯应是为取得的经济优势目的且是蓄意和有意识的（deliberate and conscious）；Lichtenberger 强调，这种侵犯应是恶意的（in bad faith）。2007 年一读通过的《指令草案》采用了目的必要说。

二、我国侵犯著作权犯罪故意要件与 TRIPS 协定的符合性

（一）我国著作权刑法中“故意”要件规定

有学者提出，我国刑法没有对构成“侵犯著作权罪”提出过主观要件为“故意”的要求，只是刑法第 218 条销售侵权复制品

---

① 原文为：“intentional infringement of an intellectual property right means deliberate and conscious infringement of the right concerned for the purpose of obtaining an economic advantage on a commercial scale.”

② See JURI Tabled Amendments，http://action.ffii.org/ipred2/JURI_Tabled_Amendments，visited on 070306.

罪才规定了“明知”这一主观要件；但“以营利为目的”并不能等同或替代“故意侵权”，应当对侵犯著作权犯罪条文中规定“故意”要件。①

笔者认为，侵犯著作权犯罪主观方面的故意与目的确是两个不同概念：“故意”与协定中“蓄意”一样，是明知其行为属于侵权行为而会发生侵犯著作权结果而故意为之；“营利目的”是对谋取利润的追求，二者应作出区分。一方面，著作权侵权行为不一定有营利目的，这无须赘言；另一方面，有营利目的著作权侵权也不一定是故意的侵权。例如：销售盗版肯定有营利目的，但可能不知是侵权产品；受委托制作侵权作品的厂家仅仅是负责受托的某个环节（如制版、印刷、装订等），主观上有营利目的，却可能无法认定其对侵犯他人著作权在主观上有违法性认识，② 即难以认定其“故意”要件。又如，行为人因为不懂著作权法而误认为自己获得许可或者享有著作权而复制发行的，也缺乏犯罪的故意。

但是，侵犯著作权犯罪条文中未出现“故意”要件的规定，却不应认为是立法缺陷。刑法第 14 条和第 15 条规定了罪过的基本方面，从而故意犯罪为原则，过失犯罪为例外并以法律有明文规定为限。从整个刑法典来看，除故意、过失分别构成犯罪等情形外，对只有故意才能构成的犯罪而言，刑法典一般都未列明“故意”二字。本罪也是这样，过失无疑不能构成犯罪，因为不符合第 15 条要求，理论和实践中对本罪要求故意是完全一致的。这一点完全可以通过刑法总则和刑法理论所解决。

（二）我国刑法中“故意”与协定中“蓄意”的符合性

境内学界对“wilful”主要有“蓄意”和“故意”两种翻译。

---

① 参见张伟君：《网络环境下侵犯著作权之刑事责任初探》，载沈仁干主编：《数字技术与著作权：观念、规范与实例》，法律出版社 2004 年版，第 121 页。

② 参见黄晓亮：《论侵犯著作权罪的特殊犯罪形态》，载《昆明理工大学学报（社会科学版）》2008 年第 9 期。

有学者认为，协定“wilful”要求不仅直接故意而且间接故意也可构成犯罪；而我国刑法第217条目的犯设置排除了间接故意，故应予以取消，但对第218条销售侵权复制品罪又主张不违反协定要求。① 本书认为，这种观点令人难以认同。理由是：

第一，我国刑法理论中的罪过与英美刑法本来就存在概念不一致，不存在完全对应关系。以《模范刑法典》为代表的美国当代刑法中犯罪心态有四种模式，即蓄意（purpose 或 intention）、明知（knowledge）、轻率（recklessness）和疏忽（negligence）。“蓄意”相当于有些国家刑法中的希望故意（直接故意）；“明知”主要存在于行为犯和结果犯的未遂形态；“轻率”存在于对结果有一定预见但又并非明确追求或明确规定此结果的场合，大体涵盖有些国家刑法中放任故意（间接故意）和轻信过失（过于自信过失）。由于放任故意与轻信过失在实践中难以分别，《模范刑法典》在总结实务基础上，对结果犯心态由往昔两种（四类）改为三种，即在直接故意（蓄意）和疏忽之间设置中间模糊心态“轻率”（涵盖间接故意和轻信过失），这是实用性很强的概念，也不违背科学（模糊论可解释这点）。② 英美学者认为，普通法系中“mens rea”有三种主要类型：即故意、轻率和过失（intention，reckless，negligence）。③ 可见，英美法系中“故意”（intention）不等于我国刑法中的“故意”（直接故意 + 间接故意）；我国的间接故意和轻信过失都各有一部分属于英美法系中“reckless”，但它是被排除在构成知识产权（著作权）犯罪之外的。

第二，欧盟《指令草案》对侵犯主权犯罪的主观要件就未采

---

① 参见王世洲主编：《关于著作权刑法的世界报告》，中国人民公安大学出版社2008年版，第34～35页。

② 参见储槐植译：《美国刑法（第三版）》，北京大学出版社2005年版，第55～56页。

③ See Jonathan Herring, *Criminal Law*, (3rd ed.)，法律出版社2002年版（影印），第59页。

"wilful" 而是 "intentional"（具体是界定 "intentional infringement" 含义），它正是对 TRIPS 协定刑事义务的实施；"intentional" 措辞意味着有 "intention"，并且是侵犯著作权的意图。这也是 "wilful" 仅指直接故意的一个有力印证。

因此，前述观点认为 "wilful" 一定包括我国间接故意过于牵强，协定中 "蓄意" 应大体就是我国刑法理论中的直接故意，二者具有符合性；为区别起见，"wilful" 宜翻译为 "蓄意" 而不是 "故意"。

三、我国侵犯著作权犯罪"营利目的"要件与 TRIPS 协定的符合性

（一）"营利目的"要件与 TRIPS 协定的符合性

我国著作权刑法规定了"营利目的"要件。从词义看，营，有谋求、力图、寻求、思虑、谋虑之意，"营利"就是"谋求利润"，指谋求利润的全过程，侧重点在于谋求利润的目的性。"营利"与"牟利"在含义方面彼此接近，二者在刑法中都指通过犯罪行为谋求利润，意义完全相同是可以通用的。① 从价值判断看，"营利"是中性词而"牟利"具有贬义。"盈利"基本上强调的是企业经营获得利润的结果，"赢利"与"盈利"很相似，情感之差在于微妙之中。② 从刑法体系考察，明确规定"以营利为目的"只有 3 个条文：第 217 条、第 218 条以及第 303 条；规定"以牟利为目的"有 6 个条文：第 152 条、第 175 条、第 228 条和第 265 条、第 326 条、第 363 条。

刑法规定"营利目的"，往往出于以下原因：第一，体现行为人主观恶性严重，更加说明行为人应当受到谴责与非难。第二，说

---

① 参见张明楷：《论刑法中的"以营利为目的"》，载《中国刑事法杂志》1995 年第 4 期。

② 参见黎鸥：《盈利、赢利、营利三词辨析》，载《体育文史》2000 年第 3 期。

明行为客观危害严重，因为“营利目的”使行为人更积极主动和反复继续实施某种犯罪行为，导致扩大犯罪行为规模和加重危害结果。故“营利目的”虽是主观方面内容，但并非仅说明主观恶性严重，还说明行为客观危害严重。[①] 当然，随着某类犯罪形势变化也可以修改其目的犯设置模式。例如，2002 年《刑法修正案（四）》修正原第 345 条第 3 款非法收购盗伐、滥伐的林木罪，取消了“以牟利为目的”；又如，2006 年《刑法修正案（六）》取消原第 187 条的“牟利目的”。

从与 TRIPS 协定符合性的角度看，学界对侵犯著作权犯罪“营利目的”要件主要有两种观点：多数学者持“不一致论”。他们认为“营利目的”要件“不符合 TRIPS 协定的规定”[②]：协定中“蓄意”要求只要是故意实施侵权行为就应当处罚，目的是什么在所不问；而“以营利为目的”则将目的限定在“营利”这一点上，就把不以营利为目的而蓄意实施的侵犯著作权行为排除在刑事处罚范围之外，我国犯罪门槛就更高。由此得出结论，取消侵犯著作权犯罪的“营利目的”是中国履行入世承诺的最低义务。[③] “一致论”则认为，TRIPS 协定之“蓄意”是指蓄意实施“商业规模”盗版行为，“商业规模”除表示盗版规模外，含盗版系出于商业目的之意，二者联系起来即为以营利为目的，故不存在冲突。[④]

本书认为，“不一致论”者对“协定规定”的理解似乎过于形式化。对此，即使“争端案”中美国也并未提出“营利目的”违背协定义务的指控，而之前 IIPA 曾提出中国取消“营利目的”要

---

① 参见柏浪涛：《侵犯著作权罪疑难问题研究》，载《河南省政法管理干部学院学报》2007 年第 5 期。

② 参见苏彩霞：《中国刑法国际化研究》，北京大学出版社 2006 年版，第 218 页。

③ 参见裴显鼎：《刑法应当取消著作权犯罪的“营利目的”要件》，载《深圳大学学报（人文社会科学版）》2006 年第 5 期。

④ 参见赵秉志：《侵犯著作权犯罪研究》，中国人民大学出版社 2008 年版，第 306 页。

件，并反映在美国多个“特别301年度报告”中。从协定文本看，无从知道其对“营利目的”的允许或禁止的态度，“营利目的”在“蓄意”中自然是找不到根据的；但在“商业规模”中却可以获得其某种正当性。“商业规模”可以说是一个客观的状况，其核心内容是指侵权商品的数量达到一定规模；而以营利为目的则是一种主观心态。二者遵循的是不同的标准，一个是客观的，一个是主观的，但二者在实际上往往是重合的，就如同一个硬币有两面一样；但“商业规模”比“营利目的”更容易证明。二者都是控制犯罪打击面的“安全阀”，有殊途同归之用。故“一致论”应得到支持。国内有学者认为TRIPS协定第61条“商业规模”可以解释为：主要是为了营利，或具备商业事务的特征或者与商业事务有关①，或职业侵权行为②。这三种解释都有“以营利为目的”的含义。

很多学者将我国“营利目的”描述成严重违背协定义务。其实，即使取消或用“商业规模”置换“营利目的”，也并不会就如他们所言的立竿见影地改善著作权刑法保护水平，不会对我国著作权刑法的实际打击范围有多大影响。如果将“营利目的”作为加重条件或者“美国式”的选择条件，则实际上会将民事、行政、刑事制裁的梯形配置拔高了一个等级。

（二）“营利目的”存废之争论及评析

这里探讨的是基于协定义务之外的其他根据而对“营利目的”存废的争论，大致有废除论、保留论及“传统—网络二分论”等观点。

1. 废除论的批判

学界关于废除“营利目的”的主张不绝于耳，虽国际条约义

① 参见卢建平：《在宽严和轻重之间寻求平衡——我国侵犯著作权犯罪刑事立法完善的方向》，载《深圳大学学报（人文社会科学版）》2006年第5期。

② 参见孔祥俊：《WTO知识产权协定及其国内适用》，法律出版社2002年版，第417页。

务无此要求，但国内战略要求是否指向废除呢？“取消论”理由大体有：一是不应与其他侵犯知识产权犯罪形成差别待遇；[①] 二是不要求“营利目的”是世界趋势；[②] 三是社会危害性；四是“营利目的”证明困难等根据。笔者认为，这些理由值得商榷。

第一，侵犯商标权、专利权、商业秘密等犯罪无“营利目的”不是取消侵犯著作权犯罪“营利目的”的理由。首先，知识产权刑事保护既要着眼于共性，更应着眼于特殊性。著作权与工业产权有诸多区别：[③] 其对象所属领域和作用不同；独占性和排他性程度更弱些，如不能排斥他人独立完成的与之相近似甚至相同的作品也取得著作权；通常可以自动产生，而工业产权必须经过法定程序完成必要的技术和法律上的审查、检索、鉴别、公示，接受异议甚至争议，予以登记注册才能产生。著作权有合理使用、法定许可、强制许可等权利限制制度，而且比商标权对公众精神文化生活的影响更紧密。它与每个人息息相关，而创作者最广泛，使用者也最广泛。[④] 其次，从立法沿革看，商标法、专利法在实施时就有刑事责任；在 1990 年著作权法实施时却没有刑事责任规定，原因在于立法者认为侵犯著作权危害性不如侵犯注册商标或假冒他人专利行为严重。最后，如果认为同属知识产权就在犯罪构成设计上对有无“营利目的”必须统一，则非法使用注册商标、非法复制发行他人作品都构成犯罪，而非法实施他人专利却不构成犯罪，令人更难理解。

---

① 参见唐稷尧：《知识产权犯罪利益背景与刑事控制》，载《中国刑事法杂志》2002 年第 3 期。

② 参见赵秉志、田宏杰主编：《侵犯知识产权犯罪比较研究》，法律出版社 2004 年版，第 226 页。

③ 参见刘春田主编：《知识产权法》（第 3 版），高等教育出版社、北京大学出版社 2007 年版，第 37 ~ 38 页。

④ 参见阎晓宏：《努力推进我国版权事业的发展——在中国知识产权研究会第五次全国代表大会暨学术报告会上的讲话》，载《知识产权》2008 年第 4 期。

第二，论者对世界各国惩治侵犯著作权犯罪的“发展趋势”的把握似乎有失片面，如欧盟立法指令难道不是一种有利的趋势吗？

第三，关于社会危害性根据似乎有合理性；但问题是，此类论据并无实证根据，在事实层面，真正对著作权构成严重侵犯的还是营利侵权。

第四，关于证据考虑也不足以成为废除论的根据。由于我国侵犯著作权犯罪门槛较高，“营利目的”是不证自明的[①]，而且所有的目的犯都不可避免地会出现“取证难”的问题。

2. 保留论的辩护

“保留论”认为，应维持目的犯设置。[②] 本书赞成在非网络环境下保留“营利目的”的观点。

第一，“营利目的”体现著作权刑法保护重点。其一，目的犯的设置减少侵犯著作权行为成立为犯罪的机会，是缩小侵犯著作权犯罪打击圈的刑事政策的反映。[③] 绝大部分著作权严重侵权行为都是由于经济利益的驱动而实施的行为，保留“以营利为目的”，并不会实质上降低版权的刑法保护水平；相反，以刑罚处罚不以营利为目的侵权行为，从预防犯罪的目的看，意义不大。其二，从著作权刑法保护实效看，司法机关对现有犯罪法网相对较小的“营利目的”犯罪的运作实效尚且欠缺，若将众多非“营利目的”的一般侵犯著作权行为都纳入刑事轨道，其负面影响更明显。其三，从著作权刑法沿革看，1994年《惩治著作权犯罪决定》和1997年刑法“营利目的”的起源，可能是要与1990年著作权法第46条第2项规定“未经著作权人许可，以营利为目的，复制发行其作品的”

---

① 参见赵秉志：《侵犯著作权犯罪研究》，中国人民大学出版社2008年版，第307页。

② 参见屈学武：《销售侵权复制品罪疏议》，载陈兴良等主编：《中国刑法学年会文集（第2卷上册·2004年度）》，中国人民公安大学出版社2005年版，第455页。

③ 参见储槐植：《议论刑法现代化》，载《中外法学》2000年第5期。

相适应。作为新中国第一部著作权法，由于重视个人的合理使用，在责任部分就自然突出了侵权须有“营利目的”。立法者最初做如此限定的理由，主要是考虑到著作权立法起步较晚，公民著作权保护意识不强，应缩小刑法打击面，重点惩罚常见、多发的贪利型犯罪。[①] 而一般大规模复制、发行侵权复制品的行为需要耗费一定的人力、物力，通常人们只有出于营利的目的，才会投入高额的成本从事这种侵权活动。其四，从修改看，由于2001年著作权法第46条、第47条均无须具备营利的目的，于是学者认为，刑法与专门法产生了冲突。[②] 其实，这不能说是“冲突”：2001年著作权法在“营利目的”上的修改无疑表明立法者认识有了变化；但刑法具有“不完整性”，仅选取其中严重侵权行为作为制裁对象，从而与侵权法、行政处罚法形成合理“梯度”。关于是否要贯彻“扩大著作权刑法保护”而取消“营利目的”，理由不是著作权法的变化本身，而取决于著作权刑法保护的需求与合理性。

第二，“营利目的”具有哲学依据。其一，著作权哲学四种主要理论即激励论、劳动论、人格论和社会规划论中，不同立法理念造成是否将“营利目的”作为侵犯著作权犯罪构成要件。[③] 采激励理论和社会规划论的国家大都要求“营利目的”。因为“非营利目的”侵犯者和权利人之间不存在经济利益上的竞争关系，激励机制仍然存在；或者“非营利目的”犯罪必然打破著作权人、传播者、社会公众之间的利益平衡而有损于构建文化繁荣的理想社会。相反，采劳动理论和人格理论的国家则大都不要求“营利目的”。

---

① 参见赵秉志：《侵犯知识产权犯罪研究》，中国方正出版社1999年版，第219页。

② 参见邸瑛琪：《试析侵犯著作权罪的法律冲突》，载《河南社会科学》2002年第3期。

③ 参见高荣林：《论著作权犯罪“以营利为目的”的哲学依据》，载冯晓青知识产权网 http://www. fengxiaoqingip. com/ ipteseluntan /luntan1/lt1lilun/1zhexue/20090211/3443_3. html。

因为著作权是天赋权利和个人劳动财产，或者在著作权中混入了人格因素，则不管侵犯者是否“以营利为目的”，都会因侵犯财产或人格而构成犯罪。其二，从我国《著作权法》第 1 条规定“鼓励”和“促进社会主义文化和科学事业的发展与繁荣”等来看，我国著作权立法应该是以“激励理论”和“社会规划理论”为哲学依据来建构的。这决定侵犯著作权犯罪要求“营利目的”。“天赋人权”劳动理论未被我国接受；作者享有“人格权”也折射出“人格理论”规定，但《民法通则》第 100 条规定侵犯肖像等人格权要以“以营利为目的”，侵犯著作人格权也同样如此。

第三，“营利目的”具有道德正当性。立法初衷在于打击严重犯罪而非单纯保护著作权，中国刑法目前对之采取限制打击的刑事政策，是与经济发展水平和公众法律意识相符的，[①] 从而体现出刑法对行为人道德标准的低要求。有学者分析了非营利行为的危害性。[②] 由于著作权侵害与盗窃行为性质迥异，“非营利目的”侵犯著作权无施以自由刑之必要。[③] 还有论者认为，很多“非营利目的”侵犯著作权行为促进了信息和作品有效传播，在很大程度上是具有“社会相当性”且有利于社会进步的行为，因而不具有刑事违法性。[④]

第四，“营利目的”有助于保障合理使用。“合理使用”原则来自于《伯尔尼公约》第 9 条第 2 项规定；WIPO《版权公约》第 10 条和《表演和录音制品条约》第 16 条作了肯定。我国《著作权

① 参见胡驰：《论侵犯著作权罪的价值取向及其刑罚应用》，载《刑法问题与争议》2004 年第 2 辑，第 140、149 页。

② 参见胡驰：《侵犯著作权犯罪目的比较研究——基于法定营利目的存废争议的比较》，载《刑法问题与争议》2004 年第 1 辑，第 306 ~ 320 页。

③ 参见蔡金抛等：《著作权侵害行为之刑事处罚》，载台湾政大智慧财产所网站，http://iip.nccu.edu.tw/iip/NEW - iip/ page/review/review3 - 920125.htm。

④ 参见葛磊：《社会进步与法益保护的平衡——论网络环境下著作权刑法保护的有限扩张》，载《科技与法律》2007 年第 2 期。

法》第22条第1项规定，为个人学习、研究或欣赏目的而使用他人已发表的作品的不构成侵权，法律责任中也没有将个人使用列为侵权范围，个人使用构成犯罪的观点也无从谈起。相反，“非营利目的”侵权构成犯罪则易致侵蚀合理使用这一领地的弊端。例如，我国台湾学者就批评我国台湾地区“著作权法”刑责规定过于泛滥，因为它并不问其侵害情节轻重、是否具营利意图。成大MP3事件后，“监察院”监察委员反映各界意见，要求行政部门应检讨著作权法刑罚规定，就无营利意图之侵害著作权行为应除罪化。[①]马普协会Reto M. Hilty所长也提出，对作品的私人享用应当成为一项“特权”（privilege），人们应意识到著作权的社会责任，对主张专有权设置限制。[②] 美国《追诉知识产权犯罪手册》认为，合理使用是刑事抗辩事由之一，尤其是美国版权法第506（a）（1）（B）条和第506（a）（1）（C）条情形，而第506（a）（1）（A）条便是立法上推定该情形下的“商业使用”为“非合理使用”。[③]

3. “传统—网络二分论”的走向

“传统—网络二分论”，大致是指针对网络环境下侵权特征，刑法对侵犯信息网络传播权行为特别规定“非营利目的”的故意侵权犯罪，但对传统侵权行为仍以营利为目的为妥。[④] 笔者赞成这

---

① 参见章忠信：《著作权侵害行为之刑事政策检讨》，载台湾《万国法律》2002年10月刊。

② See Reto M. Hilty, “Five lessons about copyright in the information society: reaction of the scientific community to over－protection and what policy makers should learn”, *Journal of the Copyright Society of the U. S. A.*, 2006(1－2), pp. 103－138.

③ See U. S. Dep't of Justice, Prosecuting Intellectual Property Crimes 17 (3d ed. 2006), available at http:// www. usdoj. gov/ criminal/ cybercrime/ipmanual/ipma2006. －pdf., pp. 67－68.

④ 参见张伟君：《网络环境下侵犯著作权之刑事责任初探》，载沈仁干主编：《数字技术与著作权：观念、规范与实例》，法律出版社2004年版，第123页。

种“二分论”，它是适应现代科技的发展、加强对著作权保护的需要。[①]

第一，“非营利目的”模式形成与推广直接与网络侵权紧密相关。

“非营利目的”模式是从美国形成的。原来它也是“营利目的”模式的版权刑法制度，为商业利益或个人的经济利益目的（只要是“希望或可能获得利益”即可），是版权犯罪成立的最主要的条件。[②] 但是，1994 年美国发生 United States V. La Macchia 案[③]引发了其模式转变。案情大体是：1994 年麻省理工学院学生 La Macchia 将十分流行的版权专有电脑软件，放到国际联网计算机公告栏系统上，并邀请使用者去自由复制，在短短六个星期内，给版权人造成了一百多万美元的经济损失；但由于其行为并不以商业利益和个人的经济利益为目的，因而美国法院依照当时有关刑事规定，无法对其追究版权侵害刑事责任。于是，美国国会开始修正版权法，于 1997 年通过 NET 法案，修改了联邦版权法第 506（a）（1）条，除了在第 506（a）（1）（A）条中规定“以商业利益或私人财政收益为目的”犯罪外，在第 506（a）（1）（B）条增加“非营利目的”但达到数量与零售价值要求的侵权为犯罪的规定。2005 年《艺术家权利和盗窃预防法》在第 506（a）（1）（C）条所增加的第三类侵犯版权犯罪同样采“非营利目的”模式。司法实践中非营利版权犯罪案件数量远比国内废除论者所预期的要少得多。美国第一个根据第 506（a）（1）（B）条定罪的判例发生在 2000 年，是一位大学生因复制软件并在公共网站上传播而在 Ore-

---

① 参见赵秉志：《刑法应取消著作权犯罪中的“以营利为目的”的主观要素》，载《中国版权》2007 年第 5 期。

② *United States Code Service*, Title 17 USC S. 506（a）, Lawyers Co – operative Publishing, 1994, p. 577.

③ United States v. La Macchia, 871 F. supp. 535（D. Mass., 1994）.

gon 州被定罪。[①]

“非营利目的”模式通过双边条约逐步向国际推进。例如，美国与新加坡《自由贸易协议》在第 16 章“知识产权”中规定“知识产权的实施”即第 16.9 条，其第 21 项要求缔约各方应提供刑事制裁程序及处罚，至少应适用于达到“商业规模”之故意侵犯著作权及相关权利之盗版者，不论有无商业上利益或金钱上获利的目的。同时，美国与越南、约旦、澳大利亚、新加坡、智利、摩洛哥等国的双边协议也有此类规定，如视为刑事犯罪的包括整体上重大金额（with a significant aggregate monetary value）的版权盗版，但不以为了获得经济利益（for financial gain）为必要。[②] 不少其他国家也逐渐将“非营利目的”的侵犯著作权行为纳入刑事犯罪。

第二，网络环境下宜调整“营利目的”设置。

“营利目的”正是社会危害性理论的要求所致。分则在具体的犯罪构成规定上，会从主客观要件的综合考虑上使被入罪的行为具有犯罪所要求的“严重社会危害性”。如果某一犯罪的客观方面尚不足以达到这种“严重社会危害性”，分则就会强调其主观上的恶意，从而使构成要件在总体上满足社会危害性的“严重”程度。我国著作权刑法中的“营利目的”正是这种理论使然；但网络环境下，变化也许正在发生。网络环境下侵犯著作权犯罪并非均为贪利型，其动机与目的趋向多元化。由此，“营利目的”在网络环境中呈销蚀走向。例如，2006 年陈凯歌导演的电影《无极》被一位叫胡戈的自由职业者极具讽刺性地改编成了网络短片“一个馒头引发的血案”，并迅速在网上传播。该片全部是采用“无极”中一些演员的画面造型，超出了“适当引用”的范围，对著作权人的

---

① Kristine Olson and Sean B. Hoar, “District of Oregon Nets First Conviction for Copyright Infringement on the Internet”, 47 *FED. LAW.* 28 (2000).

② Carsten Fink , etc. ,“Tighting TRIPS : the intellectual property provisions of recent US free trade agreements”, *World Bank Trade Note*, No. 20, Feb. 7, 2005.

损害却很大，未“营利”也“侵权”。[①] 传统环境下“营利目的”罪状设计，不利于网络环境下对被害人合法权益的保护。[②]

从主客观要件综合考虑入罪所需的“严重社会危害性”看，“非营利目的”侵权在网络环境下的社会危害性远大于传统环境，故刑法除对以营利为目的的网络侵权重点打击外，还宜将严重的“非营利目的”网络侵权情形纳入刑法规制之内。为保持罪刑均衡，此时对“营利目的”网络侵权则宜规定为加重情节。比如，美国版权法第506条就是将“营利目的”作为选择性要件或加重情节要件来规定的，但它并不局限于网络环境的侵权：第506（a）（1）（A）条中仍保留“营利目的”要件；只是第506（a）（1）（B）条和第506（a）（1）（C）条对侵权复制品零售价值超过1000美元的情形无“营利目的”要件，却规定了目的加重情节。故将非“营利目的”网络侵权规定为构成行为后，仍存在对作为加重情节的“营利目的”认定问题，如“点击——广告——收入”的营利模式使间接营利甚为普遍，故相关认定规则应予以完善。

第五节　TRIPS协定中“可使用的救济”与侵犯著作权犯罪刑罚规定

一、TRIPS协定中“可使用的救济”的含义

TRIPS协定第61条第2句和第3句规定了“可使用的救济”（remedies available）。从法律性质来看，救济种类分为两大类：刑罚救济和罚没措施。协定对其还提出了相应的义务要求。“可使用

---

① 参见鲁柯君：《从“一个馒头引发的血案”看我国的“侵犯著作权罪”》，载《长春理工大学学报（高教版）》2007年第2期。

② 参见何俊：《加大著作权犯罪惩治力度的思考》，载《科技与法律》2007年第1期。

的救济”规定，体现了 TRIPS 协定特有的刑罚思想。

（一）TRIPS 协定第 61 条第 2 句项下刑罚救济义务

刑罚救济应包括监禁和/或罚金（imprisonment and/or monetary fines）。“and/or”表明，成员在刑法中对第 61 条第 1 句义务下的案件只规定监禁或只规定罚金或同时规定监禁和罚金的刑罚种类，都是符合协定要求的；至于成员是否还适用其他种类的刑罚如资格刑等，就不是协定要求的范围了。这是从质的规定性对刑罚的要求，成员对此的履行甚为容易。

刑罚救济应符合两个特征要求，即量的规定性：其一是“足以起到威慑作用”（sufficient to provide a deterrent），这与协定第 41 条第 1 款“制止进一步侵权的救济措施”（remedies which constitute a deterrent to further infringements）的总要求是呼应的。其二是“与适用于同等严重性的犯罪所受到的处罚水平一致”。这些要求并不是不言而喻的，需要进行判断才能确定是否满足该等要求；但判断主体、方法、程度等，实难提出统一的标准。例如，WIPO 的一份文件中，曾就刑罚的量的问题指出，需要考虑被告人的支付能力、犯罪时所受刺激及再犯可能性；[①] 又如，侵权行为的蓄意或预谋程度对所处的财产刑轻重有影响，被告人是否犯有数罪或是否属于再犯是另一个影响因素。

（二）TRIPS 协定第 61 条第 3 句项下罚没措施义务

其一，该项义务本身是非刑罚救济，是在适用刑罚过程中的附随救济措施。之所以规定在第 61 条中，可能与该条的主题即“刑事程序与救济”（criminal procedures and penalties）有关，罚没措施即使不属于“criminal penalties”（虽有时也具备 penalty 的意味），也至少属于“criminal procedures”，协定将其定性为“remedies available”。相反，TRIPS 协定第 46 条和第 59 条对侵权商品的销毁或处置等措施的规定，就是属于行政、民事救济措施和边境措

① See WIPO/IP/UNI/DUB/04/7, p. 20.

施了。

其二，罚没措施应包括“扣押、没收和销毁”（seizure, forfeiture and destruction）侵权货物和主要用于侵权活动的任何材料和工具。不过，对于规定了“没收财产”刑罚的成员来说，此处的“forfeiture”仍不属于其作为刑罚的“没收财产”（confiscation of property）。

其三，TRIPS 协定对提供此类救济措施也使用“shall”的措辞，可见也是成员的义务；但与协定第 61 条第 1、2 句义务规定方法不同的是，本句附加了履行义务的条件，即“在适当的情况下”（in appropriate cases）。有观点认为，罚没措施义务并不是强制性的，何为“适当的情况”一般应由国内法来决定。本书认为，单从文本来看，这似乎是附条件的义务，但实际上可能不是这样。只要成员对义务范围内的案件进行刑事程序过程中，发现有侵权货物（the infringing goods）和主要用于侵权的材料和工具（any materials and implements the predominant use of which has been in the commission of the offence），就应认为是属于“appropriate cases”；相反，如果案件已没有可罚没的侵权货物或侵权材料、工具，才是非“适当的情况”。

其四，针对不同的罚没对象，适用罚没措施的条件不同：对于罚没侵权货物，协定使用“the infringing goods”的措辞；而对于罚没材料和工具（any materials and implements），则附加了“主要用于侵权”的修饰即使用了“which”从句进行限定（the predominant use of which has been in the commission of the offence）。

（三）TRIPS 协定第 61 条体现的刑罚思想：折中论

TRIPS 协定第 61 条是采用刑罚理论中折中论的典型例子。其一，自由刑和财产刑是当代最常使用的刑罚种类，故在协定中被规定为义务。由于侵犯著作权犯罪属于智力型犯罪，如英国对版权犯罪直到 19 世纪末也一直没有监禁刑而只有罚金和没收规定及损害赔偿救济[①]；在有些国家仍可能侧重于财产刑。从理论上讲，在对罪犯的刑事惩罚中，自由刑比财产刑能对罪犯产生更为强大的威慑作用，从而在预防、阻止犯罪上产生更为明显的社会效果，故协定中“监禁”这一救济措施得到了强调。当然，自由刑和财产刑的配合使用，甚至财产刑的侧重使用，将会产生更为有利的社会效果。其二，从刑罚救济应符合的两个特征要求来看，“足以起到威慑作用”这种威慑论属于预防刑论的范畴；对版权盗版施加刑事惩罚，是为了威慑犯罪以保护著作财产权。“与适用于同等严重性的犯罪所受到的处罚水平一致”，这属于报应刑论的要求，报应主义分配原则可归结为一句俗语“罪有应得”，即重罪重判，轻罪轻判。[②] 这便大致做到了刑罚分配的公平原则。虽然成员有很大裁量权来决定如何在国内法框架中确定何为“同等严重性”的犯罪，但协定关于“水平一致”的要求却体现了公正价值的要求，使报应刑的思想在制度中能得以存在。其三，罚没措施规定，其实起到了剥夺犯罪人再犯能力的作用，这体现了该类救济措施“特殊预防”的目的。

TRIPS 协定体现的折中论刑罚思想与刑罚理论的主流观点具有一致性。通说认为，单纯的报应刑论和预防刑论都有失偏颇，刑罚目的兼有报应与预防两个层次：一是以已然之罪为根据对犯罪实施报应，并且是在“主观恶性”与“社会危害性”基础上的道义报应与法律报应的二元统一；二是以未然之罪为根据对犯罪实施预防，并且是一般预防与特殊预防的二元统一。因此，折中论得到了大多数学者的支持，但内部也存在不同观点。随着刑罚轻缓化的发展和人道主义刑罚时代的到来，报应刑的观念会逐渐淡化。而社会文明程度的提高和犯罪的有效治理，实施犯罪的人数会减少，预防

---

① See K. M. Garnett, *Copinger and Skone James on Copyright* (15th ed.), London: Sweet and Maxwell, 2005, p. 1103.

② 参见陈兴良：《刑法公正论》，载《法学研究》1997 年第 3 期。

刑的重点逐渐会由一般预防转向特殊预防。就法理意义而言，侵犯著作权犯罪是一种法定犯罪，刑事政策所追求的目标应该是有效遏制，而不是单纯的报复和惩罚。[①] 一方面，刑罚天然地具有其他法律制裁所不可相比的威慑作用；另一方面，刑罚的适用也突出其威慑作用以预防犯罪，即以有效遏制严重侵犯著作权犯罪行为的增长和蔓延为目标。

由于 TRIPS 协定第 61 条对成员具有义务约束作用，故在著作权刑罚制度上会产生深刻影响。其一，2007 年欧盟《指令草案》第 4 条、第 5 条就规定了刑罚：最高刑为至少 4 年监禁、最高额至少 30 万欧元；其刑罚种类有适当的可选性；刑罚幅度较明确、详细，对监禁、刑事和非刑事罚金都作了定量规定；还扩大了没收权限。从而有利于厘清何谓“足以起到威慑作用”，并提供了具体制度规定。这在一定程度上是对协定第 61 条“足以起到威慑作用”的模糊性刑罚规定的完善，具有更大的可操作性。当然，正因为规定的详细，也引发了一些反对意见。其二，在有些国家侵犯著作权犯罪刑罚出现加重趋势，对重犯或再犯者，一般单独规定较重的处罚。例如，美国 2008 年《优化知识产权资源和组织法案》第 208 条对《美国法典》第 2319 条进行修正，原来再犯加重处刑要求是对三类侵犯版权犯罪中同类犯罪的再犯，该修正则只要求再犯本身是重罪同时又属于三类侵犯版权犯罪中的任何一类即可。[②] 可见，加重处罚的条件有所放宽，刑罚制裁较以前更严厉。香港海关提出所谓的“断点理论”，即假设售卖物品所需的总成本超过从售卖盗版所得的利润，盗版业务将不能生存。根据这一理论打击零售层面的侵犯版权犯罪者，海关人员每天搜查同一盗版物品零售点，最高

---

① 参见曲三强：《从“窃书不算偷”到“窃书就是偷”——顾盼中国著作权刑法保护的发展历程》，载《中国版权》2008 年第 6 期。

② SEC. 208, Prioritizing Resources and Organization for Intellectual Property Act of 2008.

达4次。[①]

（四）专家组报告对“可使用的救济”问题适用司法救济原则

在“争端案”审理中，美国认为我国未能使必要的救济“可获得”或者足以威慑盗版和假冒。专家组报告在第7.675段指出，美方该项指控依赖于（contingent upon）其关于协定第61条第1句义务指控的裁决结果，由于后者未能证实，故关于第61条第2句项下指控本身的附加调查无助于争端的积极解决，专家组认为不必对该指控作出裁决。[②]

可见，专家组报告并未给研究“可使用的救济”问题提供多少有价值的资料。该要求在该“争端案”裁决中实际上是被回避了，但问题依然存在。国际上有种比较流行的观点认为，协定使用“available”的措辞，不仅指成员立法上有对侵权的刑事救济规定，而且要在实践中事实上被使用，法律规定本身并不使刑事程序具有“可获得性”。[③] 本书认为，这种观点强调规范的适用，值得重视，并涉及司法的实效问题，第五章将有专门论述；此处仅探讨其规范制定本身即立法的实体内容，是否与协定第61条第2、3句的义务要求相符。

二、我国侵犯著作权犯罪刑罚规定与TRIPS协定的符合性

（一）侵犯著作权犯罪的刑罚规定与协定的符合性

刑法第217条规定的基本刑是“处三年以下有期徒刑或者拘役，并处或者单处罚金”；加重刑是“处三年以上七年以下有期徒刑，并处罚金”。第218条只有一档刑罚，即“处三年以下有期徒刑或者拘役，并处或者单处罚金”。

---

① 参见汤显明：《香港打击侵犯版权罪行概论》，载《河北法学》2008年第4期。

② See WT/DS362/R, para 7.675.

③ See *IIPA Paper on Copyright Enforcement under the TRIPS Agreement*, October 2004, p.3.

以 TRIPS 协定第 61 条第 2 句的要求来检验我国对侵犯著作权犯罪案件的刑罚规定，可知：刑罚种类符合协定要求；需要判断的是其两个特征要求，即是否“足以起到威慑作用”和“与适用于同等严重性的犯罪的刑罚水平相一致”。有种观点认为，对第 214 条之罪的处罚却远远重于第 218 条，二者相比罪责刑显然不均衡；提出将销售侵权复制品罪的起刑点从“数额巨大”降为“数额较大”，同时将法定最高刑由 3 年以下有期徒刑降为 2 年，以保持与销售假冒注册商标的商品罪之间的平衡，并体现与侵犯著作权罪在危害程度上的不同。① 对此，笔者认为，这种建议其实是回到 1994 年曾经采取的两档刑罚幅度模式上去了。1997 年之所以在纳入刑法典时对两罪采取不同纳入策略，就是因为立法者认为销售侵权复制品罪与销售假冒注册商标的商品罪在社会危害严重性程度上存在差别，其应刑罚性就存在差异，保持平衡就失去了基础，比如二者的悖德性迥异、造成的损害也不相同等。前述观点只看到协定中对“刑罚水平相一致”的要求而未注意到比较的前提是“同等严重性的犯罪”。从协定义务角度指责刑法第 218 条刑罚之不妥，也是对各成员有权自主决定履行协定义务的“适当方法”的忽视。我国刑法第 217 条即足以确保“具有商业规模的蓄意版权盗版”行为受到刑事制裁，由此著作权刑法制度的其他部分如刑法第 218 条就不应在 TRIPS 协定框架内受到指责和质疑，侵犯著作权犯罪的刑罚规定与 TRIPS 协定具备符合性。当然，我国如果通过司法解释等途径，提高不同侵犯著作权行为的刑罚区别性，则是自我调整履行协定义务“实施方法”的问题了。

（二）我国罚没措施规定与 TRIPS 协定的符合性

我国学界有种观点认为，刑法没有规定对侵权商品或者侵权复

① 参见苏彩霞：《中国刑法国际化研究》，北京大学出版社 2006 年版，第 220 页。

制品的处理，不符合 TRIPS 协定第 61 条第 3 句下的义务要求。[①]笔者认为，此种观点值得商榷。

我国是否履行了协定关于罚没措施要求的义务，并不局限于刑法典，而应着眼于国家的整个法律制度是否提供了符合协定要求的罚没措施。基于这一理解就会发现，我国已经充分履行了该义务。《著作权法》第 48 条规定了 8 种侵权行为，除应承担民事责任外，如果“同时损害公共利益的，可以由著作权行政管理部门责令停止侵权行为，没收违法所得，没收、销毁侵权复制品，并可处以罚款；情节严重的，著作权行政管理部门还可以没收主要用于制作侵权复制品的材料、工具、设备等”。第 52 条规定：“人民法院审理案件，对于侵犯著作权或者与著作权有关的权利的，可以没收违法所得、侵权复制品以及进行违法活动的财物。”这两个条文，其实是在著作权部门法中规定了两种类型的罚没措施：一种是作为行政处罚，由行政机关适用，不是在刑事程序之中；另一种是作为司法处理，由法院适用，而且此时的司法审理应当包括著作权刑事司法审理。从二者所涵盖的罚没对象来看，无疑包括了 TRIPS 协定第 61 条第 3 句的“侵权货物和主要用于侵权活动的任何材料和工具”；但作为履行协定刑事程序义务的，则只能是已构成侵犯著作权犯罪“适当的情况”中的罚没措施。具体体现为两种：一是根据《著作权法》第 48 条罚没措施规定进行行政处罚后再移送刑事司法的；二是根据《著作权法》第 52 条法院在著作权刑事案件审理中适用的罚没措施。

2009 年国家版权局修订的《著作权行政处罚实施办法》第 31 条第 1 款规定：“违法行为情节严重的，著作权行政管理部门可以没收主要用于制作侵权制品的材料、工具、设备等。”该条第 2 款

① 参见赵秉志：《关于完善我国侵犯著作权犯罪立法的几点建言——TRIPS 协议与我国侵犯著作权犯罪立法之比较》，载《深圳大学学报》（人文社会科学版）2006 年第 5 期。

对前款所称“情节严重”进一步规定为：（一）违法所得数额（即获利数额）在 2500 元以上的；（二）非法经营数额在 15000 元以上的；（三）经营侵权制品在 250 册（张或份）以上的；（四）因侵犯著作权曾经被追究法律责任，又侵犯著作权的；（五）造成其他重大影响或者严重后果的。这为对“主要用于制作侵权制品的材料、工具、设备等”之没收，提供了操作标准。

上述观点之所以认为我国不符合协定义务要求，原因在于片面地看待刑法第 64 条，其规定：“犯罪分子违法所得的一切财物，应当予以追缴或者责令退赔；对被害人的合法财产，应当及时返还；违禁品和供犯罪所用的本人财物，应当予以没收。没收的财物和罚金，一律上缴国库，不得挪用和自行处理。”该条关于“犯罪分子违法所得的一切财物”以及“违禁品和供犯罪所用的本人财物”的处理，显然难以包括侵权商品以及侵权复制品这种由侵犯著作权犯罪行为所生成之物。该条的“犯罪分子违法所得的一切财物”应是指“犯罪所得”（严重的违法所得）而不是“违法所得”（一般违法所得）①；而刑法第 217 条、第 218 条中的“违法所得数额”都是“获利”数额，故侵权复制品不是“犯罪所得”，也非“供犯罪所用”，难以纳入刑法第 64 条。但即便如此，也不能说我国刑法不符合 TRIPS 协定罚没措施的义务要求；TRIPS 协定第 61 条第 3 句本来就不是把罚没措施当做刑罚（penalty），而是异于刑罚的“救济”（remedy）；刑法自然不一定会作出规定了。

罚没措施的适用日趋引起学界重视。一方面，正如有学者所指出的，将关于犯罪所得的立法应用于知识产权犯罪领域，将是执行知识产权的一个潜在工具，对假冒和盗版会产生降低其积极性的结

① 参见徐岱：《犯罪所得之物之刑法解释与适用——以商业贿赂犯罪为视角》，载《中国刑事法杂志》2009 年第 1 期。

果。[①] 考虑到《打击有组织犯罪国际公约》迄今已有120个成员国，其第12条第1款就规定了对犯罪所得的没收措施。如果能借助该“没收”机制，对侵犯著作权的跨国有组织犯罪就将能予以沉重打击。另一方面，不少国家还利用罚没措施机制来实现对被侵权人经济补偿规定的目标，即司法机关所没收的犯罪人非法所得、犯罪工具或者设备、侵权复制品可以折价补偿给侵犯著作权犯罪中的被侵权人，作为对其合法权益的赔偿。例如，法国《知识产权法典》第L·335-6条和第L·335-7条就是这样规定的，英国著作权法也有类似规定。有些发展中国家已经借鉴这类立法，如泰国1994年著作权法第69~77节作出了刑罚规定，其中一个独特之处是，第76节规定法院向著作权犯罪人收取的罚金一般要支付给著作权人，第75节规定所有的侵权复制品成为著作权人的财产，用于实施违法犯罪的物品则予以没收。[②] 我国也有论者提出[③]，将我国刑法第64条的“没收的财物和罚金，一律上缴国库，不得挪用和自行处理”的规定改为“没收的财物可以折抵价值赔付给因犯罪遭受重大损失的被害人或者被侵权人”；而《著作权法》第52条可增加“没收的财物可以折抵价值赔付给因犯罪遭受重大损失的权利人、与著作权相关的权利人”的规定。不过，这已不是协定义务所要求的范围了。

---

① See Louise Blakeney and Michael Blakeney , Counterfeiting and Piracy – Removing the Incentives Through Confiscation, E. I. P. R. 2008, 30(9), pp. 348 – 356.

② See Ida Madieha bt. Abdul Ghani Azmi, “Development of law in Asia: divergence versus convergence. Copyright piracy and the prosecution of copyright offences and the adjudication of IP cases : is there a need for a special IP court in Malaysia?” in Paul Torrenmans (eds), *Copyright Law: A Handbook of Contemporary Research*, Edward Elgar Publishing Limited, 2007, p. 418.

③ 黄晓亮:《论侵犯著作权犯罪之法律后果的立法完善》，载《中国版权》2007年第5期。

第四章

我国著作权刑法在数字网络技术下的有限扩张

数字网络技术带来著作权人利益与社会公众利益之间的失衡，达到一定社会普遍程度时，法律作为利益调节器就应当及时建立新的制度，以恢复利益平衡。WIPO 主持缔结的“因特网条约”率先在国际层面确立“向公众提供权”和保护技术措施、权利管理信息等制度。我国以传统环境为基础制定的著作权刑法需要完成“调整性适应”。本章拟在总体分析数字网络技术下著作权刑法走向的基础上，重点展开对信息网络传播权和技术措施及权利管理信息刑法保护研究。

第一节　数字网络技术下著作权刑法基本走向

一、条约应对：数字网络技术下的“因特网条约”

（一）“因特网条约”的缔结

“因特网条约”是《WIPO 版权条约》（WCT）和《WIPO 表演和录音制品条约》（WPPT）的合称。缔约过程大体可分为三个阶段。第一阶段是 WIPO 设立了两个独立的专家委员会：一个是 1991 年成立的关于制定伯尔尼公约可能议定书专家委员会（the Committee of Experts on a Possible Protocol to the Berne Convention），共召开过7次会议；另一个是1992年成立的关于制定保护表演者和录音制品制作者权利可能新文书专家委员会（the Committee of Experts on a Possible Instrument for the Protection of the Rights of Performers and Producers of Phonograms），共召开过6次会议。WIPO国际局为两个委员会第一次会议各准备了一份备忘录，其中包括提议制定未来条约的内容。第二阶段是从1995年9月开始，专家委员会的讨论改为以成员方政府、欧共体及其成员国提交给委员会的提案（主要是条约草案）为基础。1996年2月专家委员会提出，筹备于1996年12月召开外交会议并由专家委员会主席在WIPO国际局协助下负责为外交会议准备条约草案即“基础提案”，这一建议被WIPO采纳。专家委员会主席Jukka Liedes草拟了关于条约实质条款的基础提案，① 它反映了专家委员会的讨论成果，某些条款由于无法协调各方不同意见，故规定了若干可供选择方案。第三阶段是1996年12月20日在日内瓦召开的关于版权和邻接权若干问题的外交会议上成功缔结了上述两个条约。至2009年4月底，WCT有70个成员，而WPPT有68个成员。

条约缔结是数字网络技术冲击使然。从历史看，缔约各方在接受TRIPS协定1991年“邓克尔文本”时，还无法预测数字技术对版权与邻接权可能带来的挑战。各国政府直到1994年或1995年才了解数字技术，也直到这时它们才意识到数字技术对版权和邻接权将产生重要影响。同样，许多有关数字技术对版权法与邻接权法可能产生影响的国内研究也是在1994年或者1995年开始的，如1994年8月澳大利亚版权融合组提出《变革高速公路——新传播环境下的版权法》，1995年3月加拿大版权分委员会提出《版权与信息

① See Basic Proposal for the Substantive Provisions of the Treaty on Certain Questions Concerning the Protection of Literary and Artistic Works to be Considered by the Diplomatic Conference, WIPO doc CRNR/DC/4 of 30 August 1996; Basic Proposal for the Substantive Provisions of the Treaty for the Protection of the Rights of Performers and Producers of Phonograms to be Considered by the Diplomatic Conference, WIPO doc CRNR/DC/5 of 30 August 1996.

高速公路》，欧盟 1995 年 7 月 19 日提出《信息社会中版权与有关权绿皮书》[COM（95）382 Final]，法国 1994 年 9 月提出《新技术下的文化产业》（Industries Culrurelles et nouvelles technologies），日本文化部 1995 年提出《关于多媒体版权的分委员会工作组讨论的报告》，美国 1995 年 9 月公布《知识产权工作组报告》。[①] 所谓的数字议程（digital agenda）仅仅出现在 WIPO 为 1995 年 9 月召开的专家委员会会议所准备的备忘录中。于是，与数字技术有关的版权议题被迅速纳入到议程中，并且最终被纳入到这两个条约中，从而成功地为与因特网相关的问题提供了全球性解决方案，使作者、表演者及录音制品制作者确信他们不仅在传统领域而且在数字时代也将获得适当的保护。

条约缔结也是发达国家版权产业利益使然。由于全民参与，网络版权利益与年俱增。为回应数字网络技术对著作权制度的冲击，20 世纪 90 年代美国克林顿政府就成立了专门的知识产权工作组，并于 1995 年推出关于“知识产权与国家信息基础设施”的最终报告。由于担心过于激进的版权立法可能在国内遭到反对，于是克林顿政府采取一种“避重就轻”（学者称为“briar patch”[②]）的战略：先推动在 WIPO 提出数字议程，于 1996 年成功地通过了“因特网条约”。美国政府反过来再劝说国会，批准这两个因特网条约是必要的，以确保美国在世界知识产权领域的领导地位和促进美国版权产业信息产品和服务在世界市场的利益。[③] 为适应加入“因特网条约”的需要，导致 1998 年 10 月美国又顺理成章地出台《数字千年版权法》（DMCA）（该法“孵化”出众多的评论文章），这

---

① 参见［德］莱因伯特等：《WIPO 因特网条约评注》，万勇、相靖译，中国人民大学出版社 2008 年版，第 5 页。

② “briar”是石南根（尤用于制烟斗），引申为坚硬之物，“patch”是补丁、补片之意，笔者认为“briar patch”大意就是“避重就轻”。

③ Pamela Samuelson,“the US Digital Agenda at WIPO”,37 *VA. J. Int'l. L.* 369, p. 373,1997.

样就压制了国内的反对。随后，欧盟和澳大利亚也先后推出《关于协调信息社会版权和有关权的指令》和《数字版权法议案》。美国及欧洲等国的“战略”表明，网络版权规则“一体化”实际是发达国家保护与限制规则的国际化与“化”国际，[①] 从中确实可窥一斑。

（二）“因特网条约”的创新

“因特网条约”的重要意义可与TRIPS协定相媲美。TRIPS协定关于版权及有关权的内容，主要针对的是传统环境下情形，故有学者认为，在“因特网条约”缔结后（以至在不久将缔结的WIPO数据库条约等条约后），协定已没有太重要的意义：因为其中传统的应保护内容，早已被伯尔尼公约覆盖，因新技术采用而新提出的内容，又已被新条约所覆盖。[②] 从WCT和WPPT实体条文看，“因特网条约”也规定了传统环境下复制权、发行权等权利，但最重要的创新莫过于对数字网络技术下著作权和邻接权权能的全新设定，主要体现在以下三方面：

第一，“因特网条约”授予著作权人和表演者及录音制品制作者“向公众提供权”，将传播方式扩大到一切可能的传播方式，将著作权和邻接权保护拓展到网络空间。WCT第8条规定了作者“向公众传播的权利”，其中包括作品的“提供权”，即在不损害《伯尔尼公约》相关规定情况下，文学和艺术作品的作者应享有专有权，以授权将其作品以有线或无线方式向公众传播，包括将其作品向公众提供，使公众中的成员在其个人选定的地点和时间可获得这些作品。WPPT第10条和第14条分别为表演者和唱片制作者规定了“向公众传播的权利”，其中包括“提供已录制表演的权利”和“提供录音制品的权利”，即“以公众中的成员个人选择地点和

① 参见乔生：《网络版权保护的趋势与发展——兼论合理使用的抗争与探索》，载《法学杂志》2009年第2期。

② 参见郑成思：《知识产权论》，社会科学文献出版社2007年版，第407页。

时间的方式，使公众获得”其已录制表演或录音制品的权利。

第二，“因特网条约”将技术措施保护规定为缔约方的义务。WCT 第 11 条“关于技术措施的义务”规定，缔约各方应规定适当的法律保护和有效的法律补救办法，制止规避由作者为行使本条约或《伯尔尼公约》所规定的权利而使用的、对就其作品进行未经该有关作者许可或未由法律准许的行为加以约束的有效技术措施。WPPT 第 18 条措辞大体相同，但指明是表演者、录音制品制作者就其表演、录音制品而使用的技术措施。数字网络环境下零成本非法复制极其容易，技术措施是著作权人技术意义上的“反复制自我保护”；但非法复制者却专门从事软件“解密”等技术措施规避行为，故需授权数字作品的著作权人有权禁止他人未经许可的规避技术措施行为，各缔约方自行通过立法规定以何种方式来保护技术措施。

第三，“因特网条约”将权利管理信息保护规定为缔约方的义务。WCT 第 12 条第 1 款规定，缔约各方应规定适当和有效的法律补救办法，制止任何人明知或就民事补救而言有合理根据知道其行为会诱使、促成、便利或包庇对本条约或《伯尔尼公约》所涵盖的任何权利的侵犯而故意从事以下行为：未经许可去除或改变任何权利管理电子信息；未经许可发行、为发行目的进口、广播，或向公众传播明知已被未经许可去除或改变权利管理电子信息的作品或作品的复制品。WPPT 第 19 条第 1 款使用了相同的措辞。

分析可知，在“因特网条约”中，适用于网络环境的“向公众提供权”是作为著作权和邻接权的权能内容规定的；而技术措施与权利管理信息未列入“权利”范畴，而明确是为保护《伯尔尼公约》或“因特网条约”自身所规定权利的“手段”（或防止其被侵犯）。有学者将互联网上版权作品的权利人享有的权利归纳为：对版权作品的直接或间接复制权（包括暂时复制及永久复制）；通过有线或无线方式向公众传播的权利；发行权；版权保护技术措施；版权管理信息。① 这其实是不适当的，是对权利与权利手段的混淆。我国 2001 年著作权法第 10 条中也未把第 47 条所规定的技术措施和权利管理电子信息保护两项内容作为著作权的权能，但后两者仍可获得法律保护，可见它们虽不是权利但属于法益。

（三）“因特网条约”关于权利行使条款的规定

1. 刑法保护不是“因特网条约”的强制义务

在“因特网条约”中文作准文本中，“权利行使”一词的对应英文为“enforcement of rights”，在 TRIPS 协定中翻译为“权利实施”，还有人翻译为“执法”等。在专家委员会主席编拟、提交给“因特网条约”外交会议讨论的 WCT 基础提案第 16 条和 WPPT 基础提案第 27 条中，作出了相同的规定，即就“关于权利行使的特别条款”规定了为数不多的两种可供选择的方案，都是以 TRIPS 协定第 41 条至第 61 条规定的执法措施为基础的：“方案 A”是，有关权利行使的特别条款见本条约附件，并规定附件构成本条约的组成部分。该附件是对 TRIPS 协定第 41 条至第 61 条规定的执法措施进行某些技术上的修改后而制定的。“方案 B”没有采用在新条约中改写 TRIPS 协定的方式，而是以 TRIPS 协定第 41 条第 1 款的措辞为基础，明确要求缔约各方“应准用”（比照适用）TRIPS 协定第 41 条至第 61 条专门规定的有关执法措施的义务以便能对任何侵犯本条约所规定权利的行为采取有效行动，包括防止侵权的快速补救和遏制进一步侵权的补救。可见，在基础提案中，刑事程序是缔约方的条约义务。

但是，后来的外交会议并没有接受上述基础提案里两个选择性方案中的任何一个。WCT 第 14 条、WPPT 第 23 条都是“关于权利行使的条款”，作出了相同的规定，即“（1）缔约各方承诺根据其法律制度采取必要措施，以确保本条约的适用。（2）缔约各方应确保依照其法律可以提供执法程序，以便能采取制止对本条约所涵

① See David Bainbridge, *Intellectual Property* (4th ed.), Pearson Edueation, 1999, p. 246.

盖权利的任何侵犯行为的有效行动，包括防止侵权的快速补救和为遏制进一步侵权的补救。”

2. 技术措施和权利管理信息保护不适用“权利行使条款”

WCT 第 14 条、WPPT 第 23 条在各自第 2 款要求，有效执行程序须是为制止任何对“本条约所涵盖的权利”的侵犯而提供的。WCT 所涵盖的权利有第 6 条至第 8 条规定的发行权、出租权和向公众传播权；但依据其第 1 条第 4 款，缔约各方应遵守《伯尔尼公约》第 1 至 21 条的规定，这一“依从条款”将《伯尔尼公约》规定的权利也纳入到 WCT 所涵盖的权利范围中。因此，WCT 第 14 条第 2 款规定的缔约各方有义务提供执法程序以制止对“权利”的侵犯，只适用于 WCT 或《伯尔尼公约》授予作者的实质性权利。但是，WCT 第 11 条技术措施的义务、第 12 条权利管理信息义务，都不构成 WCT 第 14 条第 2 款意义上的作者实质性权利。WCT 第 11 条和第 12 条提供的保护，通过这两条自身的规定得到行使。此外，这两条规定在距离权利行使条款比较近的地方。WPPT 没有 WCT 第 1 条第 4 款之类的“依从条款”，所涵盖的权利更加有限，具体包含在其第 5 条至第 15 条中；而第 18 条和第 19 条的义务不属于 WPPT 第 23 条第 2 款意义上的表演者或录音制品制作者的主观权利（subjective rights），不属于 WPPT 第 23 条第 2 款中的执行义务。①

然而，尽管对“因特网条约”所规定的著作权和邻接权（尤其是其所独创的“向公众提供权”）之刑法保护不是各缔约方的条约义务，但条约缔结后世界各国（地）却纷纷运用刑法手段来保护网络著作权。其一，据统计，本来为适应加入世贸组织的需要，作为成员的各国都已相继修改了著作权刑法保护的立法；但“因特网条约”缔结后，面临网络著作权保护的新需要，各国又掀起

---

① 参见［德］莱因伯特等：《WIPO 因特网条约评注》，万勇、相靖译，中国人民大学出版社 2008 年版，第 228、567 页。

网络环境下著作权刑法保护的立法浪潮，不少国家还将技术措施和权利管理信息也纳入刑法保护之中。其二，在“TRIPS－plus”理论下，双边贸易协定成为推动网络环境下著作权刑法保护的重要手段。近年来，美欧等国频繁与其他国家签订的双边贸易（投资、知识产权等）协定，一般都包含网络著作权刑法保护条款。澳大利亚就是典型的例子：其版权犯罪由1968年版权法规定；为适应TRIPS协定要求，通过1989年和1998年版权法修改法案；为适应“因特网条约”的需要，通过2000年版权法修改法案；为适应其与美国签订的双边协定需要，又通过2004年《澳大利亚—美国自由贸易协议实施法案》和2004年版权法修改法案；2006年最新修改的版权法于2007年1月8日生效。[①] 有意思的是，在网络著作权刑事保护立法上各国（地）呈现出比以往传统领域更大的相似性。

二、我国调整：数字网络技术下我国著作权法律制度

（一）我国网络著作权法律制度的演进

2006年12月29日全国人大常委会作出加入WCT和WPPT两个条约的决定；2007年3月6日我国正式向WIPO递交加入书，2007年6月9日WIPO正式对我国生效。此前，为适应数字网络技术和保护著作权人利益，我国早已作出法律回应，可从全国人大立法、行政立法和最高司法机关的司法解释三个方面考察。这些法律法规以及司法解释构建起一个较为完整的网络著作权法律机制。

第一，全国人大立法。2000年12月28日通过《关于维护互联网安全的决定》，其中规定，利用互联网侵犯他人知识产权，构成犯罪的，依法追究刑事责任。2001年著作权法规定了信息网络传播权等，规定权利人可以为其作品、录音录像制品等采取保护著作权或者与著作权有关的权利的技术措施和权利管理电子信息。根

① 参见于佳佳：《澳大利亚侵犯版权犯罪报告》，载王世洲主编：《关于著作权刑法的世界报告》，中国人民公安大学出版社2008年版，第285页。

据《著作权法》第48条，未经著作权人或者与著作权有关的权利人许可，通过信息网络向公众传播其作品、表演、录音录像制品的，或者规避技术措施的和删除、破坏权利管理电子信息的行为，各应承担民事责任、行政责任，甚至刑事责任。对于信息网络传播权的具体保护办法授权国务院另行制定。

第二，行政立法。国务院于2001年12月28日通过《计算机软件保护条例》第8条规定软件著作权人享有发表、署名、修改、复制、发行、出租、信息网络传播、翻译等各项权利。国务院制定并于2006年7月1日实施的《信息网络传播权保护条例》（以下简称《网络传播条例》），用27个条文规定了信息网络传播权、网络服务商责任、安全港规则、通知—删除与反通知规则、合理使用、法定许可等众多内容。其中法定许可包括远程教育、数字图书馆、网络扶贫等内容，但排除了通过信息网络进行转载或摘编行为。此外，国家版权局和信息产业部2005年联合发布《互联网著作权行政保护办法》，将著作权法中权利人享有的信息网络传播权保护在互联网这一传播媒介中进一步具体化；还制定了《互联网信息服务管理办法》和《中国互联网域名管理办法》等规定。

第三，司法解释。其一，最高人民法院2000年11月22日通过《关于审理涉及计算机网络著作权纠纷案件适用法律若干问题的解释》（以下简称《网络著作权解释》），之后又分别于2003年12月23日、2006年11月20日经过两次修改和补充，被学界称之为“中国版DMCA”。该解释于2000年最初通过时，就将作品扩大到数字化形式，[①] 并率先将网络传播作为著作权人一项权利进行规

① 《网络著作权解释》第2条规定：“受著作权法保护的作品，包括著作权法第三条规定的各类作品的数字化形式。在网络环境下无法归于著作权法第三条列举的作品范围，但在文学、艺术和科学领域内具有独创性并能以某种有形形式复制的其他智力创作成果，人民法院应当予以保护。著作权法第10条对著作权各项权利的规定均适用于数字化作品的著作权。将作品通过网络向公众传播，属于著作权法规定的使用作品的方式，著作权人享有以该种方式使用或者许可他人使用作品，并由此获得报酬的权利。”

定；同时将网站转载、摘编已发表作品规定为法定许可情形，还规定网络服务商共同侵权责任。2003 年修改后，赔偿额变成 50 万元以下，没有最低赔偿额规定；增加技术措施保护的规定，对在网络上销售专门用于破坏技术措施的行为规定了民事责任。2006 年修改后，又对网络侵权行为进行补充规定，删除关于将著作权法报刊转载法定许可制度适用于网络环境（纸面到网络）的规定。其二，最高人民法院、最高人民检察院于 2004 年 12 月 22 日联合出台《知识产权刑事案件解释（一）》，后于 2007 年 4 月 4 日发布了《知识产权刑事案件解释（二）》，其中涉及网络著作权刑法保护内容。该解释（一）把“通过信息网络向公众传播他人文字作品、音乐、电影、电视、录像作品、计算机软件及其他作品的行为”，规定为“视为”刑法第 217 条规定的“复制发行”，使网络著作权得到刑法保护。

（二）信息网络传播权是网络环境中最重要的权利

网络正日益成为主要的传播方式；而在网络环境中，对著作权人和邻接权人最为重要的“专有权利”要数“信息网络传播权”，故它应受到包括刑法在内的法律保护。关于传播权在网络环境中的显赫地位，学界有不少颇有价值的探讨。如有学者提出，知识产权“传播权论”，认为传播权是包括著作权在内的知识产权权利束的“束点”；传播权直接与权利人市场利益相关联。[①] 还有学者提出，在网络环境中应取消复制权的基础地位，确立传播权的基础地位；复制权在传统环境中的基础地位是与技术的限制相关联的，即使静电复印技术下，私人使用的复制与非私人使用的复制还是基本可区分的，但网络环境中“复制”根本无法区分私人使用与非私人使用，相反，传播可以实现这一目标，向公众传播某作品就不是私人

① 参见何鹏：《知识产权传播权论——寻找权利束的“束点”》，载《知识产权》2009 年第 1 期。

使用了。[①] 确实，在《著作权法》第10条规定的16种权能中，发表权、署名权、修改权、保护作品完整权4项著作人身权都要通过传播行为来实现，否则几乎没有意义；复制权、发行权、出租权、展览权、表演权、放映权、广播权、信息网络传播权、摄制权、改编权、翻译权、汇编权12项著作财产权中（未包括兜底的"其他权利"），其要么是传播的具体形式体现（如出租、展览、表演、放映、广播等），要么是传播的环节体现（如复制、发行、摄制等）；而不涉及传播的个人复制等是权利限制的内容。在网络环境中，作品传播异于传统环境的主要之处在于，它是"交互式传播"，即以有线或者无线方式向公众提供作品，使公众可以在其个人选定的时间和地点获得作品，故称"信息网络传播权"。

三、基本走向：数字网络技术下我国著作权刑法有限扩张

（一）不是问题的"问题"："著作权法与刑法之间存在冲突"是个伪命题

从1990年著作权法制定以来，我国著作权制度就一直在沿着弱保护走向强保护的轨迹发展，尤其是2001年著作权法适应数字网络技术所作的修订和2006年《网络传播条例》颁布，更使网络环境下著作权保护有"质变性"完善。与此形成对照的是，著作权刑法的立法完善则一直处于"休眠"状态。

从与刑法第217条对比角度看，《著作权法》第48条关于"构成犯罪的，依法追究刑事责任"的8项侵权大致可分三类：第一类是该条有4项在刑法第217条中没有规定，即"（三）未经表演者许可，复制、发行录有其表演的录音录像制品，或者通过信息网络向公众传播其表演的，本法另有规定的除外；……（五）未经许可，播放或者复制广播、电视的，本法另有规定的除外；

① 参见王太平、姚鹤徽：《论数字时代著作权间接侵权责任制度适用的有限性及出路》，载《电子知识产权》2009年第2期。

（六）未经著作权人或者与著作权有关的权利人许可，故意避开或者破坏权利人为其作品、录音录像制品等采取的保护著作权或者与著作权有关的权利的技术措施的，法律、行政法规另有规定的除外；（七）未经著作权人或者与著作权有关的权利人许可，故意删除或者改变作品、录音录像制品等的权利管理电子信息的，法律、行政法规另有规定的除外”。第二类是该条第 2 项与刑法规定完全相同，即“（二）出版他人享有专有出版权的图书的”规定。第三类是该条有 3 项与刑法规定有所区别，即“（一）未经著作权人许可，复制、发行、表演、放映、广播、汇编、通过信息网络向公众传播其作品的，本法另有规定的除外；……（四）未经录音录像制作者许可，复制、发行、通过信息网络向公众传播其制作的录音录像制品的，本法另有规定的除外；……（八）制作、出售假冒他人署名的作品的”；刑法第 217 条中相应规定为，“（一）未经著作权人许可，复制发行其文字作品、音乐、电影、电视、录像作品、计算机软件及其他作品的；……（三）未经录音录像制作者许可，复制发行其制作的录音录像的；（四）制作、出售假冒他人署名的美术作品的”。两法存在这些差异导致学界出现以下观点，即认为：由于著作权法与对犯罪和刑罚规定得过于抽象，著作权法与刑法第 217 条侵犯著作权罪产生冲突，也导致特别刑法与普通刑法的冲突，从而使刑法罪刑法定原则受到冲击，故应扩大构成侵犯著作权罪的范围。① 本书认为，这种观点因未能看到我国刑法立法模式特点而值得商榷。

学界不乏论者认为，调节刑法典的稳定性与其对频繁变动的社会关系的适应性之间的矛盾是选择知识产权刑法立法模式最重要考

① 参见邸瑛琪：《试析侵犯著作权罪的法律冲突》，载《河南社会科学》2002 年第 3 期。

虑因素，主张采用结合型立法模式。[①] 但事实却是，我国刑法立法模式自1997年刑法制定以来，都是集中立法模式，所有罪刑规范都在刑法及其修正案中。近年立法进一步强化了刑法“集中式”立法模式，如2005年10月修改《公司法》、《证券法》等，原来尚有较多“照应性”附属刑法规范，现在都仅概括性规定1个条文“违反本法规定，构成犯罪的，依法追究刑事责任”；2006年通过的《企业破产法》第131条、《反洗钱法》第33条等均是如此。这些刑事责任条款都仅有宣示作用，不具备刑法的实质。[②] 作为部门法的2001年著作权法也未设立独立罪刑规范，不存在真正的附属刑法规范，充其量只是“提示规定”。由此，即使著作权法有了修改，侵犯著作权犯罪也仍只能依刑法进行司法，根本不存在障碍；著作权法刑事责任提示条款超过刑法涵摄范围，这不能说是“冲突”，更不能说是“特别刑法与普通刑法的冲突”，而只能说是刑法立法论上某种“滞后现象”。因此，“著作权法与刑法之间存在冲突”是个伪命题。换个角度看，上述两法的差异，只表明2001年著作权法对1990年著作权法进行了完善和在法律责任不同层次上的互相衔接，但不表示该法创设了新的著作权刑法规范；基于1990年著作权法所制定的1997年刑法未及时进行内容上的完善，2001年著作权法第47条所列举行为只有在符合1997年刑法相关规定的情况下，才能够被追究刑事责任。

（二）著作权刑法“扩张”的合理性和有限性

虽然著作权法“适应性修正”未带来著作权刑法“司法障碍”，但从立法论角度看，我国著作权刑法“立法滞后”明显，宜通过衔接而完成对“数字网络”环境适应性调整。这种立法完善

① 参见刘科：《中国知识产权刑法立法模式的转变探讨》，载赵秉志主编：《刑法论丛（第14卷）》，法律出版社2008年版，第301～303页。

② 参见吴允锋：《非刑事法律规范中的刑事责任条款性质研究》，载《华东政法大学学报》2009年第2期。

的基本走向可概括为“有限扩张”。在性质上，这种调整与第三章所探讨“国际义务”应对意义上立法完善截然不同：对我国著作权刑事立法有“义务”要求的，迄今尚只有 TRIPS 协定（第 61 条）；但因囿于历史限制，TRIPS 协定未涉及数字网络技术问题，故不存在依据协定义务确立网络著作权刑法保护规则的问题。[①] 这里“适应数字网络技术的刑法规范调整”不是国际条约义务的范围，而是从国家知识产权战略和技术应对意义上的自我完善。

1. 著作权刑法扩张的合理性

科学技术发展从来都是“双刃剑”，在服务人类同时，也可能成为伤人利器。随着数字网络技术在我国的普遍使用，侵犯著作权犯罪日益呈现出高度智能性、有组织性、跨国性，刑法作为“最后手段”应当介入。然而，现实情况是，我国著作权刑法在网络环境下已具有明显“滞后性”，导致对网络著作权犯罪打击不力甚至是打击不能。

一方面，我国在 1997 年刑法修订时，数字网络技术在国内尚未见端倪。从《中国互联网络发展状况统计报告》来看，第 1 次报告数据截至 1997 年 10 月 31 日，恰好可大体反映刑法修订时的社会技术状况：当时上网计算机数量为 29.9 万台，其中直接上网计算机 4.9 万台，拨号上网计算机 25 万台；用户数 62 万，其中大部分用户是通过拨号上网，直接上网与拨号上网用户数之比约为 1 比 3；网站点数约 1500 个。经过十余年发展，第 26 次报告数据截至 2010 年 6 月底，网民规模已达 4.2 亿人。对比可知，在 1997 年，立法者根本不可能预见侵犯网络著作权行为方式及其严重后

① 但不少国际组织对数字网络技术下的盗版问题已经高度关注。比如，经合组织（OECD）2005 年启动、至今仍在进行一项“关于假冒和盗版”的三阶段大型国际调研项目。至 2008 年完成并公布了第一阶段“有形假冒与盗版产品”调研报告；在本书完成后，至 2009 年年底该组织又完成并公布了第二阶段“数字盗版”调研报告。其关于“数字盗版”的调查报告，参见 OECD：Piracy of Digital Content，2009，available at http://www.oecd.org/sti/counterfeiting。

果，也谈不上制定相应刑法规则。

另一方面，通过全国人大立法、行政立法和司法解释等，对数字网络技术作出了及时回应，网络著作权法律制度已逐渐建立；相反，著作权刑法规则自 1997 年以来就没有修订过，刑法规则“守成”导致网络著作权法律制度中“刑法缺位”。对此，最高人民法院 2002 年《知识产权刑法保护有关问题调研报告》曾指出，刑法第 217 条穷尽式列举构成侵犯著作权罪 4 种情形及《非法出版物解释》都不包括侵犯信息网络传播权。尽管最高人民法院在 2004 年《知识产权刑事案件解释（一）》等司法解释中规定，将信息网络传播行为“视为”“复制发行”，试图在现行著作权刑法框架内扩展网络著作权保护，但明显存在前后理解上自相矛盾和难以逾越的法律障碍。

不可忽视的是，知识产权私权论一定程度上造成对网络著作权刑法保护的忽视；但事实是，由于网络时代作品传输的“优质”、“低价”和“全球性”，更容易损害著作权人的利益；权利人在网上对自己的权利几乎失控。在社会变革时期，人们面临着两难，需要规范而缺少规范，需要制度而制度稀缺；由于缺乏规范，人们的“野性”或“自然”欲望的一面就会增加；人们也必然感觉到违法犯罪的剧烈。[①] 数字网络技术冲击下的在著作权领域正是如此。网络盗版行为直接影响到公众福利、社会安全、国家税收，侵犯的严重性和行为的恶劣性已经不是民事法律、行政法律所能解决的，必须让刑法之保护社会的功能介入。

2. 关于著作权刑法扩张“有限”性

学界对网络环境下著作权刑法保护问题，多认为立法的空白与惩治不力是网络侵权泛滥的重要原因，应扩张刑事法网，将更多的犯罪对象、犯罪主体和行为方式纳入到刑法规制范围以遏制网络侵

① 参见苏力：《法治及其本土资源》，中国政法大学出版社 1996 年版，第 116 页。

权犯罪。[①] 这些观点主要集中在以下方面：是否应将数据库、域名、BBS、社区、博客等网络公共信息纳入刑法保护对象；是否可以将ISP、ICP等网络服务提供商作为共同犯罪主体；是否应该将规避技术措施行为、破坏或更改权利管理信息行为、通过信息网络传播侵犯著作权作品或制品行为、网上剽窃抄袭行为；未经著作权人许可编录为数字图书馆图书、暂时复制等侵犯“数字化权”等行为，都规定为侵犯著作权犯罪行为等。

本书认为，著作权刑法扩张应是有限的，即不能逾越正当边界。技术中立原则是应对数字网络技术下著作权刑法保护的前提。虽然新技术使侵权盛行，但不能因噎废食，就此而将技术予以封杀或制定苛刻规则使技术只能畸形发展。只有这样，才能防止新技术诞生初期即因“过度犯罪化”而阻碍其发展及数字作品的传播与接触。基于此，数字网络技术下著作权刑法应优先提倡谦抑原则。比如网络环境下合理使用制度出现困难，“个人使用”、“家庭使用”或“工作需要”之间法律界限变得模糊；又如对美国DMCA，就有许多学者指责其忽略公众利益，其国会内部也出现不少试图恢复这种偏离的提案。[②] 而上述观点扩张构成要件，会使网络空间中侵权行为动辄入罪；会带来负面经济和社会影响，也会减少消费者和一般公众的权利。因此，只有在犯罪化的基本依据上得以确证，才可动用刑罚威慑各种不法使用作品行为；这正是本章所欲展开论证的任务。

---

① 参见郭丹、高立忠：《网络知识产权的刑事法保护》，载《甘肃政法学院学报》2006年第5期；陶月峨：《论网络著作权的刑法保护》，载《社会科学》2006年第3期；朱铁军、王静：《网络环境下侵犯著作权罪的几个问题》，载《网络安全技术与应用》2001年第7期；黄桂兰：《论网络信息著作权的刑法保护》，载《高校图书馆工作》2001年第2期。

② Frederick M. Abbott, Thomas Cottier , Francis Gurry, *International Intellectual Property in an Integrated World Economy*, Aspen Publishers, 2007, p. 541.

（三）著作权刑法“适应性调整”的内容结构

本章拟从信息网络传播权、技术措施和权利管理信息刑法保护等方面，展开立法论上的研究。从总体来说，适应数字网络技术而调整著作权刑法规范，至少涉及危害行为、危害结果、犯罪目的等构成要素方面：

第一，危害行为。刑法只处罚具有严重社会危害性的侵犯著作权行为，1997 年刑法本来就只选择了一部分侵犯著作权行为规定为犯罪，主要构成行为方式是复制、发行和销售。根据 2004 年《知识产权刑事案件解释（一）》第 11 条将“复制发行”含义扩大到信息网络传播；第 16 条又通过“共犯”规定进行了一定扩展。但刑法确定的行为手段尚不能满足惩治网络环境下著作权犯罪的需要。其一，在著作权法理论上，直接侵权与间接侵权是著作权侵权的基本分类；但纳入现行刑法视野的主要是著作权直接侵权，如复制发行；其视野中的间接侵权限于传统环境下的单纯销售，即销售侵权复制品（这里的侵权复制品是有形物）。因此，网络环境下刑法实有必要对严重的著作权间接侵权予以应有的关注。其二，刑法有必要结合网络环境下侵犯著作权的新特点，在《著作权法》第 48 条基础上，实现著作权侵权行为在法律责任不同层次上的互相衔接。不过，对于《著作权法》第 48 条规定的侵权行为不宜都予以犯罪化，能否入罪需要“举轻以明重”，即能够说明其重于现行刑法规定的危害行为；对此需要进行具体分析。[①] 其三，刑法需处理好在危害行为类型设置上稳定性与灵活性关系。比如，我国深圳市法院审结的陈寿福侵犯著作权案[②]中，被告人提供腾讯 QQ 和其享有权利珊瑚虫增强包的“打包下载”，这只是行为方式略微不同于增强包单独下载行为，还是因其他因素的存在（腾讯 QQ）而导

① 参见林亚刚：《析侵犯著作权行为与侵犯著作权罪的衔接》，载《法学评论》2006 年第 6 期。

② 参见（2008）深中法刑二终字第 415 号。

致其法律性质发生根本异变?[①] 这类关于使用第三方插件侵犯著作权问题，或者对他人软件进行一定改造后予以复制发行是否属于刑法第 217 条规定的“复制发行”[②] 等，已引起学界热烈探讨；刑法需要保持必要的解释弹性，以应对数字网络技术下不断涌现的新的著作权危害行为形态。

第二，危害结果判断。传统环境下，对侵犯著作权行为危害后果判断主要以违法所得、非法经营额等有“体”标准来判断；网络环境下，行为社会危害性判断有很大差异。由于网络的无限性，行为人违法所得、非法经营额可能很少甚至没有，但因伴随其他特征如侵权规模大，其社会危害性也会非常严重；存储介质不断更新，海量存储空间和极强的压缩技术，使复制品数量标准不具现实的可操作性[③]；由此，现行刑事门槛根据与数量标准规定对此甚欠考虑而需调整。针对危害后果形式的多样化，应丰富其判断标准；将具备网络特征的某些要素如网络点击率、网络链接等量化为情节标准，也值得探讨。侵权行为所造成的著作权人损失后果也应作为判断标准，因为计算机软件、电影作品等投资极大，一旦遭到网络环境下侵权，则损失惨重。

第三，犯罪目的判断。网络环境下著作权犯罪“营利目的”逐渐走向销蚀，而在著作权刑法中留存的可能只是“选择要件”或“加重情节”要件身影；本书第三章已有探讨，故不赘述。但是，美国版权法在第 1204（a）条规定，对违反第 1201 条（技术措施保护）和第 1202 条（权利管理信息保护）而处刑的主观要件是“蓄意和为商业利益或私人财政收益目的”（willfully and for pur-

① 参见于志刚：《侵犯著作权罪中“以营利为目的”的网络异化——以珊瑚虫 QQ 案为视角》，载《昆明理工大学学报·社科（法学）版》2008 年第 7 期。

② 参见中国知识产权司法保护网：《“计算机软件著作权的刑法保护研讨会”2009 年 2 月 11 日召开》，载 http://www. chinaiprlaw. cn/file/2009021214450. html。

③ 参见王晓勇：《著作权刑事保护如何面对数字化浪潮》，载《中国知识产权报》2009 年 3 月 30 日第 10 版。

poses of commercial advantage or private financial gain），可见，关于技术措施和权利管理信息的刑事责任还要求“营利目的”；这值得探讨中加以注意。

第二节　我国信息网络传播权刑法保护

一、侵犯信息网络传播权行为及对相关刑事司法解释之反思

（一）侵犯信息网络传播权行为的界定

从行为环境看，侵犯信息网络传播权行为总体上分为两类[①]：第一类是互联网环境中侵犯信息网络传播权行为。一件作品在互联网中传播一般要经过上传、转载、链接和下载等环节，每个环节都可能发生侵权犯罪。其中，对上传行为控制尤其重要，因为作品一旦被上载后其他人对其在网络上使用，一方面难以控制，尤其是未采取技术措施保护时，甚至网络服务商也力莫能及；另一方面这些使用也相当复杂。在此意义上，作者控制其作品网络传播重心是对其作品上载互联网的控制。第二类是非互联网环境中侵犯信息网络传播权行为，如有线电视网、移动通信网、固定通信网、微波通信网等其他网络，都属于信息网络环境，侵权犯罪虽不如互联网那样频繁、广泛，但也可能发生。

认定信息网络传播行为构成侵权犯罪的前提条件是正确界定其内涵。从行为内涵看，《著作权法》和《信息网络传播权保护条例》有两个问题未解决：一是如何定义“提供”作品，二是“提供”是否必须是交互式的。[②] 结合前述“因特网条约”规定，似乎

---

① 参见任自力、曹文泽：《著作权法：原理、规则、案例》，清华大学出版社2006年版，第172～175页。

② 参见王迁：《网络环境下的著作权专有权利》，载《中国专利与商标》2008年第2期。

可以得出：信息网络传播行为只能指将作品“上传”至或以其他方式“置于”向公众开放的联网服务器或计算机中的“交互式”传播行为，但不包括对第三方网站中作品设置链接等辅助传播行为。[①] 不过，即使在条约中对“公众”也未做界定，其具体含义尤其是它与反义词“私人”之间的界限，只能由保护要求所在国的国内法来确定；但在任何情况下，在关系密切的家庭成员以及最亲密的社会上的熟人中使用作品的行为，应当被排除在“因特网条约”的“公众”范围之外。信息网络传播权的目的在于授予作者通过向公众传播作品的方式使用其作品的权利，故对公众的解释也不应损害作者的使用权。

从行为属性看，侵犯信息网络传播权行为可分为“直接侵权”与“间接侵权”。这种区分在著作权法理论和司法实践中是存在的，但著作权立法中没有这一用语。其一，直接侵权。所谓直接侵权，即行为主体未经版权人许可，擅自发表、修改、歪曲篡改或者复制、发行、表演、展览、广播、出租、放映、汇编、改编、翻译、注释、整理其作品，或者在作品上使用版权人署名的行为，即直接侵犯版权人人身权和使用作品及获得报酬权。其二，间接侵权。主要包括以下两种：一是帮助侵权，又称为辅助侵权，是指行为人知道或有理由知道直接侵权行为的情况下，向直接侵权人提供诱导、指使或其他实质性帮助的行为；二是替代侵权，是指行为人在具有监督直接侵权人行为的权利和能力同时，又从直接侵权人行为中获得直接经济利益，即使不知道或没有理由知道直接侵权行为，仍旧要为直接侵权行为承担责任。由于只有著作权人或经过其许可的人才能实施受“专有权利”控制的行为，故直接侵权与间接侵权区分的标准大体是，如果某种使用作品的行为落入了一种“专有权利”的控制范围，则他人在缺乏特殊法律依据（如“合理

① 参见王迁：《论“网络传播行为”的界定及其侵权认定》，载《法学》2006 年第 5 期。

使用”、“法定许可”）的情况下，擅自实施这种特定行为就会构成“直接侵权”。

“信息网络传播权”控制的是“以有线或者无线方式向公众提供作品，使公众可以在其个人选定的时间和地点获得作品、表演和录音录像制品的行为”。将作品或录音制品“上传”至开放的网络服务器，就使用户在自行选定的任何时间、在任何一台联网计算机上欣赏或下载该作品或制品，从而“获得”了相应的作品、录音制品及其中的表演，因此“上传”构成受“信息网络传播权”控制的“网络传播行为”。相反，没有“上传”作品或录音制品，而仅仅提供对作品或录音制品的链接等信息服务，而这被链接的作品或录音制品又是侵权的，就很难说成与“上传”是同一性质的“直接侵权”行为，即提供链接等信息服务并非“网络传播行为”，但可能构成“间接侵权”，有可能面临着共同犯罪的处理境遇。WCT 关于第 8 条议定声明第 1 句指出，仅仅为促成或进行传播提供实物设施不致构成本条约或《伯尔尼公约》意义下的传播。该议定声明重复了缔约过程中“基础提案”注释第 10. 10 目的思想：“仅仅为传诵或者信号的路由选择提供服务器空间、传播连接或者设施”不构成提供作品的行为；但该声明被没有豁免网络运营商在其网络上提供作品的责任。

（二）信息网络传播权刑法保护司法解释及反思

我国信息网络传播权法律制度的现状可从非刑事法制和刑事法制两方面来考察：非刑事法律制度主要是 2006 年《网络传播条例》，规定了信息网络传播权规则体系并明确了禁止行为及其责任等；而刑事法律制度则体现在有关信息网络传播权刑法保护的司法解释中。

刑法第 217 条第 1 项、第 3 项危害行为分别只规定了对作品或录音录像的“复制发行”行为；《著作权法》第 48 条第 1 项、第 4 项的对应规定中却都包括“通过信息网络向公众传播”行为。为解决刑法惩治侵犯网络著作权的欠缺，2004 年《知识产权刑事案件解释（一）》第11条第3款规定：通过信息网络向公众传播他人文字作品、音乐、电影、电视、录像作品、计算机软件及其他作品的行为，应当视为刑法第217条规定的“复制发行”；这是围绕数字网络环境下侵犯著作权犯罪所作的第一个司法解释。2005年10月13日“两高”又下发《关于办理侵犯著作权刑事案件中涉及录音录像制品有关问题的批复》认定：未经录音录像制作者许可，通过信息网络传播其制作的录音录像制品的，应当视为刑法第217条第3项规定的“复制发行”；这是第二个解释。通过上述两个司法解释，刑法第217条涉及“复制发行”的第1款、第3款都已经被扩展到了“信息网络传播”。司法解释将信息网络传播行为纳入刑法中的“复制发行”，由此初步确立我国信息网络传播权刑法保护制度。由于“因特网条约”涉及作品、表演、录音录像三类，故又有论者提出要增加表演者信息网络传播权。①

上述司法解释将信息网络传播行为纳入刑法“复制发行”之中的做法引起了学界反思。焦点在于：信息网络传播行为是否属于“复制发行”？

1．“因特网条约”中“向公众提供权”及各国的保护模式

WCT第8条规定“文学和艺术作品的作者应享有专有权，以授权将其作品以有线或无线方式向公众传播，包括将其作品向公众提供，使公众中的成员在其个人选定的地点和时间可获得这些作品”②。可见，从“因特网条约”提供的方案看，该条规定各成员国有义务确保作者享有“向公众传播的权利”（right of communication to the public）这种“专有权”，而“向公众提供权”即“right

---

① 参见王俊平等：《论我国信息网络传播权的刑法保护》，载《中州学刊》2009年第1期。

② 英文为：“…authors of literary and artistic works shall enjoy the exclusive right of authorizing any communication to the public of their works, by wire or wireless means, including the making available to the public of their works in such a way that members of the public may access these works from a place and at a time individually chosen by them.”

of making available to the public”是其中的内容之一。而在《伯尔尼公约》中，“传播权”仅是就传统意义上的传播技术手段而言的，包括公开表演权、公开朗诵权、公开放映权和广播权 4 项，仅指使观众或听众在指定的时间或地点被动地接受作品传播的“单向”行为。“因特网条约”中的“向公众传播的权利”的突出特色莫过于将“向公众提供权”纳入自己的麾下。

“向公众提供权”就是我国所说的“信息网络传播权”，“向公众提供”也就是我国“信息网络传播”。事实上，我国《著作权法》第 10 条信息网络传播权的立法缘起就是来自于 WCT 第 8 条，几乎措辞都相同。根据条约规定，“向公众提供”，即信息网络传播行为的实质要件包括：一是“提供”（作品）即“making available”，这实际上是仅指一种使他人获得作品的“可能性”，而并非他人已经获得作品的状态；二是必须为“交互式”传播，即公众能以“点对点”方式“按需”（on demand on a point to point basis）“点播”作品。这与《伯尔尼公约》中传统的“传播”为“单向”行为而观众或听众只能被动接受截然不同。

条约并未规定“向公众提供权”这种专有权的具体立法方案，只要成员法律上有相应的保护就认为符合条约义务。因此，各成员国对此有立法模式选择上的自主空间：既可设立涵盖信息网络传播权在内的大权利“向公众传播权”（不增设新权利）；也可以将信息网络传播权独立于传统的传播权（增设新权利）。从比较法视角看，各国（地）对“向公众提供权”的立法保护模式呈多样化，有学者将其大致归纳为三种：一是隐含式；二是重组式；三是新增式。①

有的国家和地区将“向公众提供权”纳入版权法既有概念之中，通过扩大“发行权”、“展示权”、“表演权”控制范围来实施 WCT 第 8 条，并未新增一项类似“信息网络传播权”的“专有权

① 参见薛虹：《网络时代的知识产权法》，法律出版社 2000 年版，第 8 页。

利”，实际就是“隐含式”保护模式。例如，美国第九巡回上诉法院在 Napster 案中认为，P2P 软件用户未经许可将 MP3 音乐文件置于“共享区”供其他用户检索和下载的行为构成“发行”；在 Kelly v. Arriba Soft Corp 案[①]中，法院认定未经许可将摄影作品上传至网络服务器供用户在线欣赏构成美国版权法意义上的“展示”（display）行为，设链行为构成对“展示权”的“直接侵权”；美国最高法院在对“Tasini 诉纽约时报案”中也确认，未经许可将作者的文章置于网络数据库中，使公众能够在线浏览或下载的行为构成了对作品的“发行”。又如，我国香港特别行政区的法院在“陈乃明案”中认为，被告通过信息网络技术传播电影的行为是对电影的“发行”，构成了刑事犯罪。可见，通过网络公开传播作品构成“发行”的观点具有相当大的市场。

2．我国保护“向公众提供权”的模式与反思

在立法上，我国对“因特网条约”中“向公众提供权”采取“新增式”保护模式，因为 2001 年著作权法增设“信息网络传播权”，成为与“复制权”、“发行权”相并列的著作权权能。但是，在司法解释上，我国又采取“隐含式”保护模式，因为 2004 年《知识产权刑事案件解释（一）》第 11 条第 3 款在刑法未作相应修正的情况下，通过解释将“通过信息网络传播”纳入著作权刑法规范“复制发行”概念之中。

对此有论者认为，传统著作权法中“发行”的本质是有形载体的所有权和占有发生实质性转移；“网络传播”与“发行”应是两种互不包容的独立行为；甚至认为“全球首宗 BT 刑事犯罪案”判决混淆了“发行”与“网络传播”行为界限。[②] 该种观点适用于我国内地具有合理性；但以我国内地新增式保护模式去评价我国

① Kelly v. Arriba Soft Corp 280 F. 3d 934 (9th Cir. 2002).

② 参见王迁：《论著作权法中“发行”行为的界定——兼评“全球首宗 BT 刑事犯罪案”》，载《华东政法学院学报》2006 年第 3 期。

香港乃至美国等其他的保护模式，则有“刻舟求剑”之嫌。

笔者认为，我国司法解释的隐含式模式存在明显缺陷。此前的著作权立法已采取“增设新权利”模式；但上述司法解释却采取另一种处理方式，即不涉及新的权利种类，而是从既有的行为（复制发行）中解释权利人控制作品在网上传输的行为；如以既有著作权法框架来分析，这种归类显然有失妥当。在我国同一个法律体系中，立法与司法对同一个“向公众提供权”分别采取新增式和隐含式两种不同保护模式，无疑是相冲突的。

在这个意义上，司法解释有超越立法之嫌疑。正是上述不同方式之间存在矛盾，必然导致民事、刑事概念不一，也导致（广义上的）附属刑法与刑法司法解释的概念冲突，破坏刑法体系的统一性。作出此种解释的原因，实际上是司法机关为弥补刑法的滞后性和为更好地追究网络环境下侵犯著作权的犯罪行为，在刑法没有作出相应修改以前，而不得已在实践中进行一种变通处理方法。此种解释的基础在于，信息网络传播与传统发行都具有使公众获得作品复制件的共性；国外“隐含式”保护模式也表明二者存在固有的“亲缘”关系，故有可能从“复制发行”角度进行扩大解释，来开辟惩治网络盗版行为的路径。但是，它并不意味着网络传播行为“等同于”“复制发行”行为，解释中也只是“应当视为”而已。

我国司法界应正视信息网络传播权的独立权利属性，将网络传播行为作为一种独立的犯罪行为来单独对待。刑法规范扩张解释应当谨慎和谦抑，不得破坏其确定性和预见性；修复刑法漏洞应当以完善刑事立法为根本手段、以符合国民的预测可能性为原则。故根本解决办法是，尽快对刑法进行相应修改，赋予信息网络传播权以独立的刑法保护。

在认定信息网络传播行为构成侵犯著作权犯罪上，有两种主体的刑事责任是值得深入研究的：一是网络服务商刑事责任。因为他们在提供信息网络服务中，既可能直接侵犯权利人的信息网络传播权，又可能间接侵权；尤其是在间接侵权情况下的刑事责任认定是个尚无定论的问题。二是数字网络技术的发展，出现了 P2P 传播技术，终端用户由原来万维网中“自主下载” + “受控上载”身份，变成“自主下载” + “自主上载”了，即在下载同时就又在上载；此时其对版权人的侵犯是否应予刑事规制，成为争议话题。

二、网络服务商刑事责任

（一）网络服务商版权责任

网络服务商也称网络服务提供者，是为各类开放性的网络提供信息传播中介服务的人，是网络空间重要的传播媒介，支撑着网络上信息通信。我国有关法律法规及司法解释对此称谓并不完全一致，但基本上是视服务性质而作出区分：《网络著作权解释》将“网络服务提供者”分为“提供内容服务的网络服务提供者”和“不提供内容服务的网络服务提供者”。2005 年《互联网著作权行政保护办法》规定“互联网信息服务提供者”和“互联网内容提供者”，前者从事“互联网信息服务活动”，即根据互联网内容提供者的指令，通过互联网自动提供作品、录音录像制品等内容的上载、存储、链接或搜索等功能，且对存储或传输的内容不进行任何编辑、修改或选择的行为，应大体上相当于“不提供内容服务的网络服务提供者”；后者指在互联网上发布相关内容的上网用户而非网络服务商。2006 年《网络传播条例》则只称“网络服务提供者”。网络服务商在网络服务中服务行为性质和角色作用与其版权责任紧密相关。

在传统万维网中，用户侵犯版权往往追究网络服务商责任而豁免用户责任。这是因为：一方面，随着网络侵权的频繁发生，著作权人一般很难找到提供侵权材料的内容提供者，著作权人将责任要求转向网络服务提供者。在万维网中网络信息的传输是集中的一对一模式，每个网页、网站都固定 IP 地址；只要控制住网站，追究网站的共同侵权责任，就可遏制私人的复制行为。另一方面，网站大多都是依靠收取广告费或收取网络注册用户使用作品的费用提供服务，由于其以营利为目的经营性质而有义务监控网上信息是否是侵权材料的义务；私人的复制一般不以营利为目的，故在数字网络技术条件下，私人复制侵权行为，由共同侵权人——网络内容或网络服务的提供者承担，私人的侵权责任得以豁免。

在点对点传输（P2P）条件下，传统万维网时代网络服务商版权责任追究机制发生困难，无法为著作权人提供救济。美国 Napster 案和 Grokster 案鲜明体现了在 P2P 条件下经营 P2P 系统的网络服务商版权责任制度演变轨迹。2001 年美国第九巡回上诉法院在 A&M Records, Inc v. Napster 案（即 Napster 案）中认定：经营 P2P 系统的 Napster 公司通过提供文件检索服务，实质性地帮助了 P2P 用户进行交换音乐作品的直接侵权行为，在收到版权人的反复警告后，没有阻止侵权后果扩大，因此构成“帮助侵权”（contributory infringement）；同时，Napster 公司能够终止侵权用户账号，具有“监督用户行为的权利和能力”，而且 Napster 公司依靠侵权用户人数的增加获得了广告收入，也符合“代位侵权责任”（vicarious infringement）构成要件。① 美国第七巡回上诉法院于 2003 年对有相似案情的 In Re: Aimster 案，也判决 P2P 系统 Aimster 经营者应当为用户版权侵权行为承担“帮助侵权责任”。② 但是，与 Napster 案判决相反，2004 年 8 月 19 日第九巡回上诉法院在 Metro - Goldwyn - Mayer Studios, Inc. v. Grokster（即 Grokster 案）中，维持加州中区地方法院判决，认为两被告即新型 P2P 提供商 Grokster 公司和 Stream Cast Networks 公司所提供 P2P 软件具有“实质性非

① A&M Records, Inc v. Napster, 239 F. 3d 1004 at 1022 (9thCir. 2001).

② In Re: Aimster Copyright Litigation, 334 F. 3d 643 (7th Cir. 2003).

侵权用途"①，不承担“帮助侵权”责任；两被告没有任何监督用户行为的权利和能力，也不承担“代位责任"②。Napster 案和 Grokster 案的结果差异，源于 P2P 技术差别导致的侵权事实之不同：Napster 案中被告承担帮助侵权责任，与早期的 P2P 系统服务器的经营者对信息传递仍然具有一定程度的控制这一技术特征相关，具有承担“间接责任”基本要素，即提供文件检索服务和具有终止侵权用户账号的能力。Grokster 案中被告除了提供被称为“Napster 二代”的新型 P2P 软件之外，并没有以任何方式参与或干预用户使用 P2P 软件“分享”作品，也就不存在承担“间接责任”基本要素。但是，Grokster 案判决的公平性受到质疑。事实上，该案绝大多数用户使用 P2P 软件主要目的在于免费交换受版权保护作品，证据也表明 P2P 软件交换文件中有 90% 是享有版权作品；该案两被告在明知绝大多数用户将使用其 P2P 软件进行版权侵权的情况下，仍然向其提供 P2P 软件，并凭借用户数量增长每年获得几百万美元广告收入，很难说没有为获取经济利益而帮助甚至鼓励导致严重版权侵权后果的主观故意。于是，版权人游说国会修改立法，美国国会审议《引诱版权侵权法案》（Inducing Infringement of Copyrights Act），规定“故意引诱他人违反版权法者应作为侵权者承担责任"；这里的“引诱侵权”（Inducing Infringement）实际上是专门针对 P2P 软件的经销商与 Grokster 案的。

由上可见，网络服务商责任一般应与用户的直接侵权联系起来

---

① 传统环境下设备制造商和销售商版权责任的“实质性非侵权用途”标准，是美国最高法院在 1984 年 1 月 18 日对 Universal City Studios，Inc,. v. Sony Corporation of America 案 379（“环球电影制片公司诉索尼公司案”，即 Sony 案）判决中形成的，可表述为：如果“产品可能被广泛用于合法的、不受争议的用途”，即“能够具有实质性的非侵权用途”，即使制造商和销售商知道其设备可能被用于侵权，也不能推定其故意帮助他人侵权并构成“帮助侵权”。See Sony Corporation of America et al. v. Universal City Studios，Inc,. et al. 464 U.S. 417 at 423（1984）.

② Metro - Goldwyn - Mayer Studios，Inc. v. Grokster，Ltd.，259 F. Supp. 2d 1029（C.D. Cal. 2003）.

考察。网络服务商除对自己上载作品等直接侵权承担责任外，根据具体情形还可能要对实施直接侵权的用户承担帮助侵权、替代侵权、引诱侵权等间接侵权责任。针对间接侵权责任，网络服务商责任限制制度也应运而生，其目的便是要为其建立“避风港”，让单纯提供中性技术网络服务商，在符合一定条件之下完全免责，以保护其正常营运；[①] 不致损害网络产业发展和文化传播、交流。如果网络服务商已明确被认定对于侵犯著作权犯罪有所参与，它根本就是“海盗船”（Piracy ship），无理由让其进入“避风港”；只有对无辜的网络服务商这种合法“商船”（business ship），才要为其建立“避风港”。如果网络服务商不具备符合进入“避风港”的依据，其版权侵权责任则应依版权法通常原则来作出决定。[②] 我国《网络著作权解释》和《网络传播条例》对网络服务提供者侵权责任进行了严格限制，体现了对网络服务商保护和促进网络发展和信息传播的意旨。

（二）网络服务商侵犯信息网络传播权刑事责任

1．直接侵权刑事责任

我国2004年《知识产权刑事案件解释（一）》将通过信息网络传播行为规定“视为”刑法第217条“复制发行”后，如果网络服务商将作品或录音制品擅自“上传”至开放的网络服务器，使用户在自行选定的任何时间、在任何一台联网计算机上欣赏或下载该作品或制品，从而“获得”相应作品、录音制品及其中的表演，就构成直接侵权。因此，“上传”构成受“信息网络传播权”

---

① 参见章忠信：《网络服务提供者著作权侵害责任限制之立法思考与方向》，载《全国律师月刊杂志》2008年8月。

② “If an OSP fails to qualify for the safe harbor on any basis, then its liability for copyright infringement is to be determined by the ordinary principles of copyright law.” Lemley, Mark A. and Reese, R. Anthony, “Reducing Digital Copyright Infringement Without Restricting Innovation”. Stanford Law Review, Vol. 56, p. 1345, 2004 Available at SSRN: http://ssrn.com/abstract=525662.

控制的“信息网络传播行为”，主要包括“提供内容服务的网络服务提供者”或者在“互联网信息服务活动”中又直接提供互联网内容的情形。国内涉及侵犯信息网络传播权犯罪的仍是“清一色”的以网络服务商为主体的刑事案件，如“珊瑚虫 QQ”刑事案、“番茄花园”（Windows 系统破解网站）刑事案等，都吸引国人眼球引起广泛关注。再如，2009 年 2 月威海市中级人民法院审结的“金辰泰与朴俊炫非法传播影视作品案”，2008 年 12 月莆田市中级人民法院审结的“刘开山和姚国祥非法传播网络文学作品案”，2008 年厦门市一家法院审结的“黄毅龙、陈赠才网络传播侵权案”[①] 三个案例，就分别涉及不法网络服务商通过信息网络传播他人电影作品、文字作品和音乐作品，最后都以侵犯著作权罪而定罪判刑。又如近年出现“私服”案件也与网络服务商直接侵犯信息网络传播权相关。

由此可见，网络服务商直接侵权刑事责任并无多少特别之处；如果说有特别，就可能是由于其从事网络服务，有着得天独厚的便利条件，一旦为获取不法利益直接侵犯权利人的信息网络传播权，就往往容易得手。如果轻视对这一领域的刑事规制，不法网络服务商的直接侵权犯罪数量将会上升。

2. 网络服务商是否就其帮助（服务）行为与用户构成共同犯罪

网络服务商自己不向服务器上传或在服务器中储存侵权作品，但向公众提供他人作品、表演、录音录像制品的侵权链接，其提供链接行为是否属于“信息网络传播行为”？2007 年 12 月北京市高级人民法院对“七大唱片公司诉百度案”（即百度案）和“十一大唱片公司诉雅虎案”（即雅虎案）分别作出终审判决[②]，对前述问

---

① 参见本书第 5 章第 1 节介绍。

② 北京高院民事判决书：（2007）高民终字第 1191 号判决书及（2007）高民终字第 599 号判决书。

题具有重大意义。这两个判决提出，被告构成信息网络传播权间接侵权的要件有三个[①]：有直接侵权行为存在（侵权制品）；客观上参与、帮助了直接侵权行为（搜索、链接第三方网站侵权录音制品的行为）；有过错，表现为“明知或应知”（雅虎案中）或“明知”（百度案中）所链接的作品、表演、录音录像制品侵权。可见，网络服务商的搜索、链接等网络服务在具备过错前提下，至少在民事责任领域是完全可能构成对信息网络传播权的间接侵权的。

就提供链接等对信息网络传播权的帮助侵权行为，刑法处置上存在观点分歧：第一种观点是帮助侵权刑事责任否定论，认为刑法没有必要对网络服务提供者进行过多干预，只应追究其本人直接提供内容服务时侵犯信息网络传播权的刑事责任，而不应追究网络服务提供者“帮助侵权”的刑事责任。[②] 比如，意大利米兰法院在一起扣押网页临时禁令申请案审查中，就认为涉案网站提供链接指向侵权网站而损害 Sky Srl 对足球俱乐部比赛的电视广播利益，不构成犯罪，也没有刑法保护的空间；但根据反不正当竞争规范，Sky Srl 可以获得民事救济。[③] 第二种观点是直接侵权论，认为在具备一定情节的条件下，提供侵权链接行为应当与直接提供侵权作品、制品行为同样受到刑法的制裁，因为二者实质上是存在共同性的，二者都能使公众在其个人选定的时间和地点获得作品、表演或者录音录像制品。[④] 第三种观点是间接侵权论，认为如果网络运营商对网上侵权盗版行为采取放任态度，或者为网上侵权盗版行为提供深

---

① 参见陈绍平：《MP3 搜索引擎服务商的法律责任——对“百度案”和“雅虎案”二审判决的评析》，载《电子知识产权》2008 年第 8 期。

② 参见张伟君：《网络环境下侵犯著作权之刑事责任初探》，载沈仁干主编：《数字技术与著作权：观念、规范与实例》，法律出版社 2004 年版，第 127 页。

③ Barbara Bettelli Italy, “Sport - Linking Activity Not A Criminal Offence”, *Ent. L. R.* 2007, 18(1).

④ 参见管瑞哲：《网络环境下知识产权刑法保护问题》，载《江苏警官学院学报》2008 年第 1 期。

度链接服务，则不但要对网上侵权盗版行为人定罪，对提供服务的网络运营商也应定罪。[①] 这些观点提出的问题是：如果用户利用网络服务商的信息网络服务实施侵犯信息网络传播权的著作权犯罪，网络服务商的信息服务行为是否构成犯罪？

这有必要考虑此类犯罪行为的发生机制和解决刑事责任的相关刑法理论（如共犯理论）。就用户侵犯信息网络传播权行为的发生机制而言，目前用户需先登录网络服务商所运营的网站，然后才能在此平台上进行作品的上载和传输行为；由此，网络服务商提供服务的行为与其用户所实行的构成要件行为间确实有因果关系。但就此能否认定网络服务商要对用户的侵犯著作权犯罪承担共同犯罪的刑事责任，尚需具体分析。对此大体上有两种进路：

第一，共同实行犯的认定进路。共同实行犯是指二人以上共同故意实行侵犯著作权犯罪危害行为，其条件是[②]：客观方面须二人以上共同实施侵犯著作权罪的实行行为，包括可以按照分工各自实施本罪成立所要求的可选择的数种行为之一；主观方面须具有共同的犯罪故意，至于营利的目的，即使某一实行者在主观上不具有营利的目的，但如其明知或者通过本罪客观方面行为的实行而推知另一方具有此目的时，不影响共同实行犯的成立。很明显，网络服务商在互联网信息服务活动中根据互联网内容提供者的指令，通过互联网自动提供作品、录音录像制品等内容的上传、存储、链接或搜索等功能的行为，不应视为直接侵犯信息网络传播权的“实行行为”，故共同实行犯的进路不具有合理性。

第二，帮助犯的认定进路。侵犯著作权犯罪的帮助犯是指在共同实施侵犯著作权犯罪中对实行者提供帮助的人，其条件是：客观

---

① 参见黄太云：《网络与知识产权犯罪的立法问题》，载《中国刑事法杂志》2007 年第 3 期。

② 参见高铭暄、王俊平：《侵犯著作权罪认定若干问题研究》，载《中国刑事法杂志》2007 年第 3 期。

方面须行为人对直接实施侵犯著作权罪实行行为的人提供了帮助，即行为人的行为方便了被帮助者犯罪的实行；主观上必须是明知他人实施侵犯著作权罪，至于提供帮助者在主观上是否具有营利的目的，并不影响帮助犯的成立。依帮助犯理论，网络服务商已属于帮助行为；但网络服务商这种提供服务的帮助行为有其特殊性：属于“业务行为”范畴。德国学界提出中性业务行为理论，如 Roxin 教授认为，探讨中性或日常业务行为问题的切入点应是从行为人主观区分“确知”与“仅视为可能”两种情形，来讨论从事业务之人所从事中性或日常业务行为的帮助犯责任，换言之，其理论主要是在检讨各种情形下的中性或日常业务行为是否具有帮助故意，借由帮助故意来判断行为是否具备客观归责性，最后来决定行为是否该当帮助犯之构成要件。相应的，网络服务商成为帮助犯基本上可以分成两种情形[①]：第一种是其在某个时点上已确知某个用户有意实行侵犯著作权犯罪而仍决意提供协助，并且也确实发生了这一犯罪行为；第二种是在某个时点上仅是怀疑有可能发生侵犯著作权犯罪而仍决意提供协助，并且也确实发生了这一犯罪。Roxin 教授认为，在一般情形下的日常交易行为，在适用信赖原则下，应该被认为提供助力者对他人犯罪行为不具有间接之帮助故意；即使此种行为使他人得以实行犯罪行为或使他人所实行的犯罪行为顺畅进行，此种促进行为仍是合乎信赖原则之法所容许的风险（“被容许的危险”理论）。但如果是让自己的行为去促进已有明显犯罪倾向的行为人，则超过法所容许风险的界限，如此情形下所主张的信赖已不具有正当性。

有学者担心，承认网络服务商的帮助侵权刑事责任，会过于加重网络服务商的负担，而使新技术的发展止步不前。这其实是没有必要的；历史证明，科学自身的发展是不可阻挡的，科学技术始终

① 参见蔡蕙芳：《 P2P 网站经营者之作为帮助犯责任与中性业务行为理论之适用》，载台湾《东吴大学法律学报》第 18 卷第 1 期。

需要一个中立而宽容的环境去谋求多元化的发展，但这并不意味着，断开与侵权资源的联系，新的技术就不能发展了；网络服务商与内容提供商的商业合作模式正在兴起。① 网络服务商责任（包括刑事责任）问题引起双边协定的关注，如《美国与新加坡自由贸易协议》在第16章第16.9节“刑事程序及救济”中第22条是关于因特网服务业者责任规定，要求各缔约国应提供各项机制，使因特网服务业者愿意与著作权人合作以遏止未经授权的著作权数据之储存及传输之法律诱因。②

3．我国的应对

我国存在对网络服务商就帮助用户侵犯著作权犯罪承担帮助犯责任的规范空间。2004年《知识产权刑事案件解释（一）》第16条规定：“明知他人实施侵犯知识产权犯罪而为其提供贷款、资金、账号、发票、证明、许可证件或者提供生产、经营场所或者运输、储存、代理进出口等便利条件、帮助的，以侵犯知识产权犯罪的共犯论处。”此条中的“等”字表明，所例示列举之项并未穷尽；故只要能证明网络服务商主观上明知用户实施侵犯著作权犯罪，仍故意提供网络服务的便利条件，从而“促进已有明显犯罪倾向的行为人”，且其帮助行为事实上方便了犯罪的实施，即应认定帮助犯的成立。“ISP业者存在刑事责任与否，应当根据其自身的行为是否可能构成犯罪来认定。”“如果当事人存在帮助他人犯罪的故意而实施帮助行为的，当然可能构成犯罪。”③ 当然，如果网络服务商未能有效监控，导致发生用户侵犯著作权犯罪，这只能算是过失，不应承担刑事责任。

---

① 参见毛之敏：《设链行为之间接侵权的认定——兼评优度诉迅雷案一审判决》，载《电子知识产权》2008年第7期。

② 参见章忠信：《美国与新加坡自由贸易协议》，载著作权笔记公益网站：http://www.copyrightnote.org/crnote/bbs.php? board=5&act=read&id=17。

③ 于志刚：《虚拟空间中的刑法理论》，中国方正出版社2003年版，第170页。

（三）P2P 经营者刑事责任立法与司法略考及启示

1. P2P 经营者刑事责任立法：以我国台湾地区“著作权法”2007 年之修正为例

我国台湾地区“著作权法”2007 年 6 月 14 日做了修正：将第 87 条修正为，“有下列情形之一者，除本法另有规定外，视为侵害著作权或制版权：……七、未经著作财产权人同意或授权，意图供公众透过网络公开传输或重制他人著作，侵害著作财产权，对公众提供可公开传输或重制著作之计算机程序或其他技术，而受有利益者。”“前项第七款之行为人，采取广告或其他积极措施，教唆、诱使、煽惑、说服公众利用计算机程序或其他技术侵害著作财产权者，为具备该款之意图。”相应的，第 93 条第 4 款中规定了其刑罚，为“处二年以下有期徒刑、拘役，或科或并科新台币五十万元以下罚金”。增订第 97 条之一，规定“得命令停业或勒令歇业”。分析该修正的内容可知：

第一，从立法内容来看，台湾地区“著作权法”第 87 条第 1 项第 7 款侵权责任形态应是参考美国引诱侵权责任理论（inducement theory），这是美国联邦最高法院在 Grokster 案所发展来解决 P2P 网络服务业者责任的理论；美国国会也正在审议《引诱版权侵权法》，以便建议对通过提供 P2P 软件等方式利用用户侵权行为而获利者应承担“间接侵权”责任。因此，该第 87 条所新增侵权责任可称为“引诱侵权责任”。它与 P2P 网络服务商刑事责任紧密相关，因为 P2P 经营者往往会“对公众提供可公开传输或重制著作之计算机程序或其他技术”；由此，网络服务商帮助侵权的刑事责任就得到确立，只是有“意图”和“受有利益”等限制要求。

第二，台湾地区“著作权法”第 87 条第 2 项，即“意图规定”性质有两种理解方式：“立法解释”或“法律事实推定”，这对网络服务业者责任、著作权人之权利保护及诉讼进行会产生差异，应找寻兼顾著作权人与网络服务业者利益解决方式。有论者认为该项立法目的应是处理如何去证明主观要素的“不法意图”，以某些前提事实存在时，推定具备此“不法意图”，但网络服务业者可以举相反事实证明自己并无意图而推翻之，与拟制所不同，因此属于“法律上事实推定”；网络服务业者可抗辩的范围变大，毋宁对网络服务业者属有利益。[①] 另有论者提出，反对将其解释为抽象危险犯，[②] 这与理解为事实推定而需具体论证“不法意图”之有无，实有相同旨趣；并建议将前述第 87 条第 1 项第 7 款修改为，“七、未经著作财产权人同意或授权，意图专供公众透过网络公开传输或重制他人著作，侵害著作财产权，对公众提供足以侵害著作财产权之计算机程序或其他技术，因而受有利益者”，并删除同条第 2 项；认为以“专供”与“足以侵害著作财产权”等用语，限缩本罪的适用范围与成罪可能，并明确其构成要件。[③]

2. 境外 P2P 经营者刑事责任司法考察

我国台湾地区 2007 年“著作权法”的修正也是对 P2P 业者刑事责任司法实践的立法回应，之前已有两个典型 P2P 刑事司法案例：

第一个是“易载”（ezPeer）案[④]。被告人全球数码科技股份有限公司（ezPeer）2000 年成功开发 P2P 档案交换软件“易载”（ezPeer）；2001 年 10 月 16 日起 ezPeer 网站开始向用户收取服务费；2002 年代表唱片业的国际唱片联盟（IFPI）控告 ezPeer 侵犯其著作权，后获台湾地区士林“地方法院”检察署提起公诉。2005 年 6 月 30 日，士林“地方法院”作出判决，被告 ezPeer 负责人吴怡达无罪，公司亦不罚。士林“地方法院”指出，现行法令

① 参见蔡蕙芳：《网络时代之新形态侵权责任——著作权法第 87 条第 1 项第 7 款引诱侵权责任》，载 http://web. nchu. edu. tw/ ~ hftsai/downloads/course/info/3. pdf。

② 参见萧宏宜：《从 DMCA 看 P2P 的法律责任问题》，载台湾《科技法律透析》2008 年 2 月，第 28 ~ 57 页。

③ 参见萧宏宜：《数字时代著作权刑法的挑战与因应》，台湾东吴大学 2008 年博士论文，第 242 页。

④ 台湾士林“地方法院”92 年度诉字 728 号刑事判决。

并未禁止或限制被告提供 ezPeer 机制，亦未将其列为犯罪行为；就用途来说，ezPeer 提供了新类型的网络通信工具，用途多样化，本身非犯罪工具，即便有用户传输下载未授权的著作权档案，也不能归责于被告。法院认为，没有证据认定被告是基于侵害他人著作权而成立网站平台，也无从确认 ezPeer 机制仅使用于侵害著作权用途。目前法令未规定 P2P 业者必须逐一检视、过滤系统上是否有侵权行为，当然也就没有防止的义务。2006 年 ezPeer 与唱片公司达成庭外和解。

第二个是"酷热"（Kuro）案[1]。1999 年 8 月，陈寿腾设立了飞行网股份有限公司（Kuro），为网络用户提供 P2P 网络共享服务；2001 年 7 月起开始向会员收取月缴新台币 99 元或半年新台币 500 元费用。网络用户陈佳惠通过 Kuro 网下载其他会员歌曲档案，市售价格高达新台币 35950 元，超过台湾地区"著作权法"规定的合理使用范围。2003 年国际唱片联盟（IFPI）控告飞行网公司侵权，其后获台湾地区台北"地方法院"检察署提起公诉。2005 年 9 月 9 日，台北"地方法院"一审判决飞行网公司董事长陈寿腾等三名负责人和 P2P 网络用户陈佳惠构成刑事犯罪。

比较可知，我国台湾地区"地方法院"对作为网络服务商的 P2P 软件经营者，就用户下载和上传他人著作权作品的行为，作出的判决并不相同：对于利用"易载"（ezPeer）软件传播他人作品的行为只讨论是否构成刑事犯罪，最终被判无罪；相反，对利用"酷热"（Kuro）软件传播他人作品的行为，则判决 P2P 软件经营者和终端个人用户都构成犯罪。这种判决结果的差异，当然有事实与证据上的原因，但法律规范不够明确而只能依赖于刑法理论进行判断也是一个重要原因。就修正后的台湾地区"著作权法"第 87 条第 1 项第 7 款规定而言，P2P 软件提供者可能是首当其冲的主体。

---

① 台湾台北"地方法院"92 年度诉字 2146 号刑事判决。

其他国家和地区也有对 P2P 经营者追究刑事责任的案例。例如，2008 年 6 月 19 日，芬兰一家高等法院就一起文件共享服务的 P2P 网络盗版案件作出了其管理者 Finreactor 败诉的判决，成为欧洲第一个宣判服务商刑责的国家。[①] 芬兰 Turku 上诉法院维持了 Turku 地区法院关于芬兰籍 Finreactor 以 BT 为基础的 P2P 网络非法的判决；表明尽管犯罪场景可能高度技术性和复杂化，但并未为版权侵犯者提供隐藏之处。又如，2009 年 4 月 17 日，在斯德哥尔摩法庭的最后裁决中，世界上最大的 BT 种子下载网站“海盗湾”（The Pirate Bay）的 4 名所有者败诉，败诉原因是法庭认为该网站通过提供一个包含开发完好的搜索功能和具有简单的上传和存储功能的网站，并为该网站提供服务器，被告的这些行为因“协助”他人下载版权作品而侵犯了瑞典版权法令，构成“协助文件共享犯罪”，4 人分别被判处 1 年监禁，同时共被处以 360 万美元的罚金。学界称，“海盗湾”案的有罪判决，是“海盗湾”等 BT 服务商所代表的世界性信息共享群体与国际性音像传媒巨头所代表的版权人之间的声势角力，乃网络利益纷争使然，最终将深刻涉及版权法这一解决网络利益冲突的法律保障机制的公允性问题。迫于美国等国际社会的压力，瑞典法院通过此判决表明坚决反对盗版的法律态度，至少从刑事意义上否定“海盗湾”存在的合法性。[②] “海盗湾”现象表明，各国应通过建立相应的网络著作权法律规范来有效平衡网络活动各方的经济利益，建立起科学的付费和获利的制度机制。

---

① See Mikko Manner, “A Bittorrent P2P Network Shut Down and Its Operation Deemed Illegal in Finland”, *Ent. L. R.* 2009, 20(1), pp. 21 – 24.

② 何敏：《盗版与反盗版角力的反思》，载《法制日报》2009 年 4 月 24 日第 10 版。

3. 启示：我国大陆地区 P2P 经营者刑事责任

就立法而言，我国尚无专门针对 P2P 的立法，即使专门调整网络行为关系的《网络传播条例》也并未规定 P2P 版权责任。P2P 网络服务提供者不在其服务器中存储侵权作品，不涉及作品内容提供，而仅仅为终端用户共享行为提供技术平台，方便用户搜索、下载，扮演着链接和搜索服务者角色，其行为可能构成“间接侵权”，但不可能构成对著作权人信息网络传播权“直接侵权”（除非 P2P 运营者将作品存储在其服务器上供 P2P 用户下载）。

就司法而言，我国针对 P2P 尚只有民事领域的司法实践，并且出现较晚。2006 年北京市第二中级人民法院审理的“步升”案就是全国首例 P2P 软件侵权案。案情是：上海步升公司是涉案 53 首歌曲的录音制作者；被告舶盛舫安公司对于网络用户未经权利人许可利用 Kuro 软件传播涉案 53 首歌曲的行为提供帮助；被告北京飞行网公司不仅为被告舶盛舫安公司上述侵权行为提供技术支持，而且以自己名义直接参与上述侵权行为。P2P 软件经营者侵权责任成为本案关键问题。[①] 法院认定，被告成立“帮助、诱导用户侵权”，判决飞行网和舶盛舫安连带赔偿步升公司经济损失 20 万元及诉讼合理支出 1 万元。理由是：被告拥有的 Kuro 软件为用户列出了众多具有诱导侵权性质的依靠中央服务器管理的下载列表和广告语，属于集中式 P2P 网络服务提供者，而主观上又应当知悉其列出的索引目录中多为受保护的作品，有能力对会员的下载行为进行监管，而被告不仅放弃监管而且从会员的侵权行为中获利。

可见，我国大陆地区对 P2P 经营者是依据共同侵权等民法理论来追究其民事侵权责任的；但是，随着理论和实践发展，P2P 经营者刑事责任问题将成为值得关注的议题。规制 P2P 的立法应坚持技术中立原则：首先，P2P 软件是中性的科技产品，本身不构成

---

① 参见冯刚：《P2P 软件经营者的侵权责任问题——全国首例涉及 P2P 的侵权纠纷案评析》，载《知识产权》2008 年第 3 期。

侵害著作权，但可被用来进行合法或非法交换文件；其次，其不仅具有文件共享功能，还具有对等计算、协调工作和深度搜索等功能，不能因其文件共享存在侵权，而抹杀其在其他方面的强大功能；再次，法律规制的是人的行为，不限制技术本身，有过错的是利用技术实施损害行为的人；最后，不能因 P2P 网络共享行为侵犯著作权，就禁止 P2P 技术的开发和应用。基于技术中立的立场，P2P 经营者或软件提供商的版权责任问题，应依个案视其情形认定是否应负“帮助侵害”或“代位侵害”或“引诱侵权”责任，可以依刑法决定是否构成共犯或帮助犯，也可以依民法决定其是否应负赔偿责任。

三、点对点传输（P2P）行为的刑法规制

（一）P2P 用户版权责任

随着 P2P 技术的兴起和普及，P2P 软件最终用户和 P2P 软件提供商的版权责任正被推向争议的风浪口上。鉴于前文已对网络服务商（通常是提供下载等服务的 P2P 软件经营者）版权责任进行过研究，此处“点对点传输”即“P2P”行为是指 P2P 用户网络传播侵权行为的刑法规制。

自数字网络技术诞生以来，最终用户的法律责任就争议极大。一般而言，根据我国《著作权法》第 22 条“合理使用”的规定，最终用户的下载行为不是侵权，更无刑事责任可言。但问题是：P2P 软件的最终用户是指利用软件开发商提供的 P2P 软件进行下载和上传行为的软件使用者，P2P 条件下最终用户已经同时充当着客户端和服务器（Client/Server）的双重角色。于是，近年来有些国家或地区的立法和司法依据刑法追究 P2P 用户的上传、下载行为的刑事责任。这促使人们思考，P2P 最终用户的下载等使用作品行为构成合理使用是否也应有限制条件。

P2P 行为主要是文件的下载和上传，这存在属于合理使用的可能。其一，关于从他人计算机下载的行为是版权侵权还是合理使用

问题。《著作权法》第 22 条第 1 项规定："为个人学习、研究或者欣赏，使用他人已经发表的作品"，可以不经著作权人许可，不向其支付报酬。根据这个条款，P2P 软件最终用户的下载行为属于为个人学习、研究或者欣赏的范围，属于合理使用。但是，为了防止作品使用者滥用"合理使用"的规定，2002 年《著作权法实施条例》第 21 条对"合理使用"条款又作了补充规定："依照著作权法有关规定，使用可以不经著作权人许可的已经发表的作品的，不得影响该作品的正常使用，也不得不合理地损害著作权人的合法利益。"这个补充规定实际上是判断是否是合理使用的重要标准。其二，将文件上传或放置于共享目录下的行为构成版权侵权。不过，利用 P2P 软件于网络上共享文件是否构成侵害，需个案认定。这也诚如学者所指出的，单纯的法律手段不能有效避免用户通过 P2P 网络盗版，出路在于将 P2P 商业化（如定期向用户收取使用费的收费模式或补偿金制度等）以及用技术管理版权。[①]

（二）境外 P2P 刑事立法与司法略考

1. 境外 P2P 刑事立法发展

各国就网络侵权与犯罪的规定可适用于 P2P 情形，表 4－1 是主要国家和地区侵犯网络版权的刑事立法规定。[②]

---

① 参见徐一文：《P2P 革命中的版权——共享网络中的版权侵权问题研究》，载周林主编：《知识产权研究》（第 18 卷），知识产权出版社 2007 年版，第 139～201 页。

② 参见汤显明：《网络侵权与 BT 刑事犯罪》，载《法学杂志》2008 年第 2 期。

表 4－1　网络侵权刑事责任

英美法系	澳大利亚	如为贸易的目的或意图取得商业利益或利润分发作品的侵权复制品，或为任何其他目的分发，而该分发的作为达到损害版权拥有人权利的程度，即属刑事罪行。未获授权而上传版权材料，令公众可以取用，或会构成分发的刑事罪行
	加拿大	如为贸易的目的而分发作品或其他有关物品的侵权复制品，或分发的作为达到损害版权拥有人权利的程度，即属刑事罪行。未获授权而上传版权作品，令公众可以取用，或会构成分发的刑事罪行。下载侵犯版权材料的作为本身不会招致刑责
	新加坡	达到严重程度，或是为了取得商业利益而进行的故意侵权作为，均属刑事罪行。因此，未获授权而在互联网上传及下载版权作品的行为，在若干情况下会构成刑事罪行
	英国	在业务过程中或在业务过程以外向公众传播版权作品而达到损害版权拥有人权利的程度，属侵犯版权的刑事罪行；未获授权而把版权材料上传至互联网，可能会构成有关的罪行
	美国	为了商业利益或私人财政收益而故意作出的侵犯版权作为，以及就未获授权而复制或分发的故意侵权作为而言，有关作为涉及总值超逾 1000 美元的版权作品，并在任何一段为期 180 天的期间内作出，均属刑事罪行
大陆法系	法国	未获授权而就表演、录音制品、录像制品或节目制作任何录制品、复制品，或向公众传播或提供有关表演、录音制品、录像制品或节目，或就有关表演、录音制品、录像制品或节目进行任何无线电广播，均构成刑事罪行。未获授权而把版权材料上传到互联网，令公众可以取用，也可能会侵犯向公众传播或提供该等材料的权利，并构成这方面的侵权刑事罪行
	德国	未获作者同意而复制、分发或公开传播版权作品，均属刑事罪行。因此，未获授权而上传和下载版权作品，或会构成刑事罪行
	日本	侵犯版权或邻接的权利，属一般刑事罪行。换言之，侵犯版权拥有人在《版权法》下的民事权利，会构成刑事罪行。因此，未获授权而上传及下载版权作品达至侵权程度，即构成刑事罪行

资料来源：汤显明：《网络侵权与 BT 刑事犯罪》（2008 年）。

可见，各国就非法上传和下载行为的刑事责任规定是有差别的。第一，就未获授权的非法上传行为而言，由于它与版权人“向公众提供权”相抵触，被上述各国均规定为刑事罪行。第二，就未获授权的非法下载行为而言，则呈两种不同的刑事立法态度：一种是未规定为犯罪，如澳大利亚、英国等，尤其是加拿大还强调“非犯罪性”，即未获授权而在互联网下载侵犯版权材料的作为本身不会招致刑责；另一种是予以“犯罪化”规定，如美国、新加坡、德国、日本等。

以美国为例：美国 DMCA 意图是调整新千年的数字版权问题，但其规范刚制定出来就过时了，因为当初设计时并未设想到网络使用者可以不通过网络服务商的服务器而直接通过 P2P 软件方式来交换文件；其所代表的是 1995 年当时的网络服务提供者和著作权人间的利益平衡，当时的妥协未必符合并未参与此协商的终端使用者及新形态的网络服务提供者的需求。于是，美国国会审议《遏制盗版和教育法》，便涉及将使用 P2P 软件大量复制数字化作品定为犯罪。2005 年 4 月，美国《家庭娱乐暨著作权法案》（The Family Entertainment and Copyright Act，简称 FECA）成为法律，该法主要就是用来打击 P2P 盗版。根据该法，任何人只要在分享文件夹中，拥有一个未上映电影、未上市软件或音乐文件，就可能被判处 3 年以下监禁和罚款，不论该文件是否经由下载取得，最高可面临 3 年刑期。[①] 其追究的行为人既包括上传者，也包括下载者。鉴于美国在国际社会强大的影响力，这一趋势将不可避免地影响世界各国，从而导致世界范围内扩大 P2P 条件下对著作权刑法保护的浪潮。

法国 2006 年 8 月 11 日新的《著作权和邻接权法》是数字媒体领域中反盗版的新规定，其中之一便是规定了不得通过互联网进行

---

① 参见邱碧云：《全球首宗 BT 侵权案引发的思考》，载《中山大学学报论丛》2006 年第 7 期。

非法文件交流。面对“法不责众”的疑惑，宪法委员会曾明确答复，“P2P 网络信息交流的特性并不能使其成为有别于受争议之条款所确立之处理方式的理由”。这意味着法国将 P2P 正式定性为盗版行为。根据法律，最高可判处 3 年监禁或 30 万欧元罚金，第 L335－2－1条作出了详细规定。宪法委员会还撤销了“交互操作”免责的规定。①

2. 境外 P2P 刑事司法考察

第一，“香港特别行政区诉陈乃明案”②。该案是全球首宗 BT 计算机网络传输刑事犯罪案。网名为“古惑天皇”的 38 岁香港公民陈乃明违反香港《版权条例》，利用 BT 软件将《夜魔侠》、《宇宙深慌》、《选美俏卧底》3 部电影的非法复制品作为“种子”上传到互联网进行传播。2005 年 11 月 7 日，香港屯门法院作出一审判决，裁定被告人侵犯电影版权罪名成立，判决入监 3 个月。被告人提出上诉请求，香港高等法院于 2006 年 12 月 12 日审理，驳回上诉、维持原判，上诉人实时收监，开始服刑。被告人不服判决，再次提出上诉，2007 年 5 月 18 日，香港终审法院终审维持原判。

根据香港法例第 528 章《版权条例》第 118 条（一）（g）的规定和《版权条例》第 119 条，香港屯门法院以被告人犯“在没有有关版权拥有人的特许下，并非为任何贸易或业务的目的，亦并非在任何贸易或业务的过程中，而分发版权作品的侵犯版权复制品，达到损害版权拥有人的权利的程度”未遂罪，作出了较轻的判决。香港各级法院都认定被告人侵犯了著作权，并判定其有罪。首先，法院认定被告提供 BT 种子行为构成传播行为。他在电脑内存放电影作“种子”，并通过网络新闻组（当时在线下载的另有 40 名用户）宣传自己的“种子”，以便其他人下载。被告人在整个过

① 参见张耕、施鹏鹏：《法国著作权法的最新重大改革及评论》，载《比较法研究》2008 年第 2 期。

② HKSAR v. CHAN NAI MING（TMCC 1268/2005）.

程中起主动作用，导致这些非法复制数据传播的形成。其次，法院认定被告人传播行为给权利人利益造成了损害。网民下载电影后，可能不会再去购买该电影来观看，尽管这种潜在的销售损失可能并不大，但足以构成对版权人的侵害，而且因这种侵害造成对电影租赁市场的损失也要考虑在内。同时，虽然被告人的行为没有涉及金钱交易，是免费提供非法复制品“种子”，但已影响了版权人利益，等同于出售盗版光盘。按香港《版权条例》，不论其主观上是否具有营利目的，只要对版权人利益造成较大损害的，就应追究其刑事责任。

学界关于本案的主要争议，在于网络传播侵权行为是否属于发放或分发侵权复制品行为及进而构成犯罪。一审判决对著作权法中“分发”、“发放”和“提供”行为的界定在国内外引起了热烈讨论，二审以前国内外学者纷纷对本案发表看法。[①] 不少学者认为一审判决不当：一是传统“发放”（issue）行为是以作品有形载体转移为核心要件；二是“网络传播”是否构成“发放”（issue）、“分发”（distribute）和“提供”（making available）需立法例订明；三是“网络传播”与“发放”、“分发”应是互不包容的独立行为，判决混淆了分发、网络传播与提供的行为界限。

与上述学界观点相反，审理本案的法官认为：其一，被告人发送的档案文件应视为有形物品。终审法院法官指出，科技发展改变了影像和声音存储方式，如音乐存储已由原来的卡带变为 CD 再发展为今天的 MP3，载体改变不影响其为“复制品”和“有形物品”的性质。被告人上传的电影是储存于他的计算机硬件内，即使这些档案属电子复制品，亦为有形的“副本”，因此应视为一件“有形物品”；上传这些档案仍然符合版权法有关侵权的标准。其二，被告人行为构成侵犯著作权的“发放”行为。BT 上传者先把档案上

① 参见王迁：《论著作权法中“发行”行为的界定——兼评“全球首宗 BT 刑事犯罪案”》，载《华东政法学院学报》2006 年第 3 期。

传到本身电脑硬盘内，称为“种子电脑”（Seed computer），该档案会制成“分流档案”（torrent file），通过互联网上传至 BT 新闻组，至此，只要处于连线状态，其他网络用户便可以毫无阻碍地链接下载。被告人将档案放在网上任人随时下载，且一直让计算机在线，并启动 BT 软件，确保下载者得到完整计算机档案。高等法院的判词以例子来说明，被告人的上传情况有如摆放一部汽水自动售卖机在街上，让有需要的“顾客”自行购买。被告人在整个网络传播过程中并非处于被动状态而其行为与分发版权物无异，属于主动发布的侵权行为。其三，“网络传播”是否构成“发放”、“分发”和“提供”不需要立法例订明。根据一国两制的架构，终审法院有解释法律的权力；根据香港《释义及通则》第 19 条，结合法律解释需要考虑的因素，完全可以得出“网络传播”是“发放”、“分发”行为方式之一的结论。

第二，与 2005 年香港陈乃明案相呼应，P2P 用户刑事判决已在世界范围内陆续出现。从全球来看，最终用户的 P2P 行为面临刑事追究正方兴未艾。例如，美国于 2006 年 9 月出现第一例个人使用 BT 下载的（有罪）判决，即 United States v. McCausland 案[①]。日本发生了一起控告 P2P 软件作者的刑事控诉案件。日本京都地方法院于 2006 年 12 月 13 日作出判决，判处 Winny 软件（专用于文件交换）的开发者、原东京大学研究生院的金子勇有期徒刑 1 年，并罚款 150 万日元，罪名是“帮助侵害著作权”。[②] 截至 2006 年，在新加坡唱片行业已经对 FastTrack 和 Gnutella（两种 P2P 软件）的用户进行了 33 次刑事诉讼；在瑞典，音乐界对于那些音乐上传者展开了 15 次刑事诉讼。[③]

---

① No. 06 - CR - 00040, guilty plea entered (W. D. Pa., Erie Sept. 12, 2006). 转引自:24 No. 9 *Andrews Computer & Internet Litig. Rep.* 1(October 4, 2006)。

② 参见关壮:《P2P 刑责之惑》，载《中国版权》2008 年第 2 期。

③ 参见邱碧云:《全球首宗 BT 侵权案引发的思考》，载《中山大学学报论丛》2006 年第 7 期。

前文已述及的我国台湾地区2005年“酷热”（Kuro）案中，台北“地方法院”除对被告人飞行网公司董事长陈寿腾等3名负责人判处有期徒刑、并科罚金外，还判处P2P网络用户（Kuro会员）陈佳惠因擅自以复制方式侵害他人著作财产权，构成刑事犯罪，被判处有期徒刑4个月、缓刑3年。陈佳惠通过Kuro网下载其他会员歌曲档案共970首、相当于97张专辑，市价达新台币35950元。可见，利用“酷热”（Kuro）软件传播他人作品的行为，不仅判决P2P软件经营者构成犯罪，而且判决终端个人用户也构成刑事犯罪；其著作权保护已经非常严格。顺便指出，就P2P刑事判例而言，香港陈乃明案不是首例，它仅是首例BT刑事判例，而BT软件则是一种新型P2P软件。

可见，不仅是立法上对P2P行为有刑事责任的文字规定，而且在司法实践中真正展开对侵权P2P用户的刑事责任追究，已引起各方面尤其是数量极其庞大的P2P用户的关注。

3. 境外P2P刑事立法与司法的启示

P2P用户刑事司法案件，非常现实地提出了科技中立与法律规制的关系处理问题。社会各界对此存在争议：有些人认为，围绕P2P技术产生的法律问题并未完全解决，P2P用户亦未从上传行为中牟利，让其承担刑事责任有畸重之嫌；也有不少人主张对利用新科技实施侵权行为应处以重罚。本书认为，P2P技术与利用P2P技术从事侵权行为是完全不同的：P2P技术本身与网络盗版没有直接关联，它只是一项新技术①，对于利用新技术实施犯罪的人，应追究的是实施犯罪的人，而不是新技术本身。通过P2P软件非法上传或下载未经授权的作品，违法性不能归咎于技术本身。考虑到这种网上传播行为和传统“发放”、“分发”并无实质区别，甚至更容易实施并达到犯罪目的，故纳入刑法制裁范围符合刑法公平理

① 龚帆、杨蕙：《从BT下载侵权看P2P文件交换技术的发展对网络知识产权的挑战》，载http://culturelaw.ccnt.com.cn/index2.php?col=12&file=1417。

念。正如陈乃明案主审法官麦健涛在判决意见书中所指出的，自由发布信息是互联网的精髓，但这并不意味着互联网可以用于违法和犯罪目的，“没有绝对的自由”正是保障自由的前提。随意上传种子文件、散播侵权作品，和现实中通过盗版、制作和销售 DVD 侵权电影作品的行为没有实质的区别。不过，BT 等 P2P 软件所引发的刑事规制问题将进一步引起技术领域、法律以及全球网络用户共同关注。

（三）我国 P2P 行为的法律实践及刑事法律应对

1. 我国 P2P 立法和司法现状

P2P 网络共享服务中的上传和下载行为，是网络版权保护中的难点。从法律法规看，我国尚没有针对 P2P 网络共享行为责任的专门规定。最高人民法院几经修改的《网络著作权解释》、国家版权局《互联网著作权行政保护办法》都只针对内容提供者直接侵权行为和提供链接与搜索服务者的间接侵权行为作了规定。国务院后来的《网络传播条例》在调整范围上的一个不足，就是未规定 P2P 版权责任。[①] 虽然运用解释方法，从现有法律、法规中可能找到追究 P2P 网络共享行为责任的某些法律依据，但是现行法律制度是针对万维网和集中式网络结构下的网络服务提供者和网络内容提供者的，而对 P2P 网络用户的侵权没有进行规定，不能适应 P2P 技术发展对保护著作权人利益免受侵害的要求。P2P 侵权渐成为国际知识产权纠纷关注点，如 2007 年中美针对版权保护问题谈判中，美方提出的问题都关涉 P2P；这说明现在的版权纠纷已深入到一对多或多对多的 P2P 网络共享的复杂境地。因此，在 P2P 条件下，P2P 经营者和 P2P 用户的侵权行为应作为重点进行防范和规定，尤其是尚呈空白的 P2P 终端用户传播行为更亟待引起关注。正因为如此，进行立法论意义上的研究就显得具有现实意义。

---

① 参见国家保护知识产权工作组：《知识产权案例选编——面向领导干部》，人民出版社 2008 年版，第 19 页。

就司法而言，我国针对 P2P 尚只有民事领域的司法实践，并且出现较晚。前述 2006 年“步升案”以 P2P 软件经营者（飞行网和舶盛舫安）承担侵权责任，连带赔偿步升公司经济损失 20 万元及诉讼合理支出 1 万元而告终。之后，类似 P2P 案件频频发生。目前，我国法院对于 P2P 行为只判决 P2P 经营者和终端用户构成共同侵权，只追究 P2P 经营者民事责任，而对于终端用户的责任则予以豁免。最终用户上传、下载他人作品的，虽也有侵犯信息网络传播权的嫌疑，但在现行法律框架内无法进行刑事追究。

我国大陆与港、台地区 P2P 司法存在差异。与 P2P 网络的集中式、分布式和混合式三类主要结构模式相适应，我国大陆与港、台地区关于 P2P 的司法实践在法律责任和追究对象上差异悬殊①：其一，香港地区的司法实践，因其是分布式结构，判决追究“种子”提供者的刑事责任，而对其他共享用户则豁免了刑事责任。其二，台湾地区的司法实践，因其是混合式结构，判决不仅追究网络服务提供者的刑事责任，而且也追究网络用户的刑事责任，是 P2P 网络共享司法实践中最为严厉的判决。其三，大陆地区的司法实践，因其是集中式结构，判决网络服务者承担共同侵权民事责任，而豁免了网络用户的侵权责任。由于大陆地区刑事责任的追究必须有营利目的，而 P2P 网络共享的特点是免费提供著作权作品，并不以营利为目的。因此，在大陆地区，追究 P2P 网络共享服务提供者和内容提供者的刑事责任没有法律依据，只是 2004 年《知识产权刑事案件解释（一）》第 11 条以刊登收费广告等方式直接或者间接收取费用的情形，属于刑法第 217 条规定的“以营利为目的”，可能为此打开一个缺口；但是，追究 P2P 网络用户的刑事责任无法律依据可言。

① 参见邓社民：《P2P 网络共享环境下著作权保护问题研究》，武汉大学 2008 年博士学位论文。

2. 我国 P2P 刑事法律应对

就对 P2P 侵权刑事制裁而言，大体涉及三类主体：软件作者、经营者和用户。由于 P2P 经营者的刑事责任在前文已经分析过，不再赘述；这里仅分析另外两种思路。

本书认为，以 P2P 软件作者为规制对象的思路是不妥当的。在技术飞速发展的高科技时代，版权立法应遵守技术中立原则，技术对版权人利益的影响应成为界定侵权行为的最重要因素；立法者也应通过不断修改和完善版权法回应新技术带来的各种问题。① 对 P2P 软件作者追究刑事责任，将涉嫌阻碍科技发展、妨碍生活便利、言论自由等价值的实现，纵使天才也不敢把才华投入 P2P 软件这一可能招致刑罚的领域。故在 P2P 刑事规制问题上，绝不能因 P2P 行为侵犯著作权，就武断地禁止 P2P 技术的开发和应用。当然，如果 P2P 软件作者同时成为经营者，则应按前文相关论述来承担可能的间接侵权刑事责任。

以 P2P 用户为规制对象的思路不违背技术中立原则，因为技术中立并不意味着该项技术可被任意使用而不受任何限制；如果某项技术被用来侵害他人权益，则使用者就应为其行为承担相应的责任。就行为性质看，用户对版权作品未经授权的 P2P 行为可能构成侵犯著作权：其一，P2P 用户的上传行为已侵犯著作权人的“信息网络传播权”，构成直接侵权行为。其二，P2P 用户存于共享目录的行为，已经不属于私人使用，其实质成为了网络传播。因为 P2P 技术使作品的传播摆脱了对中央服务器的依赖，使用户直接搜索并下载其他在线用户存储在其计算机硬盘上的“共享目录”中的文件或作品；这是向公众提供作品的行为，即其他在线用户可以在其选定的时间和地点获得该作品。P2P 网络共享用户将他人作品未经许可存储在其计算机硬盘中，通过与互联网链接的行为属于提

① 参见王迁：《“索尼案”二十年祭——回顾、反思与启示》，载《科技与法律》2004 年第 4 期。

供作品的行为，可以按《网络传播条例》和有关司法解释中“内容提供者”的行为追究直接侵权责任。

然而，我国刑法侵犯著作权犯罪的“营利目的”要件，是对P2P行为进行刑事规制的最大障碍。有论者认为，对不以营利为目的之网民不宜妄论刑罚，公平的做法应该是由侵权人依法予以赔偿，而不应当是用更加激烈的手段罪之、刑之；以“刑”代“民”，在社会进步的今天，是一种倒退。[①] 本书认为，就P2P条件下的侵权应对而言，这种观点值得商榷。“营利目的”在网络环境中呈淡出之势，P2P的传播行为通常是免费共享的。所以，有必要针对P2P行为专门规定不要求营利目的的侵犯信息网络传播权的犯罪。P2P技术下，使用者数量极其庞大，导致刑事规制将面临“法不责众”的困境及遭遇司法资源有限的制约，即使只追究把侵权文件上传供其他用户下载/上传的始作俑者，即“播种人”，也是如此，有多少个影音文件在P2P网络上流传，就有多少个“播种人”，都在刑事检控之列，但明显不可能逐一落实刑事追究。这要求我国P2P刑事规制应贯彻刑罚谦抑原则。

从“应刑罚性”来看，与商业性盗版对著作权人市场形成竞争效果不同，P2P用户的行为属于个人使用，其应刑罚性令人怀疑。[②] 其一，关于不法性。由于P2P过程中著作权人未被偷窃什么而不构成偷窃，是否构成对著作财产权的侵犯？这需证明用户本来就会购买、为节省费用而通过P2P获得作品后，对著作权人的收益造成损害；对于试听而言，不但无损反而刺激消费，对于已经不再销售的作品，也不影响收益；在刑法上还需是“实质重大损害”，可以商业盗版规模来做限制；如果生产者可由多方管道取得

① 参见沈木珠：《网络侵权罪与非罪的把握和思考》，载《电子知识产权》2006年第5期。

② 参见蔡蕙芳：《数位时代个人使用之刑罚问题》，载台湾《政大法学评论》第98期（2007年8月）。

足以鼓励与支持其继续创作的经济利益，即无实质重大损害。其二，关于有责性。P2P用户中，有些是欠缺不法意识的，此成为阻却责任事由，自无刑事责任可言；即使不是欠缺不法意识的其余情形，也具有减免罪责的事由。一方面，是规范责任论下的减免罪责。例如，德国耶赛克教授指出，在所有的情况下，个人的行为不法因行为人所追求的正当目的而减少，[①] P2P用户追求的目的不是通过商业竞争影响著作财产权，其中包括学习、丰富文化生活等正当社会目的；同时，整体著作权规范环境不健全，如缺乏欧美盛行的强制授权与征收补偿金制度等，使用户获得授权使用变得困难，也使不从事P2P的可期待性降低。另一方面，是规范冲突预防无效的减免罪责。社会规范层面上，多数社会成员不认为通过P2P免费利用信息作品并与朋友分享就要受道德谴责，这与法律规范的要求相悖，由此产生规范冲突，行为人的不法行为的罪责也会减少。而社会道德规范对个人行为的内化效果比法律规范更直接，在二者取得共识以前，应限制刑罚的适用。

为充分保证P2P行为不会轻易导致刑罚制裁，P2P用户刑事规制应只将“第一播种人”（first seeder）规定为惩治对象并将其上传种子的数量及所导致的侵权下载最后完成次数作为入罪标准，即构成防止过度犯罪化的三重防线[②]：首先，将“第一播种人”规定为特定犯罪主体可看做第一道防线，避免了一般用户行为的犯罪化；其次，规定上传种子数量的下限属第二道防线；最后，为了慎重起见，也考虑到现实生活中存在有人上传但无人下载、分发的情况出现，将一定的该种子所导致的侵权下载最后完成次数作为第三道防线。

---

① 参见［德］汉斯·海因里希·耶赛克、托马斯·魏根特：《德国刑法教科书》，徐久生译，中国法制出版社2001年版，第572页。

② 参见关壮：《P2P刑责之惑》，载《中国版权》2008年第2期。

第三节　我国技术措施及权利管理信息刑法保护

一、境外技术措施刑法立法与司法考察

国际社会关于技术措施法律保护共识，是在“因特网条约”关于技术措施规定推动下达成的。WCT 在第 11 条规定：缔约各方应规定适当的法律保护和有效的法律补救办法（shall provide adequate legal protection and effective legal remedies），制止规避由作者为行使本条约所规定的权利而使用的、对就其作品未经该有关作者许可或未由法律准许的行为加以约束的有效技术措施。WPPT 在第 18 条就表演者、录音制品制作者所使用的技术措施保护使用了类似措辞。为履行两条约义务，美国率先制定《数字化千年版权法》（DMCA）并于 1998 年 10 月 28 日成为法律，规定除某些法定情形外，规避技术措施行为均属违法①；并规定刑事救济（两条约中并无技术措施刑事保护内容）。对其他国家和地区起了示范作用；之后修订版权法的其他国家和地区，几乎都无例外地效仿 DMCA 增加了技术措施保护条款。

（一）美国 DMCA 关于技术措施刑法规制

1. DMCA 关于技术措施违法类型与刑罚规定

DMCA 是为回应数字网络技术挑战而对版权法进行的重要修改补充；共 5 编（title）：第 1 编是“WIPO 条约的实施”（WIPO Treaties Implementation），第 2 编是“在线版权侵权责任限制”（Online Copyright Infringement Liability Limitation），第 3 编是“计算机维护竞争保障法”（the Computer Maintenance Competition Assur-

---

① See Comm. on Intell. Prop. Rights and the Emerging Info. Infrastructure, National Research Council, *The Digital Dilemma: Intellectual Property in the Information Age*, 2000, p. 318.

ance Act），第4编是“附则”（Miscellaneous Provisions），第5编是“某些原创设计的保护”（Protection of Certain Original Designs）。DMCA不是所有内容都是修改版权法而被纳入美国法典第17编“版权法及相关法律”的；其第1编被纳入美国法典第17编第12章，共5节，即从第1201条至第1205条；其直接目的是实施WIPO两条约，主要内容是对技术措施和权利管理信息以全面、充分法律保护。规避技术措施和破坏权利管理信息的违法分别被规定在第1201条和第1202条中；其救济同样规定在该章：第1203条规定了民事救济，第1204条规定了相应的刑事救济。这与侵犯版权犯罪集中规定在第5章第506条、刑罚规定在第18编第2319条做法不同，显示出技术措施犯罪本身不属于侵犯著作权犯罪范畴这一意旨。

第1201条标题即为“版权保护系统之规避”（Circumvention of Copyright Protection Systems），其基本结构包括从第1201（a）条至第1201（k）条共11款。根据技术措施目的之不同，第1201（a）条和第1201（b）条分为“访问控制措施”和“权利保护措施”两种不同类型，分别作出规定：

第1201（a）条规定了两种规避行为违法类型：一是第1201（a）（1）条禁止对“有效控制接触依本编规定受保护作品的技术措施”（a technological measure that effectively controls access to a work protected under this title）的规避行为，这是第1201（a）（1）（A）项的内容。（B）、（C）、（D）项则规定，（A）项禁止规定不适用于特定作品，并授权美国版权局根据国会图书馆提出的豁免技术措施禁止规避的作品种类进行“反规避规则制定”。[①] 二是第1201（a）（2）条禁止制造、进口、向公众许诺、提供或以其他方

① 美国版权局自2000年开始已经作出了3次规则制定，分别是2000年、2003年和2006年，最后一次的效力于2009年10月27日到期。See http://www.copyright.gov/1201/.

式交易对"有效控制接触受保护作品的技术措施"进行规避的设备。第1201（a）（3）条对"规避技术措施"和"有效控制访问作品的技术措施"两个概念进行了定义。

第1201（b）条则只有一种违法类型，即在第1201（b）（1）条规定：禁止制造、进口、向公众许诺、提供或以其他方式交易对"有效保护版权人依本编规定对作品或作品部分的一项权利的技术措施"（a technological measure that effectively protects a right of a copyright owner under this title in a work or a portion of it）进行规避的设备。第1201（b）（2）条也对"规避技术措施所设置的保护"和"有效保护依本编规定版权人之权利的技术措施"两个概念进行了定义。

学者将这三种规避违法分别概括为基本规定、交易禁止和附属违法，其中交易禁止针对规避接触控制（access controls）的设备和服务，附属违法针对规避权利控制（rights controls）的设备和服务。[①]

相应的刑事救济规定在第1204条[②]，共有3款。第1204（a）条规定：任何人为商业利益或私人财政收益目的蓄意违反第1201条或第1202条的，初犯者处以50万美元以下罚金或处以5年以下监禁，或二者并处；再犯者处以100万美元以下罚金或处以10年以下监禁，或二者并处。第1204（b）条规定对非营利图书馆、档案馆、教育机构或公共广播实体的适用限制，第1204（c）条规定诉讼时效为5年。

---

① Nicola Lucchi, *Digital Media & Intellectual Property : Management of Rights and Consumer Protection in a Comparative Analysis*, Springer, 2006, pp. 47－48.

② See 17 USC § 1204(a). 原文为："IN GENERAL—Any person who violates section 1201 or 1202 willfully and for purposes of commercial advantage or private financial gain? —(1) shall be fined not more than $500,000 or imprisoned for not more than 5 years, or both, for the first offense; and(2) shall be fined not more than $1,000,000 or imprisoned for not more than 10 years, or both, for any subsequent offense."

2. DMCA 关于技术措施刑事规制特点

DMCA 规避技术措施的刑事救济是对“帮助性侵权（contributory infringement)”（版权间接侵权的一种）可以追究刑事责任的认可，是在刑事救济上的突破，因为规避技术措施本身不是直接侵害版权行为。其刑事救济规定有以下特点：

其一，技术措施又区分为“访问控制措施”和“权利保护措施”两种类型。客观方面禁止行为广泛，既包括技术措施规避行为，又包括规避设备的交易行为。其中，禁止交易的规避设备则指三种情形之一的技术、产品、服务、设施、部件或零件：主要设计或制造目的是规避技术保护措施；除了以上目的之外，仅有有限的商业用途；由明知其将被用于规避技术措施的人销售。“控制访问措施”保护使权利人在数字网络时代近乎获得了一种新的“访问权”。

其二，规避技术措施的主观要件必须是故意，且要以营利为目的。这实际上回到了《反电子盗窃法案》以前的严格规定，是对间接侵犯著作权行为追究刑事责任的必要限制。

其三，在刑罚上，规避技术措施行为一律处以重罚，而没有规定轻罪，并对初犯和再犯区别规定。

其四，第 1201（d）至（j）条规定了不适用规避技术措施违法规定的 7 类法定例外，即：非营利性图书馆、档案馆和教育机构的例外；法律执行、情报机关和其他政府活动例外；反向工程的例外；解密、加密研究的例外；父母阻止未成年人接触网上色情或其他有害内容的例外；保护私人信息的例外；安全测试的例外。① 第 1204（b）条也规定对非营利图书馆、档案馆、教育机构或公共广

① 这些例外款项的标题如下：(d) exemption for nonprofit libraries, archives, and educational institution. (e) law enforcement, intelligence, and other government activities. (f) reverse engineering. (g) encryption research. (h) exceptions regarding minors. (i) protection of personally identifying information. (j) security testing.

播实体不适用刑罚规定。

（二）其他国家和地区技术措施刑法规制

1. 欧盟2001年《协调信息社会中著作权及邻接权某些方面的指令》（2001/29/CE，简称EUCD）

该指令第6条规定技术措施并要求成员国针对规避有效技术措施应提供法律保护，成为指令争议最大的部分。它采纳美国DMCA法案模式，规定："成员国可以通过立法禁止未经授权的破解保护著作权和邻接权的任何有效的技术保护措施的行为，这些行为包括生产和销售明知或有理由知道用于侵权的设备、产品或部件。"在解释"有效"技术措施的含义时，指令规定：当著作权人使用"访问控制"或保护措施，如加密、转化作品或防复制机器对作品进行保护，能够达到保护效果时，这些技术措施被视为"有效"的技术措施。这种规定事实上将规避"访问控制措施"和"权利保护措施"的行为和设备全部纳入禁止之列。指令承认其可以适用合理使用，但受到严格的限制，尤其是"受益人对于受保护的作品具有合法的访问权"这项条件的存在，几乎完全剥夺了公众以"合理使用"为由，规避"访问控制"类技术措施的可能性。这极大地增强了著作权人通过"访问控制"技术措施对作品进行垄断的能力。对于禁止规避"版权保护"类技术措施可以存在"合理使用"的例外，指令也附加了限制条件，规定"合理使用"只有在受益人与著作权人之间缺乏自愿性的安排（如双方之间的协议）的情况下才能进行。这就为著作权人在著作权使用合同中加入不合理的限制条件提供了方便。可见，在技术保护措施下，公众对版权作品合理使用的可能性微乎其微。

2. 法国

为实现欧盟EUCD（2001/29/CE）境内立法转化，法国于2006年8月1日通过第2006－961号法律，对《知识产权法典》刑事处罚一章第L. 335－1条至第L. 335－8条进行修改，其中第L. 335－3－1条和第L. 335－4－1条两个条文规定了两种"侵害有效技术措施”罪。[①] 第一种（第 L. 335－3－l 条和第 L. 335－4－1 条第 1 项）：对出于研究之外的目的，通过译码、破译或其他个人手段，故意损坏有效技术措施，特别是由 L. 331－5 条规定的措施，侵害对表演、录音片、录像片、制作节目或其他作品的保护，以便规避、阻碍、删除其保护或控制系统的行为，处 3750 欧元罚金；条件是，这种侵害没有使用第 L. 335－3－1 条和第 L. 335－4－1 条第 2 项规定的“技术手段（application technologique）、设备（dispcsitif）或已有组件（composant existant）而采用其他方式”。第二种（第 L. 335－3－l 条和第 L. 335－4－1 条第 2 项）：对“有意地、直接或间接使他人获得或建议他人使用专门设计的方法或特殊手段侵害有效技术措施，即第 L. 331－5 条中定义的措施”的行为，处 6 个月有期徒刑和 3 万欧元的罚金。条件是使用下列方式之一：“（1）制造或进口一项应用技术、设备或组件，且非用于研究目的；（2）为了出售、出借或出租，无论用何种形式持有、赠送或向公众提供一项应用技术、设备或组件；（3）为同样的目的提供服务；（4）唆使别人使用或者订购、设计、组织、复制、分发或发行有利于上述（1）至（3）项所列行为之一的广告。”但上述两个法律条文的第 3 项对其适用作了限制，即不适用于以研究为目的或保护信息安全的行为。

3. 德国

德国 2003 年 9 月 10 日修订颁布《著作权法与邻接权法》，第 108b 条第 1～3 款规定刑罚效果[②]：“（1）行为人①为自己或第三人有机会接触本法保护的作品或其他的某种客体，而故意在没有得到权利人准许的情况下规避有效的技术保护措施；或者②……若该

---

① 参见张凝、刘新魁：《简论法国对著作权的刑法保护》，载《比较法研究》2008 年第 4 期。

② 参见［德］M. 雷炳德：《著作权法》，张恩民译，法律出版社 2004 年版，第 591～592 页。

行为不仅为个人使用目的而且为与行为人个人有人格联系的人使用的目的，则应当判处 1 年以下监禁或者判处罚金。（2）同样，若行为人违反第 95a 条第 3 款的规定对相关的设备、产品，或者部件以营利为目的进行制造、进口、发行、出售或者出租，也构成犯罪。（3）若行为人以营利为目的进行第 1 款的行为，则应被判处 3 年以下监禁或者判处罚金。”该法第 95a 条是“技术保护措施”；第 95b 条是“限制性规定的实施”，规定权利人有义务为取得合法的作品或其他客体接触权的受益人提供必要的手段；第 95d 条是“标识义务”，权利人有义务将相关的技术措施的特征明确标示出来。

4. 英国

2003 年修改著作权法，增加禁止规避技术措施及禁止销售、租用、制造、进口规避技术措施的设备或服务，违反规定的将予以刑事处罚：轻罪将处以 3 个月以下监禁或不超过法定赔偿最高额的罚金或并处监禁与罚金；重罪将处以 2 年以下监禁或罚金或并处监禁和罚金；但如果被告人证明其主观上不知道或没有理由知道其行为是规避技术措施的，不受处罚。

5. 澳大利亚

澳大利亚原本在《2000 年版权数字议程法案》（Digital Agenda Bill）只规定了提供规避技术措施的服务和制造规避技术措施的设备两种犯罪；并不一般地禁止任何规避技术措施行为，这使其技术措施的保护水平远逊色于美国和欧盟。但是，在美国强大的政治与经济压力之下，澳大利亚已于 2005 年修改版权法，增加规避访问控制技术措施罪，从而向美国看齐了。

6. 日本

1999 年日本修订著作权法规定，对由于侵犯技术措施而严重侵犯著作者人格权、著作权等行为，处 3 年以下徒刑或 300 万日元以下罚金；对于为获得商业优势或盈利而规避技术措施者，处 1 年以下徒刑或 100 万日元以下罚金。

7. 我国台湾地区

其"著作权法"于2004年8月24日修正，增加了"防盗拷措施保护机制"。第3条第18项规定"防盗版措施"，指"著作权人所采取有效禁止或限制他人擅自进入或利用著作之设备、器材、零件、技术或其他科技方法"。第80条之二用两款分别规定"规避实施"和"规避准备"两种行为：第80条之二第1款为"著作权人所采取禁止或限制他人擅自进入著作之防盗拷措施，未经合法授权不得予以破解、破坏或以其他方法规避之"；第80条之二第2款为"破解、破坏或规避防盗拷措施之设备、器材、零件、技术或信息，未经合法授权不得制造、输入、提供公众使用或为公众提供服务"。至于刑事罚则，第96条之一却仅规定"违反第80条之二第2款规定者"，"处一年以下有期徒刑、拘役、或科或并科新台币二万元以上二十五万元以下罚金"；换言之，规避准备行为有民事和刑事责任，而规避实施行为只有民事责任。

（三）境外技术措施之刑法规制总体特点

其一，保护技术措施成为国际社会共识，而其刑事救济已为众多国家和地区所规定。这其中，WIPO两公约起了推动作用，美国DMCA起了示范作用。近年美国等寻求所谓"TRIPS +"保护，已与许多国家或地区签订双边区域自由贸易协议（Free Trade Agreements，简称FTA），在禁止规避技术措施条款中几乎都规定了为商业目的而实施的恶意侵权的刑事责任[①]；技术措施刑事立法呈现出通过双边条约逐渐走向国际化走向。

其二，从技术措施刑法规制模式看，各国（地区）普遍采取附属刑法规范方式，即在著作权法律法规中设置具有独立罪名和法定刑的刑法规范，而不是在刑法典中作出规制。这可能也是技术措施刑法问题游离于境内刑法学者视野之外的一个主要原因。

---

① 参见甘开鹏：《美国FTA知识产权规定评析及其启示——兼与Trips知识产权规定的比较》，载《知识产权》2006年第4期。

其三，从内容看，由于“因特网条约”规定本来就不甚明确，各国关于技术措施含义理解不同[①]，进行义务转化时产生不确定性和国别特征，因此导致刑法技术措施保护范围、程度和内容上差异很大。美、欧、澳大体代表着三种不同保护水平[②]：美国立法区分“访问控制措施”和“权利保护措施”，禁止规避“访问控制”措施，且对其不存在“合理使用”例外；欧盟立法禁止规避任何技术措施，并对“合理使用”适用加以苛刻条件；澳大利亚曾经不禁止规避技术措施行为，力图保留公共“合理使用”的空间。这些差异的原因在于，刑法规范乃是“二次法”，其具体内容依赖于“一次法”，即技术措施法律规范本身。由此表明，技术措施刑法保护涉及复杂的著作权理论问题，需要在理论上深入研究。

其四，尽管刑事救济已为不少国家和地区所规定，但学界对其正当性和合理性一直都存在争论，故仍处于发展变化之中。有学者担忧地认为，新技术带来的问题与国际协调的迫切性，导致一些纯粹出于利益较量的非理性方案迅速影响各国立法，并终结了合理性探讨。所谓“技术措施权”概念借助国际条约影响，会塑造一批境内法，反过来会成为理论的“依据”。[③]

（四）境外技术措施刑法司法考察

1. 挪威 Jon Johansen DeCSS 案[④]

“CSS”（Content Scramble System）是美国好莱坞电影工业所成立的 DVD 版权管理协会（DVD－CCA）为了避免 DVD 影碟被非法复制而开发的程序，属于一种技术措施。对 DVD 进行播放需要获

---

① 参见任自力、曹文泽：《著作权法：原理、规则、案例》，清华大学出版社 2006 年版，第 107 页。

② 参见李国英：《论技术措施版权保护中的利益冲突与协调》，载《江海学刊》2007 年第 3 期。

③ 参见李琛：《论知识产权法的体系化》，北京大学出版社 2005 年版，第 96 页。

④ See Jon Johansen Court Decision，载 http://w2.eff.org/IP/Video/Johansen_DeCSS_case/20030109_johansen_decision.html。

得播放序号与演绎法，电影公司将播放序号及使用 CSS 所需的其他信息授权给支付管理费的 DVD 影碟机制造商，或授权 Windows 及 Macintosh 操作系统的播放软件解密播放。1999 年 9 月，15 岁的（生于 1983 年 11 月 18 日）挪威少年 Jon Lech Johansen 为了使自己合法取得的 DVD 正版影碟能在自己电脑 Linux 操作系统下播放，破解了影碟技术保护措施“CSS”并编制出“DeCSS”程序，从而可以在电脑中任意观看 DVD 影碟内容并可复制、转移、操作 DVD 影片文件，随后他将 DeCSS 程序发布在网站上，此后许多网站将此程序提供他人下载，Jon Johansen 因此也被人称为“DVD JOH”。美国电影协会向 Jon Johansen 住所地挪威提起告诉，挪威检方受理此案，并认为 Jon Johansen 的行为违反挪威刑法第 145 条第 2 款“破坏保护或以其他类似方法未经授权而接触他人以电子或其他科技方式所存储或传播的资料”[①] 之规定，于 2002 年 1 月起诉至法院。奥斯陆（Oslo）法院经审理后于 2003 年 1 月宣判：Jon Johansen 无罪；拒绝扣押申请；不支付诉讼成本。

2. 美国 Universal City Studios, Inc. v. Corley 案[②]

艾里克·柯利（Eric C. Corley）是《计算机季刊》（Hacking Quarterly）负责人，同时有一附属网站。上述 Jon Johansen 在 Linux 操作系统上开发出了破解 DVD 复制密码程序 DeCSS 并遵守自由软件协议将其公布在网上后，Corley 在网上发布和扩散了这个 DeCSS 程序，由此他和他的公司遭到美国电影协会控告和起诉。美国纽约南区法院认为，Corley 发布了破解 DVD 防复制密码的程序，因而违反了 DMCA 反规避条款，于 2000 年 8 月 23 日作出有罪的最终裁

① 相关条文（the relevant provision）是：“By breaking a protection or similarly gained access to data stored or communicated by electronic or other technical means, and having caused damage by availing himself of or use of such unauthorised knowledge or having co – operated to this.”

② See Universal City Studios, Inc. v. Corley, 273 F. 3d. 429, , 436 – 440 (2nd Cir. , 2001).

决，后美国第二巡回上诉法院于2001年11月28日维持原判。

上述挪威Jon Johansen DeCSS案和美国Corley案是同一个关联案件：Jon Johansen是规避技术措施的软件DeCSS程序的开发者和“种子”上传者，而挪威法院否认其犯罪性；Eric Corley只是就Jon Johansen的DeCSS“规避技术”或“设备”向公众“提供”，就因美国DMCA第1201条严格保护技术措施而被定罪。两人规避技术措施行为的危害差异不至于大到“一罪一非”程度，但两案刑事程序分别在挪威和美国纽约进行，其判决结果迥异。这鲜明表明，技术措施刑法保护国别差异巨大，尽管立法上有相关刑事责任规范，但司法上也仍存在诸多现实障碍。美国第二巡回法院就Corley所提的上诉，对DMCA进行了违宪审查，最终认为合宪。由此，从原告角度来看，Corley案有效维护了版权人的利益，但随之而来的是公众，特别是网民们对于裁决的质疑：在崇尚自由的网络国度，通过刑法手段的网络版权过度保护会剥夺公众的信息自由权利。

3. 美国“Ebook案”①

ADOBE公司是美国著名软件公司，电子图书阅读器软件（Ebook）是其产品之一，被设计为一种“授信系统”，通过网络服务提供电子凭证（electronic voucher）以供用户下载阅读。ElcomSoft是一家成立于1990年、总部在莫斯科的公司，该公司与其程序员、译解密码专家的俄籍职员Dmitry Sklyarov研制了一种阅读器程序AEBPR（Advanced Ebook Processor），让使用者可废除图书发行者利用Adobe公司软件设置的保密措施，并将电子图书重新打包为没有技术版权保护措施的普通格式，从而可在任一电脑上阅读。该产品被公布在该公司网站并提供下载。后在Dmitry Sklyarov赴美参加完一个会议时被捕，由此自2001年7月开始提起该案。美国

① See Lisa M. Bowman, “ElcomSoft verdict: Not guilty”, available at http://news.cnet.com/2100-1023-978176.html.

司法部的起诉指控其为 ElcomSoft 公司破解 Adobe 公司程序代码。Sklyaro 的被捕，旋即在软件开发者、权利运动组织以及美国 DMCA 法案反对者中引起轩然大波。后美国司法部与 Dmitry Sklyarov 达成辩诉交易：撤销对他的指控而换取他对 ElcomSoft 公司犯罪的作证。检方指控 ElcomSoft 公司违反美国 DMCA 第 1201 条构成犯罪；但是，美国北加州地区法院在 2002 年 12 月 17 日最终判决宣告 ElcomSoft 公司无罪。该案陪审团主席 Dennis Strader 指出，陪审员们对 ElcomSoft 公司所提供产品的非法性达成一致意见，但他们相信该公司不是有意违反 DMCA 法案的，所以认为其无罪。

分析可知，虽然一些国家制定了技术措施刑事罚则，但目前成功追究刑事责任的案例并不多见；同时，类似案件甚至关联案件在不同国家的处理结果截然不同，这反映出国际社会对技术措施刑事规制的态度并不一致。相反，各国（地区）对技术措施民事保护的司法运用力度则相对更大。德国 2005 年 3 月发生的真实案例（LG München，7. 03. 2005，21 O 3220/05）可供对照比较：被告 Heise 出版公司在其网页（Heise online）提供破解软件网站（Sly Soft）的链接，慕尼黑地方法院判决[①]：报道国外（违反著作权法的）软件信息固为基本法第 5 条言论自由保障范围；但不包括提供下载链接；被告的超级链接属于著作权法第 95 条 a“进口与散布”规避有效科技措施装置（Vorrichtungen zur Umgehung wirksamer technischer MaSnahmen）的帮助行为，被告应依民法第 830 条规定，赔偿 50 万欧元。

二、我国技术措施刑法保护合理性

（一）技术措施刑法保护必要性

反对技术措施刑法保护“必要性”的观点主要有以下几种：一是“技术不必要论”。有的论者认为，因特网使数字化发行不再

---

① 参见萧宏宜：《防盗拷措施与刑法保护》，载台湾《月旦法学》2006 年第 6 期。

是资本密集型（capital - intensive）了，至少是不必了。此时中介人也不再是必要的管道，而更像是一道不合理的障碍（gratuitous barriers）。① 技术措施保护将更使得中介人们得以固守其“障碍”地位。二是“产业失衡论”。有的论者认为，DMCA 在提高美国数字音像产业竞争力的同时，一定程度上阻碍了信息技术产业技术创新。② 美欧严厉的反技术规避规则在一定程度上造成数字化封锁。一些生产厂商利用反技术规避规则禁止他人生产与其拥有版权的设备相兼容的零配件和其他设备，从而筑起一道数字化竞争壁垒，版权人就可以锁定其用户群，将竞争者拒之门外。三是“软件自由论”。自由软件基金会于 2007 年 6 月 29 日发布“通用公共许可证”第三版，重要修改之一是版权保护措施（DRM），涉及对限制用户自由的技术措施的抵制。③

本书认为，在数字网络技术下我国有必要对技术措施进行刑法规制：

第一，从需求看，技术措施从产生之日起，因其可破解性就同时产生了法律保护需求，技术措施保护成为核心问题。④ 数字网络技术使复制变得容易且缺乏监督可能，使著作物变得更像“公共物品”——不具独占性与竞争性。⑤ 无须内化成本的“搭便车”行为最终会导致减产。在此种背景下，技术措施已成为维护作品是

---

① See Jessica Litman, “War and Peace: the 34th annual Donald Brace Lecture”, *Journal of the Copyright Society of the U. S. A.* 2006(1 - 2), pp. 1 - 22.

② 参见向欣、朱雪忠：《我国知识产权保护的国际环境分析》，中国计划出版社 2007 年版，第 165 ~ 166 页。

③ 参见夏扬：《GNU 通用公共许可证第三版初探》，载《电子知识产权》2008 年第 8 期。

④ 参见李明德：《网络传播与版权保护》，载《中国社会科学院院报》2006 年 7 月 27 日。

⑤ See Robert Cooter & Thomas Ulen, *Law and Economics*, 3d ed., Addison Wesley Longman, 2000, pp. 42 - 43.

"私人物品"这一著作权的私权属性不可或缺的手段。[①] 立法者选择了持续以法规范建构强化著作物的排他性，由此，著作即便数字化，仍然不会等同于公共物品。技术措施法律制度作为一种公共物品，由国家予以提供。在这种意义上，技术措施刑法保护是科技发展的产物。

第二，从效果看，用刑法保护技术措施就是刑法对遏制盗版等严重侵犯著作权犯罪的提前介入，即侵犯著作权犯罪"前置化"。数字网络技术下，"盗版"主要表现为数字化复制与信息网络传播这样的"网络盗版"。对技术措施规避行为是网络盗版过程中最重要一环，"解密者"往往蜕变为"盗版者"或其帮凶，故其刑法规制显得必要。盗版盛行使著作权领域刑法规制呈"活性化"。

第三，技术保护措施与反技术规避规则是数字环境下版权关系中调整有关各方行为的两种重要工具，其关系集中体现了版权领域中技术与法律的关系。版权人通过技术保护措施可使大多数人事实上遵守其设定的消费其版权作品规则，但对那些不愿意遵守且有能力对该技术保护措施进行规避的人却无能为力。因此，版权人希望借助国家强制力对其技术保护措施加以保障[②]，而刑法的角色便是最后"保障法"。

（二）技术措施刑法保护可行性

1. 技术措施与合理使用的关系

技术措施在事实上直接决定着版权人和公众（消费者）之间权利分配。反对技术措施刑法保护的重要论据是，它侵蚀合理使用空间，破坏版权法所追求的利益平衡。问题在于，技术措施对合理使用的制约，究竟是侵犯公众的权利（right），还是仅取消曾给予

---

① 参见张伟君：《网络环境对侵害著作权之刑事责任的影响》，载 http://web.tongji.edu.cn/~ipi/communion/zwj9.htm。

② 参见罗莉：《作为社会规范的技术与法律的协调——中国反技术规避规则检讨》，载《中国社会科学》2006 年第 1 期。

的优惠（privilege）？本书认为，合理使用不是一个笼统的概念，应当分而析之。按使用性质，合理使用可细分为公益性合理使用、转化性合理使用和消费性合理使用。公益性合理使用是出于增进公共利益的目的而使用作品；转化性合理使用是指使用者在使用过程中对原始作品加入他们自己的创造，例如对一个版权作品所作的新闻报道、评论、批判或者模仿；消费性合理使用则是授予版权材料购买者的特权，如私人复制即是一种典型消费性合理使用。不同性质的合理使用，在与技术措施保护的关系中优先地位应有不同。

第一，公益性合理使用优先于技术措施保护。为保护公共利益而设立的合理使用不应受技术保护措施的影响，著作权人应当或者向其提供不加技术保护措施的作品复印件，或者向其提供技术规避的工具和方法。例如，国家机关为执行公务而在合理范围内使用已经发表的作品，所代表的公共安全和其他公共利益相对于版权应当拥有优先权；图书馆、博物馆和教育机构等是公众获取信息和知识、推动科学和文化进步的重要保障。它们所体现的公共利益本身就是版权法追求的终极目标之一。

第二，转化性合理使用应优先于技术措施保护。因为它是言论自由的重要组成部分，对于一个现代民主社会至关重要，故应当在数字化时代继续保留。换言之，技术措施不得限制转化性合理使用。

第三，技术措施保护应优先于消费性合理使用。有种理论科学地指出，“消费性合理使用是市场失灵的产物”。作为一般前提，版权人有权从对其作品任何使用中获得补偿。在传统环境中，技术条件无法在不侵犯私人隐私、不耗费巨大财力和精力的前提下精确地阻止、惩罚私人复制，故只有牺牲版权法的正义以换取民主社会制度的稳定这一更大的正义。在数字网络技术下，技术措施已经可以克服该市场失灵，使得社会利益、财产、各种权利的分配更为合理，法律已没有必要再特别保障消费性合理使用了。在数字环境中，个人复制不再被认为是在商业意义上并不重要的利用，而丧失其原有正当性；承认“私人复制例外”（private copying exception）渐成潜在的异例（anomoly）①。换言之，消费者能否实施消费性合理使用，完全取决于版权人是否通过技术措施对其进行限制。与满足消费者用最便捷方式实施合理使用的愿望相比，版权人防止数字环境下大规模侵权行为的需求显然更应当得到法律保护。有效的技术措施，加上版权法对技术措施充分和统一的保护，能为私人复制问题提供一种解决方案。② 因此，原则上反技术规避规则没必要对技术保护措施对消费性合理使用限制进行干预。这样，《网络传播条例》第 12 条在禁止规避技术措施规则上采纳仅“豁免部分合理使用”的做法就可以理解了。

2. 技术措施保护不会导致过度犯罪化

有种担心是对技术措施的刑法规制可能产生过度犯罪化（overcriminalization）的弊端。本书认为，通过具体制度的平衡与设计，可以避免此类弊端。

第一，应着意于平衡不同利益主体之间的复杂关系，在版权人与制造业、作品使用者之间基本平衡，技术措施装置：版权人一方与装置生产商一方的博弈。还要考虑到我国信息、技术占有不足的现状，广泛公众将难以达到此类获得作品的条件。技术措施的“度”的界定直接关系到相关计算机产业及网络服务业的发展，作为发展中国家，不应使用更高的标准，否则可能不适当遏制产业的协调发展。

第二，注意区别对待。其一，既要设计严格的入罪机制，又要设计相应的出罪机制，如美国 DMCA 专门规定了例外和豁免。我

---

① See J. Ginsburg and Y. Gaubiac, *Private Copying in the Digital Environment*, in *Intellectual Property and Information Law*, Kluwer Law International, 1998, p. 149.

② See Gillian Davies, *Copyright and the Public Interest* (2nd ed.), London: Sweet & Maxwell, 2002, p. 291.

国如果设定破解技术措施的刑事责任，有必要规定这些例外情形。[①] 其二，区别对待技术措施不同行为样态的刑法规制。规避技术措施之具体行为可细分为“规避实施行为”和“规避准备行为”。狭义上的规避行为，就是规避实施行为，是对技术措施进行破解然后复制、传播的行为，即我国《网络传播条例》中“故意避开或者破坏技术措施”；广义上看，它还包括规避准备行为，即“故意制造、进口或者向公众提供主要用于避开或者破坏技术措施的装置或者部件，或故意为他人避开或者破坏技术措施提供技术服务”。这两种行为是否都在刑法上规制，各国（地区）主要有两种立法例：一种是对二者同时规制，如美、英、德等国，另一种是只对规避准备行为规制，如我国台湾地区等。我国《网络传播条例》通过第 18 条、第 19 条对二者都进行犯罪化规制，这值得在学理上深入分析。

三、我国规避技术措施行为类型

（一）规避实施行为的刑法规制

1. 规避实施行为刑法规制的不同立法例

第一，有的国家和地区对规避实施行为的刑法规制问题采否定说。

我国台湾地区“著作权法”对于破解、破坏或以其他方法规避著作权人所采取的禁止或限制他人擅自利用著作之防盗拷措施之行为并无刑事罚则，即对违反“规避实施行为”仅有民事责任而无刑事责任（第 80 条之二第 1 款）。[②] 其理由是，该等行为之法律效果，视其破解、破坏或规避后进一步之动作，究竟属于侵害著作

---

① 参见张伟君：《网络环境下侵犯著作权之刑事责任初探》，载沈仁干主编：《数字技术与著作权：观念、规范与实例》，法律出版社 2004 年版，第 125 页。

② 参见章忠信：《著作权法“防盗拷措施”条款例外规定要点之检讨》，载《科技法学评论》第 3 卷第 1 期，2006 年 10 月。

权还是属合理使用之行为，直接依照既有规定认定即可，无待另作规定。[①]

澳大利亚也曾在2005年以前采取否定说，即在《2000年版权数字议程法案》中只规定了提供规避技术措施的服务和制造规避技术措施的设备两种犯罪，并不一般地禁止任何规避技术措施的行为。这使其技术措施的保护水平远逊色于美国和欧盟。这种宽松的立法政策的根本目的，在于为公众对作品的“合理使用”留下足够的空间。在传统上，澳大利亚一直对“合理使用”持非常积极的态度，如版权评议委员会发表的关于版权法的一份报告就指出：“严格说来，合理使用不是一项对侵权的抗辩，而是划定了著作权人权利的界限”。这种态度，与美国和欧盟仅将合理使用视为一项著作权人专有权利的例外或侵权抗辩有极大的区别。该报告还强调“需要以‘合理使用’的规定来保证数字环境下为达到社会效益，而对作品进行自由使用，特别是考虑到数字技术具有限制这种自由使用的可能性。”技术措施正是一种用于“限制这种自由使用”的技术，因此澳大利亚不愿彻底禁止规避技术措施的行为，以使合理使用原则能在数字环境下继续发挥作用。不过，在美国强大的政治与经济压力之下，澳大利亚于2005年修改《版权法》，加强了技术措施方面的立法，并与美国一致。[②] 具体体现是现行版权法中又增加了规避访问控制技术措施罪，从而加强对数码资料的保护。至此，该国已经发展到对两类规避行为都给予刑法规制的模式。

第二，在采肯定说的国家和地区中，规避实施行为的刑法性质

---

① 参见台湾“经济部智慧财产局”所作第80条第1项修法说明三，载 http://www.tipo.gov.tw/copyright/copyright_news/930824/新旧“著作权法”条文对照及说明-13条-2.doc。

② 参见王迁：《网络环境中版权制度的发展》，载张平主编：《网络法律评论（第9卷）》，北京大学出版社2008年版，第100页。

又有“独立犯罪说”和“非独立犯罪说”两种观点[①]：“独立犯罪说”认为，规避实施行为作为实行行为侵犯了著作权人的一种新权利，即接触控制权，构成独立犯罪行为；“非独立犯罪说”认为，技术措施不是著作权利，规避实施行为只有在能视为侵犯受其保护的作品著作权的“手段行为”的意义上，才成为刑法规制的对象。

肯定说中的独立犯罪说，以美国DMCA为最典型立法例。该法创设了未经授权对“数字化作品”的“禁止接触权”（right against unauthorized access to digital works），对数字化材料之“电子锁”（electronic locks，digital locks）提供非常有力的执法保护。[②]规避技术措施犯罪虽属于著作权刑法范畴，但本身成为一种独立于侵犯著作权犯罪的犯罪：美国法典第17编“版权法及相关法律”共有13章，“版权侵权与救济”规定在第5章，其中第506节为“刑事犯罪”；DMCA所增设“版权保护与管理系统”则规定在第12章，其中第1204节为“刑事犯罪与刑罚”。

2. 我国对规避实施行为的刑法规制应采肯定说中的“非独立犯罪说”

第一，我国应采肯定说。理论上，规避实施行为可划分为竞争对手（competitors）的“商业利用（commercial use）型”与非竞争公众（noncompetitive individuals）（也即终端用户，end user）的“个人使用（personal use）型”。二者造成的损害不同，实现的社会目标各异，前者严重损害权利人的市场地位，后者只带来被复制作品可能发生单个交易的利润损失。根据著作权法平衡权利人权利和社会公众利益的政策目标和刑法罪刑相适应的基本原则，刑法应

---

① 参见贺志军：《论我国技术措施规避行为之刑法规制》，载《法学论坛》2009年第3期。

② See Howard C. Anawalt, *IP Strategy Complete Intellectual Property Planning, Access and Protection*, Thomson West, 2006, pp. 95－99.

只对商业利用型的规避实施行为进行规制。问题是，许多单个人的相似侵权行为会导致累积或整体损失（accumulated or total loss）；但它类似于在商店的小偷行为（shoplifting），由于小偷不能控制加功于整体损失的他人的类似行为，小偷不构成严重犯罪。[①] 故总体上，我国刑法对商业利用型的规避实施行为都应当进行规制，对个人利用型原则上不规制。

第二，我国应采肯定说中“非独立犯罪说”。因为独立犯罪说是一种比较激进的犯罪化策略，这种观点和做法不值得借鉴。即使在美国，学界也有不少人对 DMCA 的这种做法持批评态度，认为它“造成潜在的令人畏惧的效果（potential chilling effect），破坏了宪法意义上的关系平衡”。[②] 它是两大主要集团（即软件行业、电影、录制公司、出版商与 4 万余个图书馆、公众教育机构及一些消费者团体）利益冲突妥协的产物。结果是，不仅极其冗长，而且不易于理解[③]。我国宜采“非独立犯罪说”的理由如下：

首先，从我国法律依据看，技术措施不是独立著作权权能。《著作权法》第 10 条的 17 项著作权权能中，没有出现技术措施权或技术措施的概念；该法第 48 条第 6 项和 2006 年《网络传播条例》第 4 条都表明，我国技术措施仅是著作权（尤其是信息网络传播权）的保护手段；我国不存在 DMCA 那样的禁止接触权。

其次，从刑法意义看，规避行为“只能认为是其他侵犯行为的手段行为而已”[④]；只有该作品的著作权才是刑法应当进行保护

---

① See Geraldine Szott Moohr, “The Crime of Copyright Infringement: An Inquiry Based on Morality, Harm, and Criminal Theory”, 83 *B. U. L. Rev.* 731, 2003.

② See David J. Loundy, “The Good, Bad, Ugly of Copyright Law Rewrites”, *Chicago Daily Bulletin*, January 8, 1998, p. 5.

③ Shahram A. Shayesteh, “High – Speed Chase On The Information Superhighway: The Evolution of Criminal Liability For Internet Piracy”, 33 *Loy. L. A. L. Rev.* 183, November, 1999.

④ 参见林亚刚：《析侵犯著作权行为与侵犯著作权罪的衔接》，《法学评论》2006 年第 6 期。

的法益。一方面，规避行为只是使技术措施应有的功能丧失而已，即让作品又“回复”到权利人未采取技术措施的最初状态，不能说这已造成刑法上的法益侵害之危险；故它不属于侵犯著作权犯罪实行行为，因“实行行为必须包含法益侵害之危险的内容”①。另一方面，它正是作为一种与侵犯著作权行为相关的行为在法律上进行规定的②，即与侵犯著作权中的信息网络传播权相关的行为而规定的。

再次，从实践看，规避实施行为主要包括两种情形：一是规避人为便利自己或帮助他人侵犯作品著作权（如复制作品）而故意进行规避行为；二是既不是为了自己，也不是为了他人侵犯著作权的所谓单纯规避行为。这种区分，实质上是通过限定适当主观构成要件来合理确定刑事制裁范围。就前者而言，商业利用型规避实施行为全部属于这种情形，个人利用型则可能有一部分属于之。此时，规避实施行为与后续侵犯著作权行为之间存在手段与目的的关系，只要运用刑法理论，将手段行为依照目的行为所构成的犯罪处理即可，故我国刑法上不必特别规定，也无须增修法律，这正体现非独立犯罪说的要求。例如，近年频频发生的“私服”、“外挂”案件也往往涉及破解技术措施的违法行为。就后者而言，由于没有目的行为和没有侵犯著作权结果行为，故不应进行刑法规制。

最后，“非独立犯罪说”能一定程度地避免独立犯罪说可能的弊端。我国公众缺少著作权意识，“盗版犯罪上公众缺少否定的道德评价成为犯罪预防的道德障碍”；独立犯罪说所体现的刑法价值与主流社会规范存在较大差距，可能削弱刑法的阻却功能。③ 非独

---

① 参见［日］西原春夫：《犯罪实行行为论》，戴波等译，北京大学出版社2006年版，第13页。

② 参见郭禾：《规避技术措施行为的法律属性辨析》，载《电子知识产权》2004年第10期。

③ See Geraldine Szott Moohr, “Defining Overcriminalization through Cost - Benefit Analysis: the Example of Criminal Copyright Laws”, 54 *American University Law Review* 783, 2005.

立犯罪说较有利于缩小这种差距，符合实际国情。

（二）我国规避准备行为的刑法规制

1. 我国应当对规避准备行为进行刑法规制

1996年“因特网条约”中所禁止行为只是针对“规避有效技术措施”的行为（即规避实施行为），并没有提及破解装置制造者以及销售者责任。美国DMCA和欧盟EUDC却将破解装置、产品的制造者、提供者都推向追究责任地步。我国2001年著作权法中只对规避行为本身规定了法律责任；2003年修改《网络著作权解释》时，在第7条规定“网络服务提供者明知专门用于故意避开或者破坏他人著作权技术保护措施的方法、设备或者材料，而上载、传播、提供的”，依照《著作权法》第48条第6项的规定处理，即已开始追究破解装置提供者民事责任。2006年《网络传播条例》第4条和第19条也涉及规避准备行为，即不得“故意制造、进口或者向公众提供主要用于避开或者破坏技术措施的装置或者部件”，不得“故意为他人避开或者破坏技术措施提供技术服务”，并规定了行政和刑事责任。

由此引发了许多反对意见。否定论者认为，处罚规避准备行为变成以侵权装置为中心，与著作权保护目的背道而驰①；将刑罚权发动时间点提前到规避准备行为，变成对“前置的前置”行为的处罚②；规避准备行为对著作权产生的只是可能危害，也不一定成立侵犯著作权的共犯或预备犯③。笔者认为，否定论值得商榷，我国规避准备行为的刑法规制是必要的。

首先，规避准备行为构成对侵犯著作权的“帮助”。目前，绝大多数规避行为都是借助于专门编制的软硬件工具，如果不能从源

---

① 参见李扬：《网络知识产权法》，湖南大学出版社2002年版，第27页。

② 参见萧宏宜：《防盗拷措施与刑法保护》，载台湾《月旦法学》2006年第6期。

③ 参见柯葛壮、张震：《科技保护措施刑法规制的思考》，载顾肖荣主编：《经济刑法》（第5辑），上海人民出版社2007年版，第128页。

头上防止这些工具的泛滥，则对技术措施的保护效果就会大大削弱，会造成权利人与规避设备制造人之间的数字化军备竞赛（digital arms race）①；从可行性看，禁止破解装置的制造和流通也要比禁止单个破解技术措施的行为更为有效。著作权人甚至认为，对技术措施的最大威胁不是来自于破解技术措施的个体行为，而是来自于大规模制造和提供用来破解技术措施的装置。② 如果规避设备未被有效规制，则数字版权产业就不能有效防止数字化盗版，就会改变其向公众提供作品的经营结构、价格及合同条款。③ 这是从“根本”和“源头”上遏制盗版犯罪的良策。

其次，《网络传播条例》中两种规避准备行为，都应当属于商业利用型规避行为。商业利用型规避行为带来的竞争性损失非常巨大，而其帮助他人（如公众）侵权所导致的损失也是如此；而且商业利用型规避造成的损失易于计算和操作。因此，在 TRIPS 协定第 61 条“具有商业规模的”蓄意盗版案件意义上，应将规避准备行为纳入刑法规制视野。即使对规避实施行为刑法规制持否定说的立法例，也对规避准备行为加以刑法威胁。美、欧、澳等都无一例外地将制造、出售、进口、传播专门用于规避技术措施的软、硬件设备作为首要禁止对象。

2.《网络传播条例》规定有待完善

第一，《网络传播条例》概括性禁止一切规避设备交易显得过于笼统，不能合理平衡权利人权益与公众利益。它将著作权人的排他性垄断权触角延伸到作品范围之外，伸入制造接触手段的技术和产业中，使著作权人实际上已间接控制着他人行为自由。刑法上与之可类比的禁止交易情形如：禁止枪支、弹药、爆炸物及毒害性、

---

① See W. Landes & R. Posner, *The Economic Structure of Intellectual Property Law*, Harvard University Press, 2003, p. 44.

② 参见薛虹：《网络时代的知识产权法》，法律出版社 2000 年版，第 49 页。

③ See Jacqueline D. Lipton, “Solving The Digital Piracy Puzzle: Disaggregating Fair Use From The Dmca's Anti – Device Provisions”, 19 *Harv. J. L. & Tech.* 111, Fall, 2005.

放射性、传染病病原体等物质（第125条），禁止毒品交易（第347条）等。但规避设备是否具有与枪支、毒品等一样值得概括性禁止交易的正当性根据，则值得商榷。这种规定“恐怕是极端的预防思考”。[①] 同样，不应概括性禁止提供一切“规避技术服务”，如德国慕尼黑地方法院甚至判决，提供指向另一家破解软件网站的“超链接”，属于“进口与散布”规避有效技术措施的装置的帮助行为。很明显，应将规避技术的服务之禁止限定于合理范围。

公众的合理使用有赖于规避设备和技术的合理提供渠道，此时其交易就应当被允许。Samuelson教授指出，DMCA未对版权作品的合理使用提供什么支持，因为大多数潜在的合理使用者不具有为合理使用而接触被保护作品的技术诀窍，也因为该法并无促成合理使用而允许散布规避工具的规定。[②] 较为恰当的办法是就规避准备行为作构成要件上的进一步限定，表述为：故意制造、进口或者向公众提供“主要用于”（或“专供”）非法避开或者破坏技术措施的装置或者部件，故意为他人“非法”避开或者破坏技术措施提供技术服务，即把“非法使用”（illegitimate use）标准纳入设备禁止条款，就会符合正确的社会净收益根据（appropriate net social benefit rationale）。[③]“主要用于”或“专供”的限定措辞，就限缩了本罪的适用范围与成罪可能。[④]

第二，规避准备行为的刑法规制不应对设备业产生不必要的不当影响。技术措施保护对相关设备（如作品的播放设备、接收设

---

① 参见萧宏宜：《防盗拷措施与刑法保护》，载台湾《月旦法学》2006年第6期。

② See Jacqueline D. Lipton, “Solving The Digital Piracy Puzzle: Disaggregating Fair Use From The Dmca's Anti – Device Provisions”, 19 *Harv. J. L. & Tech.* 111, Fall, 2005.

③ See Jason M. Schultz, “Taking a Bite out of Circumvention: Analyzing 17 U. S. C. § 1201 as a Criminal Law”, 6 *Mich. Telecomm. Tech. L. Rev.* 1 (2000) available at http://www.mttlr.org/volsix/schultz.html.

④ 参见萧宏宜：《数字时代著作权刑法的挑战与因应》，台湾东吴大学2008年博士论文，第241页。

备）产业的影响大致有两个方面：一是设备业被要求不得生产和交易技术措施破解设备，二是设备业被要求在设备上采用相关技术措施装置。前者便是交易禁止条款的大体内容，属于增加了设备业的法定义务，所以应将此种义务限定在正当范围内。规避准备行为与实际的规避技术措施和侵犯著作权等侵权行为尚有距离，还要有其他侵权人参与和实施具体侵权行为，故必须求之规避准备行为者的主观故意，即其主观上须有侵权的故意［如证明其符合罗克辛（Roxin）“中性业务行为理论”所提出的“确知”和“仅视为知道”两种情形］，才可避免“客观归罪”之嫌。后者的适例是美国“广播旗案”[①]：“广播旗”是植入数字电视广播信号中的一种数字编码，以使相关权利人可制节目再传播。美国联邦通信委员会（FCC）制定相关规则，要求所有的数字电视接收装置以及其他能够接收数字电视广播信号设备必须要包含能够识别“广播旗”的技术装置，但法院判定联邦通信委员会无权通过此规则。[②] 可见，要求设备业采用相关技术措施装置，已有法定积极义务意旨，不宜草率地用法律手段强制推行，而宜通过相关设备产业与版权人之间利益博弈，形成商业合作模式来运作。

综上所述，我国运用刑法规范对技术措施进行规制应当慎重。对其中一些故意规避技术措施行为采取刑法制裁属于必要，但需合理确定刑事制裁范围并限定适当主观构成要件。按照笔者上述思路，我国对规避技术措施实施行为，可依刑法理论视其性质（商业利用或个人利用）和目的（是否为便利自己或帮助他人侵犯作品著作权）而纳入侵犯著作权罪规范之中；对规避设备准备行为，宜斟酌与合理使用制度之潜在冲突后，增修法律纳入不同于侵犯著

---

① See U. S. Federal Communications Commission, “Digital Broadcast Content Protection, Report and Order and Further Notice of Proposed Rulemaking”, 18 *FCC Rcd* 23550 (2003).

② 参见孙雷：《版权领域内技术措施与相关设备产业的关系》，载《知识产权》2008 年第 1 期。

作权罪的新规范中进行规制。

四、我国破坏权利管理信息行为刑法规制

权利管理电子信息，是指说明作品及其作者、表演及其表演者、录音录像制品及其制作者的信息，作品、表演、录音录像制品权利人的信息和使用条件的信息，以及表示上述信息的数字或者代码。这一定义是综合了 WCT 第 12 条第 2 款关于版权管理信息的规定①和 WPPT 第 19 条第 2 款关于邻接权管理信息的规定并加以完善而得到的。可见其内容涉及权利保护对象、权利主体、权利行使条件三大方面内容；信息的形式也可以是数字或代码，但都必须“附于”权利保护对象的（每件）复制品上或在这些对象“向公众进行传播时出现”。就其分类而言，除依管理权利种类可分为著作权管理信息和邻接权管理信息外，依信息存在形态划分，还可分为权利管理电子信息和权利管理非电子信息两类。我国现行法律制度中明确仅指权利管理电子信息，其根本立法宗旨是解决网络环境中的著作权保护问题，协调网络环境中作者、其他著作权人、邻接权人和网络用户之间的利益关系。

（一）境外破坏权利管理信息行为刑法规制考察

1. 境外立法考察举要

WCT 第 12 条第 1 款规定：“缔约各方应规定适当和有效的法律补救办法，制止任何人明知、或就民事补救而言有合理根据知道其行为会诱使、促成、便利或包庇对本条约或《伯尔尼公约》所涵盖的任何权利的侵犯而故意从事以下行为：（1）未经许可去除或改变任何版权管理的电子信息；（2）未经许可发行、为发行目

① WCT 第 12 条第 2 款：“版权管理信息是指识别作品、作品的作者、对作品拥有任何权利的所有人的信息，或有关作品使用的条款和条件的信息，和代表此种信息的任何数字或代码，各该项信息均附于作品的每件复制品上或在作品向公众进行传播时出现。”WPPT 第 19 条第 2 款就“邻接权管理信息”的规定大体类似。

的进口、广播、向公众传播明知已被未经许可去除或改变版权管理电子信息作品或作品的复制品。”WPPT 第 19 条第 2 款对有关邻接权管理电子信息的保护也作了上述类似规定。

美国法典第 17 编中早就有传统的版权管理信息之类的犯罪规定。其第 506 条除在（a）款有“刑事侵权”外，还分别在（c）、（d）、（e）三款中规定了欺骗性进行版权标记的犯罪、欺骗性取消版权标记的犯罪和伪造说明的犯罪，后三类犯罪都不属于对版权“刑事侵权”。1998 年美国 DMCA 新增版权法第 1202 条[①]，对版权管理信息界定、侵权行为表现形式、免责事由及其法律责任均作出了较详尽规定。第 1202（a）条规定：“禁止任何人在知道状态下，故意以下述手段引诱、促使、方便、掩匿侵权行为：（1）提供虚假的版权管理信息，或（2）发行、为发行而进口虚假的版权管理信息。”第 1202（b）条规定：“禁止任何人未经版权人许可或依法律授权，明知、或就第 1203 条关于民事救济的规定而言有合理根据知道其行为会诱使、促成、便利或包庇对本编任何权利的侵犯而从事以下行为：(1)故意去除或改变任何版权管理信息；(2）明知是未经版权人许可或依法律授权已被去除或改变版权管理信息，而发行、为发行而进口该权利管理信息；（3）明知是未经版权人许可或依法律授权已被去除或改变版权管理信息，而发行、为发行而进口、公开表演该作品、作品的复制品或录音制品。”第 1202（c）条对权利管理信息进行了定义，并作了 8 项列举规定。相应的刑事罚则同样规定在第 1204 条，对于故意侵犯技术措施和权利管理信息，且目的是获得商业优势或个人金钱利益的，如果是初犯，处以 50 万美元以下罚金或 5 年以下监禁，或二者并处；如果是再犯，则处以 100 万美元以下罚金或 10 年以下监禁，或二者并处。

日本著作权法规定，对于故意增设虚假权利管理信息和故意除

① See 17 USC § 1202.

去、改变权利管理信息等行为，可以追究民事责任；对于由此严重侵犯著作权人人格权、财产权等权利者，可追究刑事责任，处3年以下徒刑或300万日元以下罚金。

我国台湾地区“著作权法”第80条之一规定：“著作权人所为之权利管理电子信息，不得移除或变更。但有下列情形之一者，不在此限：一、因行为时之技术限制，非移除或变更著作权利管理电子信息即不能合法利用该著作。二、录制或传输系统转换时，其转换技术上必要之移除或变更。”“明知著作权利管理电子信息，业经非法移除或变更者，不得散布或意图散布而输入或持有该著作原件或其重制物，亦不得公开播送、公开演出或公开传输。”在第96条之一规定“违反第80条之一规定者”，“处一年以下有期徒刑、拘役、或科或并科新台币二万元以上二十五万元以下罚金”。

2. 境外立法特点

第一，“因特网条约”相关规定起到了“化”国际的作用，其触发的后续各国（地区）立法都以它为基础。美国立法与之无实质差异，也说明条约内容正反映了美国要求。各国（地区）立法无论是概念、各项构成要素等，都几乎呈现出大同小异的特色。

第二，在美国DMCA关于破坏权利管理信息刑事救济影响下，各国（地区）相关立法都不同程度地体现出救济的刑事化趋向。

第三，破坏权利管理信息主观上有“特定明知”要求而较有特色，即“明知、或就民事补救而言有合理根据知道其行为会诱使、促成、便利或包庇”对著作权或邻接权的“侵权”。换言之，即有对著作权或邻接权间接侵权的明知，而故意行其破坏；如果去除或者改动版权管理信息并非故意诱使、促成、便利或者包庇侵犯版权的行为，不承担侵权责任。法国还设置为目的犯，即“以侵害著作权为目的，或为了掩饰、帮助侵害著作权的行为”。这些无疑都是限定规制范围的体现。

第四，破坏行为种类按其对象一般都包括两大类：一类是针对作品、制品内含信息要素的删除或改变，另一类是对权利信息被破坏的作品、制品本身的侵权。在后一类情况下，由于此时作品、制品的权利人往往不能确定，对该作品、制品的利用是否合法可能会存在模糊的认识，为防止侵权范围的扩大，在明知破坏事由条件下，不得进行传播等行为。日本对于破坏权利管理信息行为，只有由此而严重侵犯了著作权人人格权、财产权等权利者，才予追究刑事责任。

（二）我国权利管理信息刑事保护

1. 权利管理信息法律保护需求

网络上作品版权的实现，完全取决于权利管理信息的完整性和真实性。试想，如果版权人姓名被改换，或“版权所有”被换成“自由使用”，其直接后果必将导致损害权利人合法权益的侵权行为大量产生，同时也使广大用户对电子授权系统失去信心和损害网上版权贸易。如果说作品、制品的数字化、作品传播的网络化等是网上版权贸易的“硬件”的话，除此之外，权利管理电子信息就是使这些硬件能正常运转的基本“软件”，故权利管理信息也是网上版权贸易发展的前提条件。但是，与非电子形态的权利管理信息相比，权利管理电子信息具有先天的易受侵害性：因为前者具有有形载体（如传统纸质出版物），对其进行改变几乎是不太可能；而网络环境中权利管理电子信息与版权作品一样，都是以数字化形式出现的信息，很容易被修改；既然互联网上版权管理信息如此重要又如此易被修改，也就有必要对之进行法律保护。[①] 不过，应注意，它并不构成一种独立的权利保护对象或产生一种独立于著作权和邻接权之外的“管理信息权”，其实质仍然是类似于技术措施的维护著作权和邻接权的一种管理措施。

2. 我国权利管理信息的法律保护及附属刑法规范

在我国，最早是2000年《网络著作权解释》涉及权利管理信

① 参见李祖明：《互联网上的版权保护与限制》，中国社会科学院研究生院2002年博士论文。

息保护问题，其第 9 条第 4 项对“故意去除或者改变著作权管理信息而导致侵权后果的行为构成侵权的”法律适用问题作出权威解释。随后，2001 年著作权法第 47 条第 7 项在立法上首次设立权利管理信息法律规范。2006 年《网络传播条例》在行为禁止范围上有所扩大，进一步在行政法规层面完善权利管理信息制度，其第 5 条规定：“未经权利人许可，任何组织或者个人不得进行下列行为：（一）故意删除或者改变通过信息网络向公众提供的作品、表演、录音录像制品的权利管理电子信息，但由于技术上的原因无法避免删除或者改变的除外；（二）通过信息网络向公众提供明知或者应知未经权利人许可被删除或者改变权利管理电子信息的作品、表演、录音录像制品。”在第 18 条对前述两种行为规定了民事、行政或刑事责任。

我国刑法尚未针对破坏权利管理信息的行为作出规定。按照 2002 年实施的《计算机软件保护条例》第 24 条的规定，“故意删除或者改变软件权利管理电子信息”，“触犯刑律的，依照刑法关于侵犯著作权罪、销售侵权复制品罪的规定，依法追究刑事责任”，已清楚地表明：关于权利管理信息的“附属刑法”不是“刑法”，如果刑法不通过修改将破坏权利管理信息行为纳入构成要件行为的话，“附属刑法”就没有可“依照”的刑法了，根据刑法第 3 条也就不得“定罪处刑”了。对《著作权法》第 48 条第 7 项和《网络传播条例》第 18 条第 3 项也应做同样理解。

3. 权利管理信息宜谨慎纳入刑法规制

我国刑法学界对权利管理信息探讨甚少。本书认为，从立法论来看，刑法宜谨慎地予以规制。

第一，在法律性质上，删除或改变权利管理电子信息是一种著作权“间接侵权”行为，表现为对直接侵犯他人著作权或邻接权的故意引诱、促使、方便、掩匿等。在数字网络技术普及、全民参与网络的今天，此种间接侵权可能以超乎预见的程度扩大直接侵权的发生，应认为具有严重危害性。禁止删除或改变版权管理电子信息，实质就是通过这种禁止来维护作品著作权人的人身权和财产权。

第二，我国是否将权利管理信息纳入刑法保护范畴，要考虑国家版权战略需要。因为我国不存在本领域的国际条约上刑事义务问题：TRIPS 协定不涉及于此；“因特网条约”权利实施义务规定并不要求刑法保护，同时明确了不适用于权利管理信息的保护。不过，在网络环境下，为了充分保护著作权人的人身权和财产权以及注意到广义的附属刑法规范存在已久，可以考虑将严重破坏权利管理信息的行为纳入刑法规制范围。

第三，如何将权利管理信息纳入刑法规制，学界尚缺少必要的争锋，也尚无充分的论证。即使依我国版权战略需要予以入罪化，刑罚谦抑原则也应当优先得到考虑。日本著作权法对于破坏权利管理信息行为，只有由此而严重侵犯了著作权人人格权、财产权等权利者，方可以追究刑事责任；法国则将侵犯电子信息罪设置为目的犯，即“以侵害著作权为目的，或为了掩饰、帮助侵害著作权的行为”。这两种立法例都将破坏权利管理信息行为的“间接侵权”性与后续他人的“直接侵权”行为联系起来进行刑法评价，其应刑罚性就无多大争议，也体现出谦抑精神，故值得借鉴。

第四，就境外相关立法来看，我国应采理性态度对待。有些立法例可能是为应对新技术所带来的挑战而纯粹处于利益较量的非理性方案，并未及深思熟虑。就解决数字网络时代著作权保护问题而言，有学者提出，其对策不应该是将刑法介入时点前移，透过危险构成要件予以入罪；作为数字网络技术应对而所新增的刑罚规定，宜全数删除，所处理者均系既有的（侵犯著作权）“犯罪参与”问题，根本不需再做立法。[①] 学界对此既不可过于高估所谓立法趋势所体现的意义，也不能因之而终结其合理性的探讨。

---

① 参见萧宏宜：《数字时代著作权刑法的挑战与因应》，台湾东吴大学 2008 年博士论文，第 241 页。

第五章

我国著作权刑法适用的实效

我国著作权刑法适用存在实效低的现象，归纳起来主要有两方面原因：第一，进入刑事司法体系的侵犯著作权案件不能适用相应的著作权刑法规范来定罪处刑，是谓罪名适用不当；第二，应受刑罚的侵犯著作权案件进不了刑事司法体系，是谓刑罚必定性低。本章拟通过对侵犯著作权犯罪刑事司法判决进行刑法适用方面实证分析，来把握著作权刑法适用中的典型问题；并进行罪名适用和刑罚必定性方面的理论探讨。

第一节　我国著作权刑法适用的实证分析

一、实证分析说明

法律实证分析是按一定程序规范对一切可进行标准化处理的法律信息进行经验研究、量化分析的研究方法。[①] 研究我国著作权刑法适用的实效，首先应当对迄今我国著作权刑事司法概况有一个较为科学的实证分析。“案例是法治的细胞”，是看得见的法典和应然规则的实然形式。通过既有司法判决，分析我国刑事司法系统都处理了哪些类型、种类的著作权犯罪，犯罪认定模式有哪些，存在

① 参见白建军：《论法律实证分析》，载《中国法学》2000 年第 4 期。

哪些问题和经验，这个工作迄今尚未见学界有展开，其意义不言自明。

我国关于侵犯著作权犯罪的司法统计资料并不完善；同时，根据刑事诉讼法的规定，侵犯著作权犯罪可以由数量众多的基层人民法院判决，因未建立司法判决数据库，故囿于资料匮乏、方法局限，分析难度甚大。实证分析的“关键不在于样本的数量大小，也不在于抽样框架是处于何种目的确定的，而在于根据某个框架所获得的样本与总体之间是否相近”①。从历年《中国知识产权年鉴》统计数字（见图1－5）看，自1994年《惩治著作权犯罪决定》实施以来至今，全国法院审结的侵犯著作权犯罪案件可能尚不超过300件，故虽不能全样本研究，但可建立具有代表性的样本总体。本实证研究采用的解决方案是，求助于国内已经建立的法律专业网站。② 本书所选研究案例来自于北大法意网（lawyee. com）、北大法宝网（vip. chinalawinfo. com）、中国法院网（www. chinacourt. com）三大网站中的全部司法案例的数据记录。笔者进行了多次搜选，初选访问时间为2008年12月31日，再选访问时间为2009年2月20日，最后定稿时将数据记录更新截至2009年5月10日；各次访问都以北大法意网收录案例记录最全面，而北大法宝网和中国法院网中案例数据基本被包含于北大法意网案例数据之中（如北大法宝网案例库中仅“赵某某职务侵占、侵犯著作权案”是该库所收录的独特案例）。

由于网站数据记录处于不断更新状态，故此处比较分析只能以某一时间点上某网站所包含的案件判决记录为基础。笔者多次跟踪北大法意网站，最后一次访问时间截至2009年5月10日；从总体

---

① 参见白建军：《法律实证研究方法》，北京大学出版社2008年版，第190页。

② 刑法学界已有学者运用同样的研究方法分析了医疗事故罪、侵犯商业秘密罪的司法问题。参见杨丹：《我国处理医疗事故刑事案件的实证分析》，载《中国刑事法杂志》2008年第6期；刘蔚文：《侵犯商业秘密罪中的“重大损失”司法认定的实证研究》，载《法商研究》2009年第1期。

看，该时点北大法意网“法院案例裁判文书”记录具有如下数量特点：

第一，从记录数量分析，该库共收录“侵犯著作权罪”司法判决记录 26 条；“销售侵权复制品罪”司法判决记录 4 条。故共有 30 条记录，即 30 个侵犯著作权犯罪案例。

第二，就刑事案例整体记录来看，同一时点该库中全部刑事案件判决的记录总数达 31519 条；其中，刑法分则第 3 章“破坏社会主义市场经济秩序罪”记录数量达 2694 条。而侵犯知识产权犯罪记录数量的构成情况见图 5－1。

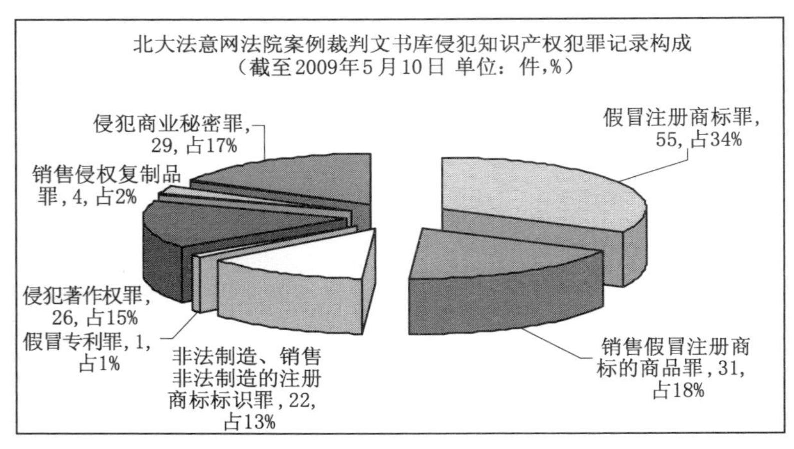

图 5－1

第三，从侵犯著作权民、刑案件记录对比看，北大法意网法院案例库的著作权权属、侵权纠纷共有 9876 条记录；其中侵犯著作人身权纠纷共有 2452 条记录，侵犯著作财产权纠纷 4870 条，侵犯计算机软件著作权纠纷 363 条记录。

第四，从侵犯著作权犯罪与非法经营罪记录的对比看，北大法意网法院案例库中非法经营罪共 394 条记录，全文含“盗版”的达 124 条记录，含“非法出版物”的达 207 条记录（但收录的主要是北京市各级法院的判决，故范围局限性明显）；生产销售伪劣产品的73条记录中，全文都不含“著作权”、“复制品”和“盗版”等关键词，仅有1条记录含“非法出版物”，但判决书显示该案是非法经营食盐构成生产、销售伪劣产品罪，在判处罚金时以《非法出版物解释》第17条第2款“违法所得数额”的规定作为相应依据而已，实体内容并不涉及非法出版物本身。

对比分析可得出以下初步结论：一是侵犯著作权犯罪实际判决无论是在刑事案例整体中，还是在侵犯知识产权犯罪案例整体中，所占相对数量是非常偏低的；二是著作权刑法保护与民法保护力度悬殊特别明显，一方面著作权民事维权甚为积极，另一方面是著作权刑法保护显得薄弱；三是司法实践中以非法经营罪处理与盗版等侵犯著作权有关犯罪行为的比例非常大。

考虑到裁判文书记录数量尚显偏小，为扩大研究样本量，本书便将北大法意网的“媒体案例”（媒体所报道的判决记录，涉及案情与审理结果，但未提供完整的判决书）也纳入了研究样本基础之中。截至2009年5月10日，笔者在北大法意网法院案例“裁判文书库”和“媒体案例库”并库检索全文含“著作权”的“刑事”案件记录，得到74条记录（其中裁判文书案例和媒体案例各为36条和38条记录）；并库检索全文含“侵权复制品”的“刑事”案件记录，得到16条记录（其中裁判文书案例和媒体案例各为10条和6条记录）。剔除无关、重复记录，同时增补北大法宝网“赵某某职务侵占、侵犯著作权案”等之后，得到侵犯著作权犯罪（包括侵犯著作权罪和销售侵权复制品罪）有效记录共52条，构成实证分析的样本基础。所收集的这些样本案例来自最高人民法院各业务厅、研究机构、出版单位、网站等权威机构公开发布的全部真实判决，可称为“示范性案件”。[①]

---

① 参见白建军：《法律实证研究方法》，北京大学出版社2008年版，第191页。

二、研究样本中刑法适用特点总体分析

从定罪情况看，52 份样本判决可大致分类见表 5－1 所示。有罪与无罪判决各为 50 份和 2 份。

表 5－1

定罪情况	无罪	构成侵犯著作权罪	构成销售侵权复制品罪
判决数	2	47	5（其中有 2 份与侵犯著作权罪重合）

（一）无罪案例的刑法适用分析

无罪判决包括 2 个，一个是湖南大学财税远程教育中心侵犯著作权，谭慧渊侵犯著作权、伪造事业单位印章，蒋菊香、吴远柏侵犯著作权宣告无罪案①（以下简称“湖大案”），另一个是王燕卿侵犯著作权宣告无罪案②（以下简称“王燕卿案”）。该两个无罪判决的情况见表 5－2。

表 5－2

	判决编号	基本事实	处理	处理理由
湖大案	（2004）湘高法刑二终字第 141 号	湖大财税中心开展税务系统远程学历教育中，翻印教材，没有征得著作权人许可和出版社同意	一审构成侵犯著作权罪；二审改判无罪	不能准确确定其违法所得，一审认定证据不足；非法经营额为 53.5 万元，没有达到犯罪标准 100 万元

① 参见（2004）长中刑二初字第 9 号和（2004）湘高法刑二终字第 141 号，载 http://www.lawyee.net/User/Consume_Check.asp? ChannelID = 2010102&RID = 132148&KeyWord = 。

② 参见（1999）玉中刑终字第 26 号，载 http://www.lawyee.net/User/Consume_Check.asp? ChannelID = 2010102&RID = 40786 &KeyWord = 。

续表

	判决编号	基本事实	处理	处理理由
王燕卿案	（1999）玉中刑终字第26号	剽窃、抄袭卢世明（自诉人）所编书的某节内容“生料酿酒在市场竞争中的优势”和所发表的论文《生料酿酒的特点及其工艺操作》，分别作为前言和主要内容而编著成致富教材，将作为资料的一部分转让给学员	一审、二审都无罪	一审认为不是“复制、发行”；二审认为属“复制、发行”，但违法所得数额无确实证据证实违法所得数额达到标准（5万元以上）

第一，“湖大案”中，单位犯罪“违法所得”认定是定罪关键。一审认定，湖大财税中心非法复制《邓小平理论概论》3万册，定价11.50元，非法经营额34.5万元，发放给教学点和学员29946册，经鉴定获利17.4136万元；《INTERNET基础》1万册，定价19元，非法经营额19万元，经鉴定获利11.0825万元。两本书共非法获利28万余元，构成侵犯著作权罪。二审认定，非法复制发行《邓小平理论概论》一书，因本案案发而未实际获利，没有违法所得。《INTERNET基础》一书，虽实际获利，但由于复制成本费无法查清，折扣率无法确定，不能准确确定其违法所得；一审认定非法获利28万余元的证据不足。由于违法所得无法准确认定，则应当以非法经营额来判断是否构罪。《邓小平理论概论》非法经营额为11.50×3万册=34.5万元；《INTERNET基础》非法经营额为19×1万册=19万元，总计为53.5万元，没有达到犯罪标准100万元，故财税中心非法复制上述两本书的侵权行为，不构成侵犯著作权罪。

对比一审、二审可知，该财税中心为学院而大量翻印教材本身是侵犯著作权行为，只是未达到违法所得、非法经营额的单位起点标准而被宣告无罪的。非法经营额计算都是定价乘数量的方法；但违法所得的计算则有差异：一审是通过司法鉴定而得。在二审中，盗版的《邓小平理论概论》虽已发放给学员29187册，免费配发给各教学点759册，只库存54册，但仍认为“未实际获利”（可能是尚未收到书款）；《INTERNET基础》则“虽实际获利，但由于复制成本费无法查清，折扣率无法确定”（因印刷4种书共支付印刷费48.1793万元），违法所得便不能准确确定，当然就不能认定已达到单位20万元的起点标准。由此看来，违法所得既要是“已经获利”，又要是准确“扣除成本”后的获利额，因此办案必定有难度。

第二，“王燕卿案”中，一审、二审虽无罪结果相同，但其理由完全相异：一审认为缺乏构成要件该当性，即抄袭不是构成行为；二审认定具备构成要件该当性，判决书明确指出，如果认定为“仅属剽窃、抄袭与本案实情不符”，之所以无罪只是由于自诉人所提供的证据不能证明个人违法所得数额达到起点标准。

由此，可得出结论：数额认定尤其是违法所得数额认定是两个案件无罪判决的关键理由，过高的定罪数额标准使著作权刑法适用存在证明上的障碍。这一问题在2004年《知识产权刑事案件解释(一)》大幅度降低了侵犯著作权罪的定罪数额标准后有了改观。例如，2004年解释中，侵犯著作权罪有三个标准：一是违法所得标准，个人为3万，单位为9万；二是非法经营额标准，个人为5万，单位为15万；三是侵权复制品数量标准，个人为1000张（份），单位为5000张（份）。这些标准之间并无适用次序限制。2007年解释（二）对侵权复制品标准进一步降低为个人500张（份），单位2500张（份）。以此反观“湖大案”，其数额认定依照违法所得标准优先于非法经营数额标准，囿于计算与证据原因而不能认定违法所得；又未达到非法经营额标准100万元。由于这两个案件都是在2004年解释出台前审结的，故不能适用降低门槛后的定罪数量标准。刑事门槛的高低对动态犯罪圈的调控、著作权刑法适用实效的影响可窥一斑。

（二）犯罪行为与犯罪对象类型的刑法适用分析

根据刑法第 217 条第 1 项至第 4 项和第 218 条所规定的构成行为，侵犯著作权犯罪的行为主要可归纳为 5 类：复制发行作品，出版图书，出版音像制品，制售假冒美术作品，销售侵权复制品。但是，这 5 类行为所指向的犯罪对象大致有 3 类：作品（包括美术作品），图书，音像制品；而美术作品是作品的一个类型（样本中未涉及此类型），“侵权复制品”视情况分别可归属于 3 类中的某一具体类型。50 份有罪判决中，犯罪行为类型构成见表 5－3。

表 5－3

行为类型	复制发行作品	出版图书	出版音像制品	制售假冒美术作品	销售侵权复制品
判决数	21	18	8	0	5（其中 2 份与前重合）

1. 复制发行作品

这指的是刑法第 217 条第 1 项“未经著作权人许可，复制发行其文字作品、音乐、电影、电视、录像作品、计算机软件及其他作品的”。此项保护的是狭义的著作权，与对图书、音像制品邻接权的广义著作权不同。“作品”的含义，按《著作权法》第 3 条来确定，即“包括以下列形式创作的文学、艺术和自然科学、社会科学、工程技术等作品：（一）文字作品；（二）口述作品；（三）音乐、戏剧、曲艺、舞蹈、杂技艺术作品；（四）美术、建筑作品；（五）摄影作品；（六）电影作品和以类似摄制电影的方法创作的作品；（七）工程设计图、产品设计图、地图、示意图等图形作品和模型作品；（八）计算机软件；（九）法律、行政法规规定的其他作品。”2002 年《著作权法实施条例》第 4 条对各种作品类型有具体界定。

50 份有罪判决中，有 21 份是属于“复制发行作品”类的犯罪。按其作品的对象种类，大体分为 3 大类：一是对计算机软件的侵权，此类是最主要的，由此，也就能理解为何“软件著作权刑法保护”在我国受到重视了。21份判决中有15份与侵犯软件著作权犯罪有关，其中：有7份是“私服”犯罪的，必然涉及对网络游戏软件的复制发行犯罪；另有8份是与“私服”无关的，是对软件的复制发行的犯罪（包括通过信息网络传播软件），尤其是生产、营业等领域的计算机控制软件盗版也较为盛行，如“KTV宽带服务系统”软件、自来水智能系统软件等专门软件，甚至涉及技术秘密的设备程序软件被未经许可用于产品中也构成侵犯软件著作权。二是对电影电视录像作品的侵权，有4份。三是文字、音乐作品的侵权，有2份。如果按行为特点，即传统的“复制发行”和通过信息网络传播的“复制发行”为标准，该21份“复制发行作品”类犯罪的判决又可分类两类：传统复制发行作品的11份，通过信息网络传播作品的10份。

2. 出版图书

这指的是刑法第217条第2项“出版他人享有专有出版权的图书的”。“图书”在刑法第217条中有其特定含义，指作品经出版者编辑加工、版式设计、封面设计等技术处理并排版、印刷、装订后予以发行的书刊出版物。

出版者对其出版的图书享有专有出版权，这是我国著作权法所保护的一种邻接权。50份有罪判决中，有18份是属于“出版图书”类的，所占比例甚高。此类图书的涉及面很广，如《他改变了中国：江泽民传》、《邓小平文选》，或是《辞海》，或是中小学教材教辅类书籍，等等。值得注意的是，前述两件无罪判决案例也是发生在“出版图书”领域。

3. 出版音像制品

这指的是刑法第217条第3项“未经录音录像制作者许可，复制发行其制作的录音录像的”，保护的是录音录像制作者，即录音录像制品首次制作人的邻接权。“复制发行”就是“出版”，录音录像制作者制作的“录音录像”就是“音像制品”（音像制品在刑法中采“录音录像”措辞)，故该项行为可简称为“出版音像制品”，我国还专门颁布有《音像制品管理条例》。具体来说，录音制品是指任何对表演的声音和其他声音的录制品；录像制品是指电影作品和以类似摄制电影的方法创作的作品以外的任何有伴音或者无伴音的连续相关形象、图像的录制品。实践中常见的是磁带、CD、VCD、DVD 等光盘、光碟等载体形式。应当注意，著作权法及刑法第 217 条第 1 项中还有“录像作品”的概念，“录像作品”大体上是以类似摄制电影的方法创作的作品，是指摄制在一定介质上，由一系列有伴音或者无伴音的画面组成，并且借助适当装置放映或者以其他方式传播的作品。“录像作品”区别于“录像制品”之处在于其具有较强的创造性，录像作品的作者享有狭义的著作权，对其侵犯行为归入上述“复制发行作品”类中。

需说明的是，为便于说明案件类型特点，这里的分类不是十分严格的，如光盘是作品的特定介质载体，可承载各种作品，如音乐作品、文字作品、计算机软件、电影作品等。一般而言，其所承载的作品都经过录音录像制作者的复制发行（即出版）而制作成光盘等，从而此类盗版光盘侵犯“录音录像制作者权”这一邻接权；也有的本身是数字作品，可以被直接刻录到光盘，此时盗版光盘侵犯的是作品的狭义著作权。在 50 份有罪判决中，有 8 份属于涉及复制、发行盗版光盘。但是，这些判决中往往并不对盗版光盘所侵犯的各个作品及其著作权人或录音录像制作者进行披露，只笼统认定为盗版光盘；也不严格区分刑法第 217 条（或《惩治著作权犯罪决定》第 1 条）第 1 项和第 3 项的关系，二者似乎有重叠，而实践中往往直接适用第 1 项“复制发行作品”来处理。基于这些缺陷，故本书对复制发行光盘类案件，都归入“出版音像制品”类犯罪中。此外，“出版音像制品”类判决中，与淫秽物品类犯罪同时进行数罪并罚的概率也比较大，8 件中就有 3 件是这样。

4. 销售侵权复制品

在 5 份销售侵权复制品罪的判决中，有 3 份是单独以该罪定罪处刑的，都是涉及销售盗版 CD、VCD、DVD 等音像制品的案件；与上述“出版音像制品”类犯罪的判决相对比，其犯罪对象都是音像制品，但行为种类则分别为出版和销售。另外，有 2 份是在侵犯著作权罪的共同犯罪中部分人同时犯有销售侵权复制品罪的情形，分别是涉及销售盗版图书和盗版软件案件。

综上所述，研究样本中按犯罪行为与犯罪对象类型来对其刑法适用情况进行分类可描述为图 5－2。

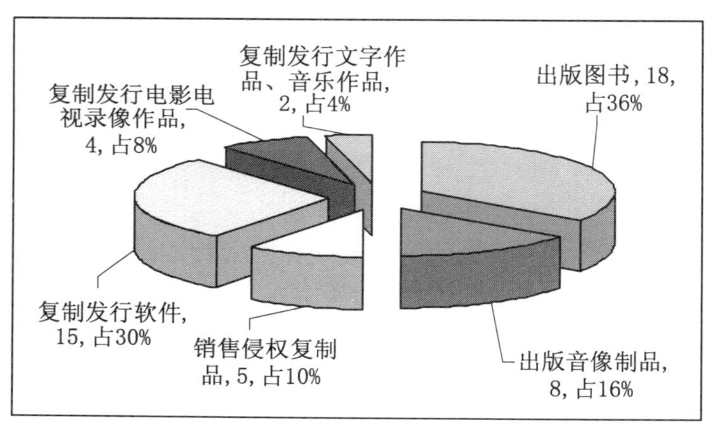

图 5－2　50 份有罪判决的犯罪对象与犯罪行为构成比例（单位：份，%）

（三）50 份有罪判决与“北师大著作权犯罪调查”结果的特征比较

这 50 份侵犯著作权犯罪判决的犯罪对象与犯罪行为特点，可以与 2007 年“北师大著作权犯罪调查”结果进行简单比较。该调查中，受访者认为侵犯著作权犯罪的主要侵犯对象类型是电影、录音、录像等音像制品，占总体受访者的 39%，其次是软件占 11.4%；在 1592 份问卷中，除 174 个系统缺失值，在 1418 份问卷中，认为销售盗版是最主要的犯罪行为类型。[①]

比较可知：第一，可发现它们有一定差异。其一，该调查中对犯罪对象有明确认识的受访者群体（总体中除去“不清楚者”37.7%外的部分）中，按折算后的比例，认为主要侵犯对象类型为电影、录音、录像等音像制品的为（39%÷62.3%=）62.6%，计算机软件为（11.4%÷62.3%=）18.3%。而50份判决的犯罪对象构成中，盗版图书占34%，软件占29%，出版音像制品占15%，复制发行电影电视录像作品占8%。其二，就犯罪行为认识而言，在有明确认识的群体中（总体中除去“不清楚者”33.6%外的部分），按折算后比例，认为主要的侵权行为是销售盗版的占61.7%，而认为制作、复制发行、出版方面的占31%；而50份判决的犯罪行为中，复制发行或出版的犯罪是绝大部分，销售盗版仅占10%。

第二，它们也具有某种相似性，即受访者所认为的主要被侵犯对象和司法判决所实际处理案件的被侵犯对象都集中在音像制品、电影、软件、图书等领域。

由此看来，二者之间的相似性表明，侵犯著作权犯罪的刑事司法重点领域在于实用性强的作品和制品上，这些恰好是我国版权战略所要保护的版权产业主力。二者之间的差异有多方面原因：如在音像制品领域常常以非法经营罪定罪量刑，问题的关键在罪名适用上；又如对盗版图书和软件，公众表现出较大的宽容度而司法机关却必须严格依法判处。可见，侵犯著作权犯罪的刑事司法离公众的预期和评价还有一些距离。

三、研究样本中“复制发行”的刑法适用模式

复制、发行或者既复制又发行三者都可构成侵犯著作权罪的犯

① 参见赵秉志主编：《侵犯著作权犯罪研究》，中国人民大学出版社2008年版，第178～180页。

罪行为。1998 年《非法出版物解释》第 3 条、2007 年《知识产权刑事案件解释（二）》第 2 条第 1 款、2008 年《公安立案追诉标准（一）》第 26 条都一再强调，对"复制发行"的解释为"两种行为"，即将"复制发行"明确为复制、发行或者既复制又发行的行为；换言之，两种行为择一即可。司法解释规定通过信息网络传播他人作品或制品"视为复制发行"；但其与传统意义上的"复制发行"区别是客观存在的。本书将其区分探讨。

（一）"复制发行"的刑法适用模式

1. "既复制又发行"

这是最主要的构成行为该当模式，针对上述各类犯罪对象的危害行为都往往是既复制又发行。

第一，对"作品"的"既复制又发行"复合实行行为模式。这种模式主要是针对软件和电影电视录像作品的侵犯。其一，复制并发行软件的案件。举其要者如：王予川等私售游戏源代码案[①]，李海、张宏军侵犯著作权案[②]，李洪宝、黄朗明侵犯著作权案[③]，王红星、赵坤侵犯著作权案[④]，王安涛侵犯著作权案[⑤]，赵某某职务侵占、侵犯著作权案[⑥]等都是这样。其二，复制发行电影电视录像作品的案件。例如，舒亚眉、陈宝华侵犯著作权案[⑦]中，被告人未经独家播映权人瑞得公司许可，擅自复制电视剧《扫黄先锋》

---

① 上海市徐汇区人民法院 2007 年 12 月 11 日判决，载 http://www. lawyee. net/User/Consume_Check. asp? ChannelID = 2010200 &RID = 197339&KeyWord = 著作权。

② 合肥市包河区人民法院判决，载 http://www. lawyee. net/User/Consume_Check. asp? ChannelID = 2010200&RID = 160646 &KeyWord = 著作权。

③ 参见（2006）天法知刑初字第 3 号。

④ 参见（2003）海法刑初字第 2343 号。

⑤ 参见《最高人民法院公报》1999 年第 5 期。

⑥ 来源于北大法宝网站，载 http://vip. chinalawinfo. com/case/Display. asp? Gid = 117560883&KeyWord = 。

⑦ 最高人民法院刑事审判第一庭、第二庭编：《刑事审判参考》2001 年第 12 辑，第 21 ~ 27 页。

播出带，并售与山东齐鲁电视台、西安电视台、云南电视台，非法获利人民币 79 万余元，数额巨大。又如，谭朗昌侵犯著作权案[①]中，被告人任 30 集电视连续剧《断仇谷》艺术总监和总导演，后基于自己与拍片的辽宁华艺已有矛盾以及对于利益的追逐，复制该剧母带并以 20 万元出售给罗健荣，被制成 VCD 光盘在市场上大量发行。

第二，对“图书”的“出版”（音像制品大体类似）。图书的“出版”需要相应条件，故委托他人生产侵权复制的图书行为很普遍。对于“委托”或“受托”复制行为，可依照刑法理论中的共犯理论和间接正犯理论处理，而并无在刑法中将其专门规定为侵犯著作权罪客观行为方式之必要。样本中主要有三种情形：

其一，复合实行行为。此种情形中，行为人往往是从事印刷等复制业务的实体，同时又将所复制的侵权品对外发行销售，故判决并不多见。例如，刘肇欣侵犯著作权、非法经营案[②]中，被告人非法印刷《老夫子》等图书共计 3 万余册，印刷非法出版的《真假毛泽东》、《华国锋下野内幕》各 3000 册，库房内储藏非法出版图书 54 万余册（均为非法出版物）。又如，钟山、钟家内侵犯著作权、非法经营案[③]中，被告人利用其母和其自己分别任法定代表人的彩色印刷公司和软件开发公司为依托，大量印制、出版和发行图书作品，共盗印中小学教材及各类教辅图书 1680058 册，码洋 18790373.61 元；非法出版、发行各类教材及图书 1033901 册，码洋 8082016 元。

其二，共犯模式。此种情形中，往往是侵权人委托印刷厂等进行复制、装订，再行发售，由于存在分工，各行为人自己可能仅仅

① 辽宁省沈阳市中级人民法院 2003 年 5 月 8 日判决，载 http://www.lawyee.net/User/Consume_Check.asp? ChannelID = 2010200&RID = 156848&KeyWord = 著作权。

② 参见（2006）通刑初字第 174 号。

③ 南京市鼓楼区人民法院 2004 年 11 月 12 日判决，载 http://www.lawyee.net/User/Consume_Check.asp? ChannelID = 2010200&RID = 129293&KeyWord = 著作权。

实施了复制行为或发行行为；但根据共同犯罪理论，“部分行为全部责任”，故应进行总体评价。例如，孟祥国、李桂英、金利杰侵犯著作权案①中，被告人李桂英原为北京市通州区胡各庄乡三元装订厂厂长，被告人金利杰原为该厂业务人员，在明知无图书印制委托书等相关手续的情况下，为牟取非法利益，接受被告人孟祥国的非法委托，未经许可印刷、装订《大学英语》等教材，非法经营数额达人民币272万余元。该判决中，李桂英、金利杰即只有复制行为，但与孟祥国构成共同犯罪；由于要将整个共同犯罪作为整体来评价，则该起犯罪是既复制又发行。又如，陆正兴、李泉荣侵犯著作权、销售侵权复制品、非法经营案②也是这样：作为共犯人的印刷厂就是以侵犯著作权罪、非法经营罪而数罪并罚判处罚金人民币50万元。

其三，其他模式，实践中主要有间接正犯或“另案处理”两种模式。如果印刷厂等不存在明知的故意，就成为委托人“实施犯罪的工具”而不构成侵犯著作权罪，委托人自行构成犯罪。例如，薛模权、霍重光侵犯著作权案③中，被告人薛非法获得《上海城市交通图》（上海科学技术出版社享有该地图作品专有出版权）菲林一副，霍出面联系印刷；在没有委印证、书号等正常手续证明的情况下，两被告人采取欺骗手段，骗取华驰印刷厂和上海贸发实业有限公司装订厂信任，共非法印刷盗版地图数量达17.15万余册，非法经营额达85万余元。该案中印刷厂和装订厂就因不具备侵犯著作权的故意而不与两被告人成立共同犯罪。如果侵权复制品的供应者在案件审理中未能查清或到案，为防止案件拖延，实践中

---

① 北京市通州区人民法院2002年6月3日判决，载 http://www.lawyee.net/User/Consume_Check.asp? ChannelID = 2010102&RID = 47194&KeyWord = 著作权。

② 武进市人民法院2000年1月1日判决，载 http://www.lawyee.net/User/Consume_Check.asp? ChannelID = 2010200&RID = 152558 &KeyWord = 著作权。

③ 上海科学技术出版社自诉2002年，载 http://www.lawyee.net/User/Consume_Check.asp? ChannelID = 2010102&RID = 46080&KeyWord = 著作权。

往往根据已经查清的事实对被告人定罪量刑；在逃犯则在判决中注明“另案处理”。例如，葛权卫侵犯著作权案[①]中，被告人办理鑫鸿书店营业执照，伙同蔡成军（在逃，另案处理）、宋桂芳（身份不详，另案处理）通过许以回扣给晋江市教育局及下属各镇教委办、直属中小学而获得各类书籍订单，并将样本提供给山西省临汾市某印刷厂老板李世明（另案处理）进行印刷，所售教辅书属非法出版物，实收书款591846元。

2. 只有“复制”行为

这往往是被单独追究刑事责任的图书印刷厂、音像制品制作商等，为谋取加工费等非法利润，进行盗版图书、音像制品的复制，即接受非法委托的复制。以苏州宝碟公司及卜兴华、钟建生侵犯著作权和复制淫秽物品案[②]为例，案情是：苏州宝碟激光电子有限公司在被告人卜兴华主持负责全面工作及被告人钟建生负责业务部工作期间，违反国家有关音像制品复制方面管理规定，承接林奕南（在逃）等人以无效、空白的委托加工书，甚至无委托加工书、无版权证明书等合法手续的音像制品的复制加工业务，采用开两种单据、做两本账等手法，大量非法复制各类盗版激光唱盘（CD）、激光视盘（VCD）共计3130499片，违法所得金额达人民币12066572元（另外还涉及非法加工复制淫秽激光视盘）。

3. 只有“发行”行为

以袁何讯侵犯著作权案[③]为例，案情是：被告人原系徐州市电影剧场公司发行科科长，2000年8月由上海电影制片厂摄制的影片上映，袁以每部人民币3万元的价格购买《生死抉择》影片没有发行放映许可证的盗版拷贝，每部加价2000至5000元向电影放

---

① 参见（2004）泉刑终字第484号。

② 参见（1996）苏刑初字第275号刑事判决，江苏省高级人民法院1997年终审判决。

③ 上海市徐汇区人民法院2000年9月1日判决，载http://www.lawyee.net/User/Consume_Check.asp? ChannelID = 2010200 &RID = 164839&KeyWord = 著作权。

映公司或电影院供片10部，经营额共计33万余元，个人所得3万余元。其实，该案被告人的行为既是销售，也是发行。基于被告人发行科科长身份及对象均为电影公司或电影院的经理而非普通消费者，法院最终定性为“发行”，从而认定为侵犯著作权罪。与之相对应，前述谭朗昌侵犯著作权案和舒亚眉、陈宝华侵犯著作权案则是对电影电视录像作品的“既复制又发行”。下文将要分析的夏长生、何涛侵犯著作权、贩卖淫秽物品牟利案和周雪斌侵犯著作权案等5个案例，也都是只有“销售”这种发行行为而被以侵犯著作权罪定罪。

4. 通过信息网络传播

这种行为实质是“向公众提供”作品。各种作品、图书、音像制品都可能通过信息网络传播而被侵权，故其适用对象最为广泛。前述侵犯软件著作权案件就有这种方式，如陈寿福侵犯著作权案[①]就是在腾讯QQ软件中加入“珊瑚虫”插件，并重新制作成安装包，命名为“珊瑚虫QQ”，提供打包下载而营利；下文将要分析的7个“私服”案件也都属于信息网络传播方式。金辰泰与朴俊炫非法传播影视作品案[②]（即“威海爱昵奔案”）中，被告人在网站上传50部电视剧及其他韩国影视作品，为注册会员提供有偿在线播放服务；刘开山和姚国祥建立“云霄阁”网站非法传播网络文学作品案[③]中，被告人擅自将文学作品提供给互联网用户在线浏览，并通过网站链接广告从中获利人民币7万元；黄毅龙、陈赠才网络传播侵权案[④]中，被告人租赁服务器建立音乐网站，从“百

---

① 参见（2008）深中法刑二终字第415号。

② 威海市中级人民法院2009年2月20日判决，载http://www.lawyee.net/Case/Case_Hot_Display.asp?RID=199602&Key Word=著作权。

③ 莆田市中级人民法院2008年12月24日判决，载http://www.lawyee.net/User/Consume_Check.asp?ChannelID=2010200&RID=199363&KeyWord=著作权。

④ 参见“全国首例网络传播侵权案”，载http://www.lawyee.net/User/Consume_Check.asp?ChannelID=2010200&RID=194857&KeyWord=著作权。

度”等网站下载大量音乐作品，然后向注册会员提供搜索网址、音乐在线收听、下载等服务，从中收费牟利 57095.24 元。这 3 个案例分别对电影电视作品、文字作品、音乐作品构成侵犯信息网络传播权。

（二）“复制发行”的行为模式选择

在分析样本案例基础上，笔者发现，行为人对“复制发行”的行为模式选择虽受多种因素影响，但与作品本身的特点关系甚密。

第一，在传统环境下，作品是否需要制作成图书或音像制品才适合向公众发行，决定或严重影响了行为人“复制发行”行为模式选择。

其一，凡是“作品”已被出版为图书或音像制品的，此时行为人“复制发行”一般都选择以侵犯专有出版权或录音录像制作者权（邻接权）来实现“营利”的犯罪目的（刑法第 217 条第 2、3 项，本书称为出版图书和出版音像制品形式的犯罪）。而由于出版、复制、发行图书或音像制品需要行政许可，此时行为人一般就求助于印刷厂、装订厂或音像制品厂等，于是形成“复制”、“发行”分工的“共犯模式”或欺骗厂家的“间接正犯”模式；或者行为人建立地下工厂从事或合法工厂违法从事图书或音像制品的复制发行，于是形成“复制发行”的复合实行行为模式。

其二，对于未被制作成音像制品、也未制作成图书，即“裸”的作品（即刑法第 217 条第 1 项），此时要“复制发行”有两种常见方法：一是有些作品需要制作成图书或音像制品才适合向公众发行，行为人先自行制作成图书或音像制品再进行传统意义上的“复制发行”，如文字作品、音乐作品等。不过行为人要复制发行得先扮演图书出版者或音像制品出版者的角色，对作品进行“编辑出版”，这就有存在“非法演绎”的可能（即非法的汇编作品）。

样本案例中，仅有李红兵侵犯著作权、投机倒把案①一例有部分行为属于适例，即被告人通过他人购得书号、照片、手稿后，将刘晓庆的照片200余幅制作成《东方惊艳——刘晓庆映画集》一书，共印2.5万册，后予以销售。这种"盗版"模式因成本太高而很少见，牟利的盗版者不如改为选择其他作品的现成图书或音像制品直接"盗版"。二是有些作品不用制作成图书或音像制品，行为人也就能直接以传统方式"复制发行"作品本身及其复制品，主要是电影电视录像作品、软件作品等，行为人便往往直接选择"复制发行"的复合实行行为模式。

第二，在网络环境下，行为人通过信息网络传播"复制发行"他人作品，就不存在要将作品制作成图书或音像制品才能向公众发行牟利的问题，其"复制发行"往往就是"既复制又发行"的复合实行行为模式。

四、研究样本中特定侵犯著作权行为的刑法适用模式

（一）贩卖盗版图书和音像制品行为的刑法适用模式

1. 以销售侵权复制品罪处理模式

所选样本中，3份是单独以销售侵权复制品罪定罪处刑的判决都是涉及销售盗版音像制品；2份是在侵犯著作权罪的共同犯罪中部分人同时犯有销售侵权复制品罪的情形，其中1份涉及销售盗版图书；另有1份涉及销售盗版软件。可见，刑法第217条第1、2、3项所列侵权复制品在实务层面都可成为第218条的犯罪对象。具体见表5-4。

① 参见（1996）鼓刑初字第101号。

表 5－4

案名	案号（或法院）	基本事实
赵德好等销售侵权复制品案	（2007）普刑初字第848号；（2007）沪二中刑终字第661号	被告人赵德好、钱小妹、陈士涛、吴明富分别是批发盗版团伙的首要分子和主要成员，经营非法音像制品批发窝点，查获盗版音像制品616253张
顾然地、吴东、库迪、吴世彪销售侵权复制品案	上海市第二中级人民法院(2005)	顾然地在未经工商登记、未取得《音像制品经营许可证》的情况下，在其上海住处以网上（如 www. ebay. com 和 www. threedollardvd. com 网站）拍卖及订单购买的形式，向境外销售侵权复制（即盗版）的高密度光盘（DVD）18万余张，非法经营额计人民币713万余元，获利计202万余元。吴东、库迪、吴世彪明知顾然地无证销售盗版 DVD，仍为其提供帮助
苏秋春销售侵权复制品案	（1995）穗中法刑初字第63号	苏秋春承租广州市日兴音像世界第323号档位经营音像制品，从不法分子（均另案处理）处先后购进盗版激光唱盘共9万余张，并将其中的6万余张销售给他人（均另案处理），从中牟取非法利润约人民币2.5万元。此后，广州市工商行政管理机关曾对苏秋春非法销售盗版音像制品的行为予以制止和警告，责令其停止侵权行为。但他不思悔改，在其承租的档位再次销售盗版激光唱盘被拘捕并当场缴获激光唱盘3.026万张
王予川等私售游戏源代码案	上海市徐汇区人民法院（2007）	王予川曾从事上海征途网络公司游戏部分源代码的研发工作，离职时私自复制并带走了服务端源代码、客户端源代码及辅助文档并予以发行；王岩明知是侵权复制品仍予以购买，并伙同被告人汤帅进行非法销售。 除对王予川以侵犯著作权罪定罪外，法院认定被告人王岩、汤帅构成销售侵权复制品罪

续表

案名	案号（或法院）	基本事实
陆正兴、李泉荣侵犯著作权、销售侵权复制品、非法经营案	武进市人民法院（2000）	陆正兴联系并安排武进市漕桥江南彩印厂接受李泉荣等人之非法委托，为其印刷他人出版的定价 449.92 万余元的图书；非法印刷或加印、销售定价计 456.62 万余元的图书。其中，李泉荣购买、销售该厂侵权复制品，违法所得人民币 23.74 万元，购买、销售非法印刷的定价计人民币 1.67 万余元的图书。对被告人李泉荣以侵犯著作权罪、销售侵权复制品罪（未遂）、非法经营罪实行数罪并罚（而对被告单位武进市漕桥江南彩印厂、被告人陆正兴以侵犯著作权罪、非法经营罪实行数罪并罚）

以顾然地等销售侵权复制品案①为例。该案于起诉书以非法经营罪提请追究刑事责任，2005 年 4 月 19 日由上海市第二中级人民法院判决，一审判决书（因未提出上诉、抗诉而发生法律效力）依第 218 条销售侵权复制品罪定罪量刑。该判决书的说理在法院处理态度上具有代表意义，值得学界分析：

其一，判决书认为，顾然地等没有《音像制品经营许可证》而销售侵权音像复制品，当然扰乱市场秩序，属于第 225 条规定的非法经营犯罪行为中的一种；但音像制品涉及著作权，刑法第三章第七节“侵犯知识产权罪”对侵犯著作权行为有专门规定。当非法经营的犯罪行为涉及侵犯著作权时，第 218 条就与侵犯知识产权罪的规定构成普通法与特别法的关系，此时特别法应当优先适用。就该案而言，被告人顾然地为了营利，在未取得《音像制品经营许可证》的情况下，低价购进明知是侵权的音像复制品，然后高

① 上海市第二中级人民法院刑事判决书，载 http://www.lawyee.net/User/Consume_Check.asp? ChannelID = 2010102 &RID = 125168&KeyWord = 著作权。

价销往国外；本案中这种行为虽然扰乱市场秩序，但市场秩序不是受侵害的主要客体，那些著作权人和录音录像制作者的著作权与邻接权，才是我国刑法要保护而被顾然地的行为所侵害的主要客体。

其二，判决书认为，对销售侵权音像复制品且违法所得数额巨大的行为，刑法有两个条文涉及：第217条中的“发行”虽然涵盖了第218条中的“销售”行为，但很明显第217条立法目的在于，打击那些未经著作权或者邻接权人许可而复制，直接侵犯著作权或者邻接权的行为。就像盗窃后销赃一样，复制后发行，通常是此罪的一个后续的不另罚的行为。第218条的立法目的，则在于打击没有复制，只是单纯销售侵权复制品的间接侵犯著作权或者邻接权的行为。不过，该案判决后，2007年《知识产权刑事案件解释（二）》第2条第2款却规定“侵权产品的持有人通过广告、征订等方式推销侵权产品的”属于“发行”；据此，顾然地以网上拍卖及订单购买的形式，向境外销售侵权复制的光盘就应认定为“发行”了。

在苏秋春销售侵权复制品案[①]中，由于是依《惩治著作权犯罪决定》处理，当时不存在《非法出版物解释》，即无构成非法经营罪的可能，故不曾考虑当时的“投机倒把罪”。

2. 以侵犯著作权罪处理模式

所选样本中，有5例是因贩卖盗版音像制品（占4例）或贩卖盗版图书（占1例）而以侵犯著作权罪处理的。具体见表5-5。

---

① 参见（1995）穗中法刑初字第63号。

表 5－5

案名	案号（或法院）	基本事实
易春花等侵犯著作权等犯罪案	（2008）常知刑初字第 1 号	三名被告人未经著作权人许可，发行其音乐、电影、电视作品及计算机软件。易春花经手参与侵权盗版光碟 58341 张、淫秽光碟 1734 张；牟盘坤经手参与侵权盗版光碟 58257 张、淫秽光碟 1734 张；刘玉蓉经手参与侵权盗版光碟 45064 张。（易春花、牟盘坤同时构成制作、复制、出版、贩卖、传播淫秽物品牟利罪）
刘生明侵犯著作权案	桂林市中级人民法院（2009 年 4 月 21 日判决）	2006 年 8 月，刘生明继续在桂林市中山南路 98 号出租门面“三友书店”销售盗版书籍。2007 年 4 月至 2007 年 6 月期间，刘生明在没有办理经营出版物许可证的情况下，又在桂林市中山南路 99 号出租门面房销售盗版书籍。2007 年 7 月 5 日，桂林市公安局查获刘生明的未销售完的盗版书籍 17017 册，经桂林市新闻出版局鉴定，均为非法出版物。一审判决构成非法经营罪；终审判决认定被告人刘生明犯侵犯著作权罪
韩斌侵犯著作权案	北京市第二中级人民法院（2009 年 3 月 25 日判决）	韩斌曾因违法、犯罪接受过行政、刑事处罚，于 2008 年 4 月 23 日，在北京市朝阳区其经营的音像店内，雇用他人以 8 元的价格向他人贩卖 1 张盗版光盘，被民警抓获，并起获 641 张盗版光盘。法院认为，其以营利为目的，未经著作权人许可，复制发行他人电影作品，构成侵犯著作权罪
周雪斌贩卖盗版光盘案	北京市朝阳区人民法院（2008 年 4 月 28 日判决）	周雪斌成立北京五洲友谊音像中心并取得了音像制品经营许可证，而贩卖盗版光盘，店内被查获 DVD 光盘 10934 张，其中 849 张为侵权复制音像制品，10093 张为非法出版物

续表

案名	案号（或法院）	基本事实
夏长生、何涛侵犯著作权、贩卖淫秽物品牟利案	南京市玄武区人民法院（2006 年 2 月 27 日判决）	夏长生等租赁南京市某室作为经营场所，贩卖从广州等地购进的盗版光盘，其间雇用他人作为帮工帮助其进行销售。2005 年 6 月 20 日，在贩卖盗版光盘时被抓获并当场搜缴各类光盘共计 23175 张，其中侵权复制的音像制品、游戏软件共计 20849 张（价值人民币 51806 元），淫秽光碟 2211 张

其中，夏长生、何涛侵犯著作权、贩卖淫秽物品牟利案[①]由南京市玄武区人民法院于 2006 年 2 月 27 日判决（由于未上诉而生效），媒体称之为“全国第一起”以侵犯著作权罪判刑的贩卖盗版音像制品案。该案判决书认定，刑法第 217 条第 1 项中规定的“复制发行”，是指行为人以营利为目的，未经著作权人许可而实施的复制、发行或者既复制又发行其文字作品、音乐、电影、电视、录像作品、计算机软件及其他作品的行为。行为人实施复制发行或者其中一种行为即构成该罪，辩护人提出“复制发行”是一整体行为，行为人必须同时实施复制及发行行为才能构成该罪的辩护意见不能成立。同时，相关的行政规范性文件均将出售行为认定为发行的形式之一，被告人夏长生、何涛所实施的未经著作权人许可，出售其音乐、电影、电视作品及计算机软件的行为，构成侵犯著作权罪。周雪斌侵犯著作权案。[②] 被告人成立北京五洲友谊音像中心并取得了音像制品经营许可证，而贩卖盗版光盘。北京市朝阳区人民法院认定是非法发行影视作品，故于 2008 年 4 月 28 日以侵犯著作权罪定罪。这是该院首次以侵犯著作权罪对贩卖盗版光盘者定罪。

---

① 参见南京市玄武区人民法院刑事判决书，载 http://www.lawyee.net/User/Consume_Check.asp? ChannelID = 2010102 &RID = 105155&KeyWord = 著作权。

② 参见北京市朝阳区人民法院刑事判决书，载 http://www.lawyee.net/User/Consume_Check.asp? ChannelID = 2010200& RID = 197998&KeyWord = 著作权。

从作案及审结时间可发现，以侵犯著作权罪处理销售盗版音像制品和图书犯罪，主要是《知识产权刑事案件解释（一）》颁行以后的事，关键是将“出售”认定为“发行”，而“发行”又足以齐备侵犯著作权罪的构成要件。而且，这种处理方式似乎正逐渐成为一种趋势，如前述的易春花等侵犯著作权等犯罪案、韩斌侵犯著作权案和刘生明侵犯著作权案等都是这种情形。当然，非单纯的销售行为以侵犯著作权罪处理则另当别论，如另有4份盗版音像制品犯罪的案件，都不是单纯的销售：2份是非法刻录光盘并经营或在家里私下刻录发行，即翟岩红侵犯著作权案①和童亚西侵犯著作权案②；1份是地下影碟全自动生产线的大规模犯罪，即张业珍、黄小泽、尹灼波侵犯著作权、妨害公务，温少云、邹景源妨害公务，黎志勇侵犯著作权案③；1份是音像制作单位明知是盗版而承接委托进行复制加工业务，即苏州宝碟公司及卜兴华、钟建生侵犯著作权和复制淫秽物品案。在所选样本中，只有刘生明侵犯著作权案是以侵犯著作权罪处理的单纯销售盗版图书犯罪的案件（一审曾认定为非法经营罪）；其他17份出版图书犯罪都不是单纯的贩卖盗版图书。

3. 司法界以非法经营罪处理的第三种模式

50份判决样本限于以侵犯著作权犯罪定罪的判决；但是，我国司法界以“法规竞合”而从一重罪为由，对销售盗版图书或音像制品的行为以非法经营罪作出了大量判决，这几乎是著作权刑事司法中的常识性现象。

---

① 参见（2006）朝刑初字第02036号。

② 参见重庆市渝中区人民法院刑事判决书（2005年8月22日判决），载http://www.lawyee.net/User/Consume_Check.asp? ChannelID = 2010200&RID = 192471&KeyWord = 著作权。

③ 参见广州市中级人民法院刑事判决书，载http://www.lawyee.net/User/Consume_Check.asp? ChannelID = 2010102 &RID = 45656&KeyWord = 著作权。

以石双平非法经营案[①]为例。被告人石双平于2005年间，在北京三辰商贸有限责任公司鼓楼商场承租柜台经营小家电和游戏机的维修，无经营光盘的营业执照。后以1万元从段某处买下2万多张盗版光盘，又以每张2元至3元的价格从另一叫“维勇”的人处购得盗版游戏光盘200张左右。刚开始，他将盗版光盘送给前来维修游戏机的顾客约1500张，后单独贩卖出盗版光盘500张左右，其仓库内查获盗版光盘38216张（皆为其从段某处购得），经鉴定，其经营的电脑光盘全部为非法出版物。辩护意见认为，其未从事盗版光盘的经营活动而侵犯的客体是他人的著作权。2006年8月18日，北京市东城区人民法院判决认为，被告人石双平无照经营大量非法出版物，构成非法经营罪。这是销售盗版音像制品的典型案例，起诉、判决都是以非法经营罪进行的。

上述三种模式无疑是侵犯著作权刑事司法中最重要的难题之一，直接影响着刑法保护实效，后文将从理论上深入分析。

（二）网络游戏“私服”行为的刑法适用模式

从字面看，“私服”是私设服务器的简称。“私服”程序提供者擅自复制、修改、翻译正版游戏软件源程序，并将经复制、修改及翻译的程序提供给“私服”运营商，“私服”运营商则利用此非法获取的游戏程序架设服务器，经营“私服”游戏以获取巨额利润。与之对应的“官服”，是指游戏软件开发商或经授权的游戏运营商依法设立、供玩家使用的游戏服务器。[②]“私服”案件是根据2003年12月28日我国新闻出版署等联合发布的《关于开展对“私服”、“外挂”专项治理的通知》（新出联［2003］19号）以来才进行惩治的新型犯罪样态。根据该通知，“私服”、“外挂”违法行为是指未经许可或授权，破坏合法出版、他人享有著作权的互

① 参见（2006）东刑初字第315号。

② 参见苏敏华：《私设网络游戏服务器刑事责任探析》，载《信息网络安全》2007年第5期。

联网游戏作品的技术保护措施、修改作品数据、私自架设服务器、制作游戏充值卡点卡，运营或挂接运营合法出版、他人享有著作权的互联网游戏作品，从而谋取利益、侵害他人利益，属于非法互联网活动。

1. 理论和实践中对适用罪名的争议及评析

主要有以下观点：第一种认为，其构成侵犯著作权罪。第二种认为，其构成非法经营罪。理由是从事经营性互联网信息服务需要经过行政许可，从事互联网出版业务必须经过省级新闻出版行政部门审核同意后，报新闻出版总署审批，擅自运营“私服”软件涉及程序违法和扰乱市场秩序。① 第三种认为，其构成破坏计算机信息系统罪，符合刑法第286条第1款规定。第四种认为，不能简单地将“私服”、“外挂”归入某一种罪名，“私服”、“外挂”类型不同及侵犯方式不同，导致对法律保护的直接客体也不同，只有那种通过反编译游戏的客户端程序得到的外挂，才侵犯了著作权（破坏了游戏的技术措施和权利保护信息），但目前我国侵犯著作权犯罪中未包括破坏技术措施和权利保护信息，因此不能定侵犯著作权罪。② 第五种认为，其不构成犯罪，只是民事侵权。上述观点的争点在于：“私服”行为人修改作品数据或程序，从而在一定程度上改变原件内容，是否还是“复制”；另外，私自架设服务器、运营或挂接运营互联网游戏作品是否属于对互联网游戏作品的“信息网络传播”。

笔者认为，“私服”、“外挂”案件已经引起司法机关高度重视，这与网络游戏是我国新兴的产业有关。早在2001年，全球游戏产业产值达94亿美元，超过电影工业的89亿美元而成为全球第

---

① 参见于同志：《侵犯著作权罪认定的两个问题》，载《人民法院报》2008年1月9日第6版。

② 参见刘守芬、申柳华：《网络犯罪新问题刑事法规制与适用研究》，载《中国刑事法杂志》2007年第3期。

一大娱乐产业。《2008 年中国游戏产业调查报告》显示，2008 年中国网络游戏用户数已达 4936 万；实际销售收入增长 76%，达 183 亿元，其中自主研发的民族网络游戏实际销售收入增长 60%，达 110.1 亿元。报告预计，2013 年，中国网络游戏用户数将达到 9453 万，网络游戏市场实际销售收入将达到 397.6 亿元人民币，未来 5 年的年复合增长率接近 60%。网络游戏产业的发展迫切需要加强知识产权保护。以上海为例，近年来该市侵犯知识产权犯罪出现的一个新变化是，私自架设游戏服务器、侵犯网络游戏著作权等运用高科技手段侵犯知识产权的智能化犯罪日益增多。据该市徐汇区检察院统计，该院去年下半年以来起诉的侵犯知识产权 6 件案件均与网络游戏产业相关，涉案人员 10 人。6 件案件涉及不同的网络游戏企业，其中有 4 起案件的被害单位同为巨人网络集团有限公司。[①] 从“私服”运营机制看，行为人未经运营者许可私自搭建网络游戏服务，其行为涉及两类：一是必定会非实质性地修改游戏程序软件，这并未达到二次开发过程构成新作品的程度，仍属于“复制”。二是“私服”者必定会通过刻录光盘或提供下载方式将该游戏程序软件对外传播，使玩家安装相同的游戏程序软件，以在服务器端和客户端建立游戏网络平台。由此，“私服”的法律实质是对他人合法行为的“盗版”，包括了刑法中的复制发行[②]；“私服”运营者侵犯的对象是网络游戏作品的著作权，是网络游戏软件原始著作权人、继受著作权人的版权及其相应权益，其显著特征是未经许可，复制发行他人享有著作权的网络游戏软件，并通过信息网络向公众传播，应认为符合侵犯著作权罪客观要件。

---

① 参见林中明：《侵犯“网游”著作权等犯罪日益增多》，载《检察日报》2009 年 4 月 24 日第 1 版。

② 参见于志刚等：《关于网络游戏中“私服”问题的刑法思索》，载《云南大学学报（法学版）》2009 年第 2 期。

2. 司法实践中“私服”案件刑法适用模式

第一，50 份有罪判决中有 7 份是“私服”犯罪，皆以侵犯著作权罪定罪处刑。从这 7 份判决来看，司法实践已通过判例积累了丰富经验。其一，“私服”行为人修改作品数据或程序，从而在一定程度上改变原件内容，但只要在内容上与原件基本相同或者说在核心内容上相同，即便行为人修改作品数据，仍应视为侵犯他人著作权的“复制”行为[①]；其二，“私服”者架设服务器、运营或挂接运营互联网游戏作品，其向玩家通过提供下载方式将该游戏程序软件对外传播，以建立“私服”服务器端和客户端之间兼容的游戏网络平台，属于对互联网游戏作品的“信息网络传播”视为“复制发行”。所以，“私服”是一种全新形态的侵犯著作权犯罪形式。[②] 判决案例情况见表 5－6。

表 5－6

案名	案号（或法院）	基本事实
姚建侵犯著作权案	（2008）云法刑初字第 350 号（重庆云阳县人民法院）	私自架设服务器端，提供客户端下载，利用信息网络非法运营他人享有著作权的《传奇世界》、《传奇 2》网络游戏，并通过出售游戏装备牟利，非法经营数额达人民币 18 万余元
李某等私设网站经营“天下传奇”私人网络游戏案	江苏省东海县人民法院（2008－09－12）	未经《传奇》独家运营商上海盛大网络发展有限公司的授权许可，通过网络下载《传奇》服务端程序，更名为《天下传奇》，在互联网租用服务器经营私人网络游戏。非法经营额达 200 余万元，违法所得 50 余万元

① 参见吴保宏：《侵犯著作权犯罪的若干问题探讨》，载《政治与法律》2006 年第 2 期。

② 参见涂龙科、高宇：《认定网络侵犯知识产权犯罪若干问题探究》，载顾肖荣主编：《经济刑法》（第 6 辑），上海人民出版社 2008 年版，第 99 页。

续表

案名	案号（或法院）	基本事实
高江斌等开设“私服”网侵犯“海盗王”著作权案	上海市静安区人民法院（2008－09－10）	开设51海盗“私服”网站，通过出售虚拟武器、装备给玩家的方式牟取利益，违法所得达18.6万余元
叶巍、谢建良《传奇世界》网络游戏“私服”案	浙江省遂昌县人民法院（2007－05－16）	建立“永恒大陆传奇世界”网站并未经《传奇世界》网络游戏著作权人的许可，私自架设《传奇世界》网络游戏“私服”，违法所得人民币207400元
吴某、董某非法经营《传奇3》网络游戏案	荆门市东宝区人民法院（2006－08－01）	《传奇3》及《传奇3G》为韩国唯美德娱乐有限公司开发并在中国授权广州兴通通信有限公司独家经营的网络游戏。2004年11月吴某、董某注册成立了天通网络服务有限公司，专门经营《传奇3》及《传奇3G》“私服”，对外称《剑侠传奇3》及《剑侠传奇3G》，共收取费用26万余元
游塘存侵犯网络游戏著作权案	（2006）上海市普陀区人民法院	2004年8月，游塘存非法取得7套《传奇3》网络游戏版本，将其改名为《天子传奇》，私自架设了《天子传奇》游戏服务器终端，2005年5月25日被抓获；非法所得人民币50余万元。经鉴定，《天子传奇》游戏软件和《传奇3》游戏软件近似于复制
张宗为、施莉莉、高某某侵犯著作权案	（2006）天法知刑初字第8号	建立“奇缘在线”网站，私自架设服务器提供网络游戏以牟取非法利润并相互分成

除研究样本案例以外，我国司法机关还以侵犯著作权罪处理了不少其他“私服”案件。例如，吉林省吉林市“郄会来‘私服’案”中，郄会来通过经营“私服”《传奇2》网络游戏，倒卖游戏中虚拟装备，经营数额达50万元，吉林市船营区法院以侵犯著作权罪对其定罪。该案被列为“2007年打击网络侵权盗版专项行动”

典型案件之一。而 2008 年网络侵权盗版典型案例中，又涌现出“我爱魔兽”侵权案、安徽“8·9”精英网络侵权案等“私服”案件[1]，正因涉嫌侵犯著作权罪而在刑事诉讼进程中。

第二，涉及“私服”行为的其他定罪模式。涉及网络游戏软件的刑事案件中，办案的公、检、法机关之间就是否适用侵犯著作权罪往往存在罪名认定不一致问题。限于实证分析的主旨，50 份判决中并未包括最终不是以侵犯著作权犯罪来定罪的判决。但正如只有知道“什么不是”，才能更好地认识“什么是”，对其他判决关于此类行为的对比分析是必要的。

其一，指控侵犯著作权罪而认定非法经营罪。被称为全国外挂游戏第一案的“《QQ 幻想》外挂案”[2]，深圳市南山区人民检察院以涉嫌侵犯著作权罪批捕并于 2006 年 8 月 10 日提起公诉，深圳市南山区人民法院 2007 年 1 月 30 日以非法经营罪作出一审判决。案情大体是:《QQ 幻想》是深圳腾讯公司自主研发的大型网络游戏，2005 年 10 月 25 日公开测试，同时在线人数突破 66 万创国内网游之最。韩某（原光大证券程序员）采用反编译手段写出《QQ 幻想助理》“外挂”软件，并将其源代码提供给网友张某；张某购置了 4 台服务器，托管在中国铁通集团天津分公司，找人共同对“外挂”进行后续开发和运营。从 2005 年 11 月 19 日开始经营“失地工作室”网站，公开发布针对该游戏的“外挂”作弊软件并收费。腾讯随后向深圳警方报案而案发。北京市海淀区人民法院谈文明等“传奇 3G 游戏外挂案”[3] 也相类似。2006 年 5 月 19 日，海淀区人民检察院以涉嫌侵犯著作权罪对从事“传奇 3G 游戏外挂案”的谈文明等提起公诉，一审、终审判决适用罪名都是非法经营罪。二审

---

① 参见版宣:《2008 年网络侵权盗版典型案例》，载《中国版权》2009 年第 1 期。

② 深圳市南山区人民法院刑事判决书，载 http://www. lawyee. net/User/Consume_Check. asp? ChannelID = 2010200&RID = 195654 &KeyWord = 著作权。

③ 参见（2006）海法刑初字第 1750 号和（2007）一中刑终字第 1277 号。

判决认为不构成侵犯著作权罪的理由是，认为被告人侵犯的是修改权和保护作品完整权，未侵犯复制或发行权。[①]

其二，指控侵犯著作权罪而认定职务侵占罪。例如，王一辉等职务侵占案[②]中，被告人王原是上海盛大网络发展有限公司游戏项目管理中心运维部副经理，与他人共同通过修改游戏软件数据库，获取“武器装备”并销售，牟取巨额利益。法院否认了其侵犯著作权罪的指控。一般说来，网络游戏软件分为客户端和服务器端两部分，在服务器端软件中包含有游戏数据库文件和玩家数据库文件，都是由游戏作者设计的。该案中游戏数据库文件包括物品“武器”及“装备”、魔法技能、动物怪物三个数据库；玩家数据库文件用于存储与玩家有关的武器装备、级别的信息。例如，被告人修改某一玩家数据库中数据，就可对玩家运行该游戏软件结果产生重大变化，改变或增加玩家“武器装备”级别。因此，判决认为：复制、发行是构成侵犯著作权罪的两个行为要件。本案被告人实施的行为是修改游戏软件数据库中数据并生成、销售游戏“武器”及“装备”；而修改数据后产生的“武器”及“装备”是软件运行后产生的结果，并不是软件本身，根据《计算机软件保护条例》第6条的规定，对软件著作权的保护不延及开发软件所用的处理过程、操作方法等。故本案涉及的游戏“武器”及“装备”不属于软件著作权保护范围，被告人通过修改数据而复制武器及装备不构成复制计算机软件，不成立侵犯著作权罪。

从以上分析似可得出，现阶段我国司法机关倾向于区分“私服”与“外挂”：认定为“私服”，一般就因属于“复制发行”而构成侵犯著作权罪；认定为“外挂”，一般就由于属“侵犯修改权”而非“复制发行”，倾向于以非法经营罪来定罪。有学者指

---

① 参见罗鹏飞：《擅自制作网游外挂出售牟利如何定性——北京一中院判决谈文明等非法经营案》，载《人民法院报》2008年2月15日。

② 上海市第一中级人民法院刑事判决书。

出，我国法院对“外挂”案件基于“定性准确”而采取“保险式”定性，几乎千篇一律地退而求其次，避开侵犯著作权罪而将制售外挂的行为定性为非法经营罪，忽略了外挂行为的本质属性，是对法条关系的一种严重误读。[①] 前述新闻出版署等颁布的《关于开展对“私服”、“外挂”专项治理的通知》，便是将“私服”与“外挂”二者混合在一起进行的规定；而要严格将二者区分开来，并在刑法上给予差别巨大的评价，这种做法在规范依据和理论支撑上尚显不足。故实践中不能简单化，应结合案情准确认定“私服”、“外挂”属性，根据其类型不同及侵犯方式不同，认定罪名可能不完全相同。

第二节　我国著作权刑法的罪名适用

一、罪名适用迷思：《非法出版物解释》第 11 条和第 15 条之惑

（一）《非法出版物解释》涉及与出版物有关的罪名种类

第一，该解释涉及在非法出版物领域的常见罪名主要有 4 个，即刑法第 217 条、第 218 条、第 225 条和第 363 条第 1 款之罪。前三条之罪是下文重点探讨对象，所涉主要不在于出版物的“内容”本身，而在于其“形式”：要么是“未经许可”地非法使用作品，要么是“未经许可”、“未经批准”地非法经营。第 363 条第 1 款是制作、复制、出版、贩卖、传播淫秽物品牟利罪，在司法实践中适用也甚频繁；不同于前面三个罪名之处在于其内容“淫秽”，主要表现为：淫秽影碟、软件、录像带、音碟、录音带、扑克、书刊、画册、照片、画片及其他淫秽物品。

① 参见于志刚、陈强：《关于网络游戏中“外挂”行为的刑法思考》，载《山东警察学院学报》2009 年第 1 期。

第二，除上述常见罪名外，该解释就非法出版物行为还有可能构成刑法第 103 条、第 105 条、第 246 条、第 250 条或第 363 条第 2 款、第 364 条等罪，但甚为少见。这主要是根据非法出版物的"内容"本身来确定犯罪性质从而决定适用罪名的：一是明知出版物中载有煽动分裂国家、破坏国家统一或者煽动颠覆国家政权、推翻社会主义制度的内容，而予以出版、印刷、复制、发行、传播的，定煽动分裂国家罪或者煽动颠覆国家政权罪；二是在出版物中公然侮辱他人或者捏造事实诽谤他人的，定侮辱罪或者诽谤罪；三是出版刊载歧视、侮辱少数民族内容的作品的，定出版歧视、侮辱少数民族作品罪等；四是不明知出版物是淫秽物品书刊的，可能构成为他人提供书号出版淫秽书刊罪（含为他人提供版号，出版淫秽音像制品的）；五是不以牟利为目的向他人传播淫秽书刊、影片、音像、图片等出版物，定传播淫秽物品罪、组织播放淫秽音像制品罪。

第三，《非法出版物解释》就非法出版物规定可能构成刑法第 225 条之非法经营罪备受学界关注。刑法第 225 条规定："违反国家规定，有下列非法经营行为之一，扰乱市场秩序，情节严重的，处……（一）未经许可经营法律、行政法规规定的专营、专卖物品或者其他限制买卖的物品的；（二）买卖进出口许可证、进出口原产地证明以及其他法律、行政法规规定的经营许可证或者批准文件的；（三）未经国家有关主管部门批准非法经营证券、期货、保险业务的，或者非法从事资金支付结算业务的；（四）其他严重扰乱市场秩序的非法经营行为。"对此，该解释中有 4 个条文做了规定：其一，第 11 条规定，违规"出版、印刷、复制、发行"除第 1 条至第 10 条以外的其他非法出版物的，达到第 12 条数额、数量标准，或者符合第 14 条"情节严重"情形，依刑法第 225 条"其他严重扰乱市场秩序的非法经营行为"（即"兜底"条款）定非法经营罪。其二，该解释第 15 条规定"非法从事出版物的出版、印刷、复制、发行业务"的，也依刑法第 225 条"兜底"条款定非法经营罪。简言之，该解释第11条和第15条为司法适用“非法经营罪”提供了依据。

（二）实践的困惑：盗版图书和音像制品犯罪罪名适用上存在司法不统一现象

在我国侵犯著作权犯罪的罪名适用严重缺乏司法统一性，从而成为一个突出的现实问题。业内共识的事实是，大量的侵犯著作权犯罪被以非法经营罪定罪量刑。因侵犯著作权而被适用刑法第217条、第218条追究刑事责任者寥寥无几，有学者称之为“刑法相关规定的虚置”。[①] 问题到底出在哪里，如何使著作权刑法规范成为“活法”，需要解决。追本溯源，该解释第11条和第15条开启了适用“非法经营罪”处理盗版图书和音像制品犯罪的先河，从而给司法带来困惑。目前最突出的问题是，不同地方的不同法院审理类似案件认定的罪名不一致。

前文从实证角度归纳了对贩卖盗版图书和音像制品的三种定罪模式：非法经营罪模式；销售侵权复制品罪模式；侵犯著作权罪模式。比如，“顾然地案”与北京大量非法经营罪判决，如“石双平案”等相异，“夏长生案”、“周雪斌案”又与“顾然地案”、“石双平案”等截然不同。这种类似案例不同判决的现象，与罪责刑相适应原则、平等适用刑法原则相背离。其实，对出版（复制发行）盗版的图书、复制发行（出版）盗版的音像制品也存在非法经营罪和侵犯著作权罪两种模式。所以，司法实践中对侵犯著作权犯罪行为在罪名适用上严重缺乏统一性、法律规范操作性不强，成为著作权刑法保护实效的“瓶颈”问题。

从沿革考察可知，在《非法出版物解释》颁行之前，是不存在以非法经营罪处理盗版图书和音像制品犯罪的情形的。例如，1995年苏秋春销售侵权复制品案即是这样。该案尚是依《惩治著

---

① 参见王文华：《侵犯著作权犯罪立法若干问题研究》，载《深圳大学学报》（人文社会科学版）2006年第5期。

作权犯罪决定》处理的，当时不存在《非法出版物解释》即无适用“非法经营罪”的可能，也不曾考虑当时“投机倒把罪”（学界一般认为其为“非法经营罪”的前身）。

因此，可以得出结论：适用“非法经营罪”处理盗版图书和音像制品犯罪的司法不统一源于《非法出版物解释》第11条和第15条的规定。由于解释的颁行，司法疑难往往在刑法第217条、第218条、第225条所规定的三罪之间，而第217条和第218条广义上可合称“侵犯著作权犯罪”。故本书对三罪罪名适用关系通过“两步分析法”来解决：一是先厘清“侵犯著作权犯罪”（作为类罪名）与非法经营罪的关系，即侵犯著作权罪与非法经营罪、销售侵权复制品罪与非法经营罪的关系；二是再进一步厘清“侵犯著作权犯罪”中的侵犯著作权罪与销售侵权复制品罪的关系。

二、“侵犯著作权犯罪”与非法经营罪的关系

（一）“侵犯著作权犯罪”与非法经营罪关系的观点对立

从本书“两步分析法”角度来看，学界现有研究一般都只从贩卖（或“销售”）盗版图书和音像制品的行为角度探讨销售侵权复制品罪与非法经营罪之间的竞合关系。这其实忽视了对“复制发行”（或“出版”）盗版的图书和音像制品行为上竞合关系的关注，是把本应“两步”分析的问题并为“一步”来分析，故是有缺陷的。本书基于现有研究所进行的观点梳理，虽主要是销售侵权复制品罪与非法经营罪之间竞合关系的论述，但完全可以适用于“侵犯著作权犯罪”与非法经营罪的关系上。

学界对此大致有两种观点：第一种观点是“竞合论”①，认为销售侵权复制品罪与非法经营罪之间存在法条竞合或想象竞合关系。故又可分为“法条竞合论”和“想象竞合论”两种。第二种

① 参见曹坚：《非法经营罪与销售侵权复制品罪之界定》，载《华东政法学院学报》2005年第2期。

观点是“非竞合论”，认为销售侵权复制品罪与非法经营罪的法条之间不存在竞合关系。凡是销售侵权复制品的，只能以刑法第218条的销售侵权复制品罪定罪处罚。

1. 法条竞合论

这种观点得到不少支持。最高人民法院《知识产权刑法保护有关问题调研报告》曾持此种观点，认为实践中以侵犯著作权罪等定罪的案件非常少，除了定罪标准过高、刑罚相对较轻以外，“一个非常重要的原因就是存在法条竞合的问题”，“非法经营罪与侵犯知识产权罪属于普通条款和特别条款的关系，但这些司法解释的规定导致刑法规定的特别条款很难适用”①。上海市第二中级人民法院处理的被告人顾然地等销售侵权复制品案的判决书也明确持此种观点。

这种观点可从立法演变中找到某些依据。在《惩治著作权犯罪决定》以前，根据1987年《关于依法严惩非法出版犯罪活动的通知》和1991年《关于严厉打击非法出版犯罪活动的通知》曾对非法出版活动以投机倒把罪追究刑事责任；之后，《决定》创设了侵犯著作权犯罪领域的两个罪名，投机倒把罪也蜕变为1997年刑法中的非法经营罪。故从立法演变轨迹看，一定意义上它们之间是立法分化的结果。

至于这种侵犯著作权犯罪与非法经营罪的法条竞合问题的解决，又有三种理论：

一是从一重罪处断。因为《关于办理生产销售伪劣商品刑事案件具体应用法律若干问题的解释》第10条规定具有普遍意义，“实施生产、销售伪劣商品犯罪，同时构成侵犯知识产权、非法经营等其他犯罪的，依照处罚较重的规定定罪处罚。”据此，就会被认定为非法经营罪。在从一重罪处断的情况下，销售侵权复制品罪

---

① 参见最高人民法院：《知识产权刑法保护有关问题调研报告》，载 http://review. jcrb. com/zyw/n464/ca330518. htm。

形同虚设，这是立法及司法解释导致的困境，需要在立法中完善。①

二是特别法优先。理由主要是宜尽量体现法律设立侵犯著作权罪和销售侵权复制品罪的意义。

三是轻法封锁理论。对法条竞合的处罚原则应按照特别法优于普通法原则，而法定刑可不受该罪的限制，适用“轻法的封锁作用”的理论解决，可选择被排斥的法条的法定刑处罚，这比择重而处的传统做法会更科学。② 轻法封锁论实际上是主张，以特别法定罪而以“从一重”量刑；换言之，出现前述所谓的法条竞合时，在定罪上均是侵犯著作权犯罪，而在量刑上又符合罪刑均衡原则，不让犯罪人占到便宜。

2．想象竞合论

这种观点认为，销售侵权图书、音像制品而不具有或超出国家许可范围的经营资质，就在侵犯著作权人的著作权益的同时，还显然破坏了国家的专营、专卖等制度，这样一个行为触犯了两个罪名，构成想象竞合犯。至于其处罚标准，论者认为应根据“从一重罪”原则以非法经营罪追究刑事责任。

3．非竞合论

这种观点认为，销售侵权复制品罪与非法经营罪的法条之间不存在竞合关系，理由是这两个罪名强调的分别是行为对象的侵权性和经营主体的非法性。凡是销售侵权复制品的，只能依刑法第218条销售侵权复制品罪定罪处罚；如果行为人是不具有经营出版物的个人或单位，其违法出版、印刷、复制、发行出版物，情节严重

---

① 参见陈子健、钟声：《销售侵权音像制品案件的法律适用》，载《人民检察》2008年第8期。

② 参见刘守芬、牛广济：《我国知识产权刑事法保护的新思考——兼析“两高”关于侵犯知识产权刑事案件最新司法解释》，载《知识产权》2005年第2期。

的，才应以非法经营罪定罪处罚。[①]

（二）侵犯著作权犯罪与非法经营罪不应构成竞合关系

1．犯罪对象——非法出版物与侵权出版物

侵犯著作权犯罪中，侵权认定主体存在差异：对是否侵犯著作权由国家版权局和地方版权局认定，对出版物是否非法制作由新闻出版机构认定，对出版物是否包含淫秽内容由公安机关认定。实践中，版权部门认定的“侵权出版物”可理解为属于刑法第 218 条“侵权复制品”的一种，也是刑法第 217 条第 1、2、3 项构成行为的犯罪结果；但由于要证明“未经许可”而需要得到极为分散的权利人的证据方可认定，故较为困难。大多数情况下，往往根据新闻出版机构一纸“属于非法出版物”鉴定，就适用刑法第 225 条非法经营罪。可见，司法实践中对出版物的鉴定结论认定甚为关键，鉴定人却不一定认识到其结论对适用罪名的意义。问题是，“非法出版物”鉴定结论是否成为认定“非法经营罪”的根据。有论者持肯定观点，认为：非法出版物是出版主体或者出版内容等不符合法律要求的出版物，应归属于非法经营罪的犯罪对象；而侵权出版物是侵犯他人著作权的出版物（具体表现为侵权复制品），应归属于侵犯著作权罪与销售侵权复制品罪的犯罪对象，二者在刑法上所具有的意义不同。[②]

本书认为，在《非法出版物解释》意义上，“非法出版物”包括“侵权出版物”，故“属于非法出版物”的结论不能成为适用非法经营罪的根据。

其一，根据《非法出版物解释》第 4 条、第 11 条，非法经营罪仅适用于（包括第 4 条规定）“以外的”其他“非法出版物”的情况；由此，非法出版物与侵权出版物是种属概念关系，而非并列

---

① 参见吴保宏：《侵犯著作权犯罪的若干问题探讨》，载《政治与法律》2006 年第 2 期。

② 参见贺志军：《知识产权刑法保护的新探索》，载《公民与法》2008 年第 9 期。

概念，彼此排斥[①]。解释第 11 条中“本解释第一条至第十条规定以外的其他严重危害社会秩序和扰乱市场秩序的非法出版物”到底有哪些？按第 12 条的标准规定，其中就包含报纸、期刊、图书、音像制品、电子出版物等，但要将第 1 ~ 10 条规定的除外；而第 1 ~ 10条规定的非法出版物主要可归纳为四类：危害国家安全（第 1 条）、侵犯著作权（第 2 ~ 5 条）、侵害公民人身权利和民主权利（第 6 ~ 7 条）、淫秽物品（第 8 ~ 10 条）。因此，解释第 11 条的犯罪对象不包含前述四类非法出版物，“侵犯著作权”的出版物（即侵权出版物）不属于本条“非法经营罪”的犯罪对象，其对象应至少是属于“非侵权出版物”的“其他非法出版物”。

其二，这两类犯罪对象的性质不同。有论者认为，《非法出版物解释》第 11 条规定的“其他严重危害社会秩序和扰乱市场秩序的非法出版物”，是针对非法经营内容上有问题的非法出版物行为作出的定罪处罚规定。[②] 这种观点对非法经营罪的理解有失偏颇。非法经营罪的对象本身应当是合法的，不是法律所禁止出现的。其非法的“非”在经营行为，即未经许可的经营行为本身是刑法评价对象，一次完成评价。相反，侵权复制品却是法律所禁止出现的。销售侵权复制品罪的非法，“非”在侵权复制品，单纯的销售行为本身不是刑法评价的焦点，而是从侵权复制品到销售行为的二次评价。[③]

因此，盗版的音像制品和图书由于侵犯著作权这种私权利，符合“侵权复制品”标准，而不是《非法出版物解释》第 11 条中规

---

① 参见金志海：《侵犯知识产权犯罪研究——论对销售侵权复制品行为的处理》，载赵秉志等主编：《中国刑法学年会文集（2003 年）》，中国人民公安大学出版社 2004 年版，第 14 页。

② 参见朱妙：《销售侵权复制品罪及其相关问题的探讨》，载《政治与法律》2006 年第 1 期。

③ 参见涂龙科、高宇：《认定网络侵犯知识产权犯罪若干问题探究》，载顾肖荣主编：《经济刑法》（第 6 辑），上海人民出版社 2008 年版，第 101 页。

定的“其他非法出版物”。从犯罪对象上，“侵犯著作权犯罪”与非法经营罪不存在竞合关系。

2. 犯罪主体——有无经营资格对罪名适用的影响

如前所述，《非法出版物解释》第 11 条不能对盗版图书和音像制品犯罪行为提供适用非法经营罪的依据；但该解释第 15 条是否能提供这种空间呢？

目前，我国对于图书和音像制品的经营并没有完全放开，要取得国家有关部门的批准，具体体现在《出版管理条例》、《音像制品管理条例》等法规中。例如，《音像制品管理条例》第 5 条第 1 款规定：“国家对出版、制作、复制、进口、批发、零售、出租音像制品，实行许可制度；未经许可，任何单位和个人不得从事音像制品的出版、制作、复制、进口、批发、零售、出租等活动。”第 39 条规定，未经批准，擅自设立音像制品进口、批发、零售、出租、放映单位，擅自从事音像制品进口、批发、零售、出租、放映经营活动的，依照刑法关于非法经营罪的规定，依法追究刑事责任。不过，这里的“追究刑事责任”必须依“刑法”来进行。2000 年《立法法》第 8 条规定“犯罪和刑罚”事项“只能制定法律”；第 9 条还规定：“本法第八条规定的事项尚未制定法律的，全国人民代表大会及其常务委员会有权作出决定，授权国务院可以根据实际需要，对其中的部分事项先制定行政法规，但是有关犯罪和刑罚、对公民政治权利的剥夺和限制人身自由的强制措施和处罚、司法制度等事项除外。”可见，《音像制品管理条例》第 39 条规定属于提示规定，不属于刑法规范。但是，未经行政许可进行音像制品经营活动（近年还涉及非法从事互联网出版活动），是可以构成行政责任的，是否构成非法经营罪，需依刑法第 225 条及相关司法解释来分析。

《非法出版物解释》第 11 条和第 15 条同是适用非法经营罪；从逻辑关系看，二者的犯罪主体存在重大区别，即有无经营资格不同：第 11 条是“违反国家规定，出版、印刷、复制、发行”其他非法出版物，第15条是“非法从事出版物的出版、印刷、复制、发行业务”；前者针对有合法经营资格的“出版、印刷、复制、发行业务”，后者针对没有“出版、印刷、复制、发行”合法经营资格的行为人。换言之，该解释第11条指向的是有经营资格而经营特定非法出版物的行为，第15条指向的是无资格经营或超范围经营非法出版物的行为。事实上，有经营资格的“出版、印刷、复制、发行”单位根据第11条处理的情形较为少见；解释第15条的犯罪对象并不是非法出版物本身，而是出版领域的非法业务行为。学界和实务界关于行为人是否具有出版物经营资格对盗版图书、音像制品犯罪罪名适用的影响存在分歧。

较为流行的观点是“二分的身份论”，即认为应视有无合法经营资格分为两种情况处理：一是取得国家经营资格的，没有破坏国家的专营、专卖等制度，不宜定非法经营罪，否则有轻罪重判之嫌；但侵犯了著作权，属于“侵犯著作权犯罪”即构成侵犯著作权罪或销售侵权复制品罪。二是没有取得国家经营资格的，其经营行为破坏了国家专营、专卖等制度，应依解释第15条以非法经营罪处理。但是，也存在截然相反的意见，突破了“身份论”而采取“行为论”的立场。有种观点认为，对有经营资格者也可构成非法经营罪。例如，最高人民检察院于2002年10月25日作出的《关于非法经营行为界定有关问题的复函》第2条指出，“只要行为人明知是违法音像制品而进行经营即属于非法经营行为，其是否具有音像制品合法经营资格并不影响非法经营行为的认定”。据此，具有合法音像制品经营资格的个人或单位经营“违法音像制品”同样属于“非法经营行为”，符合刑法规定的还可以构成非法经营罪。对该复函中的“违法音像制品”与“侵权音像制品”是何关系，令人莫衷一是，本欲解释却反倒增加了困惑。

本书认为，该复函实质上并未否定《非法出版物解释》第15条指向“无合法资格”者的意旨，而是在解释第11条和第15条的共同场域中来阐释“有无经营资格”的行为性质的，其所指

“有合法资格”以非法经营罪追究责任，应在《非法出版物解释》第11条的框架内进行，根据前文论述，重要结论便是“侵权出版物”不是该条的适格情形；“无合法资格”者则在第15条框架内进行。

3．罪质标准——无经营资格者经营盗版图书和音像制品行为不具有“非法经营罪”罪质

既然《非法出版物解释》第11条不能为适用非法经营罪提供依据，第15条对有经营资格者也不能提供依据，故现在问题集中到无经营资格者经营盗版图书和音像制品行为能否适用非法经营罪这一点。

“二分的身份论”主张，无经营资格者“非法从事出版物的出版、印刷、复制、发行业务”，根据该解释第15条依非法经营罪处理，但著名的顾然地案件却与之相左，生效判决罪名为销售侵权复制品罪。学界有种观点也认为，无经营资格者可成立销售侵权复制品罪，理由是：刑法第218条并未对该罪的主体范围作出特别限制；销售侵权复制品罪立法目的在于保护他人的著作权和与著作权相关的权益及文化市场的管理秩序，无论是否取得音像制品经营许可证，销售侵权复制品行为都侵犯了这些重要权益。[①] 本书认为，从罪质标准出发，无经营资格者经营盗版图书和音像制品行为不具有“非法经营罪”罪质，应以“侵犯著作权犯罪”即侵犯著作权罪或销售侵权复制品罪处理。

第一，非法经营罪罪质程度：是关系国民经济发展或重要公共利益的行为或关系国计民生的物品。刑法第225条设立非法经营罪，旨在于维护市场的准入秩序，禁止没有特定资格的单位和个人违反国家规定从事某些经营活动，强调的主要是经营主体的非法性，需要严格遵循罪刑法定原则。第225条第1项是“未经许可经

① 参见游伟、谢锡美：《销售侵权复制品行为的犯罪性质研究》，载《华东政法大学学报》2008年第5期。

营法律、行政法规规定的专营、专卖物品或者其他限制买卖的物品的”，这里的“许可”是指对于专营、专卖物品或者其他限制买卖的物品的行政许可；“限制”的对象限于对烟草、食盐等法律明确规定的必须有法定的专门企业生产、制造的物品。就特定的“限制买卖”经营活动而言，主管机关是特定行政主管部门而不是国家工商行政管理部门。[①] 第2、3项是“买卖进出口许可证、进出口原产地证明以及其他法律、行政法规规定的经营许可证或者批准文件的”和“未经国家有关主管部门批准非法经营证券、期货、保险业务的，或者非法从事资金支付结算业务的”。从这三项来看，正是由于所列举的物品或许可证、批准文件或相关业务关系国民经济发展或重要公共利益，故国家只允许特定部门或单位经营，禁止或限制民间自由买卖。[②] 第4项“其他扰乱市场秩序的非法经营行为”，应当是行为性质与前三项情形具有相似的关系国民经济发展或重要公共利益的社会危害性，所指向的对象也应是与前三项所规定对象具有相同重要性的关系国计民生的物品。

对比分析可知，其一，侵犯著作权犯罪中的盗版图书和音像制品（侵权复制品）与上述犯罪对象相比，显然不具有相当性。图书和音像制品明显不属于关系着国计民生的特许经营商品，其许可经营不等同于非法经营中的专营、专卖，不属于“非法经营罪”中“其他限制经营货物”。例如，音像制品经营需经文化行政部门批准发给《音像制品经营许可证》并到工商行政管理部门领取营业执照，但这种“许可”不属于第225条第1项中的“许可”。这在《非法出版物解释》中也有体现，第11条和第15条都规定依刑法第225条“其他扰乱市场秩序的非法经营行为”规定来定非

---

① 参见王作富、刘树德：《非法经营罪调控范围的再思考——以行政许可法若干条款为基准》，载《中国法学》2005年第6期。

② 参见侯艳芳、何亚军：《侵犯著作权罪界限划定疑难问题探析》，载《法学杂志》2008年第6期。

法经营罪，排除适用第225条第1项。其二，解释第15条依据刑法第225条“兜底”条款（即第4项），着眼于“非法出版、印刷、复制、发行业务行为”的“扰乱市场秩序”属性作为“非法经营”而入罪，故必须达到刑法第225条构成行为即“非法经营”之罪质程度，即关系着国民经济发展或重要公共利益。无合法经营资格者复制发行或销售盗版图书和音像制品，虽已符合“违法经营”特征，但并没有达到非法经营罪的相应罪质程度，不符合“同类规则”的要求和不满足侵害法益的相当性；故宜将解释第15条“非法从事出版物的出版、印刷、复制、发行业务行为，严重扰乱市场秩序”理解为排除复制发行盗版图书和音像制品行为。

第二，从法律评价行为的角度来看。在事实上，复制、发行或销售盗版图书和音像制品的行为，既侵犯了国家对文化市场的管理秩序，又侵害到他人的著作权与邻接权，这正是规定侵犯著作权犯罪第217条和第218条所保护的复合客体。在评价上，如认定前述行为只是非法经营罪，虽然可以对行为的前一不法内涵即对文化市场的管理秩序作出单一的评价，但无法对其侵犯他人著作权与邻接权的不法内涵进行评价；而如果认定为侵犯著作权罪或销售侵权复制品罪，则能够实现全面、充分地对犯罪行为的不法内涵与罪责内涵予以刑法上否定评价的目的。① 换言之，侵犯著作权犯罪的刑法规范除对“侵犯著作权”的否定评价外，还内含对“扰乱市场秩序”的否定评价；相反，非法经营罪规范的评价则是片面的、不充分的。此外，依TRIPS协定要求，侵犯著作权犯罪是侵犯著作权这种“私权利”犯罪，著作权人“受侵犯程度”在所提供的刑事救济程序中应当得到评价；非法经营罪明显不能满足TRIPS协定的这一要求，客观上被侵权人也无法对被以非法经营罪提起公诉的犯罪嫌疑人提起侵犯著作权的民事诉讼。

---

① 参见游伟、谢锡美：《销售侵权复制品行为的犯罪性质研究》，载《华东政法大学学报》2008年第5期。

4. 盗版图书和音像制品领域非法经营罪适用的逐渐淡出

司法解释的规定导致刑法关于侵犯著作权犯罪的“特别条款”很难适用，这是有悖于立法本意的。造成这种状况的根本原因在于，司法解释对刑法第225条“其他严重扰乱市场秩序的非法经营行为”作了非常宽泛、简单的解释，使之成为步“投机倒把罪”后尘的一个“口袋罪”，客观上导致侵犯著作权犯罪的刑法条款被搁置甚至落空。由此，解决的办法也就应当是对“非法出版物”司法解释中滞后或矛盾的内容及时予以修正完善。[①] 值得注意的是，2004年《知识产权刑事案件解释（一）》第17条规定“以前发布的有关侵犯知识产权犯罪的司法解释，与本解释相抵触的，自本解释施行后不再适用”。2007年《知识产权刑事案件解释（二）》第2条第3款强调“非法出版、复制、发行他人作品，侵犯著作权构成犯罪的，按照侵犯著作权罪定罪处罚”，似乎有排除非法经营罪适用的意旨。

三、侵犯著作权罪与销售侵权复制品罪的关系

根据上述“第一步”分析，盗版图书和音像制品犯罪不应适用非法经营罪而应定性为“侵犯著作权犯罪”，接下来“第二步”分析便是区分侵犯著作权罪和销售侵权复制品罪的界限，即贩卖盗版图书和音像制品行为罪名适用问题。

（一）司法处理发展脉络：非法经营罪——销售侵权复制品罪——侵犯著作权罪

1. 适用非法经营罪的盛行

笔者查阅“北大法意网”案例库所收录的判决发现，大量鉴定为“非法出版物”的盗版音像制品案件是适用非法经营罪来处理的：截至2009年5月10日，该库中非法经营罪共394条记录，

---

① 参见最高人民法院：《知识产权刑法保护有关问题调研报告》，载 http://review.jcrb.com/zyw/n464/ca330518.htm。

全文含“盗版”的达124条记录，含“非法出版物”的达207条记录。该模式盛行的原因，除了理论误区，如认为侵犯著作权犯罪与非法经营罪存在法条竞合并采取“从一重”处罚原则外，更有其现实原因，即侵犯著作权犯罪的司法适用存在困难。

第一，以侵犯著作权犯罪来处理贩卖盗版光碟需要适格的必要证据。比如，在无任何证据提及著作权人是何人，是否有经其允许的证据情况下，当然难以认定为刑法第218条销售侵权复制品罪；贩卖者并非第一手盗版光碟制作者，至于“货”从何而来，具体如何制作也并无查证，因此显然并非是将盗版光碟直接投放市场予以公开发售的行为，将其定义为一种“发行”行为未免牵强，[①] 故也难以认定为刑法第217条侵犯著作权罪。即使有证据线索，取证也成为困难的问题。受害的权利人极其分散；侦查部门到版权局或文化部门或出版单位取证有局限性，还有尚未在国内出版或进行著作权登记的境外音像制品，可能还涉及境外权利人取证问题。相比之下，非法经营罪取证简单得多，往往依新闻出版管理部门的“非法出版物”鉴定就能认定。

第二，因非法经营罪数额举证易而销售侵权复制品罪数额举证难，在一定程度上导致对贩卖盗版行为适用非法经营罪受青睐。举证差别在于两个：一是定罪情节根据的多寡；二是定罪数额标准的高低。按《非法出版物解释》第11条适用“非法经营罪”处理的案件，其定罪根据多样化，包括经营数额、违法所得数额、侵权出版物数量、其他情节等，数额也要低很多，如第12条中个人非法经营行为“情节严重”是指“（一）经营数额在五万元至十万元以上的；（二）违法所得数额在二万元至三万元以上的；（三）经营报纸五千份或者期刊五千本或者图书二千册或者音像制品、电子出版物五百张（盒）以上的”。对非法经营罪还可依第14条达到“接近”第12条起点标准，如果属于两年内受过行政处罚两次以

① 参见林兰：《销售侵权复制品应如何认定》，载《中国检察官》2008年第10期。

上或行为造成恶劣社会影响或者其他严重后果的，也可定罪。第15条采取的是“情节特别严重”根据，未规定具体数额要求。与之形成鲜明对照的是，该解释销售侵权复制品罪的数额标准是“个人违法所得数额在十万元以上，单位违法所得数额在五十万元以上”；至2004年《知识产权刑事案件解释（一）》时个人标准未变，单位调整为个人数额的三倍。可见，销售侵权复制品罪的追诉标准给司法实践中实际运用刑法救济手段造成了困难，导致证明违法所得数额很困难。如前述52个判决中两个无罪判决最终原因是“违法所得”难以证明或未达标准。对此，笔者曾提出，通过司法解释中修改销售侵权复制品罪的追刑标准，具体有两种办法[①]：第一种是降低违法所得数额标准，另一种办法是改变追刑的依据，即不再单纯以违法所得数额为依据。这些建议在2004年和2007年的司法解释中得到了部分体现。

此外，司法机关对非法经营罪“兜底”条款作了扩大解释的负面影响不可忽视。最高人民检察院2002年《关于非法经营行为界定有关问题的复函》第2条规定“非法经营行为包括一系列环节，经营者购进违法音像制品并存放于仓库等场所的行为属于经营行为的中间环节，对此也可以认定为是非法经营行为”。这明显使销售侵权复制品的行为更容易以非法经营来定罪处罚。

2．适用销售侵权复制品罪的回归和适用侵犯著作权罪的兴起

2005年，上海市第二中级人民法院审理“顾然地案”，成为一个重大转折。对于该案，法院最初也准备以非法经营来定罪，因为其销售品中有很大一部分无法找到版权人来认定权利[②]；但最终还是回归到著作权刑法规范上来而以销售侵权复制品罪判决。此种处

① 参见贺志军：《TRIPS协议与侵犯知识产权犯罪研究》，载马长生主编：《国际公约与刑法若干问题研究》，北京大学出版社2004年版，第255～256页。

② 参见上海市版权局：《对著作权行政执法与刑事司法衔接机制的探讨》，载http://www.ipr.gov.cn/cn/zhuanti/xianjie/13.htm。

理无疑正确体现了刑法设立销售侵权复制品罪的初衷。非法经营罪不应当成为我国刑事法治进程中新的小“口袋罪”，应当自我限缩。但是，“顾然地案”的“可复制性”差，因为该罪所面临的上述难题，并不是每个司法机关都愿意“避轻就重”去克服的。

正如学者所指出，传统的犯罪决定刑罚的罪刑正向关系转向量刑制约定罪的罪刑逆向关系①，这种倾向在贩卖盗版的处理上也得到体现：即从如何能实现对违法者量刑（刑罚必定性）来考虑如何定罪。于是，又一种新的处理模式正在兴起——适用侵犯著作权罪，前述表5－5有助于说明这一点。2006年，南京市玄武区人民法院审理的“夏长生案”被视为全国第一起以侵犯著作权罪判刑的贩卖盗版音像制品案；并在2008年北京市朝阳区人民法院“周雪斌案”中得到体现。该种模式被认为既能体现著作权刑法规范的要求和立法宗旨，又能克服审理销售侵权复制品罪的过程中所遇到的绝大部分难题，可能会成为司法发展的新趋向。

（二）本书观点：以侵犯著作权罪处理贩卖盗版图书和音像制品行为

1. 侵犯著作权罪处理的合理性

第一，贩卖属于“发行”而可单独构成侵犯著作权罪。刑法第217条“发行”与第218条“销售”的交叉、重合问题，在学界、司法界都是老生常谈的问题，二者之间根本不能区分。但是，最高司法机关仍在多个司法解释中一再强调，“复制发行”包括复制、发行或既复制又发行，如《非法出版物解释》，《知识产权刑事案件解释（一）》、《知识产权刑事案件解释（二）》、《公安立案追诉标准（一）》等。其中“发行”行为可以单独构成侵犯著作权罪，这已侵入刑法第218条单纯“销售”的领地。一方面，贩卖属于“发行”，贩卖盗版图书和音像制品的关键之处在于，违反了

---

① 参见梁根林为“许霆案”专题所写的“编者按”，载《比较法研究》2009年第1期。

著作权法关于未经许可不得“发行”他人享有专有出版权的图书或录音录像制品的规定，违背了刑法第 217 条第 2、3 项的规定；另一方面，贩卖又属于“销售”。因此，司法机关在两罪中择一而定成了不可回避的选择。

第二，贩卖宜以侵犯著作权罪来定罪处罚。上述这种“择一”处理的模棱两可状态造成的负面影响非常突出，实践中可能出现同罪异罚的刑罚不均衡的情况。例如，A 实施销售侵权图书的行为，违法所得达到 10 万元，如认定为销售侵权复制品罪，最高可判 3 年有期徒刑；B 实施销售侵权音像制品行为，违法所得尚未达到 10 万元而侵权复制品数量超过 2500 份，如认定属于“发行”行为则系“有其他特别严重情节”的侵犯著作权罪，最高可判 7 年有期徒刑；这种结果显然欠缺公平。该两罪之间关系，立法上本无竞合关系，但司法解释使之成为交叉而呈“法规竞合”表象。就罪名适用选择看，以销售侵权复制品罪来予以制裁，须证明“违法所得巨大”即个人在 10 万元之上，总结前述司法判决可看出证明难度大，故该立法本身就决定了其属于刑法中“惰性元素”。相反，认定为刑法第 217 条中“发行”而适用侵犯著作权罪，则既无适用非法经营罪之不当，又因可有多种情节标准所容易证明，并有两档法定刑，比销售侵权复制品罪更为合理。

2007 年《知识产权刑事案件解释（二）》第 2 条第 3 款强调，“非法出版、复制、发行他人作品，侵犯著作权构成犯罪的，按照侵犯著作权罪定罪处罚”，同时也似乎有排除销售侵权复制品罪适用的意旨。对此，有论者评论道，“两高”注意到刑法第 217 条与第 218 条之间关系的突出问题，希望借此来废除第 218 条之罪；“只是立法上的漏洞只能通过立法的方法解决，希望以违反刑法的基本原则为代价来弥补立法漏洞，恐怕犯了更大的错误。”① 过去，

---

① 参见王志广：《中国知识产权刑事保护研究（实务卷）》，中国人民公安大学出版社 2007 年版，第 251 页。

因频繁以非法经营罪处理销售盗版音像制品和图书行为，使销售侵权复制品罪规范几近空文；而今后，如果适用侵犯著作权罪模式，其结果是使刑法第218条逐渐搁置，并最终走向废除，这也与本书第三章中的结论是一致的。

2. 处罚销售侵权复制品罪未遂犯的思路存在局限

有研究知识产权犯罪的专家曾指出，我国立法上“违法所得”要求造成规范可执行性差，形成刑事司法上的怪圈，即：未刑事侦查前难发现“违法所得”数额之多寡，从而反过来又造成无法展开刑事调查，由此形成刑事执法启动不能的悖论。[①] 这一缺陷已经在2008年《公安立案追诉标准（一）》颁行后得以有效克服，该规定就销售侵权复制品案的立案追诉标准在第27条新增加“货值金额”标准，即“违法所得数额虽未达到上述数额标准（即个人10万元——作者按），但尚未销售的侵权复制品货值金额达到三十万元以上的”，应当立案、批捕和追诉。

本书认为，达到这种“货值金额”标准能否认定为犯罪，尚值得分析：其一，“立案追诉标准”不等于“定罪标准”，它只是解决了刑事侦查的启动问题，达到“货值金额标准”即应立案查处；但只有查处后有证据证明符合销售侵权复制品罪的证明规格即“违法所得数额巨大”的，才能进一步被定罪。其二，在立法机关不修改刑法第218条情况下，最高人民法院可以通过司法解释修改定罪标准，将销售侵权复制品过程中货值金额达到30万元（违法所得数额定罪标准的3倍）的情形，应依照刑法第23条未遂犯规定，作为销售侵权复制品罪（未遂）追究刑事责任；但在该修改解释作出前，还是应执行原来“获利数额”意义上的违法所得标准。不过，即使通过处罚未遂犯能实现“绳之以法”，但对前述刑罚不均衡弊端也仍难以避免。

---

① 参见王志广：《我国知识产权保护中刑事立法存在的主要问题》，载 http://www.ipr426.com/productshow.asp? ArticleID =239。

第三节　我国侵犯著作权行为的刑罚必定性

一、侵犯著作权行为刑罚必定性的意义与影响因素

（一）侵犯著作权行为刑罚必定性的重要意义

按近代刑法学鼻祖贝卡利亚的说法，刑罚的有效性并不在于刑罚的严厉性，而在于刑罚的不可避免性。所以，提高对侵犯著作权犯罪的刑罚必定性，即提高查获几率、逮捕定罪率，是打击和预防此类犯罪刑事政策的首要选择。

1．较低的刑罚必定性对侵犯著作权犯罪之成本收益的影响

我国侵犯著作权犯罪案件审结情况所显示出的较低刑罚惩罚概率足以表明：在我国盗版市场上，盗版行为人的预期惩罚曲线过低。这导致侵犯著作权的犯罪收益相对被放大，像黑洞一样迅速吸收更多的社会资源，培育起一个发达的犯罪市场。以我国版权机关和法院系统在 2003 年和 2004 年处理的案件数量为例，对比见表 5－7所示。

表 5－7

处理类型／年份	行政处罚	行政移送	一审民事结案	一审刑事结案
2003	21032	224	2283	18
2004	7986	101	3608	15

资料来源：笔者根据有关资料整理所得。

从中可见，虽侵犯著作权的行为比比皆是，但进入刑事司法程序的案件少之又少，犯罪黑数令人吃惊，从而与活跃的盗版市场形成了鲜明对比。有学者将侵犯著作权与闯红灯类比，认为闯红灯是违反交通规则的，街头上时时都在发生，却不一定会收到罚单；同

理，人人知道不可以侵犯著作权，但却不一定人人遵守。因为侵害著作权会不会受到处罚，不在于有没有侵害，而在于著作权人知不知道、知道了要不要主张权利。差别只在于，红灯一闯就过，事后就平安无事，而侵害著作权的状态通常会存在一段时间，著作权人的发现机会大多了。[①] 在著作权的法律保护上，民事、行政和刑事三种法律制裁的配置应呈一定的“梯形”结构：适用民法保护最为广泛；其次为行政法保护；运用刑法保护情况最为少见，但仅针对少数严重侵犯著作权并对社会造成较大危害的犯罪分子却必须予以适用。

犯罪人在实施侵犯著作权犯罪时受到成本收益分析的制约，较低的惩罚概率实质减少了犯罪成本，对侵犯著作权之蔓延有极大的消极诱惑。以前文所提及的王安涛案、舒亚眉案与李渭渭案3起案件为例，就其成本（刑罚）与收益进行对比，它们在软件、音像制品、图书3类对象的侵犯著作权犯罪案件中各具有典型性，具体见表5－8所示。

表5－8　王安涛案、舒亚眉案与李渭渭案的犯罪数额、适用刑罚的对比

案名	个人违法所得数额	判处的徒刑	并处的罚金
王安涛案	27万元	4年	2万元
舒亚眉案	79万元	5年/4年	10万元/10万元
李渭渭案	220万元（非法经营额）	3年/4年	4万元/5万元

可见，3个案件中犯罪收益相差巨大，而刑罚成本（刑期）却相差无几。对这3个案件的被告人而言，其受惩罚概率已经是100%；但对潜在的行为人，却取决于其主观预期。因此，对于侵

---

① 该论者还举了一个笑话为例：路人闯红灯，被警察逮到，警察问：“你没有看到红灯吗？”路人回答：“有啊！”警察又问：“有看到红灯，为何还要闯红灯？”路人回答：“因为没看到你啊！”参见章忠信：《发动著作权侵害诉讼的临界点》，载著作权笔记公益网站：http://www.copyrightnote.org/crnote/bbs.php? board=2&act=read&id=156。

犯著作权犯罪，提高其逮捕定罪概率，强化刑罚的确定性和及时性，对于节省刑罚成本的总体开支具有决定意义。刑罚确定性对于高成本的监禁刑具有极重要意义，过低的惩罚概率，只会减损监禁刑的刑罚效益。因为行为人对刑罚严厉性的判断，不是以刑法典上的规定为标准，而是以自己的经验来判断。过低的惩罚概率，会让行为人在其刑罚预期中对既有刑法的规定大打折扣，预期刑罚成本降到最低的极限，与过量的利润相比，刑事制裁的风险被其忽略。要增加行为人的预期刑罚成本，促使行为人作出放弃犯罪的决定，决不能单靠刑罚严厉性的增加，更主要的是提高刑罚的确定性和及时性，真正达到预防犯罪的目的，最小化刑罚成本。

我国刑法对于侵犯著作权罪所规定的最高刑罚为 7 年有期徒刑，如果盗版者认为盗版获得的收益大于 7 年间他所能得到的合法收益，那么犯罪收益就大于刑罚成本，他就会选择犯罪。据国家统计局资料，2008 年全国城镇居民人均可支配收入为 15781 元，如此 7 年共计 110467 元，这一数字还没有达到刑法第 217 条侵犯著作权罪个人“违法所得数额巨大”的 15 万元标准，刚超过刑法第 218 条销售侵权复制品罪个人违法所得 10 万元的标准而已。

因此，对侵犯著作权犯罪应在犯罪与刑罚的必然因果关系上下工夫。由于其法定犯罪的性质，刑事政策所追求的目标应该是有效遏制，而不是单纯的报复和惩罚，应确立“严而不厉”的刑事政策。

2. 公众的认识：刑罚必定性受到重视和认同

“北师大著作权犯罪调查”中设计询问了对侵犯著作权犯罪进行严厉打击的必要性。在一项有关是否应当严厉打击侵犯软件、书籍、音像制品等著作权犯罪的调查中，在 1568 份有效问卷中（已除去缺失值 24），绝对多数受访者认为对侵犯著作权犯罪进行严厉打击“很有必要”（69.1%），只有少数认为“无所谓”（23.4%）或者“没有必要”（7.5%）。可见，严厉打击侵犯著作权犯罪是当前的共识。

该调查中还涉及关于防范侵犯著作权犯罪的最亟须措施，即“您认为，打击侵犯软件、书籍、音像制品等著作权犯罪，当前最亟须做的事情是”，受访者选择“加强公检法等机关的工作，增加打击力度”的占32.2%，选择“完善我国有关著作权犯罪的法律法规”的占25.4%，而选择“加强法制宣传，转变人们对盗版的认识”的占24.7%，选择“全民总动员，号召人们拒绝盗版”的策占17.7%。可见，在当前情况下，受访者认为加强公检法等机关执法实效是首选，其次才是完善立法和加强法制宣传，著作权刑法的实效比其创制更受到公众的重视。

（二）影响侵犯著作权行为刑罚必定性的因素

1. 国家刑罚机制的有效性

第一，我国刑罚机制总体上是“立法定性，司法定量”，故关于著作权刑事司法解释对侵犯著作权行为的刑罚必定性有直接影响。自建立著作权刑法制度以来，我国先后颁行6个涉及著作权的刑事司法解释（可参见表1－1），尤其是加入世贸组织以来司法解释更为频繁。定罪量刑标准总体上有较大幅度降低而更加明确、合理，呈现出实质意义上扩大“动态犯罪圈”的景象。就著作权刑法保护实效而言，著作权刑法规范的司法适用率提高，有利于震慑今后的盗版犯罪。不过，这些刑事司法解释尚存在一些问题，在一定程度上影响了著作权刑法适用的实效。例如，1998年《非法出版物解释》给侵犯著作权行为以非法经营罪处理的模糊可能，导致司法实践中出现大量以该罪判处的侵犯著作权行为的判决。又如，司法解释变动过频，彼此缺乏协调，典型者是侵权复制品数量标准从2004年12月确立，到2007年4月进行降低标准的修改，在两年半的时间内从无到有、起刑点从1000张（份）降到500张（份），如此反复修改，明显缺乏法理和实证基础，令人无所适从，也极不严肃。司法解释作为事实上的“准法律”，对于入罪或出罪起着非常重要的作用，承担着有效落实刑罚机制的任务，故应予以足够重视。

第二，国家对侵犯著作权行为的刑罚受到成本收益的影响。著作权执法是需要成本的，受预算约束。[①] 侵犯著作权行为的刑罚必定性，对国家而言的成本意味着对侦查力量、检察起诉力量和审判力量的投入。这关涉着国家愿意在打击侵犯著作权的犯罪行为方面投入多大力量，而且主要是侦查力量，是否能够保障公安机关查办此类案件的经费。相反，其收益则主要是版权人权利和版权管理秩序的维护及版权产业的发展。

国家在刑罚成本收益取舍上，可能受到某些利益集团的影响，既有国内版权产业等著作权利人集团的内在需求，也有版权产业发达的国家所施加的外在压力。例如，根据 2005 年中美商贸联委会的承诺，美国敦促中国纠正过分依赖行政执法的做法，中国同意提高违反知识产权刑事案件数量标准和打击网络盗版。近年来，我国明显加大著作权刑事司法力度，据国家版权局执法处的资料，2008 年全国网络侵权典型案件中，11 件中就有 10 件被以涉嫌侵犯著作权罪而进入刑事程序[②]，这便是一个鲜活的例子。

在著作权领域降低刑事门槛也是国家投入更多刑罚成本的体现，但同时也置身于一个可能的悖论之中：在执法没有明显改善的情况下，扩大“可以被追究刑事责任”的人群数量，会使受处罚比例比以前更低，执法上的疏漏和延误也会导致大量实质上的犯罪行为沦为犯罪黑数，不仅放纵了犯罪，同时也降低了犯罪人的心理预期成本，从而削弱刑罚威慑作用。预期惩罚曲线的降低又可能在一定程度上诱使潜在行为人去实施侵权，从而使著作权刑事司法质量和水平面临更严峻的考验。

此外，国家刑罚机制的有效性涉及多个方面，如“司法体系有效运作”也是重要方面，后面将专门论述。

---

① 参见桑本谦：《理论法学的迷雾——以轰动案例为素材》，法律出版社 2008 年版。

② 参见版宣：《2008 年网络侵权盗版典型案例》，载《中国版权》2009 年第 1 期。

2. 犯罪人的反侦查能力

从总体趋势看，侵犯著作权犯罪手段日趋向科技化、智能化方向发展，案件复杂性的增加、作案方式隐蔽、犯罪分子反侦查意识越来越强①，这些都可能导致此类犯罪黑数较大。侵犯著作权犯罪的一些固有特点对其受惩罚的可能性也产生了影响。比如，著作权受害人被边缘化，即盗版市场是自愿买卖而受害人缺席，在场的交易双方形成利益链条，经济利益使之形成合作关系，交易当事人举报机制在一定程度上受阻。又如，对于有组织的侵犯著作权犯罪，行为人一般以“合法”面貌出现，只有在特殊的环节（如复制）才会竭力隐藏自己，使得跨地域作案成为普遍现象。由于复制、发行在不同地域，为查找线索、收集犯罪证据带来了很大的困难。当然，侵犯著作权的犯罪一般靠规模生产满足犯罪收益，但提高侵权产品的产量又导致参与人多、复制发行环节多，导致被查处概率增大。

由以上分析可知，既然著作权刑事执法存在较高成本，我国就不应片面追求著作权刑事执法的案件数量。包括美国在内的经合组织成员国家对知识产权侵权者提起刑事诉讼的只占全部知识产权执法活动中极小部分，如在2002年，美国有405件与知识产权有关的案件移送联邦检察官，有134名被告人因著作权犯罪被判刑，其中只有不到一半受到监禁刑罚，且平均刑期为15个月监禁。②可

① 参见赵秉志主编：《中国知识产权的刑事法保护及对欧盟经验的借鉴》，法律出版社2006年版，第4~6页；刘宪权、吴允锋：《侵犯知识产权犯罪理论与实务》，北京大学出版社2007年版，第10~16页；王志广：《中国知识产权刑事保护研究（理论卷）》，中国人民公安大学出版社2007年版，第130~142页。

② See US Department of Justice, Bureau of Justice Statistics: *Special Report*, *Intellectual Property Theft*, 2002, *Oct.* 2004, *NCJ* 205800.

见，并不是只有大量的刑事诉讼才证明与 WTO 义务相符。① 相反，完善我国著作权刑事司法制度，对制定的著作权刑事政策“一以贯之”，比单纯追求功利的数字指标更为重要。当务之急，应通过遏制地方保护主义和理顺各行政执法机构、司法机构的职责、关系来从制度上增强刑法对知识产权犯罪活动反应的及时性，加大刑罚的不可避免性，以提高刑法对侵犯知识产权行为人的威慑力；依靠战役式的打击盗版行动，只能显一时之功，而无法收长久之效。②下面选取其中较重要的两个方面问题来展开：一是著作权犯罪的行政移送问题，二是著作权刑法保护的司法体系有效运作问题。

二、侵犯著作权犯罪的行政移送问题

（一）侵犯著作权行为的行政执法

由于我国采取“违法——犯罪”的二元主义模式，对侵犯著作权行为的处理是行政处罚和司法处罚“双轨制”，即权利人对侵权行为可以向著作权行政执法部门投诉，也可以直接向人民法院起诉。行政执法是我国著作权保护制度的一大特色，具有快速、便捷及经济等特点，行政执法与司法审判并行，尤其是近年来中国政府连续实施的“反盗版百日行动”、“反盗版天天行动”、“打击非法出版专项行动”等一系列打击整治相结合的专项工作，已取得良好的社会效果。

1. 行政执法情况统计

根据《著作权行政处罚实施办法》第 42 条的规定，“著作权行政管理部门应当按照国家统计法规建立著作权行政处罚统计制度，每年向上一级著作权行政管理部门提交著作权行政处罚统计报

---

① See Frederick M. Abbott, Thomas Cottier , Francis Gurry, *International Intellectual Property in an Integrated World Economy*, Aspen Publishers, 2007, p. 614.

② 参见唐稷尧：《知识产权犯罪利益背景与刑事控制》，载《中国刑事法杂志》2002 年第 3 期。

告。”图5-3、表5-9是2002年至2007年我国版权部门的案件处理情况及收缴盗版品情况。其中，从2007年开始版权行政管理工作统计项目有较大修改，当年我国版权执法部门除行政处罚9816件、案件移送268件外，还检查经营单位548646个、取缔违法经营单位13170个、查获地下窝点1224个、罚款数额19096455.5元。

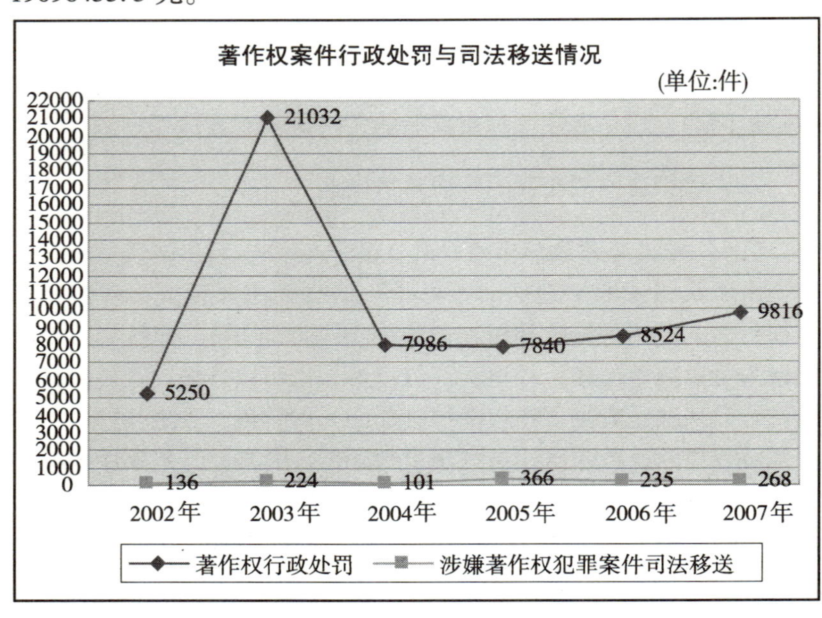

图5-3

资料来源：根据国家版权局资料整理所得。

表5－9　全国版权行政机关收缴盗版品情况统计①（单位：册/盒/张/件）

年份	合　计	图　书	期　刊	软　件	音像制品	电子出版物	其　他
2002	67904261	20024178	1358329	5968645	27071282	7330965	6150862
2003	67975284	24750560	1788718	7222764	26451917	6620566	1140759
2004	85057769	18691831	1821876	5526797	39374359	19218477	424429
2005	106961146	19088996	1144400	7742211	65870348	13016355	98836
2006	73687892	18373240	1107321	3799138	48143389	2018495	246309
2007	75696954	11212722	1843304	3009210	52498769	2074964	5057985

资料来源：根据国家版权局资料整理所得。

可见，从案件查处和收缴盗版品情况的统计看，全国版权行政部门执法力度在明显逐年提高，版权执法成效显著；但存在的问题也不容忽视，学界对此已有初步研究。② 例如，行政执法“机构不健全、物质无保障、执法缺手段”的问题普遍存在，与面临的形势和承担的任务、责任等之间形成巨大反差。③ 版权执法受非法律因素的影响较大，如农民工问题、城市工人下岗问题、维护社会秩序安定问题等，执法力度难以加大。在陕西、四川两省版权保护工作中，行政处罚措施较少，实际处罚量呈下降状态，实务中主要行政措施是收缴侵权出版物。其原因在于，侵权违法现象过于普遍，行政执法阻力较大，尤其考虑维护稳定，过于普遍和严厉的处罚措施可能引发社会不安定；另外行政执法程序的严格性、可被诉性，

---

① 根据国家版权局“版权统计”整理。参见 http://www.ncac.gov.cn/GalaxyPortal/inner/bqj/include/list_column_bqtj.jsp? BoardID =304&boardid =11501010111610&bqgbid =11501010111610。

② 参见郑文明：《我国版权保护行政执法实证研究》，载冯军：《版权保护法制的完善与发展：基于欧盟经验与中国实践的视角》，社会科学文献出版社2008年版，第175～183页。

③ 参见阎晓宏：《关于我国当前版权工作的几个问题》，载《新华文摘》2008年第20期，第129～133页。

版权行政部门也往往不积极采取严格的行政处罚措施。[①] 不少国外学者认为，我国著作权行政处罚没有威慑作用（non - deterrent administrative penalty）。[②]

2. 对我国著作权行政执法的评价

在“争端案”中，美方认为，只有刑事程序和刑罚才是履行TRIPS协定第61条的义务，行政执法不可以替代（substitute）刑事执法；中方则认为，在中国对任何规模的侵权（infringement on any scale）都可以行政执法，公安机关更倾向于关注在刑事门槛以上的侵权，而版权和工商行政机关针对的则更可能是门槛以下规模的侵权。对此，专家组报告在第7.478节指出，由于中国对于刑事门槛以下的知识产权侵权提供行政处罚包括罚款，故门槛本身没有设立“安全港”。这实际上是肯定了我国行政执法与刑事司法双轨制的协定符合性，由此，国内有的学者提议借鉴国外做法建立“轻罪体系”的主张就大可不必了。

可以说，刑罚在我国阻止侵犯著作权犯罪方面的作用十分有限，多数案件被视为行政违法案件在行政机关就处理掉了，而行政执法不力、地方保护主义、执法部门间配合不足、行政执法走过场、腐败现象和民事审判制度不健全、民事赔偿不足，才是侵犯著作权违法犯罪现象普遍存在的主要原因。但是，适当扩大刑事司法保护的范围和强度，可消减行政权干预的空间；又因为刑事司法权的相对统一，能够减少不同行政机关相互推诿、互相扯皮的现象，提高司法的效能。

---

① 参见冯军：《版权保护法制的完善与发展：基于欧盟经验与中国实践的视角》，社会科学文献出版社2008年版，第228页。

② See Paul Torremans , Hailing Shan, Johan Erauw, *Intellectual Property and TRIPS Compliance in China: Chinese and European Perspectives*, Edward Elgar Publishing Ltd. , 2007, p. 110.

（二）行政移送制度研究

1. 我国著作权行政执法与刑事司法衔接机制的建立与内容

《中国加入世贸组织工作组报告书》曾承诺，“适当的案件，包括那些涉及屡犯和故意盗版和假冒的案件，将被移交有关主管机关按照刑法的规定起诉”。著作权行政执法与刑事司法衔接机制应运而生，其基础是2001年7月国务院发布的《行政执法机关移送涉嫌犯罪案件的规定》。为进一步完善该衔接机制，有关部门后来还颁行了相关配套规定，具体见表5－10。至于我国著作权案件司法移送统计情况则见前述图5－3。

表5－10

时间	部门	名称
2000年10月	公安部、国家工商行政管理总局、国家知识产权局	关于在查处侵犯知识产权违法犯罪案件工作中加强协作配合的通知
2001年7月	国务院	行政执法机关移送涉嫌犯罪案件的规定
2004年3月	最高人民检察院、全国整规办、公安部	关于加强行政执法机关与公安机关、人民检察院工作联系的意见
2006年3月26日	公安部、国家版权局	关于在打击侵犯著作权违法犯罪工作中加强衔接配合的暂行规定
2006年3月27日	最高人民检察院、全国整规办、公安部、监察部	关于在行政执法中及时移送涉嫌犯罪案件的意见

2006年，公安部、国家版权局《关于在打击侵犯著作权违法犯罪工作中加强衔接配合的暂行规定》（以下简称《衔接规定》）是著作权领域衔接机制的具体化。它规定，“衔接配合”包括通报涉嫌侵犯著作权违法犯罪和会商打击策略，依法移送和接受涉嫌侵犯著作权违法犯罪案件，相互通报打击侵犯著作权违法犯罪活动的

情报信息，共同开展保护著作权领域的宣传和国际交流等事项”（第2条）。该规定的实体内容有以下几方面：其一，建立了公安机关治安管理部门和著作权行政执法部门之间“打击涉嫌侵犯著作权违法犯罪联席会议制度”（第4条），“联席会议”的主要内容是总结衔接配合工作情况，制定工作措施和计划，研究重大案件的办理工作，交流打击侵犯著作权违法犯罪工作的情报信息（第5条第2款）。其二，规定了具体的衔接配合规范，包括：著作权管理部门通报线索及公安机关的审查；加强著作权鉴定工作并推动组建著作权鉴定机构；对“重大案件”的联合打击工作；公安机关决定立案后，著作权管理部门对有关侵权复制品和用于违法犯罪行为的材料、工具、设备等的移交。

分析可知，我国著作权衔接机制不仅涉及犯罪案件的移送，还应包括此类案件线索的移送。如果不及时将案件线索移送有刑事管辖权的司法机关，而只对违法者进行行政处罚，就会导致大量案件线索流失，司法机关无案可办。衔接机制在《衔接规定》之前就已经建立并运作，该规定只是巩固和完善了已有的衔接机制。衔接机制的建立和实施，使近年我国著作权行政移送案件呈增加趋势。2008年《纲要》进一步提出要“加大行政执法机关向刑事司法机关移送知识产权刑事案件和刑事司法机关受理知识产权刑事案件的力度”。目前的任务主要是结合存在的问题，通过严格执法使已经建立的衔接机制得到最大限度的落实，故应进一步加强行政执法监督和检察机关的法律监督。

2. 公众的认识

“北师大著作权犯罪调查”数据表明，行政移送尚不顺畅。该调查在问卷中专门对行政机关在处理侵犯著作权犯罪案件中以罚代刑的现象进行了调查分析。受访者认为“没有以罚代刑”的占5.5%，“很少以罚代刑”的占23.7%，“以罚代刑很常见”的占

24.9%，“不清楚”的占45.9%。[①] 调查显示，受访者选择行政机关很少以罚代刑与选择行政机关以罚代刑很常见的人旗鼓相当。如果从有明确认识的受访者群体（占总数54.1%）来看，按折算后的比例，认为“以罚代刑很常见”的占（24.9%÷54.1%=）46%，“很少以罚代刑”的占44%，两项合计达90%；认为“没有以罚代刑”的只占10%。可见，从公众认识层面来看，我国行政机关在处理侵犯著作权犯罪案件中“以罚代刑”现象的存在是有一定普遍性的。

3. 行政移送存在的问题与对策

2006年10月25日，全国整规办会同有关部门召开了全国行政执法与刑事司法衔接工作座谈会，近来学界和实务界也指出了不少问题。主要是主观原因和客观原因两大方面的问题。

第一，从主观原因来看，主要是某些著作权行政机关及工作人员明知故犯，该移送而不移送，“以罚代刑”，放纵侵犯著作权犯罪。典型表现有：其一，有些地方政府和官员基于经济利益上的地方保护主义，对著作权侵权和犯罪行为持纵容、包庇的态度；其二，行政移送成为行政机关处理疑难案件的出口；先罚再送，只在行政处罚难以实施或难于执行时才会移送。[②]

本书认为，应当通过行政责任和法律责任来遏制地方保护主义和理顺各行政执法机构的职责、关系，以解决上述问题。除通过行政处分来追究相应的行政责任外，还可通过以刑法第402条徇私舞弊不移交刑事案件罪来实现严重情形下的刑事责任追究。全国法院审理徇私舞弊不移交刑事案件罪数量变化情况如图5-4所示。

① 参见赵秉志：《侵犯著作权犯罪研究》，中国人民大学出版社2008年版，第183页。

② 参见郭华：《行政执法与刑事司法衔接机制的立法问题研究——以公安机关的经济犯罪侦查为中心》，载《犯罪研究》2009年第1期。

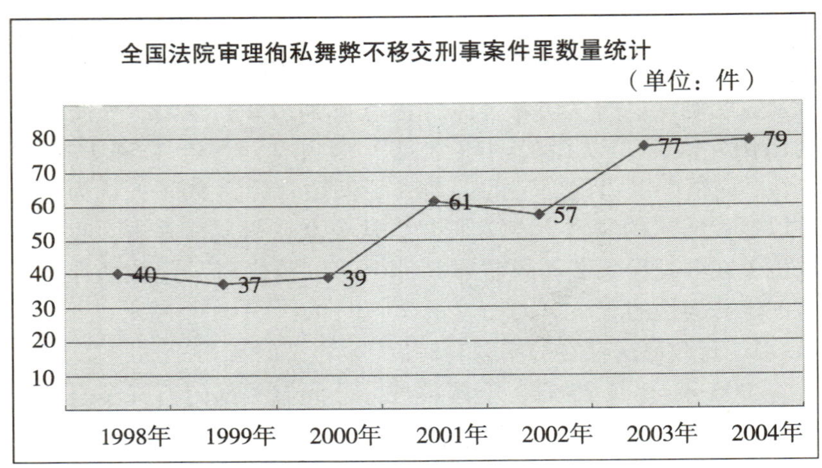

图5－4

资料来源：笔者根据有关资料整理所得。

可见，徇私舞弊不移交刑事案件罪呈逐年递增趋势。这与整个衔接机制的建立与运作不无关系。通过对不依法移交者追究责任，包括对徇私舞弊不移交刑事案件者追究刑事责任，可以最大限度地杜绝出现因主观原因而导致的不移交现象，从而提高侵犯著作权犯罪行为的刑罚必定性。

第二，从客观原因来看，这些问题主要是行政机关难以判断应否移送而存在困惑，其中有不少在本书看来与著作权刑事司法所面临的问题相似或一致。原因很简单，著作权行政部门决定移送的案件本身是要其基于案件“涉嫌犯罪”的性质，而“涉嫌犯罪”的判断无疑就要以著作权刑法为依据，该判断过程与司法机关的判断实质内容一致，但法律性质不同。

著作权案件行政移送实践中的较典型的问题如下：其一，案件定性与罪名适用。在实践中著作权行政执法机关和刑事司法部门在运用刑法第217条和第218条进行移送或衔接中对“销售”与“发行”两个概念产生了误区。其二，数额计算和认定。盗版制造商的"非法经营数额"总是要小于盗版销售商，不利于打击盗版源；行为人在标价上常常故意引人混淆，上手和下手通常在标牌或进出货记录上会达成默契，甚至以"1"当"万"；被侵权产品不一定都会形成市场，或外国产品且未在境内销售过，就无所谓"市场中间价格"。[①] 其三，对侵权复制品的认定。实践中曾以两种单位的有关人员作为鉴定人：一种是请权利人出具鉴定意见，另一种是新闻出版行政管理机关的鉴定结论，再据此认定。但是，权利人作为证人，不可以其证言（专家证言）充当鉴定结论使用；新闻出版行政管理机关属于国家机关，具有查处著作权侵权职责，而且一般与受害人有天然的亲和关系，其鉴定结论难以符合法定程序和条件。因此，如何去查找权利人，也成为问题。如前文所述的"顾然地案"，最初法院也准备以非法经营来定罪，因为其销售品中有很大一部分无法找到版权人来认定权利。其四，行政机关先罚款再移送，由于行政程序和刑事程序中的证据规格与要求不同，导致衔接与转化困难；衔接机制的各种规定之间也不一致，造成行政机关可选择最有利的规定来适用。

本书认为，前面两个问题，行政机关完全可以借鉴刑事司法机关的有关做法，通过制定统一的著作权刑事案件移送的司法解释或完善细化《衔接规定》就可以解决。关于第三个问题，即鉴定问题，也已受到《衔接规定》的重视，提出"加强著作权鉴定工作，并推动组建著作权鉴定机构，为打击侵犯著作权违法犯罪案件提供相应的执法保障"。有学者提出，在新闻出版行政管理机关中附设一个出版物物证鉴定中心，受理委托鉴定"盗版"物证，以该中心某个或某几个鉴定人的名义出具鉴定结论。[②] 这不失为一个既考

---

① 参见上海市版权局：《对著作权行政执法与刑事司法衔接机制的探讨》，载 http://www.ipr.gov.cn/cn/zhuanti/xianjie/13.htm。

② 参见王兰萍：《图书盗版案件中鉴定结论的使用辨析》，载《中国版权》2002年第2期。

虑鉴定能力又合乎法律对鉴定人回避的规定的可行办法。第四个问题则需要通过完善衔接机制的规范来解决，尤其是，已有的衔接机制应从程序上完善，更应防止行政部门的不移送和司法机关的不受理或消极受理，应确立移送过程中的证据规则等①；也有必要对衔接机制的众多规定进行"系统化"以实现规范之间的协调。

三、著作权刑法保护的司法体系有效运作

（一）著作权刑事司法组织体系的优化

1. 美国的做法

第一，美国司法部采取"三层次"执法对策（three - front approach），以确保对包括著作权在内的知识产权犯罪的主动而有效（aggressive and effective）追诉②：第一层次，1996 年成立"计算机犯罪和知识产权部"（Criminal Division's Computer Crime and Intellectual Property Section ，简称 CCIPS）调查和追诉版权犯罪，由知识产权公诉专家组成并帮助制定和执行司法部版权执法战略和培训联邦助理检察官；第二层次，美国 94 个联邦检察官署至少各有一个"计算机黑客与知识产权协调员"［Computer Hacking and Intellectual Property（CHIP）Coordinators］，这些协调员是经特别培训来进行知识产权公诉的联邦助理检察官，至 2006 年全美国有 230 个；第三层次，在知识产权犯罪频发地区还战略性地安排了 25 个"计算机黑客与知识产权组"（CHIP units），每个组由数量集中的、经过特别培训的联邦检察官组成，他们主要是追诉高科技和知识产权犯罪，同时兼培训地方检察官和联邦工作人员，这些 CHIP units 中有 80 个此类检察官（其余 150 个在其他司法辖区和司法部各部

---

① 参见王敏远等：《行政部门向司法机关移送案件衔接机制实证研究》，载《国家检察官学院学报》2009 年第 1 期。

② See U. S. Dep't of Justice, Prosecuting Intellectual Property Crimes 17 （3d ed. 2006）, available at http:// www. usdoj. gov /criminal/ cybercrime/ ipmanual/ ipma2006. – pdf.

门）。美国司法部称，取得“威慑效果”是进行版权侵权追诉的一个正当理由，侦查和追诉越多，就会有更多的人受到威慑而不从事侵犯知识产权犯罪。此外，在打击网上侵犯知识产权犯罪方面，美国也是“急先锋”。

第二，美国 2008 年通过《优化知识产权资源和组织法案》（Prioritizing Resources and Organization for Intellectual Property Act，简称 PROIP 法案）。该法案在国会通过甚为顺利，足见美国对知识产权保护之青睐：2008 年 5 月 8 日由众议院以 410 票对 11 票通过，2008 年 7 月 24 日由参议院通过（S. 3325 号）；2008 年 10 月 13 日由时任总统小布什签署而成为法律（公法第 110 - 403 号）。该法的目的是改善美国国内和国外知识产权的执法，共分 5 章：第 1、2 章是关于加强民事和刑事法律的内容；第 3 章是关于设立知识产权执法代表（Intellectual Property Enforcement Coordinator），负责协调整个联邦政府执法行动和制定“联合战略计划”（Joint Strategic Plan）；第 4 章是“司法部行动计划”（Department Of Justice Programs）；第 5 章是附则。其中，第 4 章直接涉及如何强化打击知识产权犯罪的司法组织体系，共包括 4 条，除第 404 条为“年度报告”外，其他 3 条的主要内容是在司法部重组知识产权执法，增加调查和起诉犯罪的资源。

其一，该法第 401 条为“Local law enforcement grants”（地方执法授权）。对“计算机犯罪执法法”（the Computer Crime Enforcement Act，42 U. S. C. 3713）第 2 节进行了修改，将（b）项所有的“计算机犯罪”后都增加“包括网络上的版权作品的侵权”（including infringement of copyrighted works over the Internet）的表述，从而使该法可适用于打击网络盗版；还授权在 2009 至 2013 年五个财政年度中每年拨款 2500 万美元给州和地方执法机构打击侵犯知识产权犯罪。

其二，第 402 条为“Improved investigative and forensic resources for enforcement of laws related to intellectual property crimes”（改善与

知识产权犯罪有关执法的侦查与法庭资源）。（a）项规定，联邦总检察长会商联邦调查局（FBI）局长后，可就知识产权犯罪（1）确保设置至少10个额外的FBI操作机构来支持司法部“计算机犯罪和知识产权部”对知识产权犯罪的调查与协作；（2）确保至少再各安排1个额外的FBI机构来支持司法部所有的“计算机黑客与知识产权组”，为知识产权犯罪的调查与协作目的而对这些CHIP units予以支持；（3）确保所有位于任何一个联邦检察官署的“计算机黑客与知识产权组”被安排至少2个以上、负责调查和追诉计算机黑客和知识产权犯罪的联邦助理检察官；（4）确保实施定期、全面的培训项目。（b）项规定打击有组织犯罪计划，总检察长应制定和实施一项广泛、全程的计划，以调查和追诉从事或支持与侵犯知识产权有关的国际有组织犯罪辛迪加（international organized crime syndicates engaging in or supporting crimes relating to the theft of intellectual property）。（c）项规定在2009至2013年每年拨款1000万美元以执行该条任务。

其三，第403条为“Additional funding for resources to investigate and prosecute intellectual property crimes and other criminal activity involving computers”（知识产权犯罪和其他计算机犯罪活动的侦查和起诉资源的附加资金），额外授权在2009至2013年每年向FBI局长和联邦总检察长（为司法部刑事犯罪局）各拨款1000万美元。

由此可见，该法除了其民事、刑事和行政方面的规定外，在刑事司法组织体系和资源配备方面是空前的，与法案名称中“优化知识产权资源和组织”名副其实。光从司法部“计算机犯罪和知识产权部”、“计算机黑客与知识产权组”等及FBI、地方知识产权犯罪执法机构所获得的授权拨款数看，每年就达5500万美元，五年下来就达2.75亿美元，并且全部是用于对侵犯知识产权犯罪的调查与追诉。由此，美国著作权刑事司法组织体系的“优化”必将大大超前于其他国家，也会对美国的国际知识产权保护战略产生较大的影响。

2. 国际上的动向

TRIPS 协定第一次在知识产权国际公约中引入“实施义务”详细规定，如果没有关于知识产权的司法，这些规则就会严重地被打折扣。该协定承认在许多发展中国家存在的制度性限制，其第 41 条第 5 款对“实施义务”进行限制，即不要求“建立一个不同于实施一般法律的司法系统”，“不影响成员施行一般法律的权力”，不产生“有关知识产权的施行和一般法律施行之间的资源分配的义务”。但是，之后的双边贸易协议却有了变化。

美国与越南、约旦、澳大利亚的协议没有明确允许同样的制度灵活性，因此，若以预算或人力资源有限的固有的制度性限制，来为双边协议下知识产权执法特定条款的减损（derogation）作辩护，就显得困难了；与新加坡、智利、摩洛哥和巴林等的协议走得更远，明确规定资源限制不能作为不履行协议义务的理由。事实上，协议的某些特定的执法要求创设了额外的制度性义务，如双边协议也跟 TRIPS 协定一样要求海关当局中止盗版商品的放行，但 TRIPS 协定只针对进口商品，而大多数双边协议却强制要求边境措施进口和出口商品，某些情况下还包括转运过境商品（transiting goods）。①

除美国外，还有不少其他国家也重视加大司法上对侵犯版权罪的打击力度。例如，英国重视执法保障，从 2007 年 4 月起拨款以增添更多人员执行稽查任务。②

3. 我国的探索

第一，公众的认识。“北师大著作权犯罪调查”就专业队伍在防范侵犯著作权犯罪方面的作用进行了询问。从 1574 份有效的回

---

① See Carsten Fink，etc.，“Tighting TRIPS：the intellectual property provisions of recent US free trade agreements”，*World Bank Trade Note* No. 20，Feb. 7，2005.

② 参见杜江：《从侵犯版权罪看英国刑事政策的变化——兼议我国刑法中的侵犯著作权犯罪》，载《贵州大学学报（社会科学版）》2008 年第 4 期。

答来看，受访者认为“很有必要”的占45.2%，“可有可无”的占39.1%，“完全没有必要”的占15.7%。[①] 可见，多数被调查对象认为专业队伍在防范侵犯著作权犯罪中具有积极作用。这与被调查对象对打击侵犯著作权犯罪的首选工作是加强公检法等机关工作的力度是一致的。故从公众要求层面来看，我国应当建立一支打击侵犯著作权犯罪的专业队伍。

第二，我国著作权刑事司法体系。近年来，知识产权刑事案件处理呈以下变化趋势：由分而审之到合而审之，管辖从基层法院提升到中级法院，先刑后民到先民后刑。[②] 目前，应着重解决以下突出问题：

其一，关于侵犯著作权犯罪案件的刑事启动。刑罚必定性的关键环节不在于审判，而在于国家对侦查力量、检察起诉力量的投入。专业的从事知识产权犯罪侦查、起诉人员，对保持刑事司法的有效运作是组织基础；相反，“不良的执法将导致犯罪黑数的增多”。这也正是美国PROIP法案“优化知识产权资源和组织”时主要针对其司法部“计算机犯罪和知识产权部”及“计算机黑客与知识产权单位”等机构而非联邦法院进行授权拨款的原因所在。我国目前在这方面专业化不太理想，如对侵犯知识产权犯罪案件的侦查，著作权案件由公安机关治安部门负责，而商标、专利、商业秘密案件则由公安机关经侦部门负责，有缺乏合力之嫌。因此，我国有必要借鉴国外的相关经验，在公安、检察机关内部设立专门机构，选调具有专门知识侦查、检察人员负责对知识产权犯罪案件进行侦查、起诉工作。

其二，关于审判组织。不少发展中国家已设立专门知识产权法

① 参见赵秉志：《侵犯著作权犯罪研究》，中国人民大学出版社2008年版，第200页。

② 参见舒洪水、贾宇：《全球化时代的知识产权犯罪及其防治》，载《法学家》2009年第1期。

院来为审理知识产权争端提供标准的程序，如印度尼西亚和泰国；而在马来西亚，法院面临着知识产权案件积压数量上升，已推动政府引入专门知识产权法院，并于2007年7月17日正式启动知识产权法院体系的运作。[①] 就专门知识产权法院或“三审合一”知识产权法庭而言，尽管TRIPS协定无相关义务要求，我国2008年《纲要》已对此做了部署：即完善知识产权审判体制，优化审判资源配置，简化救济程序；研究设置统一受理知识产权民事、行政和刑事案件的专门知识产权法庭；探索建立知识产权上诉法院；进一步健全知识产权审判机构，充实知识产权司法队伍，提高审判和执行能力。最高人民法院也拟尽快出台知识产权三审合一的实施意见。当前宜总结各地法院的不同模式实践，作出符合国情的取舍和制度设计。

其三，关于著作权刑事案件的管辖。根据现行法律，就级别管辖而言，侵犯著作权犯罪一般由基层法院进行一审；相反，著作权民事案件由中级法院为一审。这样就导致同一法律事实在同一法院或上下级法院之间定性和处理各异的情况时有发生。如何对待不同的裁判结论，是司法机关的最大困惑。故可考虑改为，知识产权刑事、民事案件一般都由中级人民法院进行一审（最高人民法院指定由基层法院作为审理知识产权案件的除外）。[②] 就地域管辖而言，根据刑事诉讼法及司法解释规定，被害人所在地的公安机关或者人民法院（自诉案件）无权管辖侵犯著作权犯罪案件，因为被害人所在地既不是犯罪地（并非财产犯罪且不能认为被害人所在地为

---

① See Ida Madieha bt. Abdul Ghani Azmi, “Development of law in Asia: divergence versus convergence. Copyright piracy and the prosecution of copyright offences and the adjudication of IP cases : is there a need for a special IP court in Malaysia? ” in Paul Torrenmans (eds), *Copyright Law: A Handbook of Contemporary Research*, Edward Elgar Publishing Limited, 2007, p402, p. 424.

② 参见刘佑生等：《中国知识产权刑事司法保护对策研究》，载《理论前沿》2006年第19期。

犯罪结果发生地），也不是被告人居住地。现实中，有些公安司法机关出于地方保护等原因，对查处侵犯著作权犯罪案件缺乏积极性，而被害人所在地司法机关又无权进行管辖，导致此类案件出现管辖上的缺位和刑法适用障碍。对此，由于侵犯著作权等知识产权犯罪案件具有特殊性，跨省、市等犯罪行为较为常见，可以通过为此类案件设置被害人所在地的特殊地域管辖规则，赋予著作权人等知识产权被害人所在地司法机关管辖权。① 管辖不能成为犯罪分子逃脱法律制裁的制度漏洞，更不能成为被害人寻求司法救济的制度障碍。

其四，就侵犯著作权的刑事民事交叉案件的审理而言，其处理机制分为附带式和分离式，后者又包括先刑后民、先民后刑、刑民并行等三种模式。② 我国现行“先刑后民”的审理原则，容易导致在先的刑事判决认定被告人有罪，而在后的民事审判却可能认为被告的行为不构成侵权，影响我国的司法权威。可改采实行“先民后刑”的审判原则，这不仅符合审判知识产权犯罪案件的特点，而且可有效防止民事和刑事程序的矛盾，避免发生错误的判决。同时，可考虑建立知识产权民事附带刑事诉讼制度。

其五，由于侵犯著作权犯罪有较高的专业性及法定犯属性，不少刑事司法人员尚缺乏较强的相应司法能力，态度上也欠缺积极性。分析司法低效问题可知：一是与能力相关。在任何司法辖区，刑事司法都极大地依赖于警察、公诉人和（刑事）法院的实际能力。因此，各国普遍重视加强知识产权刑事司法的组织建设。二是与态度相关。国外学者指出，公共当局常不顾明确的法律规定而不愿进行知识产权刑事司法，原因可能是对此类案件缺乏经验，或者

---

① 参见吴盛：《侵犯知识产权犯罪案件应由被害人所在地管辖》，载《检察日报》2008 年 8 月 18 日。

② 参见江波等：《知识产权刑民交叉案件处理机制研究——以侵犯商业秘密案件为视角》，载《知识产权》2008 年第 6 期。

是基于政策评价，即认为不属于值得警察投入精力的紧迫事项。随着我国知识产权战略的实施和知识资源的丰富，司法机关在知识产权领域包括著作权领域的刑事司法积极性也将上升。

（二）私人协助

1．“信息不完全”决定需要私人协助

鉴于侵犯著作权犯罪的特点，提高其刑罚必定性水平首先是要强化查获环节，其次是定罪环节。著作权刑事司法体系除有了组织保障之外，尚只是司法系统内的优化与基础保障；能否充分有效的发挥作用，还需要司法系统外的其他主体的必要配合，如案件线索来源、证据的提供等都离不开私人协助。从应然意义上说，著作权刑事司法体系需要私人协助的原因在于“信息不完全”。在国家刑事侦查、起诉机关为代表的国家与犯罪人之间的博弈过程中，国家需要对完成侵犯著作权犯罪事实的“信息不完全”到“信息完全”的查获过程。整个著作权刑事司法过程中，最重要的私人协助当数受害的权利人和接触盗版者的公众，因为：受害人即著作权人也往往因利益相关性及市场相关性，比国家更有积极性和条件掌握犯罪的“信息”；盗版行为是以“盗版市场”为导向的，最终消费者或主要接触者是公众，所以对犯罪事实“信息完全”的了解主体也应是相关公众。

2．国外的做法

第一，公共机构和私人协助。包括著作权在内的知识产权的实施可涉及许多不同的公共机构：海关/边境控制；警察/专家公共调查员；公诉人；有刑事管辖权和刑罚权（罚金、监禁和没收）的法院。然而，很重要的是，许多产业机构在此类公共执法活动中提供情报和操作支持的积极作用，对此不可忽略。世界上许多地方形成的明确模式是持续而加强的公共当局和私人利益互动（continuing and strengthened interaction between public authorities and private interests），特别是与代表在电影、音乐和软件行业版权人的产业机构的互动[①]，如 MPA，IFPI，BSA 及其地方代表。比如，2005 年 10 月 5 日，美国在加利福尼亚州和得克萨斯州进行了“Operation Remaster”行动，就是美国司法部、联邦调查局及 RIAA，Symantec Corp，Adobe Systems，Inc. 和 MPAA 等的联合行动。[②] 美国法典第 18 编第 2319（e）条还特别规定了“受害人影响陈述”制度，即在侵犯版权犯罪的刑事诉讼程序中，允许受害人向缓刑官提交确认其身份、因犯罪而所受损害和损失包括经济影响的程度与范围。

一般来说，产业群体支持公共机构在知识产权实施中的坚强作用，主要基于以下因素：保持公共秩序或确保规制的必要；保护经济活动；保护创造性/文化活动；盗版水平在上升；单个权利人禁止的实施成本（prohibitive costs of enforcement for individual owner）；有组织犯罪群体的介入。其中最后一个因素已越来越多地被提出以使警察和公诉人意识到盗版所具有的犯罪性之严重程度。而且，这种公共当局和私人利益的互动模式，对改善司法机关不重视或不愿意著作权刑法保护的态度大有裨益。随着我国知识产权战略的实施和知识资源的丰富，司法机关在知识产权领域刑事司法的积极性也在上升，今后也应充分发挥产业机构在刑事司法活动中提供情报和操作支持的积极作用。

第二，欧盟《指令草案》关于知识产权持有人协助的规定。

其一，关于知识产权持有人与联合调查组的合作。其第 9 条规定：成员国必须根据 2002 年 6 月 13 日欧盟理事会关于联合调查组的框架决定（2002/465/JHA）所规定的安排，确保知识产权持有

---

① See Gregor Urbas, “Criminal Enforcement of Intellectual Property Rights: Interaction Between Public Authorities and Private Interests”, in Christopher Heath & Anselm Kamperman Sanders (eds), *New Frontiers of Intellectual Property Law* (Studies in Industrial Property and Copyright Law, volume 25), Hart Publishing, 2005, p. 321.

② See Press Release, U. S. Dep't of Justice, “Remaining Two Defendants Sentenced In Largest CD and DVD Manufacturing Piracy and Counterfeiting Scheme Prosecuted In the United States to Date” (Aug. 6, 2007), http://www.usdoj.gov/criminal/cybercrime/wenSent.htm.

人与联合调查组进行合作。同时要求，成员国应设置足够保障规定，以确保此类协助不克减被告人的权利，比如不得影响证据的准确性、完整性或公正性；在调查和司法诉讼过程中，应当全面遵守《欧盟基本权利宪章》中关于个人数据保护的第8条和1995年10月24日欧洲议会和欧盟理事会关于与个人数据处理有关的对个人的保护及此类数据的自由流动的指令（95/46/EC）。

其二，关于从执法当局获得信息的权利。其第10条要求：成员国应规定，在执法当局扣押侵权物品或获取侵权的其他证据时，该当局使此类证据可用于由权利持有人在欧盟领域某一司法辖区针对所指控的侵权人而提起的未决或拟欲提起的民事诉讼；如有可能，该等当局应将此类扣押或证据通知相关权利持有人或其代表人。成员国可要求任何对权利持有人的此类证据规定以符合合理途径、安全或其他要求为限，以避免有损于任何可能产生的刑事诉讼。

其三，关于刑事程序的启动。其第11条规定，成员国应当确保，对第3条范围内的罪行启动调查或者提起诉讼的可能性不取决于遭受罪行影响者提出报告或者指控，至少当该行为系在该成员国领土内实施时如此。

由该《指令草案》可知，受害人即知识产权持有人处于刑事司法的“私人协助”地位，这有两层含义：一是其可以提供协助，如关于联合调查组的规定，实际上体现了对知识产权犯罪受害人在刑事程序中的独特作用的重视；二是其只是“协助”，故又从程序制度上对可能弊端作出一定的防范措施规定，如序言中规定知识产权人的参与应起帮助作用，不应影响国家调查的中立性。这种独特的程序制度有利于通过调动权利人的积极性和平衡加害人、被害人权益，更好地发挥运用刑事措施来打击盗版犯罪。当然，正如学者所评论的，联合调查组的规定也可能使受害权利人获得对刑事诉讼程序的更多控制与知情（control and awareness）[①]，如还赋予权利持有人从执法当局获得信息以用于其已提起的未决或拟欲提起的民事诉讼的权利。

3. 我国的应对

第一，公众对著作权刑法保护中私人协助现状的认识。“北师大著作权犯罪调查”在问卷中有以下设计：“据您的了解，您所在地区查处侵犯软件、书籍、音像制品等著作权犯罪的线索来源主要是”，受访者选择“公民举报”的占13%，选择“受侵害的个人或者企业报案”的占31%，选择“公安司法机关主动发现”的占13%，选择“其他方式”的占8%，余下的27%选择了“不清楚”。[②] 如果从有明确认识的受访者群体（占总数73%）来看，按折算后的比例，选择“受侵害的个人或者企业报案”的占（31% ÷ 73% =）42.47%，选择“公民举报”与“公安司法机关主动发现”的则各为17.81%。

可见，公众对打击侵犯著作权犯罪的参与程度不是很高，因为公众作为盗版产品的最终消费者或主要接触者，具有举报案件线索得天独厚的条件；相反，受害的个人或者企业即著作权人往往在权利受害的知情上“滞后”甚至无从知情。公众举报少于受害人的报案，可能是其无正向的利益相关性，甚至具有负相关性（如自愿购买盗版者）。

第二，鉴于相关公众“知情不举”的现状，根据“激励理论”将本来无利益相关性的公众与打击盗版建立“相关”关系，将不失为解决国家刑事司法系统所面临“信息不完全”困难的可行对策。办法之一是如有些学者所言，设立有偿检举制度以强化提高查

---

① See Enrico Bonadio, “Remedies and Sanctions for The Infringement of Intellectual Property Rights under EC Law”, *E. I. P. R.* 2008, 30(8), pp. 320 – 327.

② 参见赵秉志：《侵犯著作权犯罪研究》，中国人民大学出版社2008年版，第187页。

获逮捕概率。侵犯著作权犯罪的检举行为受到经济利益比较的影响：对于盗版产品制造环节而言，能够实际接触到盗版侵权活动的人，一般都是在一定程度上参与并从中获益的人，从成本收益来看，设立检举告发酬金能把检举行为的机会成本降为零，甚至使其达到比参与盗版活动得到更多的实际利益，从而进行举报。对于盗版产品流通环节而言，这是盗版侵权行为最易被发现的环节，相关公众数量更多，适当的有偿举报就能提高查获概率。我国自 2000 年起就已正式确立类似的制度，并且取得了十分显著的成绩。从 2006 年起，在全国 50 个主要城市建立了综合性的知识产权举报投诉服务中心，强化案件督办。因此，应完善有偿检举制度。当然，除了有偿举报外，还可采取其他一些“激励”办法来获得私人协助。例如，我国通过运用立功制度、宽严相济政策等，可以从同案犯等处获得犯罪信息。前述美国“Operation Remaster”行动中，法院文件表明①，该项行动的关键信息是从一名污点证人处所得到的，该证人在侵犯著作权犯罪中认罪并签署了向执法机构提供帮助的认罪协议。

第三，关于权利人及中介力量的协助。我国对于侵犯著作权案件，除严重危害社会秩序和国家利益的以外，均为刑事自诉案件；但“严重危害社会秩序和国家利益的”的判断并无具体解释。有国外学者认为，自诉的进行几乎不太可能（unfeasible），因为证据难以收集，故很少有自诉成功的侵犯知识产权犯罪案件的报道。②

---

① See Press Release, U. S. Dep't of Justice, “Remaining Two Defendants Sentenced In Largest CD and DVD Manufacturing Piracy and Counterfeiting Scheme Prosecuted In the United States to Date ”(Aug. 6, 2007), http://www.usdoj.gov/criminal/cybercrime/wenSent.htm.

② See Paul Torremans , Hailing Shan, Johan Erauw, *Intellectual Property and TRIPS Compliance in China: Chinese and European Perspectives*, Edward Elgar Publishing Ltd., 2007, p. 114.

对此，可以鼓励和提倡律师事务所、调查中心等社会力量的介入。[①] 因为对于侵犯著作权的违法犯罪行为，由于著作权人自身能力以及法律资源的限制，往往无法取得证实侵权事实的有效证据，需要鼓励有合法取证权的律师机构等的介入和帮助。成为问题的是，2000 份盗版电影光盘涉及 200 个版权所有人，如果单独计算数量的话，各自被侵权的数量却达不到构成犯罪的数额标准，因此该 200 个版权所有人无法向复制发行盗版电影光盘的那个侵权人单独提起刑事自诉。不过，这应当可依“严重危害社会秩序和国家利益的”情形进行公诉。

---

① 参见曲三强：《从“窃书不算偷”到“窃书就是偷”——顾盼中国著作权刑法保护的发展历程》，载《中国版权》2008 年第 6 期。

结　语

著作权刑法保护成为国际社会的热点问题，与知识经济的兴起及盗版问题在全球蔓延趋势有关。我国著作权刑法制度建构历程迄今尚仅15年时间（1994—2009），主要受1个国际条约刑事规范约束，国内法中设置有2个罪刑规范，颁布有6个内容相关的司法解释，作出的生效刑事判决不逾300个。以此为基础，本书从制度逻辑入手，从“价值——规范——事实”三维结合的角度，充分论述了著作权刑法保护的正当性基础、与TRIPS协定刑事义务的符合性、数字网络技术下的应对及刑法适用的实效四个主要问题，得出以下主要结论：

第一，当前我国著作权刑法保护正从“被动回应型”向“主动保护型”转变。版权产业的兴起，尤其是实施国家知识产权战略，为著作权刑法保护的正当性注入了巨大活力；但要想在社会道德的非正式制度层面获得普遍支撑，尚需通过利益平衡机制等进行证成、揭示和宣传。过去，我国采取“被动回应型立法政策”，政府主导了著作权刑法的强制性制度变迁；如今，在已经满足国际条约最低义务要求基础上，主要应由国内的社会、经济和文化发展战略来决定保护力度。我国提出科学发展观和建设创新型国家的任务，又在致力于实施国家知识产权战略。国内版权产业长足发展，著作权保护的社会内生力量要求逐渐加大，著作权刑法保护的主动性显著增强，其保护的不仅仅是单个著作权，更是以著作权为依托而发展起来的整个版权产业。2008年《纲要》提出，要使“全社会特别是市场主体的知识产权意识普遍提高，知识产权文化氛围初步形成”，为促进著作权道德提供了新契机。我国应充分挖掘诱致性变迁的各种因素和夯实著作权刑法制度的合法性基础，以使其不仅仅单纯建立在政府法令的“国家力量”基础上，而且与普遍社会意识保持一致，从而实现规范得以被“内化”和被普遍遵守。

第二，著作权刑法在制裁体系中处于“补充法”地位，其使用不应逾越正当边界。我国著作权保护采取“违法——犯罪”二元主义模式，是利大于弊的明智选择。著作权保护必须贯彻谦抑原则，以民法为基础、以行政法为辅助、以刑法为保障，遵循“道德→第一次法→第二次法”三阶段递进收缩式的犯罪化作业过滤原理。二元主义模式虽不如外国的一元主义模式那样刑事法网严密，但符合刑法补充性、谦抑性、最后手段性和刑法经济原则要求，符合刑法不完整性的客观现实和理性认识。行政处罚与刑事处罚“双轨制”，使我国著作权保护不比其他国家逊色。我国应维持“违法——犯罪”二元主义模式，合理配置著作权违法与犯罪比例，并强化经济违法行为与犯罪行为的并行打击；而不能盲目跟进西方国家对著作权违法行为的犯罪化立法。由于这符合我国刑事领域的“一般法律”制度，故也不存在与 TRIPS 协定相悖的问题。

第三，在“国际——国内”二维合力结构中，“争端案”专家组报告启示我国，应更理性地分析 TRIPS 协定义务和更重视本国著作权刑法的自主品格，更多地考虑“本土化”要求。TRIPS 协定预留了较大空间让其成员根据国情确定实施协定规定的“适当方法”，在不违背协定所确立的最低义务“前提”下，为达到各成员自己的政策目标，各成员的国内法律可以被“塑造”成合适的形态。其中我国刑事立法与司法的制度特征、特定阶段上的国家战略等，都是极重要的国情依据。评价我国著作权刑法制度优劣的“基本依据”只能是我国的国情而不是 TRIPS 协定。我国加入世贸组织快有 8 年之久，学界应克服单纯重视“国际化”研究的偏颇而应重视“本土化”研究。出于国家利益的考虑，在双边条约提高著作权刑事义务标准成为趋势的背景下，我国在“协定义务”

上应理直气壮地坚持“最低标准”，在刑事条款的解释上也是如此。对著作权刑法保护不能过于追求国际一致性，更不能把发达国家的要求当成是国际标准。本书在研究 TRIPS 协定刑事条款中“盗版”——“商业规模”——“蓄意”和“可使用的救济”等术语准确含义基础上，检验了我国著作权刑法的构成行为、刑事门槛、主观要件和刑罚规定等与协定的符合性，证实了我国在立法上已符合 TRIPS 协定义务的最低要求。

第四，我国应重视著作权刑法保护制度的自我完善。著作权部门法领域的法律法规制定与修改甚为频繁，“因特网条约”已于 2007 年对我国生效，现行刑法明显有了“滞后性”；网络环境下著作权侵权犯罪增多，网络服务商间接侵权、“点对点”传输（P2P）、规避技术措施等行为的规制成为全球著作权法界的前沿话题，适应数字网络技术的刑法规范调整也是实施国家知识产权战略和技术应对意义上的自我完善，而国内刑法界对此探讨甚少而几近是“失语”状态。刑法与著作权法的研究存在“皮毛分离”的现象，理论上缺乏沟通，导致在诸如侵犯著作权的犯罪与侵犯商标权的犯罪的关系比较上存在简单类比的误区等。因此，我国著作权刑法的规范研究亟待得到著作权部门法理论的“反哺”，才能得以进一步拓深。

就立法论而言，本书提出以下框架建议：其一，对刑法第 217 条（侵犯著作权罪）和第 218 条（销售侵权复制品罪）存在的体系矛盾，若维持第 217 条之“复制发行”是复制或发行或既复制又发行的“两种行为论”（即“复制、发行”），就宜删除第 218 条关于销售侵权复制品罪的规定。其二，结合数字网络技术下刑法“有限扩张”的需要，刑法宜另增加“新的”第 218 条，规定侵犯信息网络传播权并且情节严重的行为应予以刑罚制裁，并不应以“营利目的”为要件。其三，至于技术措施和权利管理信息的刑法保护，美国 DMCA 第 1204 条式的专门刑罚规定不足为我国所取。它们主要属于“犯罪的参与”问题，其规制宜慎重，主要可考虑通过刑法理论"挂靠"于既有的著作权刑法规范来完成对其进行保护的任务。

著作权刑事司法问题日趋重要，体现着我国"行动中的"著作权刑法，故提高著作权刑法适用的实效成为值得关注的问题。美国司法部采取"CCIPS—CHIP—CHIP units""三层次"执法对策，2008 年 PROIP 法案授权 5 年拨款 2. 75 亿美元用于调查与追诉侵犯知识产权犯罪的大手笔，都令国人感受到发达国家在对包括著作权在内的知识产权刑法保护上真正是"不遗余力"。在我国进入"主动型保护"阶段后，不应再认为著作权刑事司法只是被动应付国际压力的权宜之策。如何切合国情，实现"有令必行"以提高著作权刑法适用的实效，亟待开始进行研究。本书以 52 个生效著作权刑事判决（示范性案件）作为样本基础，进行了有关实证研究；但分析尚存在粗浅之不足，有待在今后的研究中进一步对此深入展开。

参考文献

一、中文著作类

1. 白建军：《法律实证研究方法》，北京大学出版社 2008 年版。

2. 白建军：《关系犯罪学》，中国人民大学出版社 2005 年版。

3. 白建军：《罪刑均衡实证研究》，法律出版社 2004 年版。

4. 蔡蕙芳：《著作权侵权与其刑事责任：刑法保护之迷思与反思》，台北新学林出版公司 2008 年版。

5. 曹世华等：《后 TRIPS 时代知识产权前沿问题研究》，中国科学技术大学出版社 2006 年版。

6. 陈正云：《刑法的经济分析》，中国法制出版社 1997 年版。

7. 陈兴良：《刑法的价值构造》（第 2 版），中国人民大学出版社 2006 年版。

8. 陈兴良、周光权：《刑法学的现代展开》，中国人民大学出版社 2006 年版。

9. 储槐植译：《美国刑法》（第三版），北京大学出版社 2005 年版。

10. 储槐植：《刑事一体化论要》，北京大学出版社 2007 年版。

11. 丛立先：《网络版权问题研究》，武汉大学出版社 2007 年版。

12．杜国强等：《侵犯知识产权罪比较研究》，中国人民公安大学出版社 2005 年版。

13．冯军：《版权保护法制的完善与发展：基于欧盟经验与中国实践的视角》，社会科学文献出版社 2008 年版。

14．高铭暄主编：《刑法专论》（上下编），高等教育出版社 2002 年版。

15．高维俭：《刑事三元结构论：刑事哲学方法论初探》，北京大学出版社 2006 年版。

16．韩忠谟：《刑法原理》，中国政法大学出版社 2002 年版。

17．胡朝阳：《知识产权的正当性分析：法理和人权法的视角》，人民出版社 2007 年版。

18．黄荣坚：《刑法问题与利益思考》，台湾元照出版公司 1995 年版。

19．贾丽虹：《外部性理论研究：中国环境规制与知识产权保护制度的分析》，人民出版社 2008 年版。

20．姜伟：《知识产权刑事保护研究》，法律出版社 2004 年版。

21．蒋志培主编：《中国知识产权司法保护（2008）》，中国传媒大学出版社 2008 年版。

22．金海军：《知识产权私权论》，北京大学出版社 2004 年版。

23．李海东：《刑法原理入门（犯罪论基础）》，法律出版社 1998 年版。

24．李扬：《网络知识产权法》，湖南大学出版社 2002 年版。

25．李雨峰：《枪口下的法律：中国版权史研究》，专利文献出版社 2006 年版。

26．梁根林：《合理地组织对犯罪的反应》，北京大学出版社 2008 年版。

27．梁志文：《数字著作权论》，知识产权出版社 2007 年版。

28. 林东茂:《危险犯与经济刑法》，台湾五南图书出版公司1996年版。

29. 林东茂:《一个知识论上的刑法学思考》，台湾五南图书出版公司2001年版。

30. 林亚刚:《犯罪过失研究》，武汉大学出版社2001年版。

31. 刘春田主编:《知识产权法》（第3版），高等教育出版社、北京大学出版社2007年版。

32. 刘科、程书兵编著:《侵犯知识产权犯罪专题整理》，中国人民公安大学出版社2008年版。

33. 刘守芬等:《技术制衡下的网络刑事法研究》，北京大学出版社2006年版。

34. 刘宪权、吴允锋:《侵犯知识产权犯罪理论与实务》，北京大学出版社2007年版。

35. 刘远:《刑法本体论及其展开》，中国人民公安大学出版社2007年版。

36. 马长生主编:《国际公约与刑法若干问题研究》，北京大学出版社2004年版。

37. 马克昌主编:《比较刑法原理》，武汉大学出版社2002年版。

38. 马克昌主编:《犯罪通论》，武汉大学出版社1999年版。

39. 马克昌主编:《经济犯罪新论》，武汉大学出版社1998年版。

40. 马克昌主编:《刑罚通论》，武汉大学出版社2002年版。

41. 孟祥娟:《版权侵权认定》，法律出版社2001年版。

42. 莫洪宪:《有组织犯罪研究》，湖北人民出版社1998年版。

43. 莫洪宪主编:《犯罪学概论》（修订本），中国检察出版社2003年版。

44. 莫洪宪、贺志军:《多维视角下我国知识产权的刑事保护研究》，中国人民公安大学出版社2009年版。

45. 齐文远、周详：《刑法、刑事责任、刑事政策研究》，北京大学出版社2004年版。

46. 曲三强：《“窃书就是偷”——论中国传统文化与知识产权》，知识产权出版社2006年版。

47. 曲三强：《知识产权法原理》，中国检察出版社2002年版。

48. 任自力、曹文泽：《著作权法：原理、规则、案例》，清华大学出版社2006年版。

49. 沈仁干主编：《数字技术与著作权：观念、规范与实例》，法律出版社2004年版。

50. 沈仁干主编：《郑成思版权文集》（第一卷），中国人民公安大学出版社2008年版。

51. 世界知识产权组织（WIPO）编：《著作权与邻接权法律术语汇编》，刘波林译，北京大学出版社2007年版。

52. 寿步等编：《我呼吁——中国首次立法论战》，吉林人民出版社2002年版。

53. 苏彩霞：《中国刑法国际化研究》，北京大学出版社2006年版。

54. 唐世月：《数额犯论》，法律出版社2005年版。

55. 向欣、朱雪忠：《我国知识产权保护的国际环境分析》，中国计划出版社2007年版。

56. 谢望原：《欧陆刑罚制度与刑罚价值原理》，中国检察出版社2003年版。

57. 吴振兴：《罪数形态论》，中国检察出版社1996年版。

58. 吴宗宪：《西方犯罪学》（第二版），法律出版社2007年版。

59. 萧雄淋：《著作权法论》（增订三版），台湾五南图书出版公司2005年版。

60. 许发民：《刑法的社会文化分析》，武汉大学出版社 2004 年版。

61. 许玉秀：《当代刑法思潮》，中国民主法制出版社 2005 年版。

62. 薛虹：《网络时代的知识产权法》，法律出版社 2001 年版。

63. 杨玉兰：《论著作权的刑法法律保护》，人民法院出版社 1991 年版。

64. 于志刚：《虚拟空间中的刑法理论》，中国方正出版社 2003 年版。

65. 王世洲主编：《关于著作权刑法的世界报告》，中国人民公安大学出版社 2008 年版。

66. 王志广：《中国知识产权刑事保护研究（理论卷）》，中国人民公安大学出版社 2007 年版。

67. 王作富主编：《刑法分则实务研究》，中国方正出版社 2003 年版。

68. 韦之：《著作权法原理》，北京大学出版社 1998 年版。

69. 吴汉东：《知识产权多维度解读》，北京大学出版社 2008 年版。

70. 吴汉东主编：《中国知识产权蓝皮书》，北京大学出版社 2007 年版。

71. 张丽卿：《新刑法探索》，台湾元照出版公司 2006 年版。

72. 张明楷：《法益初论》，中国政法大学出版社 2000 年版。

73. 张明楷：《刑法的基本立场》，中国法制出版社 2002 年版。

74. 张明楷：《刑法分则的解释原理》，中国人民大学出版社 2004 年版。

75. 张茹等编著：《数字版权管理》，北京邮电大学出版社 2008 年版。

76. 章忠信:《著作权法逐条释义》,台湾五南图书出版公司2007年版。

77. 赵国玲主编:《知识产权犯罪调查与研究》,中国检察出版社2002年版。

78. 赵国玲、王海涛主编:《知识产权犯罪中的被害人——控制被害的实证分析》,北京大学出版社2008年版。

79. 赵秉志、田宏杰主编:《侵犯知识产权犯罪比较研究》,法律出版社2004年版。

80. 赵秉志主编:《犯罪总论问题探索》,法律出版社2003年版。

81. 赵秉志主编:《侵犯著作权犯罪研究》,中国人民大学出版社2008年版。

82. 赵秉志主编:《中国知识产权的刑事法保护及对欧盟经验的借鉴》,法律出版社2006年版。

83. 赵永红:《知识产权犯罪研究》,中国法制出版社2004年版。

84. 郑成思:《知识产权论》,社会科学文献出版社2007年版。

85. 郑中人:《智慧财产权法导读》(增订三版),台湾五南图书出版公司2003年版。

86. 周林主编:《知识产权研究》(第18卷),知识产权出版社2007年版。

87. [德] 格吕恩特·雅科布斯:《行为、责任、刑法:机能性描述》,冯军译,中国政法大学出版社1997年版。

88. [德] 汉斯·海因里希·耶赛克、托马斯·魏根特:《德国刑法教科书》,徐久生译,中国法制出版社2001年版。

89. [德]克劳斯·罗克辛:《德国刑法学总论》,王世洲译,法律出版社2005年版。

90. [德] 莱因伯特等:《WIPO因特网条约评注》,万勇、相靖译，中国人民大学出版社 2008 年版。

91. ［德］ M. 雷炳德：《著作权法》，张恩民译，法律出版社 2004 年版。

92. ［法］卡斯东·斯特法尼等：《法国刑法总论精义》，罗结珍译，中国政法大学出版社 1998 年版。

93. ［美］ 保罗·H. 罗宾逊：《刑法的结构与功能》，何秉松、王桂萍译，中国法制出版社 2005 年版。

94. ［美］ 道格拉斯·N. 胡萨克：《刑法哲学》，谢望原等译，中国人民公安大学出版社 2004 年版。

95. ［美］哈特：《惩罚与责任》，王勇等译，华夏出版社 1989 年版。

96. ［美］ 乔治·P. 弗莱彻：《刑法的基本概念》，蔡爱惠等译，中国政法大学出版社 2004 年版。

97. ［美］ 威廉·M. 兰德斯、理查德·A. 波斯纳：《知识产权法的经济结构》，金海军译，北京大学出版社 2005 年版。

98. ［日］大谷实：《刑法总论》，黎宏译，法律出版社 2003 年版。

99. ［日］ 大塚仁：《刑法概说》，冯军译，中国人民大学出版社 2003 年版。

100. ［日］ 富田彻男：《市场竞争中的知识产权》，廖正衡等译，商务印书馆 2000 年版。

101. ［日］ 西原春夫：《刑法的根基与哲学》，顾肖荣等译，法律出版社 2004 年版。

102. ［日］ 曾根威彦：《刑法学基础》，黎宏译，法律出版社 2005 年版。

103. ［日］ 中山信弘：《多媒体与著作权》，张玉瑞译，专利文献出版社 1997 年版。

104. ［西］ 德利娅·利普希克：《著作权与邻接权》，中国对外翻译出版公司 2000 年版。

105. [意] 贝卡里亚：《论犯罪与刑罚》，黄风译，中国大百科全书出版社 1993 年版。

106. [意] 杜里奥·帕多瓦尼：《意大利刑法学原理》，陈忠林译，法律出版社 1998 年版。

107. [意] 加罗法洛：《犯罪学》，耿伟、王新译，中国大百科全书出版社 1996 年版。

108. [英] 吉米·边沁：《立法理论：刑法典原理》，孙力等译，中国人民公安大学出版社 1993 年版。

二、外文著作类

1. Alexander Bayer, *Copyright Activities on the Internet: the Role of the Fixation Criterion*, Ann Arbor, Mich.: UMI Dissertation Services, 2000, c1997.

2. Carlos Correa, *Intellectual Property Rights, the WTO and Developing Countries, the TRIPS Agreement and Policy Options*, Zed Books Ltd. 2007.

3. Carlos Correa, *Trade Related Aspects of Intellectual Property Rights: A Commentary on the TRIPS Agreement*, Oxford Univ. Press 2007.

4. Christopher May, *Digital Rights Management: the Problem of Expanding Ownership Rights*, Chandos Publishing, 2007.

5. Daniel Gervais, *The TRIPS Agreement: Drafting History and Analysis*, London Sweet & Maxwell, 1998.

6. European Communities, *TRIPS Agreement: Enforcement of Intellectual Property Rights*, Luxembourg: Office for Official Publication of the European Communities, 2000.

7. Fiona Macmillan (eds), *New Directions in Copyright Law*, Volume 1, Edward Elgar Publishing Limited, 2005.

8. Fiona Macmillan (eds), *New Directions in Copyright Law*, Vol-

ume 2, Edward Elgar Publishing Limited, 2006.

9. Fiona Macmillan(eds), *New Directions in Copyright Law*, Volume 3, Edward Elgar Publishing Limited, 2006.

10. Frederick M. Abbott, Thomas Cottier, Francis Gurry, *International Intellectual Property in an Integrated World Economy*, Aspen Publishers, 2007.

11. G. P. Cornish, *Copyright, Interpreting the Law for Libraries, Archives and Information Services*, London: Facet, 2004.

12. Gillian Davies, *Copyright and the Public Interest* (2nd ed.), London: Sweet & Maxwell, 2002.

13. Jisuk Woo, *Copyright Law and Computer Programs: the Role of Communication in Legal Structure*, New York: Garland Pub., 2000.

14. Janathan Herring, *Criminal Law*, 法律出版社(影印)2002年版。

15. John Gants, Jack B. Rochester, *Pirates of the Digital Millennium*, Pearson Edu. Inc., 2005.

16. John Gurnsey, *Copyright theft*, Aslib Gower, 1995.

17. Julie E. Cohen, *Copyright in A Global Information Economy*, New York, NY: Aspen Law & Business, c2002.

18. Julie E. Cohen, *Copyright in A Global Information Economy: 2004 Case and Statutory Supplement*, New York: Aspen Publishers, c2004.

19. K. M. Garnett, *Copinger and Skone James on Copyright* (15th ed.), London: Sweet and Maxwell, 2005.

20. Keith E. Maskus and Jerome H. Reichman, *International Public Goods and Transfer of Technology under a Globalized Intellectual Property Regime*, Cambridge University Press, 2005.

21. L. Ray Patterson and Stanley W. Lindberg, *The Nature of Copyright: A Law of Users' Rights*, Athens: University of Georgia Press, c1991.

22. Melville B. Nimmer & David Nimmer, *Nimmer on*

Copyright, 2005.

23. Nicola Lucchi, *Digital Media & Intellectual Property: Management of Rights and Consumer Protection in a Comparative Analysis*, Springer, 2006.

24. Paul Torremans, *Copyright Law: A Handbook of Contemporary Research*, Cheltenham, UK ; Northampton, MA: Edward Elgar Publishing Ltd. , c2007.

25. Paul Torremans , Hailing Shan, Johan Erauw, *Intellectual Property and TRIPS Compliance in China: Chinese and European Perspectives*, Edward Elgar Publishing Ltd. , 2007.

26. Peter Drahos et al. , *Information Feudalism: Who Owns the Knowledge Economy*, 2002.

27. Robert Burrell, *Copyright Exceptions: the Digital Impact*, Cambridge, UK ; New York: Cambridge University Press, 2005.

28. Robert L. Ostergard, *the Development Dilemma, the Political Economy of Intellectual Property Rights in the International System*, LFB Scholarly Publishing LLC, 2003.

29. Ruth Towse, *Copyright in the Cultural Industries*, Cheltenham, UK: Edward Elgar Pub. , c2002.

30. Susan K. Sell, *Private Power, Public Law: the Globalization of Intellectual Property Rights*, Cambridge University Press, 2003.

31. Tarleton Gillespie, *Wired shut: Copyright and the Shape of Digital Culture*, Massachusetts Institute of Technology, 2007.

32. Timothy Padfield, *Copyright for Archivists and Records Managers*, London: Facet Publishing, 2007.

33. UNCTAD – ICTSD, *Resource Book on TRIPS and Development*, Cambridge University Press, 2005.

34. W. R. Cornish, *Intellectual Property: Patent, Copyright, Trademarks and Allied Rights* (3rd), Sweet & Maxwell 1996.

35. Wendy J. Gordon, *The Economics of Copyright: Developments in Research and Analysis*, Cheltenham, UK ; Northampton, MA: Edward Elgar, c2003.

36. William F. Patry, *Patry on Copyright*, West Publishing, 2006.

37. William P. Alford, *To Steal a Book Is an Elegant Offence: Intellectual Property Law in Chinese Civilization*, Stanford University Press, 1995.

三、中文论文类

1. 蔡蕙芳:《P2P 网站经营者之作为帮助犯责任与中性业务行为理论之适用》,台湾《东吴大学法律学报》第 18 卷第 1 期。

2. 蔡蕙芳:《数位时代个人使用之刑罚问题》,台湾《政大法学评论》第 98 期(2007 年 8 月)。

3. 曹刚、周详:《论侵犯著作权罪——兼论相关刑法条文的修改》,《电子知识产权》2005 年第 9 期。

4. 曹坚:《非法经营罪与销售侵权复制品罪之界定》,《华东政法学院学报》2005 年第 2 期。

5. 陈东升:《TRIPS 与我国知识产权保护的刑事立法完善》,《政法论丛》2003 年第 1 期。

6. 陈儒丹:《WTO 规则与中国知识产权刑事立法——以美国诉中国知识产权执法措施案为背景》,《北方法学》2008 年第 4 期。

7. 陈忠林、陈可倩:《关于知识产权刑法保护的几个问题》,《中国刑事法杂志》2007 年第 3 期。

8. 崔立红:《著作权犯罪与谦抑原则的适用——以〈关于办理侵犯知识产权刑事案件具体应用法律若干问题的解释(二)〉为视角》,《知识产权》2007 年第 5 期。

9. 邓社民:《P2P 网络共享环境下著作权保护问题研究》,武汉大学 2008 年博士学位论文。

10. 高铭暄、王俊平:《侵犯著作权罪认定若干问题研究》,

《中国刑事法杂志》2007 年第 3 期。

11. 高艳东:《论 TRIPS 视野下的刑法对知识产权保护的必要性与限度性》,《甘肃政法学院学报》2003 年第 5 期。

12. 葛磊:《社会进步与法益保护的平衡——论网络环境下著作权刑法保护的有限扩张》,《科技与法律》2007 年第 2 期。

13. 关壮:《P2P 刑责之惑》,《中国版权》2008 年第 2 期。

14. 最高人民法院:《知识产权刑法保护有关问题调研报告》,载正义网 http://review.jcrb.com/zyw/n464/ca330518.htm。

15. 韩相敦:《韩国著作权的刑事保护》,《中外法学》2007 年第 5 期。

16. 贺小勇:《中美知识产权"刑事门槛"争端的法律问题》,《现代法学》2008 年第 2 期。

17. 贺志军:《我国知识产权刑事政策初探》,《国家检察官学院学报》2009 年第 2 期。

18. 侯艳芳、何亚军:《侵犯著作权罪界限划定疑难问题探析》,《法学杂志》2008 年第 6 期。

19. 胡驰:《侵犯著作权罪研究》,中国人民大学 2005 年博士论文。

20. 胡祥福、张志勋:《从 TRIPS 协议分析我国著作权的刑法保护问题》,载陈兴良等主编:《中国刑法学年会文集(第 2 卷上册·2004 年度)》,中国人民公安大学出版社 2005 年版。

21. 胡云腾、刘科:《知识产权刑事司法解释若干问题研究》,《中国法学》2004 年第 6 期。

22. 黄太云:《网络与知识产权犯罪的立法问题》,《中国刑事法杂志》2007 年第 3 期。

23. 蒋廷瑶:《数字化环境下中国著作权的刑法保护》,中国政法大学 2007 年博士论文。

24. 柯葛壮、张震:《科技保护措施刑法规制的思考》,载顾肖荣主编:《经济刑法》(第 5 辑),上海人民出版社 2007 年版。

25. 李昂然:《“防盗拷措施”的刑罚规范》，台湾《科技法律透析》第17卷第4期。

26. 李晓明:《从中美IP/WTO第一诉谈我国的轻罪体系建构——重在两国IP保护力度的分析》，《中国法学》2007年第6期。

27. 李祖明:《互联网上的版权保护与限制》，中国社会科学院研究生院2002年博士论文。

28. 廖梅:《中西著作权刑法保护的比较研究——兼谈我国侵犯著作权犯罪的立法完善》，《华侨大学学报（哲学社会科学版)》2005年第1期。

29. 刘科:《中国知识产权刑法立法国际化研究》，中国人民大学2006年博士学位论文。

30. 刘茂林:《知识产权法的经济分析》，中国社会科学院1996年博士论文。

31. 刘守芬、牛广济:《我国知识产权刑事法保护的新思考——兼析“两高”关于侵犯知识产权刑事案件最新司法解释》，《知识产权》2005年第2期。

32. 刘宪权、张晗:《论知识产权刑法保护的必要性和适度性》，《犯罪研究》2006年第4期。

33. 刘星明:《论侵犯著作权犯罪的几个问题》，《中国法学》1997年第3期。

34. 刘远山:《论我国著作权犯罪的定罪和处罚及其刑法完善》，《河北法学》2006年第4期。

35. 卢建平:《在宽严和轻重之间寻求平衡——我国侵犯著作权犯罪刑事立法完善的方向》，《深圳大学学报》（人文社会科学版）2006年第5期。

36. 卢建平:《知识产权犯罪门槛的下降及其意义》，《政治与法律》2008年第7期。

37. 林亚刚:《析侵犯著作权行为与侵犯著作权罪的衔接》，

《法学评论》2006 年第 6 期。

38. 栾莉：《侵犯著作权犯罪的实证分析》，载郑胜利主编：《北大知识产权评论（第 2 卷）》，法律出版社 2004 年版。

39. 罗莉：《作为社会规范的技术与法律的协调——中国反技术规避规则检讨》，《中国社会科学》2006 年第 1 期。

40. 马克昌：《我国刑法也应以谦抑为原则》，《云南大学学报（法学版）》2008 年第 5 期。

41. 莫洪宪、贺志军：《欧盟〈知识产权刑事措施指令（草案）〉研究》，《政治与法律》2008 年第 7 期。

42. 莫洪宪、贺志军：《论知识产权犯罪控制中的道德要素》，《犯罪研究》2007 年第 5 期。

43. 齐文远、黄洪波：《必要与可能：我国知识产权刑法保护的正当性——基于多重视角的考察》，《南京工业大学学报（社会科学版）》2008 年第 2 期。

44. 青锋：《关于网络与知识产权刑事法律保护的几个基本理念》，《中国刑事法杂志》2007 年第 3 期。

45. 屈学武：《销售侵权复制品罪疏议》，载陈兴良等主编：《中国刑法学年会文集（第 2 卷上册 · 2004 年度）》，中国人民公安大学出版社 2005 年版。

46. 曲三强：《从“窃书不算偷”到“窃书就是偷”——顾盼中国著作权刑法保护的发展历程》，《中国版权》2008 年第 6 期。

47. 任军民：《法国信息网络刑事保护对我国有关立法的启示》，《知识产权》2006 年第 5 期。

48. 孙万怀：《侵犯知识产权犯罪刑事责任基础构造比较》，《华东政法学院学报》1999 年第 2 期。

49. 唐稷尧：《知识产权犯罪利益背景与刑事控制》，《中国刑事法杂志》2002 年第 3 期。

50. 唐晋伟：《简议德国著作权刑事保护立法的历史发展——以〈著作权法修正案〉和〈反盗版法〉的修订为起点》，《中国版权》2008 年第 3 期。

51．汤显明：《侵犯著作权犯罪研究——以中国香港地区为视角》，中国人民大学 2008 年博士论文。

52．田国宝：《侵犯著作权罪疑难问题探究》，《法学》2004 年第 5 期。

53．田宏杰：《论我国知识产权的刑事法律保护》，《中国法学》2003 年第 3 期。

54．涂龙科、高宇：《认定网络侵犯知识产权犯罪若干问题探究》，载顾肖荣主编：《经济刑法》（第 6 辑），上海人民出版社 2008 年版。

55．王迁：《论“信息定位服务提供者”间接侵权的认定》，《知识产权》2006 年第 1 期。

56．王迁：《论著作权法中“发行”行为的界定——兼评“全球首宗 BT 刑事犯罪案”》，《华东政法学院学报》2006 年第 3 期。

57．王文华：《侵犯著作权犯罪立法若干问题研究》，《深圳大学学报》（人文社会科学版）2006 年第 5 期。

58．吴保宏：《侵犯著作权犯罪的若干问题探讨》，《政治与法律》2006 年第 2 期。

59．萧宏宜：《数字时代著作权刑法的挑战与因应》，台湾东吴大学 2008 年博士论文。

60．萧宏宜：《以刑法保护著作权?》，台湾《月旦法学》2007 年第 4 期。

61．肖中华：《侵犯知识产权罪认定若干问题研究》，载顾肖荣主编：《经济刑法》（第 1 辑），上海人民出版社 2003 年版。

62．肖中华：《侵犯知识产权罪司法适用疑难问题》，载赵秉志主编：《刑法论丛》（第 12 卷），法律出版社 2007 年版。

63．姚怡昕：《中国版权制度变迁研究》，西北大学 1999 年博士论文。

64．易继明、李辉凤：《论著作权犯罪与刑罚的价值取向》，

《犯罪改造与研究》2000 年第 3 期。

65. 游伟、谢锡美:《销售侵权复制品行为的犯罪性质研究》,《华东政法大学学报》2008 年第 5 期。

66. 张耕、施鹏鹏:《法国著作权法的最新重大改革及评论》,《比较法研究》2008 年第 2 期。

67. 张乃根:《论中美知识产权案的条约解释》,《世界贸易组织动态与研究》2008 年第 1、2 期。

68. 张乃根: 《论中美知识产权案焦点问题的“商业规模”——对美国书面及口头陈述的剖析》,《世界贸易组织动态与研究》2008 年第 9 期。

69. 张凝、刘新魁:《简论法国对著作权的刑法保护》,《比较法研究》2008 年第 4 期。

70. 张馨元:《知识产权的刑法保护若干问题研究》,吉林大学 2006 年博士论文。

71. 张志勋、黄淑彬:《TRIPS 协定与我国著作权的刑法保护问题》,《南昌大学学报(人文社科版)》2004 年第 6 期。

72. 章毓群:《论信息时代著作权国际保护的发展与调整》,中国政法大学 2006 年博士论文。

73. 章忠信:《著作权侵害行为之刑事政策检讨》,台湾《万国法律》2002 年 10 月刊。

74. 赵国玲等:《公众知识产权意识对知识产权被害控制意义之评估》,《电子知识产权》2007 年第 2 期。

75. 赵国玲等:《计算机软件著作权犯罪的刑法规制》,《中外法学》2001 年第 2 期。

76. 赵秉志:《关于完善我国侵犯著作权犯罪立法的几点建言——TRIPS 协议与我国侵犯著作权犯罪立法之比较》,《深圳大学学报》(人文社会科学版) 2006 年第 5 期。

77. 郑军:《著作权犯罪研究》,吉林大学 1996 年博士论文。

78. 朱榄叶:《从中国在 TRIPS 协定下的义务看美国对中国的

申诉》,《法学》2007 年第 8 期。

79. 朱妙:《销售侵权复制品罪及其相关问题的探讨》,《政治与法律》2006 年第 1 期。

80. [美] 艾伦·施瓦巴赫:《知识产权中的盗版问题:中美等国的认知与现实》,余俊等译,《电子知识产权》2008 年第 2 期。

四、外文论文类

1. ACAG(Anti Counterfeiting Action Group),"Re Inquiry into the Enforcement of Copyright in Australia",30 June 1999.

2. Cheng Lim Saw and Susanna H. S. Leong,"Defining Criminal Liability for Primary Acts of Copyright Infringement – the Singapore Experience", *Journal of Business Law*,2008(4), pp. 304 – 315.

3. Cheng Lim Saw and Susanna H. S. Leong,"Criminalizing Primary Copyright Infringement in Singapore,Who are the Real Online Culprits?"*European Intellectual Property Review*,2007(3).

4. Computer Crime & Intellectual Property Section of United States Department of Justice , *Prosecuting IP Crimes Manual*,2006.

5. Cristina Busch, *Computer based Crimes against Intellectual Property*, *Computer Crimes*, *Cyber – Terrorism*, *Child Pornography and Financial Crimes*, Athens, Ant. N. Sakkoulas, 2004,pp. 111 – 168.

6. Diane L. Kilpatrick – Lee,"Criminal Copyright Law, Preventing A Clear Danger To The U. S. Economy Or Clearly Preventing The Original Purpose Of Copyright Law?" 14 *University of Baltimore Intellectual Property Law Journal* 87 Fall, 2005.

7. Eric Goldman,"A Road To No Warez, The No Electronic Theft Act And Criminal Copyright Infringement", 82 *Oregon Law Review* 369 Summer,2003.

8. Eric Goldman, "Warez Trading And Criminal Copyright Infringement",51 *Journal of Copyright Society of the U. S. A.* 395.

9. Geraldine Szott Moohr, "The Crime Of Copyright Infringement, An Inquiry Based On Morality, Harm, And Criminal Theory", 83 *Boston University Law Review* 731 October, 2003.

10. Geraldine Szott Moohr, "Overcriminalization, The Politics Of Crime Defining Overcriminalization Through Cost – Benefit Analysis, The Example Of Criminal Copyright Laws", 54 *American University Law Review* 783 February, 2005.

11. Gregor Urbas, "Criminal Enforcement of Intellectual Property Rights, Interaction Between Public Authorities and Private Interests", in Christopher Heath & Anselm Kamperman Sanders (eds), *New Frontiers of Intellectual Property Law*, Hart Publishing, 2005, pp. 302 – 322.

12. Ian McDonald: Internet Crime: *Copyright Infringement*, March, 1998.

13. IIPA (International Intellectual Property Alliance), *Paper on Copyright Enforcement under the TRIPS Agreement*, October, 2004.

14. Jacqueline D. Lipton, "Solving the Digital Piracy Puzzle, Disaggregating Fair Use From the DMCA's Anti – Device Provisions", 19 *Harvard Journal of Law & Technology* 111, Fall, 2005.

15. Jason M. Schultz, "Taking a Bite out of Circumvention, Analyzing 17 U. S. C. § 1201 as a Criminal Law", 6 *Michigan Telecommunication Technology Law Review* 1, 2000.

16. Jessica Litman, "War and Peace, the 34th annual Donald Brace Lecture", *Journal of the Copyright Society of the U. S. A.* 2006 (1 – 2), pp. 1 – 22.

17. John B. Clark, "Copyright Law and The Digital Millennium Copyright Act, Do The Penalties Fit The Crime?" 32 *New England Journal On Criminal & Civil Confinement* 373, 2006.

18. Julie D. Cromer, "Harry Potter And The Three – Second Crime, Are We Vanishing The De Minimis Defense From Copyright

Law?"36 *New Mexico Law Review* 261 Spring, 2006 ,pp. 261 - 296.

19. Kim F. Natividad, "Stepping It Up And Taking It To The Streets, Changing Civil &Criminal Copyright Enforcement Tactics", 23 *Berkeley Technology Law Journal* 469, pp. 469 - 501.

20. Lanier Saperstein, "Copyrights, Criminal Sanctions And Economic Rents, Applying The Rent Seeking Model To The Criminal Law Formulation Process" (Comment), 87 *Journal of Criminal Law and Criminology* 1470, Summer 1997.

21. Lydia Pallas Loren, "Digitization, Commodification, Criminalization, The Evolution Of Criminal Copyright Infringement And The Importance Of The Willfulness Requirement", 77 *Washington University Law Quarterly* 83 , Fall 1999.

22. Michael Coblenz, "Intellectual Property Crimes", 9 *Alb. L. J. Sci. & Tech.* 235 (1999).

23. (Note) "Harmonizing Copyright's Internationalization with Domestic Constitutional Constraints", 121 *Harvard Law Review* 1798, 2008 (May).

24. (Note) "The Criminalization of Copyright Infringement in the Digital Era", 112 *Harvard Law Review* 1705, 1999.

25. Pamela Samuelson, "The US Digital Agenda at WIPO", 37 *VA. J. Int'l. L.* 369. , 1997.

26. Paul Sugden, "You Can Click But You Can't Hide, Copyright Pirates and Crime - the " Drink Or Die "Prosecutions", *European Intellectual Property Review* 2008, 30(6), pp. 222 - 231.

27. Reto M. Hilty, "Five Lessons about Copyright in the Information Society, Reaction of the Scientific Community to Over - protection and What Policy Makers Should Learn", *Journal of the Copyright Society of the U. S. A.* , 2006(1 - 2), pp. 103 - 138.

28. Robin Andrews, "Copyright Infringement And The Internet, An

Economic Analysis Of Crime" (Note) , 11 *Boston University Journal of Science and Technology Law* 256 , Summer 2005.

29. Salil K. Mehra, " Software As Crime, Japan, The United States, And Contributory Copyright Infringement" ,79 *Tulane Law Review* 265 , December, 2004.

30. Shahram A. Shayesteh, " High – Speed Chase On The Information Superhighway, The Evolution of Criminal Liability For Internet Piracy" ,33 *Loy. L. A. L. Rev.* 183 , November, 1999.

31. Stephen E. Siwek, Copyright lndustries in the U. S. Economy: the 2003 – 2007 Report, available at http://www. iipa. com/copyright_us_ewnomy. html.

32. Sylvia Albert et al. , " Intellectual Property Crimes" , 42 *Am. Crim. L. Rev.* 631 (2005).

33. Tim F. Williams, Neil Batavia, " When Copying Becomes Criminal The Stiff Criminal Penalties for Copyright Infringement" , 14 *MAY S. C. Law.* 33 (South Carolina Lawyer) May, 2003.

34. Trotter Hardy, " Symposium, Prosecuting White – Collar Crime Criminal Copyright Infringement" , 11 *William and Mary Bill of Rights Journal* 305 , December, 2002.

35. Ting Ting Wu, " The New Criminal Copyright Sanctions, A Toothless Tiger?" 39 IDEA, *The Journal of Law and Technology* 527 , 1999.

36. U. S. Department of Justice, Progress Report of the Department of Justice' s Task Force on Intellectual Property , June, 2006.

后 记

暑去寒来春复秋，又是一年樱花雪。转瞬之间，我在武汉大学的三载攻博时光悠然而逝，求学生涯中又一个重要阶段正娓娓落幕。春种、夏长、秋收、冬藏，农人依大自然安排打理世间万物，期待金秋收获满满的果实。览书闻知、求教勘误、笔墨相亲、晨昏欢笑，我就这样每天简简单单地求学生活，走到最后，心中也不禁萌动丝丝期待和些许遗憾，终于迎来了论文的最后定稿和后记的撰写，让我有一个自己的空间抒写心情和感悟人生。

人生没有终极目标，走过去的是一程又一程的风景。犹记得六岁之年，我跨进小学校门接受正式教育，自此外面精彩而广博的世界，通过书籍和老师引述在我眼前徐徐展现。从此一颗求知种子在心中悄然埋下，懵懂年少的我在心中无数次地呐喊："我要读书，我要上学"。中国长期的二元经济和社会体制，农村区域经济的萧瑟凋敝，农家少年的我求学之路坎坎坷坷，曾经的峰回路转，期间的落寞喜悦，如人饮水，冷暖自知。幸运的是，我的前行路并不孤单，长辈和朋友们给予我莫大的鼓励和帮助，成长路上的老师更是给予我无私的关爱和期许，让我的懦弱和懒惰无法遁形，一个男人的执著和坚毅渐生渐长。从小学直到硕士、博士的过往岁月，丰富了我的人生阅历，犹如深深烙印已镌刻我的心灵深处。武汉大学更是打开了我心灵的窗户，使我的梦想终于得以在珞珈山上放飞，手中的博士论文使我的思绪渐行渐远又飘飞到现在，平添了几许凝重和深沉。

三年前，怀着对经济刑法的盎然兴趣和探求市场机制刑法保护与功能发挥的雄心，我报考武汉大学刑法学博士并荣幸地被录取，继续刑法理论的系统研习和实证应用；两年前，我将研究方向聚焦至知识产权刑法研究上，其间“中美知识产权 WTO 争端案”和欧洲议会一读通过《欧盟知识产权刑事措施指令（草案)》，无异于一针强心剂坚定了我博士论文选题；一年前，我将选题限缩而锁定在“著作权”刑法保护的“问题”研究上，以“小题大做”，确保驾驭能力。知识产权刑事保护及更广阔的经济刑法其余领域，则留待今后再行“淘金”。然而，真正进入写作过程才发现我所研究的“问题”跨度很大，深入展开难度远超出动笔时的预期。这种写作过程，让我又一次真正体味到什么才是严格的学术研究和什么是学术写作的酸甜苦辣。回首珞珈山上三年的求学经历，心中五味杂陈，潜流暗涌。感念师恩绵长，挥鞭督学春风化雨；友谊常青，思辨明学激扬文字；亲恩尽洒，温情暖心寸草春晖；伉俪情深，并肩奋蹄永结同心。

首先，要衷心感谢我的博士生导师莫洪宪教授。品德高尚、睿智豁达、性情温和、举止优雅、知性美丽、诲人不倦，这就是导师给我的全部印象。三年前，尽管素未谋面，却承蒙导师器重而收我于门下，我才有机会在美丽的珞珈山上度过生命中极为重要的攻博岁月。导师对学生的“导博”方法颇具特色并富有系统性和个性。在博士入学复试结束后，导师便布置我开始德语“二外”学习任务，夯实语言基础；之后指导我拟订三年科研规划，凝练撰写文献综述，培养逻辑思维能力；之后又导读专业期刊，导学理论流派，导写学术论文，使我一步一步，紧凑自然地完成了博士学业，体悟到学术科研的无穷乐趣，收获到心灵的充实。整个攻博期间，导师都一直关注着我的学术努力进展程度，对所有疑问进行详细解答，指导我览书撰文做课题，往来的百余封电子邮件见证了导师对我的精心指导和无私关爱。导师非常注重“身教”重于“言教”，极具人格魅力，使我在潜移默化之间学到许多为人处世道理。带我参加学术会议，引荐青涩的我结识学人，为我创造了一个施展才华、提升能力的舞台。三年来，我一直在武汉大学专心求学，安贫乐道，导师非常理解我的学习心境和生活现状，给予我无微不至的关怀和鼎力支持。导师的教诲和鼓励，如同三月的春风，微微拂面，沁人心脾；如同甘霖春雨，飘飘洒洒，润物无声，永驻心田。本论文的完成更是倾注导师很多心血，从选题定题、布局谋篇、成文定稿，都反复详细指导。我内心对导师那份感恩的真切情感决非言语所能表达，只好在心间收藏起那点点滴滴，每每回味起导师的谆谆教诲，就如同在饮一杯淡淡的清茶，闻一束清新高雅的百合，不知不觉中，便有五脏六腑的通透清凉。

借此行文，我也要向教导过我的众多老师表示深深的谢意，他们的敬业乐群、授业解惑、为学树人深深地感动了我，引领我走上了学术研究之路，领略知识的魅力。求教武大刑法学团队老师，耳濡目染，领悟到学术研究的一道道亮丽风景，扎根一业深究精专。马克昌先生不顾高龄，坚持为博士生授课答疑，从先生身上，我读懂了刑法大家为人治学的风范。记得入学第一次见面会上，马先生就告诫：“多掌握好一门外语等于是多了一双眼睛”，多么形象的比喻。我曾讲授过三年法律英语课程，有半年的北京外国语大学访学经历，先生的教导，使我更重视提高专业英语水平，同时初涉德语、日语，阅览较多外文书刊和著作。我还有幸在吴振兴教授的学术沙龙，在莫洪宪教授、林亚刚教授、康均心教授、刘艳红教授的课堂上，品味着深邃的刑法学术思想而受益匪浅。感谢在武大求学过程中，许发民教授、贾宇教授、皮勇教授、陈家林副教授、何荣功副教授、张万洪副教授及田蒿老师、叶小琴老师等所给予的学术营养和教诲帮助。特别感谢马克昌先生、林亚刚教授、陈家林副教授等在开题过程中对本文提出中肯而有益的建议，使写作避免了不少明障暗礁。聆听武大法学院李龙、孟勤国、余延满、余敏友、汪习根、黄进、肖永平、周叶中、陈本寒等众多老师的授课，又如临览一幅博大的法学画卷，视野顿开；武大外国语学院德语系朱范教授、曾汉泉教授和日语系高克勤教授的授课解惑，使我初具德语、日语阅读能力。我也要感谢我的硕士生导师唐世月教授和授课导师马长生教授，他们引我进入刑法学知识殿堂，培养我的专业素养和科研能力，并在学术、工作和生活上，都一直给予我无私的巨大帮助。即便我到武汉大学异地读博，无论碰到什么问题，向老师求教都欣然作答。唐老师和马老师真是“知无不言、言无不尽”的好老师，对学生的启迪教诲绵长深刻，受益终身。“三人行，必有我师焉”，在我的求学路上，有这么多老师的教诲督促、鞭策期许，我将谨记师恩，奋力前行。

我还要感谢在攻博期间众多同窗好友所给予的关心和帮助。2006级刑法博士班27位同学同为“马家军”成员而共同勤勉治学，并结下深厚同窗情谊。法学院内外学友及上下各年级的各位师兄弟、师姐妹也密切互动，热切交流。学术会议上的交流明辩，图书馆里的轻柔问候，运动场上的相邀健身、校园小径的漫步之旅，博士公寓里的过往来访，一个个鲜活而友善的面孔浮现在我眼前，正是因为有这么多好友的相伴鼓励，我在武大的攻博生活才会如此多彩和富有意义，如果在这里一一将他们的名字列出，将会是一串长长的清单，还是让我将这些名字永远地牢记在心里吧。另外，感谢北师大刑科院彭新林博士为本书撰写提供的宝贵资料；感谢我所在单位湖南商学院给予的支持和理解，尤其是法学院领导和同事们给予不少帮助。对在我整个求学过程中所有施惠于我的人，我怀着深深的感激之心，“授人玫瑰，手留余香”，我也会像他们一样，尽量在他人需要的时候去提供帮助。

我要感谢我的父母亲人。亲恩似海手足情深，我不禁又一次无语凝噎，心情也久久不能平静。无数个晨昏午后，田间巷陌，父亲和母亲为生计四处奔波，几十年相濡以沫、含辛茹苦、沐风栉雨地把我和二弟三弟全部送进了高等学府接受教育，在当地成为佳话。父母在早该儿孙绕膝共享天伦的年纪，却依然在他们的人生轨道上不知疲倦毫不懈怠地前行，以一个父亲和母亲最简单的言行、最执著的信念、对幸福生活最朴素的追求和对美好明天的无限憧憬，全力支持着长子长媳、二儿幺儿读书深造。伤春、苦夏、悲秋、哀冬，这不是大自然的错，而是消极的人生态度和价值取向。父亲母亲只有最初级的文化，发不出“安得广厦千万间，大庇天下寒士俱欢颜”的愤懑，也无法选择自己的出身改变命运，甚至作为中国最弱势群体的一员，他们卑微而谨慎地生活着，但父母亲选择了一种积极的生活态度，有与生俱来的坚毅正直，有对中国教育体制的感恩和对儿女的无限期望眷念。父母没有像邻人那样让儿女辍学南下打工，也没有选择职校技校让兄弟几个速跳农门，就这样亦步亦趋，直到迈进中国的高校大门。因为懂得，所以慈悲，父母在岁末春节，把对过往一年的感激和对新一年的期盼热望，全部融入了除尘祭扫的仪式中，那样安静虔诚；因为懂得，所以理解，尽管与我们的文化理念和价值取向完全相悖，我们兄弟三人和我的妻子，依然会淡定从容地参与到这些活动中，只为父母脸上那抹微笑和心安。春华秋实，今年仲夏我的博士学业终于告结，二弟从重点大学硕士毕业，三弟也考取了硕士研究生，算是对父母辛苦付出的小小回报吧。

我要将深切的谢意和诚挚的祝福致以我的爱人袁艳霞女士。法学高等教育赋予我严肃、理性、坚毅和正气，“好女人也是所学校”，爱人用她的贤良善行、勤勉聪慧，给予我从容淡定、闲适雅趣、豁达快乐的生活，让我在紧张工作学习中领略到另一种风景，慢慢调试心灵的天平。年轻的我没有多少财力给予她富足的生活，前行的路也非平坦大道，但妻子却坚定地站在我的身边支持我、鼓励我，与我风雨同舟、不言放弃。妻子不仅营造一种温馨浪漫的居家生活，而且有孜孜不倦的学术追求和精神家园，经常与我进行学业讨论和心灵对话。造物主有时候还是很公平的，它在关上一扇门的同时，又打开了一扇窗。我很幸福，拥有知书达理的妻子；我很幸运，妻子和我相继考进武汉大学，得以在珞珈山同窗攻博，为我们紧张而又充实的攻博日子增添了温馨浪漫的美好回忆。图书馆知识海洋中的畅游拾贝，学术讲座中的奋勇提问求知；环东湖的自行车踏青之旅，羽毛球场的厮杀锻炼；晚霞中在校园小径的休闲漫步，梅园操场观看露天电影的小憩……一个一个在珞珈山相伴相随的生活片段在脑中放映，留下一长串岁月足迹，沉淀下我们荣辱与共、同舟共济、执子之手、与尔偕老的心灵默契和共同追求。带着许多美好回忆和怀着无限憧憬，我们共同创造着美好生活。

最后，由于水平有限，资料不足，加之时间仓促，书中一定存在很多不足之处，敬请读者批评指正。中国人民公安大学出版社的同仁对本书的出版付出了辛勤的劳动，在此谨致衷心感谢！

贺志军

2009 年 5 月 10 日于武昌 · 珞珈山上

2010 年 3 月 30 日补记于长沙 · 岳麓山下